TIMOTHY RADCLIFFE

Warum Christ sein?
Wie der Glaube unser Leben verändert

Das Buch

Wie kann man heute verständlich davon sprechen, worum es im christlichen Glauben geht? Timothy Radcliffes Hinführung zum Christentum für kritische Zeitgenossen stellt sich der Frage, was das Christsein im Kern ausmacht. Seine Antwort: Christen haben ein Ziel vor Augen, an dem sie sich ausrichten: Gott. Und das hat Folgen für das Leben im Hier und Heute. Diese Konsequenzen sind nicht zuerst moralischer Natur. Für den welterfahrenen Autor, der als oberster Dominikaner ein Jahrzehnt die ganze Welt bereist hat, beruft das Evangelium die Menschen zu einer einzigartigen Hoffnung. Mitten in einer von Katastrophenszenarien geprägten Zeit schenkt sie Freiheit und Lebensfreude und einen außergewöhnlichen Mut.

Der Autor

Timothy Radcliffe, Ehrendoktor der Theologie (Oxford), geboren 1945, 1992 bis 2001 Ordensmeister des Dominikanerordens, lebt im Konvent der Blackfriars in Oxford. Er war aktiv in der Seelsorge für Menschen mit AIDS und lehrte Theologie in Oxford. Heute ist er weltweit gefragter Referent für Vorträge und Seminare rund um den Globus. Timothy Radcliffe ist ein internationaler Bestseller-Autor und gehört zu den führenden spirituellen Denkern mit großer Sensibilität für die Fragen und Nöte der Gegenwart.

Die Übersetzerin

Sabine Schratz, Dr. theol., M. A., geboren 1973, Studium der Theologie und Geschichte in Münster und Maynooth (Irland), Veröffentlichungen im Bereich Kirchengeschichte, Predigt- und Gottesdienstentwürfe. Sabine Schratz lebt als Dominikanerschwester in Irland.

Timothy Radcliffe

Warum Christ sein?

Wie der Glaube
unser Leben verändert

Aus dem Englischen
von Sabine Schratz

HERDER

FREIBURG · BASEL · WIEN

HERDER spektrum Band 6245

Titel der Originalausgabe
What is the Point of Being a Christian?
Bloomsbury Continuum
Bloomsbury Publishing, London
© 2005 by Timothy Radcliffe

Deutsche Erstausgabe
© Verlag Herder GmbH, Freiburg im Breisgau 2012

Taschenbuchausgabe
© Verlag Herder GmbH, Freiburg im Breisgau 2014
Alle Rechte vorbehalten
www.herder.de

Umschlagkonzeption: Finken & Bumiller, Stuttgart
Umschlaggestaltung: Verlag Herder
Umschlagmotiv: Finken & Bumiller, Stuttgart
Autorenfoto: © Fr. Lawrence Lew OP
Satz: post scriptum, Emmendingen / Hinterzarten
Herstellung: CPI – Clausen & Bosse, Leck

Printed in Germany

ISBN 978-3-451-06245-2

Inhalt

Einleitung

«Warum Christ sein?», fragte mich ein Freund. Die Frage, das muss ich zugeben, hat mich überrascht. Ich selbst bin christlich erzogen worden, hatte mich aber nie sonderlich für meinen Glauben interessiert – bis in mir eines Tages die Frage aufkam, ob er wahr sei oder nicht. Wenn es wahr ist, dass die Menschheit dazu bestimmt ist, an Gottes eigenem, unbeschreiblichem Glück teilzuhaben, dann muss das der Sinn meines Lebens sein. Wenn es nicht wahr ist, müsste ich konsequenterweise aus der Kirche austreten. Also antwortete ich meinem Freund: «Weil es wahr ist.» Zufriedengestellt hat ihn das kein bisschen. «Aber was bringt das Christsein? Welchen Sinn hat es? Wofür ist es gut?»

Ganz offensichtlich haben wir aneinander vorbeigeredet. Wenn das Christentum wahr ist, hat es keinen anderen Zweck, als auf Gott hinzuweisen, der der Sinn von allem ist. Grundsätzlich kann man sich die Frage, wozu etwas gut ist, bei allem stellen, was man tut. Treibt man sie weit genug und ist die Angelegenheit ausreichend ernst, kommt man letztlich zu der Frage nach dem Sinn und Zweck von allem, dem letzten Ziel unseres Lebens. Darum geht es in den Religionen. Eine Religion, die sich aus einem anderen Grund als brauchbar verkauft – weil sie zu einem ausgeglichenen Leben verhilft, weil sie Stress bewältigt oder reich macht – schießt sich selbst ins Knie. Muss sie ihr Dasein mit Nützlichkeitserwägungen rechtfertigen, kann man sie nicht ernst nehmen. Der Sinn jeder Religion ist es, auf Gott hinzuweisen, der der Sinn von allem ist. Darum macht es auch keinen Sinn, danach zu fra-

gen, ob der Glaube an Gott «relevant» ist. Denn Gott ist der
Maßstab aller Relevanz und aller Bedeutsamkeit.

Mein Freund ließ nicht locker: «Was hast du von deinem
Christsein? Was gibt es dir?» Mir dämmerte allmählich,
worum es ihm ging. Die Wahrheiten, denen wir anhängen,
müssen Konsequenzen für und in unserem Leben haben.
Dass die Erde eine Kugel ist, ist wahr, ebenso wie das Gesetz
der Schwerkraft. Beide Wahrheiten haben Konsequenzen:
Wir können Flugzeuge bauen, die tatsächlich vom Boden ab-
heben; und wenn sie immer in eine Richtung fliegen, werden
sie irgendwann dort wieder ankommen, von wo sie gestartet
sind. Wenn die christlichen Wahrheiten keine Auswirkungen
auf unser Leben haben, was sollten sie dann für Wahrheiten
sein? Wenn Gott der Sinn von allem ist, muss sich die eigene
Religiosität, die Ausrichtung auf Gott als letztes Ziel, irgendwie im Leben bemerkbar machen.

Das Christentum muss also etwas verändern und bewir-
ken – auch wenn dieses Etwas nicht der Grund ist, warum
man Christ wird. Wäre es etwa bewiesen, dass Christen ru-
higer und entspannter sind als andere Menschen, würde man
trotzdem nicht mit dem Argument für den Glauben werben,
dass man dann weniger gestresst ist. «Werde Christ, und du
kannst nachts besser schlafen.» Damit verkäme die Religion
zu einem netten Lifestyle-Accessoire, ähnlich dem Gang ins
Fitnessstudio. Gott würde uns als nützlich verkauft, wie ein
Badeöl oder die Aromatherapie. Aber einmal angenommen,
der Glaube würde tatsächlich entspannter, glücklicher, mutiger oder was auch immer machen, dann könnte dies ein
Hinweis darauf sein, dass die Wahrheitsansprüche des Christentums nicht belanglos sind, ja dass es sich möglicherweise
lohnt, sie näher unter die Lupe zu nehmen. Hat die Ausrich-

tung des eigenen Lebens auf Gott als letztes Ziel Konsequenzen wie die, uns frei zu machen (was ich behaupten werde), wird man, noch einmal, den Menschen das Christentum nicht damit nahebringen, dass es sie frei macht. Wenn sie aber, umgekehrt, die Christen als frei wahrnehmen, an ihnen eine Freiheit spüren, die anziehend und faszinierend ist, werden sie vielleicht neugierig darauf, warum das so ist, und bekommen Interesse an dem Gott, zu dem wir uns bekennen.

Kardinal Suhard, in den 1940er Jahren Erzbischof von Paris, schreibt: «Ein Zeuge zu sein, besteht nicht darin, Propaganda zu treiben, ja nicht einmal darin, Menschen aufzurütteln, sondern darin, ein lebendiges Geheimnis zu sein. Es bedeutet, so zu leben, dass das eigene Leben keinen Sinn machen würde, wenn Gott nicht existiert.»[1] Christen müssten etwas Verblüffendes an sich haben, etwas, das Menschen danach fragen lässt, was unser Leben im Innersten ausmacht.

Im zweiten oder dritten Jahrhundert hat ein unbekannter Christ den so genannten *Brief an Diognet* verfasst, in dem er dieses unterscheidend Andere der Christen zu erkunden sucht:

Die Christen sind weder durch Heimat noch durch Sprache und Sitten von den übrigen Menschen verschieden. Sie bewohnen nirgendwo eigene Städte, bedienen sich keiner abweichenden Sprache und führen auch kein absonderliches Leben. Keineswegs durch einen Einfall oder durch den Scharfsinn vorwitziger Menschen ist diese ihre Lehre aufgebracht worden und sie vertreten auch keine menschliche Schulweisheit wie andere. Sie bewohnen Städte von Griechen und Nichtgriechen, wie es einem jeden das Schicksal beschieden hat, und fügen sich der Landessitte in Kleidung, Nahrung und in

der sonstigen Lebensart, legen aber dabei einen wunderbaren und anerkanntermaßen überraschenden Wandel in ihrem bürgerlichen Leben an den Tag. Sie bewohnen jeder sein
Vaterland, aber nur wie Beisassen; sie beteiligen sich an allem
wie Bürger und lassen sich alles gefallen wie Fremde.[2]

Die Christen hatten also den Anspruch, unübersehbar anders zu leben – so anders, dass es Menschen innehalten lässt
und sie verblüfft. Tertullian berichtet im zweiten Jahrhundert
vom Erstaunen darüber, wie sehr die Christen einander lieb-
ten. Hat unsere Lebensweise als Christen heute irgendetwas
Erstaunliches an sich?

Unter Jugendlichen gibt es einen ungeheuren spirituellen
Hunger. Die europäische Wertestudie von 1999 hat gezeigt,
dass sich eine wachsende Zahl junger Menschen als religiös
versteht.[3] Sie suchen nach einem Sinn für ihr Leben. Meist gilt
ihr Interesse stärker der «Spiritualität» als der Glaubenslehre;
institutionalisierten Formen von Religion, die ihre Autonomie beschneiden könnten, stehen sie reserviert gegenüber.
Die Soziologin Grace Davie, die sich mit der Situation der Religion in Europa beschäftigt hat, fasst es prägnant in den Worten «they believe without belonging» – «Glauben ohne Zugehörigkeit».[4] Zudem ist das Interesse an anderen religiösen
Traditionen häufig größer als am Christentum.

Als Christ glaube ich, dass mein Glaube «Evangelium» –
wörtlich übersetzt: «frohe Botschaft» – ist. Warum wird er
von jungen Menschen so oft nicht als frohe Botschaft, als faszinierend und attraktiv verstanden? Warum wirkt das, was
wir mit unserem Glauben aussagen und damit verbinden,
häufig so wenig überzeugend oder gar langweilig? Könnte
es daran liegen, dass sich unser Leben im Normalfall nicht

wesentlich von dem anderer Menschen unterscheidet – dass
es nichts hat, was verblüfft und neugierig macht; nichts, was
darauf hinweist, dass unser Leben keinen Sinn machen würde,
wenn Gott nicht existiert?

Alle christlichen Kirchen haben in den letzten Jahren
enorme Energien auf die Verkündigung des Evangeliums ver-
wandt. In der katholischen Kirche wurde viel über Evangeli-
sierung geredet. Diözesen und Gemeinden haben ehrgeizige
Projekte aufgezogen, um über den Glauben zu informieren.
In der Regel hatten sie wenig Wirkung. Wir reden über Liebe,
Freiheit, Glück usw. – aber warum sollte uns das irgendjemand abnehmen, solange unsere Kirchen nicht wirklich als
Orte wahrgenommen werden, an denen Menschen frei und
mutig sind? Jesus sprach wie einer, der Macht hat, nicht wie
die Schriftgelehrten und Pharisäer, und seine Autorität muss
in einer offenkundigen und greifbar-sinnenfälligen Freiheit
und Freude bestanden haben. Seine Worte haben Eindruck
gemacht, weil sie verankert waren in einem Leben, das beeindruckte: das sich nach Fremden ausstreckte, das mit Prostituierten feierte, das vor niemandem Angst hatte. In diesem
Buch möchte ich darüber nachdenken, wie der Glaube unsere
Weise zu leben verändern kann.

Lassen Sie mich gleich zu Beginn klar sagen, dass dieses
beeindruckend Andere nicht darin besteht, dass Christen
besser sind als andere Menschen. Dafür gibt es keinerlei Anzeichen. Jesus ist «nicht gekommen, Gerechte zu berufen, sondern Sünder» (Markus 2,17), und er tut es noch. Er aß und
trank mit denen, die gesellschaftlich in Misskredit standen.
Die Kirche ist eine Heimat für alle Menschen, in besonderer
Weise für die, deren Leben durcheinandergeraten ist. Es ist
also durchaus passend, dass der erste Christ, der in das Para-

dies gelangen sollte, der Räuber war, der neben Jesus gekreuzigt wurde. Als er am Himmelstor ankam, so ein frühes sy-
risches Gedicht, versuchte der zuständige Engel, ihn am Einlass zu hindern, weil er so gar nicht den üblichen Kandidaten entsprach![5] Eine Gemeinschaft, die ihre Existenz auf den
Anspruch moralischer Überlegenheit gründen würde, wäre
nicht nur abstoßend, sondern würde die Leute geradezu einladen, nach unseren Fehlern zu suchen und sie schadenfroh
zur Schau zu stellen. Wenn die Kirchen so oft in der Presse
angegriffen werden und jede unserer Sünden eine Schlagzeile
wert zu sein scheint, dann liegt das daran, dass allgemein,
aber fälschlich angenommen wird, dass der Sinn des Christseins darin besteht, moralisch über dem Rest der Gesellschaft
zu stehen.

Ich werde auch nicht versuchen, die *eine* spezielle Zutat des
Christentums zu finden, das Geheimnis seines Geschmacks,
so wie die mysteriöse Geheimzutat im grünen Chartreuse
oder in der Cola. Mein Blick gilt vielmehr verschiedenen As-
pekten des christlichen Glaubens und seiner Einladung, uns
quer zur dominierenden Kultur unseres *global village* zu stellen. Ohne diese Unterschiede ergeben unsere Glaubensaussagen keinen Sinn. Wenn unser Leben nicht irgendwie un-
gewöhnlich ist, wenn wir einfach nur angepasst sind, bleibt
unsere Rede über den Glauben ausdruckslos und leer.

Als sprechende Wesen verstehen wir Dinge, indem wir
über sie reden. Daher braucht unser Glaube die Form von
Aussagen. Wir erklären Dinge für wahr. Der Dominikaner
Thomas von Aquin präzisierte im 13. Jahrhundert, dass unser
Glaube nicht die Worte selbst zum Gegenstand hat, sondern
das, worauf sie hinweisen – auf Gott, der jenseits aller Worte
ist.[6] Das heißt nicht, dass Worte unwichtig sind. Im Gegenteil!

Sie sind die Leiter, auf der wir zum Mysterium hinaufsteigen. Aber Worte sprechen nur dann, wenn sie als über sich hinausweisend verstanden werden.

Hugo von Saint-Cher, ein weiterer Dominikaner des 13. Jahrhunderts, spricht bildhaft davon, dass «erst der Bogen im Studium gespannt und dann der Pfeil in der Predigt losgelassen wird». In diesem Bild sind unsere Glaubensaussagen die Pfeile eines Bogenschützen. Sie haben nur einen einzigen Zweck: auf ein Ziel ausgerichtet und auf es hin abgeschossen zu werden. Läuft der Bogenschütze nur mit einem Pfeil auf der Sehne herum, lässt sie aber nie los, wäre der Pfeil sinn- und ziellos. Gleiches gilt für unsere Glaubensaussagen. Sie machen nur Sinn, wenn sie in Richtung Gott «zischen», der jenseits allen Verstehens ist. Dafür braucht es die verblüffenden Seiten des christlichen Lebens: Sie verleihen dem, wovon wir sprechen, Sinn und lassen es in Richtung Mysterium schnellen. Ein Beispiel dafür ist der Satz «Gott ist die Liebe». Als Aussage des Glaubens macht er überhaupt keinen Sinn, wenn er nicht im Kontext einer Gemeinschaft steht, die liebt – wie unvollkommen und unendlich oft scheiternd auch immer. Wenn wir sagen, dass Jesus von den Toten auferstanden ist, es aber keine Spur von Auferstehung in unserem Leben gibt, können wir über das Thema bis in alle Ewigkeit reden. Bedeuten werden unsere Worte aber nichts. Das Ganze käme einem Mann gleich, der in einem Land, aus dem sämtlicher Alkohol verbannt ist, von den Freuden des Weintrinkens erzählt (eine typisch dominikanische Beschäftigung, wie wir sehen werden). Seinen Worten würde der Zusammenhang fehlen, in dem sie Sinn ergeben.

Oft klagen wir darüber, dass gerade Jugendliche so erschreckend wenig über das Christentum wissen. Immer neue Dokumente, Videos, Radio- und Fernsehprogramme allein werden dagegen aber nichts ausrichten können. Wir verschwenden nur unsere Zeit damit, wenn wir nicht gleichzeitig daran arbeiten, die Kirche zu einem erkennbaren und sinnenfälligen Ort der Freiheit, des Muts, der Freude und der Hoffnung zu machen. Unsere Worte müssen sorgfältig gewählt sein, denn Wahrheit zählt. Aber sie sind sinnlos, wenn sie nicht eingebettet sind in Gemeinschaften, die aus sich heraus auf den hinweisen, der gekommen ist, um uns zu suchen, und der uns sein Wort gegeben hat. Antonius von Padua, ein Franziskanerprediger des 13. Jahrhunderts, klagte darüber, dass die Kirche seiner Zeit «aufgebläht war mit Worten». Die Dinge haben sich nicht groß geändert. Wir produzieren weiterhin massenhaft Texte und Dokumente und quälend lange Predigten. Sie werden aber die Verkündigung des Evangeliums torpedieren, wenn die Menschen nicht den Duft der Freiheit in unserem Leben verspüren.

Der Sinn des Christentums besteht darin, auf Gott als Sinn unseres Lebens hinzuweisen. Hoffnung ist das Festhalten am Vertrauen, dass es einen letzten Sinn unseres menschlichen Daseins gibt. Wenn es ihn nicht gibt, wäre das Christentum und mit ihm alle Religion reine Zeitverschwendung. Das erste Kapitel wird sich daher mit der Frage befassen, was es heißt, zu hoffen, und wie es sich in unserem Leben ausdrücken kann. Tatsächlich könnte man das ganze Buch als eine Erkundung unserer Hoffnung bezeichnen. Aber unser Glaube besteht nicht darin, dass wir uns erst mühsam den Weg zu Gott als entferntem Ziel bahnen müssen, so wie Frodo und Sam sich im *Herrn der Ringe* quälend nach Mordor schleppen. Wir glauben daran, dass Gott uns gesucht und gefunden hat. Er ist schon gegenwärtig im Leben aller Menschen, auch wenn er ungenannt und unerkannt bleibt. Das Ziel unserer Hoffnung, unsere letzte Bestimmung, ist also in gewisser Weise schon gegenwärtig. Wenn wir den Glauben verkünden, bringen wir die Menschen nicht zu Gott; wir machen den Gott, der immer schon da ist, namhaft. Als Christen glauben wir, dass sich diese Gegenwart Gottes unter uns als Freiheit, Freude und Liebe ausdrückt. Sie sind die Erstlingsgaben des Gottesreiches. Kapitel 2 und 3 werden daher danach fragen, ob und wie das Christentum uns zu einer ungewöhnlichen, ja rätselhaften Form der Freiheit und des Glücks einlädt. Der Liebe habe ich kein eigenes Kapitel gewidmet, was vielleicht überraschen mag. Aber sie macht das christliche Leben im Ganzen aus. Jedes Einzelkapitel dieses Buches leuchtet damit gleichsam auch die Frage aus, was es heißt, zu lieben.

An diesem Punkt wird deutlich, dass der Eintritt in wahre Freiheit und wahres Glück von uns eine tiefe Verwandlung verlangt. Freiheit bedeutet nicht einfach, zwischen mehreren Möglichkeiten auszuwählen; Glück ist nicht einfach ein fröhliches Gefühl. Sie sind Teilhabe an Gottes Leben. Dafür müssen wir in gewisser Weise sterben und auferstehen. Das ist beängstigend. Um zulassen zu können, dass Gott uns befreit und mit Freude erfüllt, brauchen wir daher Mut. Darum wird es in Kapitel 4 gehen. Mut ist die Tugend, die wir heute am dringendsten in der Kirche nötig haben. Deutlich geworden ist hoffentlich bereits auch, dass frei und glücklich zu sein keine rein geistigen Vorgänge sind. Unser Menschsein ist zutiefst verbunden mit unserem Körper. Wir haben nicht nur einen Körper, wir sind körperlich. Diese Körperlichkeit ist beinahe für die gesamte christliche Lehre fundamental. Unsere Hoffnung, unser Glück und unsere Freiheit können wir unmöglich verstehen, ohne ein Gespür dafür zu haben, was es heißt, körperlich zu sein. Dem werde ich in Kapitel 5 nachgehen. Kapitel 6 wird sich um die Frage drehen, ob das Christsein ein besonderes Verständnis von Wahrheit impliziert. Noch einmal: Es geht nicht darum, dass Christen ehrlicher wären als andere Menschen und daher moralische Überlegenheit beanspruchen könnten. Nichts weist darauf hin, dass wir es könnten. Aber wir haben ein recht ungewöhnliches Verständnis davon, was es bedeutet, wahrhaftig zu sein.

Augustinus beschreibt die Menschheit als «Gemeinschaft der Wahrheit», was uns unweigerlich zur nächsten Frage führt: der nach der Einheit der Menschheit. Ausgerichtet auf Gott zu sein meint nicht einfach, dass Gott das Ziel meiner ganz persönlichen Pilgerreise durch Leben und Tod ist. Wir glauben, dass die ganze Menschheit ihre letzte Einheit und ihren Sinn in Gott findet. Ohne das Ganze der Menschheit ist der Einzelne unvollständig und unfertig. In Kapitel 7 und 8 wird es daher darum gehen, was es für uns bedeutet, an die letzte Einheit der Menschheit zu glauben, und wie dieser Glaube unser christliches Leben heute bestimmen kann. Eine schwere Belastung unseres Zeugnisses für die Einheit der Menschheit ist die Uneinigkeit unter den Christen und zwischen den Kirchen. Mit der Frage, wie die Zerrissenheit und Polarisierung innerhalb der Kirche zu heilen ist, befassen sich Kapitel 9 und 10. Enden werde ich schließlich mit einigen Gedanken, was es heißt, zu ruhen, Sabbat zu halten, und so ein Hinweis zu sein auf die endgültige Ruhe, die die Menschheit mit Gott zu teilen berufen ist. Das Buch wird uns also von der Hoffnung zum beredtesten Zeichen unserer Hoffnung führen: der heiteren Gelassenheit, dem Spiel, dem *homo ludens*. Sichtbar wird diese Hoffnung auf ein letztes Ziel unseres

Lebens, das Gottesreich, darin, dass wir nicht unaufhörlich darum kämpfen, irgendwo anzukommen.

Ich danke meinen Brüdern in Blackfriars, Oxford, deren Freundschaft und Verkündigung mich das Meiste gelehrt hat, was in diesem Buch zu finden ist. In besonderer Weise danke ich Vivian Boland OP, der das Manuskript gelesen und mich in jeder Weise ermutigt und unterstützt hat. Mein Dank gilt weiterhin Céline Mangan OP, Thomas Hußmann und Andreas Pietsch, die für die deutsche Übersetzung mit ihrem Rat zur Seite standen. Wenn ich über den Sinn des Christseins nachdenke, bin ich mir bewusst, dass ich es aus einer bestimmten Tradition heraus tue – als Dominikaner und römischer Katholik. Aber ich hoffe, dass sich auch Christen anderer Traditionen, denen ich mich ebenso verpflichtet fühle, in meinen Überlegungen wiederfinden können.

1

«Ich will das Morgenrot wecken»

Welchen Sinn hat es, Christ zu sein? Um diese Frage zu beantworten, müssen wir uns zunächst fragen, ob es überhaupt
einen Sinn für irgendetwas gibt. Gibt es ein letztes Ziel, das
unser Leben formt und ihm Bedeutung verleiht, oder nicht?
Denn das Christentum ist entweder der Versuch, diese grund-
legendste aller Fragen zu beantworten, oder es ist gar nichts.
Als ich um die Welt reiste, um meine Mitbrüder und -schwes-
tern zu besuchen, war es in manchen Ländern ein beliebter
Brauch, den Abend mit Singen zu beschließen. Mir graute es
jedes Mal vor dem Satz «Ein Lied, Timothy!». Und so lernte
ich ein kurioses Lied aus der Zeit der Pest des 14. Jahrhunderts, das den großen Vorteil hatte, recht kurz zu sein und
sich dauernd zu wiederholen, so dass ich mich auch noch mit
dem schlimmsten Jetlag an den Text erinnern konnte. Es handelt von einem jungen Mann, der sich im Sterben dem Teufel
in Gestalt eines Ritters gegenübersieht.

«Wohin gehst du?», sprach der Ritter auf dem Weg.
«Ich gehe meinen Gott zu treffen»,
sprach der Junge, als er stand.

Und er stand, und er stand, und er widerstand.
«Ich gehe meinen Gott zu treffen»,
sprach der Junge auf dem Weg.

In der Schreckenszeit des Schwarzen Todes versucht der Teufel, den Jungen glauben zu machen, dass sein Leben nicht über das Grab hinausführen wird. Aber der Junge zieht weiter, «mit einem starken Stecken in meiner Hand». Er widersteht der Versuchung, zu verzweifeln, und setzt seine Reise in das Gottesreich fort. Diese Frage treibt heute viele Menschen um. Gehen wir irgendwohin? Steuern wir auf ein letztes Ziel zu? Wenn nicht, gibt es dann für überhaupt etwas einen Sinn – und sei es nur dafür, morgens aus dem Bett zu kommen? Oft wird die Frage nicht explizit gestellt, vielleicht weil wir Angst davor haben, dass sie negativ ausfallen könnte. In ihrem Kern geht es darum, ob wir es wagen dürfen, zu hoffen, oder nicht.

Zwei der beliebtesten Bücher, die in letzter Zeit in Europa veröffentlicht wurden, sind *Monsieur Ibrahim und die Blumen des Koran*[1] und *Oskar und die Dame in Rosa*[2] von Éric-Emmanuel Schmitt. *Oskar* wurde noch im Erscheinungsjahr über 400.000-mal verkauft; beide Bücher stehen auf den Bestseller-Listen in Frankreich, Belgien, Deutschland, Spanien und Italien. Sie sind Teil einer Trilogie, in denen die Hauptpersonen verschiedenen Religionen angehören: Buddhismus, Judentum, Islam und Christentum. Sie handeln von Kindern, die nach Gott suchen. Der zehnjährige Oskar macht während seiner letzten Lebenswoche eine Reise in seinem Bett. Mit Hilfe einer alten Catcherin, der Christin Oma Rosa, bombardiert er Gott mit Fragen. Der Jude Momo unternimmt eine Pilgerfahrt zum Haus seines Sufi-Meisters. Auf ihren unterschiedlichen Wegen suchen sie alle in den verschiedenen religiösen Traditionen nach Hilfe.

Ein natürlicher Ausdruck dieses religiösen Hungers ist das Pilgern. Als ich einmal am Flughafen Stansted eincheckte, sah ich über dem Schalter eine Anzeige für ein Buch über Wissenschaft und Medizin: «Sprit für Ihre spirituelle Reise». Der Himmel ist voller Menschen, die reisen. Unsere Reisen sind oft Symptome einer Suche, einer vagen Hoffnung. Dabei fällt es manchmal schwer, eine klare Trennlinie zwischen Tourismus und Pilgerfahrt auszumachen. Fünf Millionen Menschen besuchen Lourdes pro Jahr, zwei Millionen Fatima. Während der Sommermonate machen sich jede Woche 6000 Jugendliche auf den Weg nach Taizé. Europa ist kreuz und quer überzogen mit Pilgerwegen, die nach Iona, Walsingham, Chartres, Rom, Medjugorje und Tschenstochau führen. Das Pilgern als Ausdruck des Glaubens teilen wir mit Muslimen, die nach Mekka, mit Hindus, die nach Varanasi, Schintoisten, die zum Berg Fuji, und allen Gläubigen, die sich auf Abraham berufen und nach Jerusalem ziehen. Sich pilgernd auf den Weg zu machen ist verwurzelt in unserer menschlichen Natur. Es kann Ausdruck einer tiefen religiösen Überzeugung sein, aber ebenso Auszeit und Freiraum für diejenigen, die unsicher sind und hoffen, irgendetwas auf der Strecke selbst oder an ihrem Ende zu finden. Ich treffe immer wieder Menschen, die sich auf den Weg nach Santiago de Compostela machen. Oft sind sie zögerlich, wenn es um ihren Glauben geht, und stehen der Lehre der Kirche eher misstrauisch gegenüber. Aber sie sind überzeugt davon, dass sie eine Reise machen müssen. Statistisch gesehen mögen sie keiner Kirche angehören und es auch wenig reizvoll finden, wöchentlich zum Gottesdienst zu gehen. Aber sie fühlen sich gut, wenn

sie am Schrein ankommen und dort die Statue des heiligen
Jakobus umarmen, der wie sie als Pilger gekleidet ist.

Für unsere Vorfahren war Pilgern notgedrungen eine stra-
paziöse Angelegenheit. Sie hatten keine Wahl. Der moderne
Pilger kann es sehr viel bequemer haben. Trotzdem entscheiden sich Millionen für den Fußweg oder das Fahrrad. Ohne
Fleiß kein Preis, sagt man wohl. Dante bezeichnet Jakobus
als Apostel der Hoffnung. Laut Thomas von Aquin bezieht
sich die Hoffnung auf ein «bonum futurum arduum possi-
bile»,[3] ein zukünftiges Gut, das schwer, aber nicht unmöglich
zu erreichen ist. Jungen Menschen können wir nur etwas von
unserem Glauben vermitteln, wenn wir bereit sind, mit ihnen
zu reisen – ganz wörtlich bisweilen, aber mehr noch im über-
tragenen Sinne.

Diesen Pilgerreiz, der allen Menschen in den Beinen steckt,
gilt es zu hegen und zu pflegen. Er ist Ausdruck einer zumindest impliziten Hoffnung. Der fränkische Theologe Paschasius Radbertus schrieb im 9. Jahrhundert: «Der Verzweiflung
fehlt der Fuß, auszuschreiten auf dem Wege, welcher Christus
ist.»[4] Wir sind wie Schwalben, die sich danach sehnen, fortzu-
ziehen, wenn der Frühling kommt, oder wie Lachse, gepackt
vom tiefen Bedürfnis, stromaufwärts nach Hause zu schwimmen. Darum faszinieren Geschichten wie *Der Herr der Ringe*
so viele Menschen. Sie berühren einen tiefen Hunger, sich auf
Abenteuer zu begeben, wie Bilbo, der rast- und ruhelos einfach nicht sesshaft sein kann. Wir müssen mit den Menschen
gehen, wie Jesus mit den Jüngern nach Emmaus gegangen ist,
selbst wenn sie, wie die Jünger, mitunter in die falsche Richtung zu marschieren scheinen.

Es stellt sich natürlich die Frage, ob diese Fahrten irgendwo
hinführen. Finden wir das, wonach wir suchen? Oder laufen

wir wie die Israeliten in der Wüste nur im Kreis herum? *Das Paradies ist anderswo*[5] des peruanischen Autors Mario Vargas Llosa handelt von zwei Menschen, die das Paradies suchen: Paul Gauguin und seiner unglaublichen Großmutter, Flora Tristán. Gauguin suchte es in einem tropischen Paradies, fernab und unberührt von der westlichen Industriegesellschaft; die Großmutter in der Veränderung eben jener Gesellschaft, in einer zukünftigen gerechten Welt, in der alle Menschen, allen voran Männer und Frauen, gleich sind. Er suchte das Paradies in einem Konservieren der Vergangenheit, sie in der Antizipation der Zukunft. Beide wurden enttäuscht.

Gauguins berühmtestes Bild trägt den Titel «*D'où venons-nous? Que sommes nous? Où allons-nous?*» – «Woher kommen wir? Wer sind wir? Wohin gehen wir?». Er malte es 1897. Es war sein Testament, bevor er im folgenden Jahr einen Selbstmordversuch unternahm. Gauguin war aus dem Westen geflohen, um auf Tahiti ein Paradies zu suchen, fand es aber bereits zerstört. 1891 zog er auf die noch abgelegeneren Marquesas-Inseln, aber die Kolonialverwaltung und die Missionare waren vor ihm da gewesen. Das Paradies gab es nicht mehr. Und er verzweifelte darüber.

Wer sind wir? Die Antwort auf diese Frage ist eingespannt zwischen der Frage nach der Vergangenheit und der nach der Zukunft. Wir können nur wissen, wer wir sind, wenn wir eine längere Geschichte zur Verfügung haben, die nach hinten und nach vorne blickt. Unsere christlichen Vorfahren lebten inmitten einer Geschichte, die zurückschaute auf die Schöpfung und nach vorne blickte auf das Gottesreich. Wir kommen von Gott und kehren zu ihm zurück. Pilgerfahrten waren ein Ausdruck dieser Hoffnung. Unsere Gesellschaft hingegen hat die gemeinsame Geschichte weitgehend verlo-

ren. Auch ist das Vertrauen in säkulare Hoffnungen sehr viel
schwächer. Flora Tristáns Traum eines politischen Paradieses
ist weithin ausgeträumt, und auf der Welt gibt es nur noch
wenige Orte, an denen wir den katastrophalen Auswirkungen
des modernen Industrialismus entfliehen können. Und so ist
das Paradies weitgehend aus unserer gemeinsamen Vorstellung verschwunden. Wir gehen nicht länger zusammen auf
eine gemeinsame Bestimmung zu. Vielleicht ist hierin der
Grund zu suchen, warum immer mehr Jugendliche in Europa
an ein personales Weiterleben nach dem Tod glauben: Wenn
es schon nichts mehr über die Bestimmung der Menschheit
zu sagen gibt, kann ich mich wenigstens an ein Versprechen
für meine eigene Zukunft klammern.

In den späten 1960er Jahren, als ich frisch in den Orden
eingetreten war, sah die Situation noch anders aus. Die Überzeugung, dass in der Zukunft ein Versprechen liege, war mit
Händen greifbar. Alles schien möglich. In meinen Studen-
tentagen stand in ganz Paris auf den Wänden: «*L'imagination
au pouvoir!*» – «Die Fantasie an die Macht!» Auch im England der Beatles waren die Dinge verheißungsvoll. In den Re-
staurants bekam man Froschschenkel und Schnecken; meine
Mutter tat Knoblauch ins Essen, wenn mein Vater nicht hin-
sah – das Gottesreich musste nahe sein. Es war das letzte Echo
des Vertrauens unserer viktorianischen Vorfahren, das sich
ausgedrückt findet in einem Satz von Dickens, dem Vikto-
rianer par excellence: «Das Rad der Zeit rollt seinem Ende
zu und die Welt wird, je mehr sie fortschreitet, im großen
und ganzen umso besser, milder, duldsamer und hoffnungsvoller!»[6]

Dieses Vertrauen ist heute weitgehend verschwunden. Ein
Moment in diesem Prozess des Verlusts war seltsamerweise

der Fall der Berliner Mauer 1989. Francis Fukuyama sprach in einer berühmt gewordenen Formel vom «Ende der Geschichte». Die Träume von einer radikalen Veränderung der Menschheit wurden schwächer. In seinem Buch *Cultural Pessimism. Narratives of Decline in the Postmodern World* (Edinburgh 2001) diagnostiziert Oliver Bennett von der Universität Warwick vielen westlichen Ländern eine kollektive Depression trotz gleichzeitiger Explosion des Wohlstands. Die Gewalt in den Städten nimmt zu, Bandenkriege wüten, der Drogenkonsum eskaliert. Global wächst die Ungleichheit zwischen Arm und Reich, die AIDS-Epidemie breitet sich immer weiter aus, es droht die ökologische Katastrophe. Dazu kommen gewaltsame Zusammenstöße zwischen den Religionen und die Ausbreitung des Terrorismus.

Was könnten wir, die «Now Generation», ohne ein Zukunftsversprechen also anderes tun, als in der Gegenwart zu leben und alles von ihr zu erwarten? Hugh Rayment-Pickard schreibt:

Um uns herum sehen wir New-Age-Religionen, die eine individualistische Frömmigkeit und sofortige Befriedigung bieten; eine Gesellschaft, die getrieben ist vom Konsum; ein Streben nach unmittelbarer Kommunikation; ein Misstrauen gegenüber aller ‹Ideologie›; ein kurzfristiges Denken in der Politik; Wahlmüdigkeit; und christliche Kirchen, die immer mehr aufgesogen werden von Fragen der inneren Organisation, persönlicher Bekehrung und individuellen moralischen Verhaltens. Der Glaube der Moderne, dass wir die Welt wirklich besser machen können, wird schwächer. Die Gegenwart ist unser neuer Zeithorizont, unser sicherer Hafen im Ozean der Zeit.[7]

Ironischerweise wachsen unsere Kinder mit einem größeren Bewusstsein für Zeit auf als jede Generation vor ihnen.
Jedes Kind weiß, dass wir zwischen «Big Bang» und «Big
Chill» leben, dem Urknall und dem endgültigen Erkalten
der Universums. In der westlichen Welt haben viele Kinder
mehr Ahnung von Dinosauriern als von Kühen und Schafen.
Den Unterschied zwischen einem Triceratops und einem Ty-
rannosaurus Rex haben sie eher erklärt als den zwischen einem Aberdeen-Angus-Rind und einer Holsteiner Kuh. Aber
in dieser Geschichte des Universums oder gar unseres Planeten spielen wir Menschen keine besondere Rolle. Als der
letzte Dinosaurier starb, gab es uns wahrscheinlich noch gar
nicht; und wenn wir aussterben, wird es vermutlich einiges an
Käfern überstehen. Den einzigen wesentlichen Beitrag, den
die Menschheit möglicherweise leisten wird, ist ein negati-
ver: das Auslösen einer ökologischen Katastrophe, verursacht
durch unsere Habgier oder einen Atomkrieg. Das ist keine
Geschichte, die uns etwas verspricht. Darwin, eine weitere geradezu archetypische Gestalt des viktorianischen Zeitalters,
verhalf uns zur Entdeckung einer Geschichte, die uns bedeu-
tungslos macht. Sie war Ausdruck des ungeheuren Selbstvertrauens der Epoche, bietet aber keine Grundlage, auf der wir
unser eigenes Vertrauen in die Zukunft aufbauen könnten.
Und natürlich haben wir seit dem 11. September 2001 noch
eine weitere Zukunftsgeschichte zu erzählen. Sie handelt vom
Krieg gegen den Terrorismus oder vom Dschihad gegen den
Westen. Versprechen tut sie außer endloser Gewalt gar nichts.
Wir wissen noch nicht einmal, was in dieser Geschichte Sieg
ist und was Niederlage. Kürzlich veröffentlichte Sir Martin
Rees, der Präsident der Royal Society, ein Buch (London 2004)
mit dem Titel *Our Final Century? Will the Human Race Sur-*

vive the Twenty-First Century? – Unser letztes Jahrhundert?
Wird die Menschheit das 21. Jahrhundert überleben?

Für das Christentum ist das möglicherweise eine große Chance. Wenn wir Wege finden, unsere christliche Hoffnung zu leben und zu teilen, haben wir etwas anzubieten, wonach die Welt hungert. Die Hoffnung unserer christlichen Vorfahren wurde noch gestützt durch einen gesamtgesellschaftlichen Optimismus. Sie war gewissermaßen die Taufe des imperialen Selbstvertrauens, mit dem sie sich traf: Die Gesellschaft glaubte, auf dem Weg in eine glorreiche materielle Zukunft zu sein. Wir glaubten, dass die Straße noch etwas weiter führt, zum Gottesreich. In der jetzigen Situation haben wir etwas Außergewöhnliches und Seltenes im Angebot: eine Hoffnung, die ihrer säkularen Krücken beraubt ist – neu, frisch, begehrenswert. Wie können wir das vermitteln? Oft stecken unsere Kirchen selbst in einer Krise der Hoffnungslosigkeit. Die Zahl der Gottesdienstbesucher ist rückläufig, Mutlosigkeit regiert, interne Spannungen und Spaltungen zerreißen uns. Wie sieht die Hoffnung aus, die wir zu teilen haben?

Bieten wir eine alternative Zukunftsgeschichte an? Wir glauben an den endgültigen Triumph des Guten über das Böse. Wir glauben an das Kommen des Gottesreiches, an das Ende allen Todes und allen Leidens. Aber wir haben keine Geschichte in petto, wie das genau geschehen wird. Wir können nicht in das Buch der Offenbarung schauen und sagen: «Hallo zusammen, alles in Ordnung. Fünf Plagen haben wir schon, zwei kommen noch.» Wir verfügen über keine Exklusivinformationen, was der Menschheit in den nächsten hundert oder tausend Jahren ins Haus steht.

Und das ist auch gut so. Das 20. Jahrhundert wurde zerquält von Ideologien, die nur zu gut wussten, worauf die Menschheit zusteuert und wie sie dorthin gelangt. Rayment-Pickard macht die Wurzeln dieser «aufgezwungenen» Zukunft in der Überzeugung der Aufklärung fest, dass die Zukunft nicht nur erwartet, sondern gemacht werden müsse. Die Folgen waren unweigerlich brutal.

> Sobald es einen Plan gibt, muss er umgesetzt und die dafür notwendigen Ressourcen kontrolliert und verwaltet werden. Wer dem Plan nicht zustimmt oder nicht kooperiert, muss ebenso ‹verwaltet› werden. Das ganze Projekt der Heraufführung einer geplanten Zukunft verlangt die Auferlegung einer, wie Adorno und Horkheimer es genannt haben, ‹instrumentellen Vernunft›: einer kontrollierenden Rationalität, die die ganze Natur den von ihr gesetzten Zielen dienstbar macht.[8]

Das Ziel mag häufig die menschliche Freiheit gewesen sein. Oft genug hat uns das letzte Jahrhundert aber vor Augen geführt, wie dieses Ziel sie auch zerstören kann.

Im Juli 2004 war ich zum ersten Mal in Auschwitz. Auf einer großen Karte sind dort die Eisenbahnlinien aus ganz Europa eingezeichnet, die in das Konzentrationslager führten. Sie endeten in den Gaskammern. Es waren Endhaltestellen im ganz wörtlichen Sinn. Alles Planen und Vermessen der Zukunft endete in Verzweiflung und in Millionen von Toten. Rabbi Hugo Gryn erinnert sich, dass der Eingang des Lagers Auschwitz bei seiner Ankunft übersät war mit weggeworfenen Tefillin, den jüdischen Gebetsriemen. Es war ein Zeichen dafür, dass Beten hier, in diesem Lager, keinen Sinn mehr machte. Heute ist Auschwitz selbst zu einer Art Pilgerort geworden. Junge Menschen, in Schwarz gekleidet, skandieren die Namen der Verstorbenen. Sie tun es mit wechselnden

Rhythmen, als sängen sie Psalmen. Für unser Hoffen stellt diese Pilgerfahrt die größte Herausforderung dar.

Viele fürchten, dass der «Krieg gegen den Terrorismus» zu einem weiteren solchen Fahrplan werden könnte, der nur noch mehr Gewalt produziert. Einer der Berater von George Bush warf den Demokraten vor, sie gehörten zur «Gemeinschaft der Realitätsbezogenen», die «daran glaubt, dass Lösungen aus dem verständigen Studium einer erkennbaren Realität» erwachsen. Der Berater hielt dagegen: «So funktioniert die Welt aber nicht mehr. Wir sind jetzt ein Imperium, und wir schaffen uns unsere eigene Realität. Wir sind die Akteure der Geschichte, und Ihnen, Ihnen allen bleibt nichts, als die Realität zu studieren, die wir geschaffen haben!»[9] Was wird nach Afghanistan und dem Irak als Nächstes auf dem Fahrplan stehen? Syrien? Nordkorea? Das soll nicht heißen, dass wir die Zukunft nur passiv erwarten müssten. Aber wir sollten auf der Hut sein vor allen, die einen Masterplan zu haben glauben und alles mit ihm in Übereinstimmung zu zwingen suchen.

Das Christentum hat keinen Fahrplan im Angebot, aber es hat eine Geschichte. Im Zentrum dieser Geschichte stehen die drei Tage, die uns vom Letzten Abendmahl zum leeren Grab führen. Nur war das Letzte Abendmahl auch der Augenblick, in dem die Jünger jede Geschichte verloren, die von der Zukunft sprach. Auf dem Weg nach Jerusalem waren sie getragen worden von einer eigenen Geschichte. In ihr hatten sie sich ausgemalt, was wohl passieren würde. Den genauen Inhalt kennen wir nicht, aber mit größter Sicherheit handelte er von der Vertreibung der Römer aus Jerusalem, von der Wiederherstellung Israels und der Einsetzung Jesu als messianisch-politischer König. Ähnlich bekannten es

Jesus auch die Jünger auf dem Weg nach Emmaus: «Wir aber
hofften, dass er es sei, der Israel erlösen werde» (Lukas 24,21).
Ihre Geschichte, wie immer sie im Detail auch ging, brach an
jenem Abend zusammen. Judas hatte Jesus verkauft; Petrus
würde ihn verraten und die anderen Jünger aus Angst die
Flucht ergreifen. Im Angesicht von Jesu Passion und Tod hatten sie nichts mehr über die Zukunft zu sagen. In diesem Moment, als die brüchige Gemeinschaft zerfiel, nahm Jesus Brot,
segnete es und gab es ihnen mit den Worten: «Das ist mein
Leib, der für euch hingegeben wird.»

Das ist das fundamentale Paradox des Christentums. Als
Christen kommen wir zusammen, um die Geschichte des
Letzten Abendmahls in Erinnerung zu rufen. Es ist unsere
grundlegende Geschichte; die Geschichte, in der wir den Sinn
für unser Leben finden. Und doch erzählt sie von dem Moment, als es keine Geschichte mehr zu erzählen gab, als die
Zukunft verschwand. Wir versammeln uns als Gemeinschaft
um den Altar und gedenken der Nacht, als die Gemeinschaft
zerfiel: Unsere Gründungsgeschichte handelt vom Zusammenbruch aller Geschichten, unsere Gemeinschaft blickt zurück auf den Augenblick, als sie auseinanderbrach.

Aber das Paradox reicht noch tiefer. Die Texte, die dieses
Ereignis beschreiben, die Evangelien, wurden, soweit wir es
erkennen können, mit der Absicht verfasst, eine zweite Krisenzeit zu verstehen. Denn nach der Auferstehung hatten
die Jünger ihre Hoffnung offenbar sehr schnell an eine weitere Zukunftsgeschichte gehängt. Sie verkündeten das Evangelium in allen größeren Städten des römischen Imperiums,
wurden verfolgt, stritten untereinander. Aber bald würde
alles gut werden: Denn Jesus würde jeden Moment wieder-
kommen. Das Ende war in Sicht. Besonders stark scheinen

diese Hoffnungen gewesen zu sein, als die Kirche in Rom in den späten 6oer Jahren des ersten Jahrhunderts unter Nero verfolgt wurde. Petrus und Paulus starben als Märtyrer, aber viele Christen verrieten und lieferten sich gegenseitig aus. Die Kirche schien am Rande des Zusammenbruchs. Die Wiederkunft Jesu musste unmittelbar bevorstehen. Aber er kam nicht. Noch einmal durchlitten die ersten Christen die Krise des Verlusts, noch einmal war ihnen das Ende ihrer Geschichte abhandengekommen.[10] Wahrscheinlich sind die Evangelien, insbesondere das Markusevangelium, die Früchte des Ringens mit dieser Krise. Jesus kam nicht in Herrlichkeit, aber das Wort wurde Fleisch in den Worten des Evangeliums.

Jedes Mal, wenn wir uns als Gemeinschaft zur Eucharistie versammeln, erinnern wir uns an den Moment, als Jesus vor Tod und Verlassenheit stand, als die Jünger mit einem Schlag alles verloren, was von ihrer Zukunft sprach. Wir erinnern uns mit den Worten der Evangelien, die im Licht jenes zweiten großen Verlusts einer Zukunftsgeschichte geschrieben wurden, als Jesu Wiederkunft in Herrlichkeit ausblieb. Mittlerweile sollten wir also gelernt haben, dass die Hoffnung auf das Gottesreich uns keinen Fahrplan an die Hand gibt. Im Gegenteil, sie nimmt ihn uns. In beiden Fällen verloren die frühen Christen alle Gewissheit darüber, was vor ihnen lag, aber zugleich wuchs ihre Vertrautheit mit dem Herrn. Im ersten Fall schenkte er ihnen seinen Leib, im zweiten die Evangelien. Wir sollten vor Krisen also keine Angst haben. Die Kirche wurde in einer Hoffnungskrise geboren. Krisen sind unsere *specialité de la maison*. Sie beleben uns. Auch wenn es unmöglich und jenseits aller Vorstellung scheint.

Was tat Jesus in diesem Augenblick? Für uns ist es von zentraler Bedeutung, denn er hat uns aufgetragen, das Gleiche zu tun zu seinem Gedächtnis. Die Erinnerung an dieses Tun macht uns zu einem Volk der Hoffnung. Es hat uns einen Raum, eine Weite der Hoffnung eröffnet, in der wir leben können. Ich werde wiederholt in diesem Buch darauf zurückkommen. Inwiefern war es ein Zeichen der Hoffnung?

Beim Letzten Abendmahl prallten zwei Arten von Macht aufeinander: auf der einen Seite die Macht der politischen und religiösen Autoritäten – eine brutale und stumme Macht; die Macht, Jesus gewaltsam gefangen zu nehmen, ihn einzusperren, zu demütigen und zu töten; die Macht des Pilatus, der Jesus fragte: «Weißt du nicht, dass ich Macht habe, dich freizulassen, und Macht, dich zu kreuzigen?» (Johannes 19,10). Die Geschichte Jesu, insbesondere wie sie Johannes uns erzählt, handelt von einer anderen Art Macht, der Macht der Zeichen und Worte. Jesus wirkt Zeichen, verwandelt Wasser in Wein, öffnet die Augen des Blinden, lässt den Tauben sprechen und erweckt Lazarus zum Leben. Das ist keine magische Macht, als wäre er ein Gandalf des ersten Jahrhunderts oder Petrus ein zweiter Frodo gewesen. Es ist die Macht des Sinns und der Wahrheit. Und so sagt Jesus zu Pilatus: «Ich bin dazu geboren und dazu in die Welt gekommen, um für die Wahrheit Zeugnis abzulegen. Jeder, der aus der Wahrheit ist, hört auf meine Stimme.» Pilatus erwiderte: «Was ist Wahrheit?» und wartete bekanntermaßen gar nicht erst auf eine Antwort. Er brauchte keine, denn er hatte Soldaten.

Das Letzte Abendmahl war ein Zusammenstoß der Macht brutaler Gewalt und der Macht des Zeichens. Auf der einen Seite die Macht des Pilatus, auf der anderen die des schwachen und verletzlichen Mannes, der Brot nimmt, es bricht und teilt im Angesicht des Todes. In jeder Eucharistie feiern wir unser Vertrauen darauf, dass in Christus letztlich der Sinn triumphieren wird – auf Wegen, die wir weder erahnen noch vorhersehen können. Der Schriftsteller und frühere Präsident der Tschechischen Republik Václav Havel definiert Hoffnung folgendermaßen: «[Hoffnung] ist nicht die Überzeugung, dass etwas gut ausgehen wird, sondern die Gewissheit, dass etwas einen Sinn hat – gleichgültig, wie es ausgeht.»[11] Sie ist die Überzeugung, dass sich all das, wofür wir leben, Glück und Trauer, Sieg und Niederlage, eines Tages als sinnhaft erweisen wird. Trotz des Wahnsinns des letzten Jahrhunderts mit seinen Weltkriegen, Atombomben, Völkermorden und dem Holocaust ist das Dasein nicht zur Absurdität verdammt.

Unsere Hoffnung auf das Paradies ist nicht die Hoffnung auf den Triumph einer stummen Gewalt: die der Armeen, einer bestimmten Wirtschaftsordnung – sei sie kapitalistisch oder kommunistisch –, einer Rasse oder Klasse. Es ist die Hoffnung auf den endgültigen und unvorstellbaren Sieg des Sinns. Unsere Geschichte beginnt damit, dass Gott ein Wort spricht und die Schöpfung ins Dasein kommt. Er sagt: «Es werde Licht. Und es wurde Licht.» Er erschafft, wie Maximus Confessor es nennt, mit der «unfassbaren Macht der Weisheit».[12] Unsere Existenz ist nicht einfach nur eine nackte Tatsache. Sie bedeutet, durch Gottes Wort im Dasein gehalten zu werden. Dinge zu verstehen heißt nicht, ihnen eine willkürliche Bedeutung aufzuerlegen: Es bedeutet, mit dem Schöpfer in Berührung zu kommen, der ihnen Dasein verleiht. Adam hat den Tieren Namen gegeben. Mit ihm sind auch wir berufen, dieses schöpferische Wort mitzusprechen, bis es die Vollendung der Schöpfung, das Gottesreich, her">auführt. Wann immer wir mit- und übereinander sprechen, sind wir entweder Gottes Partner in der Schöpfung oder wir versuchen, sie zu untergraben.

Doch scheint diese Art von Macht ohnmächtig angesichts der Mächte der Welt, der Mächte der Gewalt und des Geldes. In besonderer Weise werden das die Menschen im Zeitalter der industriellen Revolution empfunden haben. Sie lebten in einer Welt, die auf der Nutzbarmachung roher Gewalt gründete, der Kraft von Dampf und Kohle, der Elektrizität und schließlich des Atoms. Damit verbunden war der Triumph militärischer Macht, mit der die Staaten im Zeichen des Imperialismus um die Kontrolle der Welt wetteiferten. Es war eine brutale Gewalt im Dienst einer ganz bestimmten Geschichte, der des Triumphs des Westens. Vor allem die Engländer waren von einem Sendungsbewusstsein getrieben, vom Mythos, Gottes auserwähltes Volk zu sein. Im Dienst dieser Geschichte war jedes Mittel gerechtfertigt. Heute haben die Amerikaner diesen Mythos geerbt. In einer solchen Welt mag die Rede von der Wirkmächtigkeit von Zeichen und Worten reichlich dürftig klingen. Sinn spielt sich nur in unseren Köpfen ab. Die Religion muss sich sehr anstrengen, um in ihr noch irgendwie ernst genommen zu werden. Berühmt ist Stalins Frage, wie viele Panzerdivisionen der Papst denn habe.

Aber unsere Welt befindet sich in einem tiefgreifenden Wandel. Im Westen können wir allenthalben die Zeichen des Endes der industriellen Revolution sehen. Seine alten Schwerindustrien sind weitgehend stillgelegt. Wir leben in einer neuen Welt, die Zygmunt Bauman, Dozent an den Universitäten Warschau und Leeds, «flüchtige Moderne»[13] nennt. In dieser Welt kursieren nicht mehr Schwergüter – Stahl, Kohle usw. –, sondern Bilder, Logos, Symbole und Zeichen. Wir leben in einer «symbolgesättigten Gesellschaft».[14] In dieser neuen Welt mag die eigenartige christliche Fixiertheit auf die Macht der Zeichen also doch nicht so albern erscheinen.

Können wir Zeichen der Hoffnung finden, wird die Welt aufmerksam werden und sie in null Komma nichts über das Internet um den Globus schicken. Denken Sie nur an die kleine, so verwundbare Gestalt vor dem Panzer auf dem Platz des Himmlischen Friedens. Innerhalb weniger Stunden war dieses Bild weltweit auf allen Schirmen zu sehen und die Regierung eines Viertels der Menschheit angeschlagen.

Ein Mann, der mit symbolischen Gesten zu einer Welt sprach, die wie die unsere in einem tiefgreifenden Umbruchprozess steckte, war Franziskus. G. K. Chesterton schreibt über ihn:

> Die Dinge, die er sagte, waren fantasiereicher als die, welche er schrieb. Die Dinge, die er tat, waren fantasiereicher als die, welche er sagte. [...] Von dem Augenblick an, da er seine Kleider zerriss und sie seinem Vater vor die Füße warf, bis zu dem Augenblick, wo er sich sterbend auf der bloßen Erde in der Form des Kreuzes ausstreckte, bestand sein ganzes Leben aus solchen unbewussten Gebärden und treffsicheren Gesten.[15]

Der perfekte Künstler für Franziskus war deshalb Giotto. In seinen Fresken tauchen wir ein in das, was Franziskus tat; in ihnen haben seine kreativen Gesten ein fortdauerndes Echo. Wir Dominikaner hatten Fra Angelico. Heute bietet das Internet eine ähnliche Möglichkeit. Wie können wir es am besten nutzen – so nutzen, wie es die frühen Franziskaner und Dominikaner mit den besten Künstlern ihrer Zeit taten?

Die Bedeutung symbolischer Handlungen haben zweifellos auch die Terroristen des 11. September verstanden. Das Entsetzen über die Vernichtung so vieler Menschenleben und den materiellen Schaden ist nicht in Worte zu fassen. Geplant waren die Anschläge aber als symbolische Ereignisse: Es waren die Symbole der modernen Kommunikation, Flugzeuge, die in die Symbole der amerikanischen Militär- und Wirtschaftsmacht, das Pentagon und die Twin Towers, einschlugen. Dieses symbolische Ereignis voller Gewalt sprach von Nicht-Kommunikation. Daher kann die allein wirksame Antwort nur in Form anderer Gesten geschehen – Gesten, die von Kreativität sprechen, nicht von Zerstörung, von Vergebung, nicht von Gewalt. Die meisten von uns werden sich nach dem Einschlag der Flugzeuge als Erstes an die Feuerwehrleute erinnern, die den Betroffenen ohne Rücksicht auf ihr eigenes Leben zu Hilfe eilten. Wir gedenken auch ihres franziskanischen Seelsorgers, Mychael Judge, der mit ihnen starb.

Einige amerikanische Dominikaner beschlossen, den ersten Jahrestag von 9/11 mit einem einmonatigen Fasten zu begehen. Während dieser Zeit tranken sie nur Wasser. Unter ihnen waren Ordensmänner und -frauen und eine Laiendominikanerin, Sheila Provender, die im Anschluss nach Bagdad ging und sich dort während des Irakkrieges aufhielt. Andere, mich eingeschlossen, fasteten nur für kurze Zeit mit – es war eine gute Art, ein paar überflüssige Pfunde loszuwerden! Als dann die Gefahr eines Krieges immer größer wurde, verschob sich der Schwerpunkt der Aktion. Wir alle trugen T-Shirts mit der Aufschrift «Es muss eine andere Lösung geben». Wir kampierten auf dem Union Square unmittelbar nördlich von Ground Zero und redeten jeden Tag mit Hunderten von Menschen, die uns ansprachen und unsere Flugblätter lasen. Viele Juden und Muslime schlossen sich uns zum Gebet an, das wir dreimal täglich hielten. Was mich erstaunte, war, dass die symbolische Bedeutung des Fastens sofort erkannt wurde, selbst von jungen Menschen. Eine Ausnahme war ein junger Mann, der seinen Hamburger und seine *freedom fries* jeden Tag vor unserer Nase aß. Nie haben sie besser gerochen! Das Fasten war eine symbolische Geste, die sprach. Und sie zog die mediale Aufmerksamkeit auf sich. Kein Tag verging, ohne dass TV-Kameras und Journalisten darüber berichteten.

Zugegeben, das Ganze hatte keine besonders große Wirkung. Präsident Bush wird kaum mit dem britischen Premierminister telefoniert haben, um mit ihm über einen Verzicht auf den Krieg zu sprechen, weil die Dominikaner in New York fasten. Aber mit solchen Zeichen, die unsere Hoffnung ausdrücken, öffnen wir ein Fenster für Gottes verwandelnde Gnade in der Welt. Mit dieser Aufmerksamkeit und Achtsamkeit für Sinn, nicht für brutale Gewalt, sprechen wir Gottes Wort mit, das sein Reich heraufführt, das Wort, das sagt: «Die Menschen sollen zum Leben kommen, zum wirklichen Leben, das sie erblühen und gedeihen lässt» – und wir werden es. In Shakespeares *Kaufmann von Venedig* sagt Portia: «Wie weit die kleine Kerze Schimmer wirft! So scheint die gute Tat in arger Welt.»[16]

Jesus hat nicht allen Blinden in Israel die Augen geöffnet. Machte die Heilung eines blinden Mannes wirklich etwas aus? Jesus half auch nicht allen Hochzeitsfeiern aus der Bredouille, denen der Wein ausging. Aber diese kleinen Zeichen waren Teil von Gottes Sprechen, das erschafft und neu schafft. Gerade die Zartheit und Geringfügigkeit solcher Gesten machte sie umso mächtiger. Der Herr ließ Gideon die Midianiter erst besiegen, als seine Armee von 32.000 auf 300 Männer reduziert war. In der Bibel ist klein schick – *small is beautiful*. Jesus sagt, dass wir, was immer wir für den geringsten seiner Brüder und Schwestern tun, ihm tun. Kleine Gesten sind zugleich Gebet um das Kommen des Gottesreiches und Sprechen des Gotteswortes, das es uns näher bringt.

Jesus tat aber nicht einfach *irgendein* Zeichen. Was er tat, war kreativ und verwandelnd. Seine Auslieferung in die Hände seiner Feinde stand unmittelbar bevor. Von einem seiner eigenen Jünger würde er der brutalen Gewalt des römischen Imperiums übergeben werden. All das nahm er nicht einfach passiv hin, sondern machte es zu einem Moment der Gnade. Er wandelte den Verrat zur Gabe: «Ihr werdet mich ausliefern und weglaufen; ich nehme diese Untreue und mache sie zu einer Gabe meiner selbst an euch.»

Zu hoffen heißt nicht einfach nur, darauf zu setzen, dass das Gute stärker ist als das Böse. Es ist nicht einfach das Vertrauen darauf, dass Gott das letzte Wort haben wird, wie ein Westernheld, der im letzten Moment angaloppiert kommt, um uns zu retten. Mit diesem Zeichen umfängt Jesus dieses äußerste Vergehen, den Mord an Gottes eigenem Sohn, und macht es fruchtbar. In der menschlichen Geschichte gibt es daher nichts mehr, was nicht irgendwie, auf Wegen, die wir nicht erahnen können, angenommen werden und Frucht bringen kann. Mozarts Musik, so Karl Barth, ist so gewaltig, weil in ihr ein großes *Nein* vorhanden ist, das überlagert wird von einem triumphalen *Ja*.[17] Rowan Williams schreibt: «Im Herzen der Dunkelheit ist das Licht; die Morgenröte bricht an, wenn wir vollkommen in die Nacht eingetaucht sind.»[18]

Ich war zum ersten Mal in Burundi, als die ethnischen Konflikte zwischen Hutus und Tutsis, die dieses wunderschöne Land zerreißen, neu entfacht waren. Ich wollte die Gemeinschaft der Dominikanerinnen im Norden des Landes besuchen. Die Straßen waren zu gefährlich, daher beschlossen wir, das kleine UN-Flugzeug zu nehmen, das ab und an in die Richtung flog. Wegen der steigenden Gewalt zog sich die UNO jedoch aus dem Land zurück. So blieb uns nichts anderes übrig, als darauf zu vertrauen, dass schon alles gutgehen würde, und mit dem Auto zu fahren. Die Fahrt war mehr als schwierig. Wir wurden von der Armee angehalten, die uns wegen der Kämpfe auf der Straße an der Weiterfahrt hindern wollte, und sahen eine ganze Busladung getöteter Menschen. Ich glaube, dass mehrere Schüsse gezielt auf uns abgefeuert wurden. Das ganze Land war braun und tot, die gesamte Ernte verbrannt. Und dann sahen wir in einiger Entfernung einen grünen Hügel – es war das Kloster.

Sechs der Nonnen waren Tutsi und sechs Hutu. Es war einer der wenigen Orte, an dem beide ethnischen Gruppen in Eintracht und Frieden zusammenlebten. Sie alle hatten fast ihre gesamte Familie in dem Gemetzel verloren. Nur eine einzige, eine junge Novizin, war bislang von diesem schrecklichen Verlust verschont geblieben. Doch noch während unseres Aufenthaltes bekamen wir die Nachricht, dass auch ihre Familie ausgelöscht worden war. Ich fragte die Nonnen, wie sie es überhaupt noch schafften, zusammenzuleben. Sie antworteten, dass sie neben dem gemeinsamen Gebet immer die Nachrichten zusammen hörten, so dass sie die Geschehnisse miteinander teilen konnten. Keine sollte mit ihrer Trauer allein sein. Nach und nach bekamen Menschen aller ethnischen Gruppen mit, dass das Klostergrundstück ein sicherer Ort war. Sie kamen zum Gebet in die Kirche und bauten um sie herum ihr Getreide an. Es war ein grüner Ort in einem verbrannten Land – und ein Zeichen der Hoffnung.

Vor dem Jerusalembesuch Papst Johannes Pauls II. herrschte, so Rabbi Jonathan Sachs, Skepsis unter vielen Israelis. Was würde die Reise schon bringen außer noch mehr warmer Worte? Mit seinem Gang zur Klagemauer verwandelte der Papst die Situation jedoch. Er nahm still seinen Platz unter den Juden ein, die dort der Zerstörung des Tempels gedenken. Er teilte ihre Klage. Und sie waren bewegt «von der zerbrechlichen, einsamen Gestalt des Mannes an der Mauer, die einst der Tempel gewesen war, der mit sich die Last von Jahrhunderten der Entfremdung trug, entschlossen, die Vergangenheit zu bereuen und einen neuen Weg nach vorne zu beschreiten» *(Times 9. April 2005)*. Zeichen, die sprechen, wirken.

In den westlichen Ländern ist die Kirche mit ihrem eigenen Verrat konfrontiert, den sie nun annehmen muss: den Fällen sexuellen Missbrauchs durch Mitglieder des Klerus. Viele Verantwortliche in der Kirche scheinen gehofft zu haben, dass sie eines Morgens aufwachen und der Alptraum zu Ende sein würde, um dann weiterzumachen wie bisher. Wir müssen zu glauben wagen, dass auch diesem Schmerz mit Klarheit und Hoffnung begegnet werden kann. Wie Jesus den Verrat des Judas annahm, können auch wir es wagen, diesem Verrat im Vertrauen darauf zu begegnen, dass er Frucht bringen kann. In einem Artikel fragte Enda McDonagh, ob wir dazu bereit sind, die Verzweiflung der missbrauchten Menschen zu teilen: «Ist uns die Verzweiflung beschieden, die die Opfer [von sexuellem Missbrauch] seit Jahrzehnten verfolgt, wo sie doch nach einer mitfühlenden seelsorgerischen Begleitung gesucht haben, die ihnen durch ihre Dunkelheit hilft? Dort müssen wir alle in diesem Augenblick sein, als Brüder und Schwestern in Christus, die versuchen, den Schmerz, die Dunkelheit und die Verzweiflung zu teilen.»[19] Gemeinsam mit ihnen entdecken wir vielleicht eine neue, lebendige Hoffnung. Wenn wir weglaufen, bleibt die Situation unfruchtbar, so als hätte sich

Jesus durch die Hintertür geschlichen, um der dunklen Nacht des Verrats nicht ins Auge sehen zu müssen.[20]

Unser Sakrament der Hoffnung wurde in einem Moment gefeiert, als es keine Hoffnung mehr zu geben schien. Aber es wies nicht allein auf die Zukunft hin. In gewisser Weise brach mit ihm die Zukunft herein. Wonach sich die Jünger sehnten, wurde in diesem Moment vorweggenommen. Sie aßen, tranken und feierten im Angesicht des Todes. In diesem Augenblick bricht die Ewigkeit herein. Die Soldaten waren bereits im Anmarsch, aber jetzt, in diesem Moment, teilte Jesus das Brot. Jetzt ist der einzige Augenblick, der existiert.

Als Christen hoffen wir auf die Ewigkeit. Aber die Ewigkeit ist nicht etwas, was sich am Ende der Zeit ereignet, wenn wir tot sind. Sie beginnt jetzt, wann immer wir Gottes Leben teilen. Sie bricht jedes Mal dann an, wenn wir Hass durch Liebe überwinden. In Wahrheit lebt die «Now Generation» nicht im gegenwärtigen Augenblick. Sie lebt für etwas, das im Begriff ist zu geschehen: ein Wunsch, der kurz vor der Erfüllung steht, der nächste Kauf, dem man entgegenfiebert, die Vollendung einer Sache, die sich schon abzeichnet. In den Fingern juckt es uns nach der Fernbedienung. Hoffnung bedeutet das Wagnis, jetzt Gottes Ewigkeit durch die Wolken brechen zu lassen. Hoffnungsvoll und -froh zu sein, heißt, ganz im gegenwärtigen Augenblick zu leben, in dem etwas geschehen kann. Der deutsche Dominikaner Meister Eckhart schrieb im 14. Jahrhundert: «Was meint ‹heute›? – Die Ewigkeit.»[21] Die Feier der Eucharistie ist also ein Sakrament unserer Hoffnung auf das Gottesreich. Aber das Gottesreich kommt heute zum Vorschein. Wir können seine zukünftige Freude schon heute schmecken. Wir brauchen Zeichen, die von der Zukunft sprechen.

1966 feierten Papst Paul VI. und der anglikanische Erzbischof Michael Ramsey zusammen eine ökumenische Liturgie in der römischen Basilika St. Paul vor den Mauern und
unterzeichneten eine gemeinsame Erklärung, in der sie ihren Wunsch nach Einheit ausdrückten. Im Anschluss nahm
Paul VI. den Erzbischof beiseite und zeigte ihm einige Fresken. Ganz unvermittelt bat er Ramsey plötzlich, seinen Ring
vom Finger abzuziehen. Der Erzbischof war einigermaßen
verwirrt, aber er tat es. Daraufhin steckte ihm der Papst seinen eigenen Ring an den Finger, den er als Erzbischof von
Mailand getragen hatte. Ramsey brach in Tränen aus und
trug ihn für den Rest seines Lebens. Es ist derselbe Ring, den
auch Erzbischof Rowan Williams am Finger hatte, als er Johannes Paul II. besuchte. Oft wird die Diskrepanz zwischen
dieser Geste der Anerkennung und der offiziellen katholischen Weigerung hervorgehoben, die Gültigkeit der anglikanischen Weihen anzuerkennen. Eine solche Geste ist aber
nicht so sehr Ausdruck dessen, was gegenwärtig der Fall ist,
als vielmehr ein Ausgriff auf die Zukunft. Indem man einer
Hoffnung Gestalt gibt, bringt man sie ein Stück näher. Unsere
Kirchen mögen immer noch getrennt sein, wir sind immer
noch nicht in Gemeinschaft miteinander, aber diese Geste
schaut nach vorn. Sie schaut auf das, was kommen wird. Die
Wiedervereinigung der Kirchen ist vielleicht nicht das Paradies, aber zumindest würde sie dem skandalösen Gegenzei-
chen der Spaltung ein Ende bereiten.

Im April 2002 besuchte ich Kairo. Der Prior brachte mich
nach Muqattam, einem Stadtteil, der auf keinem touristischen
Besichtigungsprogramm steht. In ihm leben die Müllsamm-
ler. An die 300.000 gibt es von ihnen, darunter viele Christen. Es ist der dreckigste und stinkendste Ort, an dem ich je-

mals gewesen bin. Sogar die Kinder sahen alt aus und spielten auf der Straße teilnahmslos Fußball. Jeden Tag ziehen sie mit ihrem Eselkarren in die Stadt und bringen ihn mit Müll gefüllt zurück, den sie dann nach Brauchbarem und Wiederverwertbarem durchsortieren. Aber vielleicht sehen sie auf ihrem Nachhauseweg das Felsenmassiv des Muqattam-Hügels jenseits der Stadt. Ein polnischer Künstler hat in die Wand hinein Bilder von der Herrlichkeit Christi gehauen: Christi Auferstehung, seine Himmelfahrt und seine Wiederkunft am Ende der Zeit. Diese Bilder erinnern sie daran, dass sie nicht nur Bewohner Muqattams sind, sondern Bürger des Gottesreiches. Sie sprechen von dem, was kommen wird.

Als ich einmal von diesem Erlebnis erzählte, wurde eingeworfen, dass das nur ein weiteres Beispiel dafür sei, wie Menschen mit dem Opium der Religion betäubt werden, um sie mit ihrem Schicksal zu versöhnen. Der Glaube an die zukünftige Herrlichkeit bringe sie dazu, sich in das gegenwärtige Leiden zu ergeben, anstatt für Gerechtigkeit zu kämpfen. Das mag so sein. Aber der Sinn dieser Gesten und Bilder ist ein anderer: Sie wollen uns Hoffnung geben, damit wir die Apathie und das Gefühl von Hilflosigkeit abwerfen und handeln können. Während meines Aufenthaltes in Kairo wurde mir in einem Slum auch ein Projekt gezeigt, in dem Christen und Muslime gemeinsam am Aufbau einer Trink- und Abwasserversorgung arbeiten. Zeichen versprechen Zukunft. Sie geben uns damit die Kraft, aufzustehen und etwas zu tun.

In dem Film *Clockwise (Recht so, Mr. Stimpson)* sagt John Cleese: «Ich habe nichts gegen Verzweiflung; es ist die Hoffnung, die ich nicht ertragen kann.» Die Hoffnung fordert unseren Fatalismus heraus. Darum ist sie so beunruhigend.

«Wer ein Volk oder gar die Welt verwandeln will», so Eric Hoffer, «kann sich nicht darauf beschränken, Unzufriedenheit zu züchten und zu dirigieren oder zu zeigen, wie vernünftig und wünschenswert die beabsichtigten Veränderungen seien, oder die Menschen einfach in einen neuen Lebensmodus zu zwingen. Er muß vielmehr wissen, wie man eine wilde Hoffnung entfacht und brennend erhält.»[22] Etwa ein Sechstel der Weltbevölkerung lebt in extremer Armut.[23] Pro Tag tötet sie rund 20.000 Menschen. Sie sterben allein aufgrund der Tatsache, dass sie arm sind. Die Hoffnung, dass wir diese extreme Form der Armut im ersten Viertel des 21. Jahrhunderts ausrotten könnten, ist keinesfalls utopisch. Vor hundert Jahren lebte etwa der gleiche Anteil der Bevölkerung Großbritanniens in ähnlich katastrophalen Verhältnissen, und nicht wenige Stimmen behaupteten, dass man daran nichts ändern könne. Sie hatten unrecht. Als Christen müssen wir einen solchen Fatalismus ablehnen und der Armut ein Ende zu bereiten suchen. Dabei verfügen wir über keine ökonomischen oder politischen Sondererkenntnisse, wie das erreicht werden kann. Aber wir können unsere Hoffnung in Zeichen ausdrücken. Das verlangt Vorstellungskraft und Mut von uns. Wenn Christen zu Gesten bereit sind, die leicht verrückt wirken, anstatt sich immer ängstlich zurückzunehmen, weil dies nicht klappen oder jenes schief angesehen werden könnte, wird man den Duft unserer extravaganten Hoffnung vernehmen können.

«Alle Sorgen sind zu ertragen, wenn man sie in eine Geschichte packen oder eine Geschichte über sie erzählen kann.»[24] Geschichten lassen uns Sinn entdecken in unserem Leben mit all seinem Leid und all seinen Freuden. Als Einzelne und als Gemeinschaft leben wir von Geschichten, die

unsere Erfahrungen ausdrücken und ihnen eine Bedeutung
verleihen. Unsere christliche Hoffnung gründet darin, dass
wir in einer Geschichte leben. Sie bestimmt unser christliches
Jahr, das mit dem Advent anfängt und am Christkönigsfest
endet, und führt uns jeden Sonntag um den Altar zusammen. Unsere gemeinsame Hoffnung beinhaltet ein Versprechen. Aber stimmt diese Geschichte auch? Auf einer wichtigen internationalen Konferenz zitierte einer meiner Freunde,
ein Monsignore aus dem Vatikan, einmal ziemlich unvermittelt eine Zeile aus dem Lied *A Life of Surprises* der Gruppe
Prefab Sprout: «Die Welt braucht ihre Träumer – mögen sie
niemals aufwachen.» Unter den Zuhörern machte sich ner-
vöse Unruhe breit, denn der französische Übersetzer hatte
«Die Welt braucht ihre Extremisten» verstanden. Sind Christen nur Träumer, die noch nicht in der kalten Sinnlosigkeit
der Realität aufgewacht sind? Ist das Leben vielleicht nur ein
Märchen, «erzählt von einem Dummkopf, voller Klang und
Wut, das nichts bedeutet»?[25] Hat D. H. Lawrence recht, wenn
er schreibt:

Der Optimist richtet sich sicher
in einer Zelle ein
Und streicht die Innenwände himmelblau
Und verriegelt die Tür
Und sagt, er ist im Himmel.[26]

Vielleicht sind die Krisenmomente in der Kirche dazu da,
dass Gott unsere kuschelig-optimistischen Zufluchtszellen
zerstört. Er reißt die blauen Wände ein, damit das Sonnenlicht hineinscheinen und wir herauskommen können. Bei einer ewigen Profess predigte der damalige Provinzial der eng-

lischen Provinz, Ian Hislop. Er war ein schroffer, grimmiger
Schotte und konvertierter Presbyterianer:

> Ich stehe am Ende meines Ordenslebens, Sie beginnen Ihres.
> Wenn ich auf die lange Zeit im Orden zurückschaue, denke
> ich an alles, was ich aufzubauen und zu bewahren versucht
> habe. Oft habe ich mich gemüht, etwas zu erschaffen, ein
> Denkmal zu hinterlassen. Und dann kam, fast zwangsläufig,
> nach mir irgendein Depp und riss alles wieder ab, was ich
> aufgebaut hatte, und nannte es Fortschritt. Ich will Ihnen also
> folgenden Rat geben: Welches Ziel Sie auch immer verfolgen,
> welche Pläne Sie auch immer fassen, seien Sie gewiss: Gott
> wird sie durchkreuzen![27]

Das klingt nach calvinistischem Pessimismus, ist es aber
nicht. Unsere Träume sind zu klein. Wenn Gott sie zerstört,
geschieht das, damit wir uns in die größere Weite seines Lebens wagen. Gott befreit uns von allen kleinen Zielen, damit
wir lernen, extravaganter zu hoffen.

Weder das liturgische Jahr noch die Eucharistie geben uns
Aufschluss darüber, was vor uns liegt. «Im Glauben schreitet
die Geschichte der Zeit voran über einen Abgrund des Nicht-
wissens. Unsere Erzählungen sind nicht mehr als ein Gebet,
dass die Zeit Sinn in sich birgt.»[28] Das muss so sein, denn
wir können den Sinn unseres Lebens jetzt noch nicht kennen.
Denn Gott ist sein Sinn, und, wie Thomas von Aquin sagt,
was Gott ist, können wir nicht wissen. Unsere Bestimmung
liegt in etwas, was «kein Auge gesehen und kein Ohr gehört
hat und was in keines Menschen Herz gedrungen ist: Was
Gott denen bereitet hat, die ihn lieben» (1 Korinther 2,9). Um
dort anzukommen, müssen wir durch den Tod hindurchge-

hen. Er ist der Punkt, an dem tatsächlich alles niedergerissen wird, damit wir hinaus in das volle Licht der Sonne Gottes treten können.

Am Anfang dieses Kapitels standen Momo und Oskar, unsere beiden jungen Pilger. Sie sind Kinder und als solche ein Zeichen der Hoffnung, weil sie ganz am Anfang stehen. Augustinus sagt: «Gott ist jünger als alles.»[29] Wir sind alt geworden, aber Gott bleibt auf ewig jünger als wir. Die Hoffnung ist Ausdruck dieser ewigen Jugendlichkeit Gottes. In einem berühmten Gedicht findet Charles Péguy die Hoffnung symbolisiert in seiner neunjährigen Tochter. Über sie schreibt er: «Nun ist aber das junge Hoffen immer Anfang und offen.»[30]

Jedes Jahr feiern wir unseren Geburtstag und erinnern uns, dass wir ein Jahr älter geworden sind. Eine Kerze mehr auf dem Kuchen. Dieser Kuchen bleibt an Weihnachten aus, denn wir feiern nicht das mittlerweile recht fortgeschrittene Alter Jesu. Er ist für immer Immanu-El, Gott mitten unter uns, neugeboren, frisch und gerade beginnend. Weihnachten ist das Fest von Gottes ewiger jugendlicher Frische. Als ich Ruanda nach dem Völkermord besuchte, fand ich dort einen meiner kanadischen Mitbrüder verzweifelt. Fast alle seine Freunde waren umgekommen, alles, was er aufgebaut hatte, war zerstört. Zukunft schien es nicht mehr zu geben. Und dann schickte er mir am folgenden Weihnachtsfest ein Bild von sich selbst mit zwei pausbäckigen ruandischen Babys im Arm. Darunter hatte er geschrieben: «Afrika hat eine Zukunft.» Mit ihm können wir jedes Jahr an Weihnachten, wenn wir die Geburt des Christuskindes feiern, sagen: «Die Menschheit hat eine Zukunft.»

Aber Oskar und Momo sind Kinder, die sich dem Tod stellen müssen. Oskar begegnet dem eigenen Tod mit der Hilfe von Oma Rosa, jener großartigen Catcherin. Momo muss den Tod seines Sufilehrers miterleben. Diese Konfrontation der beiden jungen Menschen mit der Sterblichkeit ist ein Symbol für die Zerbrechlichkeit unserer Hoffnung heute. Die Europäische Wertestudie zeigt, dass eine zunehmende Zahl junger Europäer sich mit dem Tod befassen. Vielleicht hat der Zusammenbruch der großen Erzählungen des 20. Jahrhunderts mit ihren Zukunftsversprechen für die ganze Menschheit dazu geführt, dass wir uns stärker auf unser eigenes, persönliches Schicksal konzentrieren. Aus irgendeinem Grund glauben die meisten jungen Katholiken an einen Himmel, während ihre protestantischen Altersgenossen nur an ein «Leben nach dem Tod» glauben. Es lassen sich heute weniger Menschen taufen oder heiraten kirchlich, aber die meisten blicken weiterhin auf die Kirche, wenn sie sterben. Frankreich ist eines der am stärksten säkularisierten Länder Europas, aber noch immer 70 Prozent der Franzosen wollen kirchlich beerdigt werden. Selbst der frühere Staatspräsident Mitterrand, ein bekennender Agnostiker, ließ vor seinem Tod eine rätselhafte Anweisung zurück: «Une messe est possible.»[31] Und dann bekam er sogar zwei gleichzeitig.

Jesu Zeichen während des Letzten Abendmahls war wunderschön. Wenn es von der Hoffnung im Angesicht des Todes zeugen soll, muss es heute in seiner ganzen Schönheit vergegenwärtigt werden. Der Lehre der Kirche wird oft mit Argwohn begegnet; «Dogma» ist in unserer Gesellschaft ein Unwort. Aber Schönheit verfügt über eine eigene Autorität. Sie spricht von unserer oft so stillen Hoffnung, dass unser Leben einen letzten, endgültigen Sinn hat. Sie gibt unserer Hoffnung Ausdruck, dass die Pilgerreise unseres Daseins tatsächlich irgendwo hinführt, auch wenn wir nicht sagen können, wohin

und wie. Schönheit ist nicht der Zuckerguss auf dem liturgischen Kuchen. Sie ist wesentlich. C. S. Lewis schreibt, dass die
Schönheit unser Verlangen entfacht nach «unserem eigenen,
weit entfernten Land»,[32] dem Zuhause, nach dem wir uns sehnen und das wir niemals gesehen haben. Als Ellen MacArthur
kurz vor dem Ziel ihrer Weltumseglung im Alleingang stand,
wusste sie, dass ihre Heimat nicht mehr weit war, als sie das
Land roch. Sie roch es, noch bevor sie es sehen konnte. Schönheit weht uns den Duft des Gottesreiches zu.

George Steiner bezeichnet in seinem Buch *Von realer Gegenwart* das künstlerische Schaffen als die für unser Gespür größtmögliche Annäherung an Gottes eigene Kreativität. «Tief in jedem ‹Kunst-Akt› liegt der Traum vom absoluten Sprung aus dem Nichts, von der Erfindung einer Aus-
drucksform, die so neu wäre, so einzigartig für ihren Urheber,
daß sie die vorherige Welt buchstäblich hinter sich lassen
würde.»[33] Ein schönes Kunstwerk ruft das erste *fiat* wach, als
Gott sprach: «Es werde Licht.» Im Angesicht des Todes ist es
die Schönheit, die von unserer Hoffnung auf Neuschöpfung
und Ewigkeit spricht. «Kein Mensch», so Yeats, «kann schöp-
ferisch arbeiten, wie Shakespeare, Homer, Sophokles es taten,
der nicht mit jedem Blutstropfen und Nerv daran glaubt, daß
die Seele des Menschen unsterblich ist.»[34]

In den späten 1960er Jahren feierte Erzbischof George
Patrick O'Dwyer von Birmingham, der gefürchtet war wegen
seines jähzornigen Charakters, in einer Pfarrgemeinde die
Eucharistie. Das Liturgie-Team der Gemeinde hatte den Gottesdienst intensiv vorbereitet und eine satte Mischung mo-
derner Lieder zusammengestellt. In der Kirche fand sich eine
stattliche Zahl an Gitarren. Mitten in einem Lied schlug der
Erzbischof plötzlich sein Buch zu und schrie: «Schluss jetzt

mit diesem belanglosen Geträller. Lasst uns was Anständiges singen. Schlagt Seite soundso auf.» Am Ende der Messe dankte der Pfarrer der Gemeinde allen Beteiligten und entschuldigte sich vor allen Leuten für die grobe Unhöflichkeit des Erzbischofs. Betretenes Schweigen. Schließlich sagte der Erzbischof: «Ich habe auch noch etwas zu sagen: Wenigstens gibt es in dieser Diözese noch einen mutigen Priester.»

Trotz seiner haarsträubenden Art werden einige dem Erzbischof vielleicht zustimmen. Was uns in Eucharistiefeiern bisweilen geboten wird, hat wenig mit einer Schönheit zu tun, die von einer überweltlichen Hoffnung zeugen könnte. Im letzten Psalm des Psalters heißt es: «Lobt ihn mit dem Hall der Posaunen, / lobt ihn mit Psalter und Harfe! / Lobt ihn mit Pauken und Reigen, / lobt ihn mit Flöten und Saitenspiel!» Wenn wir es doch nur täten! Stattdessen leiern wir die Worte – im krassen Widerspruch zum Inhalt – oft nur monoton herunter. Will die Kirche jungen Menschen Hoffnung bieten, brauchen wir in unseren Kirchen eine Wiederbelebung der Schönheit in gewaltigem Ausmaß. Viele Aufbrüche im Christentum waren mit einer neuen Ästhetik verbunden: der gregorianische Gesang des Mittelalters, die Barockmusik nach dem Trienter Konzil oder die methodistischen Choräle Wesleys im späten 18. Jahrhundert (für Deutschland ist wohl hinzuzufügen: die Gemeindelieder Martin Luthers und die Choräle von Johann Sebastian Bach).

John Donne war davon überzeugt, dass das Wort, mit dem Gott das Universum erschuf, ein Lied war. Dieses Thema zieht sich durch unsere Tradition, von den Psalmisten, die davon sangen, dass die ganze Schöpfung Gott singt, über die mittelalterlichen Theoretiker der «Sphärenmusik» bis hin zu modernen Stringtheorien der Materie und ihrer Harmonien.[35]

Für Michio Kaku ist «Physik nichts anderes als die Gesetze
der Harmonie. Das Universum wäre demnach eine Sympho-
nie schwingender Strings und der Geist Gottes, von dem Ein-
stein spricht, kosmische Musik, die durch den zehndimen-
sionalen Hyperraum hallt» *(Frontiers auf BBC 4 vom 11. Mai
2005)*. Mit der Musik können wir daher auch unsere Hoffnung
auf den Ort ausdrücken, an dem, so Donne, es «keinen Lärm,
keine Stille [geben wird], sondern Musik; keine Furcht noch
Hoffnung, sondern Erfüllung; keine Feinde noch Freunde,
sondern Gemeinschaft und Übereinstimmung; kein Ende
und keinen Anfang, sondern Ewigkeit».[36]

Musik ist daher eines der Zeichen, die wir im Angesicht
des Todes brauchen, Achtel- und Viertelnoten auf Noten-
papier. In der Nacht, in der der Psalmist mit der Verzweiflung
ringt, singt er: «Psalter und Harfe, wacht auf! / Ich will das
Morgenrot wecken.» Vor und über allem ist es die Musik, die
die Dunkelheit überwindet und von einer Hoffnung spricht,
die wir uns nicht vorstellen können. Als mein Vater im Sterben lag, bat er uns, ihm einen Walkman zu kaufen, damit er
Musik hören konnte. Sie ist die körperlichste und die gegen-
standsloseste Form der Kunst, fleischgewordener Sinn, den
rohe Gewalt nicht unterdrücken kann.

Die ‹Hoffnung› ist ein Federding
Das in der Seele hockt
Und Lieder ohne Worte singt
Sich niemals unterbricht.

Emily Dickinson[37]

2

Spontaneität lernen

Die wesentliche Aufgabe des Christentums besteht darin, zu zeigen, dass das Leben einen Sinn hat. Es ist ausgerichtet auf ein letztes Ziel. Trotz aller Absurdität und allen Leidens, das uns widerfahren kann, hat der Sinn das letzte Wort. Auch wenn wir jetzt noch nicht in der Lage sein mögen, die Geschichte unseres Lebens oder die der Menschheit zu erzählen, hoffen wir doch darauf, dass eines Tages alles, was wir getan und erlebt haben, Sinn erhält. Lässt sich dieser Sinn jetzt schon aufzeigen? Das erste Kapitel haben wir mit der Musik beschlossen, dem Medium, das vielleicht wie kein zweites in der Lage ist, die Hoffnung auf das auszudrücken, was jenseits der Reichweite unserer Sprache liegt. Gibt es noch andere Wege, auf denen sichtbar wird, wohin wir unterwegs sind? In diesem und im nächsten Kapitel werde ich zwei Wege vorstellen, von denen ich meine, dass auf ihnen dieses letzte Ziel bereits jetzt in unser Leben einbrechen kann. Wir sind zu einer einzigartigen Freiheit und Freude berufen, die keinen Sinn machen würde, wenn Gott nicht existiert. Das Christentum lädt uns ein, an Gottes eigener Lebendigkeit und Lebensfreude teilzuhaben. Diese Teilhabe ist ein Vorgeschmack auf das Ziel unserer Reise; aus ihr speist sich unsere Hoffnung. Und wir dürfen hoffen, sie auch bei Andersgläubigen und Menschen ohne jeden Glauben zu finden. Einen Exklusivanspruch darauf, Gottes Leben schon jetzt zu teilen, haben wir Christen nicht. Doch sollten wir uns bewusst sein, dass uns das Evangelium zu einer Freiheit und Freude einlädt, die den Erwartungen unserer modernen Gesellschaft entgegenläuft, ja geradezu exzentrisch wirken mag.

Vor einigen Jahren besuchte ich die Dominikaner in der Tschechischen Republik und verbrachte eine Nacht in einer kleinen Stadt namens Znojmo nahe der österreichischen Grenze. Dort fand eines der Treffen der Dominikanischen Familie statt. Es waren viele junge Eltern mit quirligen Kindern da, und wir feierten mit leckeren Würstchen und Slibowitz. Danach gab es eine offene Gesprächsrunde. Der erste Beitrag kam von einer jungen Frau, die fragte, wie sie die kirchliche Morallehre an ihre Kinder weitergeben könne, die ebenso resistent dagegen zu sein schienen wie die Jugendlichen in Westeuropa. Ich wusste nicht recht, was ich auf die Frage antworten sollte, und so gab ich sie an meinen Reisebegleiter Wojciech Giertych weiter, der am Angelicum in Rom Moraltheologie lehrt.

Er ging zur Tafel und zeichnete ein Rechteck in eine Ecke. «In diesem Rechteck sind die Gebote. Was meinen Sie, sind sie es, worum es in der Moral geht?» Einhellige Zustimmung. «Nein», sagte er, «Gott ist nicht allzu sehr an Geboten interessiert.» Dann malte er ein weiteres Rechteck, das den ganzen Rest der Tafel umfasste, und sagte: «Das ist die Freiheit. Das ist es, was Gott interessiert. Ihre Aufgabe ist es, Ihre Kinder zur Freiheit zu erziehen. Das ist die Lehre der Evangelien und Thomas von Aquins.» Ich war so begeistert von dem, was

er sagte, dass ich spontan beschloss, die Moraltheologie des
Thomas eingehender zu studieren, sollte mir jemals ein Sab-
batjahr vergönnt sein. Irgendwie war sie mir in meinen doch
recht lückenhaften theologischen Studien in den chaotischen
Spät-1960er Jahren entgangen.

«Zur Freiheit hat uns Christus befreit. Steht also fest und
lasst euch nicht wieder in das Joch der Knechtschaft span-
nen» (Galater 5,1). Diese Freiheit sollte ein charakteristisches
Unterscheidungsmerkmal von uns Christen sein: Die Leute
sollten uns sehen und sich verblüfft die Augen reiben angesichts unserer erstaunlichen Freiheit. Dass das passiert, ist nur
leider wenig wahrscheinlich. Die Kirche wird allgemein als
eine Institution der Unterdrückung wahrgenommen, die den
Menschen unaufhörlich erzählt, dass sie das nicht tun dürfen, was sie wollen, und das tun müssen, was sie nicht wollen.
«Und Priester rings waren in schwarzen Talaren, die mit Dor-
nen bezwangen mein Glück und Verlangen»,[1] schrieb William Blake.

Dabei hat die westliche Gesellschaft ein zutiefst zwiespäl-
tiges Verhältnis zur Freiheit. Auf der einen Seite sind wir Teil
dessen, was man die «freie Welt» nennt. Wir verfügen über
kostbare Freiheiten: Redefreiheit, Bewegungsfreiheit, freie
Wahlen usw. Die Europäische Wertestudie hat gezeigt, dass
Freiheit, verstanden als persönliche Autonomie, der wichtigste Wert für moderne Europäer ist. Und doch ist unsere
Gesellschaft getrieben von einem seltsamen Mangel an Freiheit.

Als ich jung war, lag ein Gefühl von Freiheit in der Luft.
Martin Luther King fasste es in seiner großartigen Rede vom
28. August 1963, die er mit den unvergesslichen Worten «Ich
habe einen Traum» begann. Der Traum handelte von einer

Freiheit, da «alle Kinder Gottes – schwarze und weiße Menschen, Juden und Heiden, Protestanten und Katholiken – sich
die Hände reichen und die Worte des alten *Negro Spiritual*
singen können: ‹Endlich frei! Endlich frei! Großer allmächti-
ger Gott, wir sind endlich frei!›»[2] Vierzig Jahre später ist die
Berliner Mauer gefallen, die freie Marktwirtschaft hat trium-
phiert, und doch fühlen wir uns eher weniger frei als vorher.
Wir sperren mehr Menschen hinter Gitter als zu irgendeinem
anderen Zeitpunkt der Geschichte. In Amerika sitzt ein hö-
herer Prozentsatz der Bevölkerung im Gefängnis als in jedem
anderen Land der Welt mit Ausnahme Chinas. Auf staatlicher
Ebene beobachten wir den Ausbau von Bevormundung – das,
was wir in Großbritannien *Nanny State* nennen –, einer Kultur der Kontrolle. Und es graut uns vor immer noch mehr absonderlichen Vorschriften aus Brüssel.

Darüber hinaus fühlen sich viele Menschen innerlich gefangen: von Drogen und Alkohol, von ihrer Vergangenheit
oder Kindheit, von Armut oder Einsamkeit, von ihren Genen.
Es ist eigenartig, dass sich in einer freien Gesellschaft derart
viele Menschen eingezwängt fühlen. Das gilt selbst für wohl-
habende und erfolgreiche Leute. Es scheint, als hätten wir die
Freiheit erlangt, bloß um dann herauszufinden, dass sie oft
eine leere Hülse ist. Zygmunt Bauman schreibt: «In der auf
dem Herd der Individualisierung angerichteten schmackhaf-
ten Suppe der Freiheit schwimmt die Fliege der Ohnmacht,
die um so unangenehmer auffällt, als die langersehnten Möglichkeiten der Freiheit nun vor Augen treten.»[3] Am Schluss
der Europäischen Wertestudie von 1990 notiert Bart McGet-
trick, dass die Europäer eine «Pädagogik der Freiheit» brauchen. Freiheit ist für uns der zentrale Wert, aber wir wissen
nicht, was wir mit ihr anfangen sollen.

Unsere Gesellschaft ist also reif für die Freiheitsbotschaft des Evangeliums: Das ist es, was im Zentrum unserer Verkündigung stehen sollte! Aber zuerst müssen wir uns dem ängstlichen Mangel an Freiheit stellen, der so oft das Leben der Kirche lähmt, und ihn überwinden. Sonst werden unsere Worte keinerlei Gewicht haben. Eines Tages brachte eine Mutter ihr Kind zu Mahatma Gandhi. Sie war in Sorge, weil das Mädchen geradezu süchtig nach Süßigkeiten war, und bat den weisen Mann, ihm das exzessive Naschen auszureden. Gandhi forderte die Frau auf, mit dem Kind in drei Wochen wiederzukommen, was sie auch tat. Dann sprach er mit dem Mädchen und überzeugte es davon, seinen Süßigkeitenkonsum einzuschränken. Am Ende fragte die Mutter ihn: «Aber warum, Gandhiji, hast du das dem Mädchen nicht schon vor drei Wochen gesagt?» Er antwortete: «Weil ich vor drei Wochen selbst noch verrückt nach Süßigkeiten war.» Wollen wir überzeugend von der Freiheit reden, müssen auch wir Christen von allem befreit sein, was uns gefangen hält.

Die Freiheit, so Kant, kann nicht erklärt, sondern nur verteidigt werden.[4] Wir können keine Erklärung für die christliche Freiheit bieten, aber wir können sie in Aktion sehen – beim Letzten Abendmahl. Dieses Zeichen der Hoffnung war die freie Tat schlechthin. Das Letzte Abendmahl war (nach Auskunft der ersten drei Evangelien) ein Pessachmahl, das Fest der Befreiung Israels aus der ägyptischen Knechtschaft. Jesus lag mit seinen Jüngern zu Tisch, der Jünger, den er liebte, an seiner Brust. Es war ein Zeichen ihrer Freiheit. Denn, so hält es die jüdische Tradition fest, «während Sklaven im Stehen zu essen pflegen, soll man hier (beim Passamahl) im Liegen essen, um kundzutun, daß man aus der Knechtschaft zur Freiheit herausgegangen ist».[5] In jener Nacht begann Jesus

einen neuen Exodus, hinein in die unvorstellbare Freiheit
Gottes.

Dieses letzte Mahl entfaltet uns mehrere aufeinanderfol-
gende Schritte zu einer immer tieferen Freiheit, die ich im Folgenden bedenken möchte. Zunächst werde ich auf den Verrat
an Jesus, den Verlust seiner Freiheit, schauen, gefolgt von kurzen Überlegungen, wie er die Rolle des Opfers überwindet.
Im Anschluss werde ich auf die Wahlfreiheit eingehen, also
die Freiheit, dieses oder jenes zu tun. Sie ist die grundlegende
Freiheit des Menschen, von der wir alltäglich Gebrauch machen. Das Letzte Abendmahl lädt uns jedoch zu tieferen Freiheiten ein: zur Freiheit, ungezwungen und spontan aus uns
selbst heraus zu handeln, und schließlich zur Freiheit, unser
Leben hinzugeben.

Verrat

Beginnen wir mit dem Verrat. Warum hat Judas Jesus dem
Tod überliefert? Wir wissen es nicht. Als Jesus ihm im Gar-
ten begegnete, fragte er ihn: «Freund, warum bist du hier?»
(Matthäus 26,50). Judas gab ihm keine Antwort. Es ist die
Frage, die in der Karfreitagsliturgie wiederholt wird: «Mein
Volk, was habe ich dir getan, womit nur habe ich dich betrübt?
Antworte mir.»[6] Wir können es nicht. Das Böse ist absurd und
sinnlos. Angesichts des Todes Jesu können wir nur die gleiche
Frage an ihn richten: «Freund, warum bist *du* hier?» Für das
Geheimnis des Bösen gibt es keine Erklärung, aber es wird
umfangen vom tieferen Geheimnis des Guten.

Gleichwohl haben wir einige Anhaltspunkte, warum Judas
versucht gewesen sein könnte, Jesus zu verraten. Aufschluss-

reich ist sein Name: Judas Ischariot. Er öffnet uns ein Fenster
in seine Gedanken und lässt uns erahnen, warum er diese
schreckliche Tat beging. Judas war ein beliebter Name mit
nationalistischem Einschlag. Viele berühmte jüdische Frei-
heitskämpfer hießen Judas. Sein Beiname «Ischariot» bedeutet «Dolchträger» oder «Meuchelmörder». Vermutlich hoffte
er auf eine Revolution, die die Römer aus dem Land jagen
würde. Ich vermute, dass er voll innerer Erregung nach Jerusalem ging, überzeugt davon, dass nun der Zeitpunkt gekommen sei, die Unterdrücker loszuwerden. Jesus würde sich
selbst als der große Messias-Befreier offenbaren. Und tatsächlich: Als Jesus am Palmsonntag in Jerusalem einzog, war die
Menge bereit, ihm überallhin zu folgen. Aber nichts geschah.
Jesus hätte nur den Augenblick nutzen müssen. Der Sieg war
zum Greifen nah – und er ließ ihn sich durch die Finger glei-
ten. In Kapitel 1 habe ich gesagt, dass das Letzte Abendmahl
der Augenblick war, an dem es nichts mehr über die Zukunft
zu erzählen gab. Vielleicht hat Judas das früher als alle anderen Jünger gesehen und konnte den Verlust nicht ertragen.
Demnach war er enttäuscht, ein Träumer, der sich im Stich
gelassen fühlte. Jesus hat seine Hoffnungen verraten, also verrät er Jesus. Die Ironie ist, dass Jesus beim Letzten Abendmahl eine viel radikalere Freiheit begründet, als Judas sie sich
jemals erträumt hatte.

Nun wäre es aber falsch, den Fehler des Judas darin zu sehen, dass er nach politischer Freiheit strebte, während Jesus
eine rein geistig-spirituelle Freiheit meinte. Die Freiheit, zu
der uns Jesus beruft, umfasst alles, was die Menschheit unterdrückt – sei es psychisch oder politisch, individuell oder so-
zial. Unsere Hoffnung richtet sich auf eine Welt, in der alles,
was die Menschheit unterjocht, aufgehoben sein wird. Diese

Wahrheit hat die Kirche ein ums andere Mal vergessen und
den Glauben rein individualistisch verstanden. In Carta-
gena im heutigen Kolumbien kümmerten sich zwei Jesuiten, Alonso de Sandoval und Pedro Claver, über Jahre auf-
opferungsvoll um die Sklaven, die dorthin aus Afrika gebracht worden waren. Diarmaid MacCulloch schreibt: «Im
damaligen Kontext war diese seelsorgerliche Arbeit ein muti-
ges Zeichen der Opposition und stieß in der Siedlungsbevöl-
kerung prompt auf ernst zu nehmende Ablehnung. Ihre Bemühungen, den Täuflingen zunächst einmal Schuldbewusst-
sein (vor allem wegen sexueller Sünden) einzuimpfen, damit
die elenden Büßer anschließend Reue über ihre Sünden empfinden könnten, erscheint jedoch aus heutiger Sicht seltsam
deplatziert vor dem Hintergrund einer der größten Kollektiv-
sünden des christlichen Westens.»[7] Die Befreiungstheologie
hat uns zur Wiederentdeckung der Einsicht verholfen, dass
christliche Freiheit weder auf eine rein innerliche spirituelle
Freiheit begrenzt noch auf ein politisches Programm reduziert werden kann.

Ich vermute, dass Judas daran scheiterte, die Radikali-
tät der Freiheit zu erkennen, die Jesus eröffnete. Wie hätte
er auch? Vermutlich hat sie auch keiner der anderen Jünger erkannt. Denn Jesus stellte ihnen eine «radikale Revolution» vor Augen, «die bis in die Tiefen unseres leiblichen Lebens reicht und deshalb nur Tod und Auferstehung bedeuten
kann».[8] Judas hatte seine Hoffnungen allein darauf gerichtet,
die Achsen der politischen Macht ein wenig zu verschieben.
Ein Herrscher würde einen anderen ersetzen. Zweifelsohne
wäre dies gut gewesen. Jesus hat uns jedoch eine Teilhabe an
Gottes eigener unvorstellbarer Freiheit eröffnet, die unsere
ganze Vorstellung vom Leben komplett verändert. Unser po-

litisches Engagement gegen Ungerechtigkeit ist gut, aber es ist unerlässlicher Ausdruck von etwas Größerem – der Freiheit, die Gottes Leben selbst ist. Politisches Handeln, so Herbert McCabe, ist nur «die soziale Sichtbarkeit des Lebens aus dem Glauben».[9]

Bei allem Verständnis für die Enttäuschung des Judas bleibt doch die Frage, wie er den verraten konnte, der ihn «Freund» nannte. Wir wissen es nicht. Die Evangelien interessieren sich nicht für Psychologie, noch sind sie historische Tatsachenberichte im modernen Sinn. Aber vielleicht lassen sich Spuren eines langsamen, allmählichen Abgleitens in diese Sünde entdecken – Schritt für Schritt, so langsam, dass Judas vielleicht sogar erst in dem Moment völlig verstand, was er tat, als er es tat. Er ging zu den Hohenpriestern und sagte zu ihnen: «Was wollt ihr mir geben, wenn ich ihn euch ausliefere?» Kein Name. Jesus ist nur «er». Das Auslassen des Namens ist einer der kleinen Schritte, mit denen wir uns immer weiter von einem Menschen entfernen – wenn etwa ein Ehemann sagt: «Ich habe mit deiner Mutter telefoniert» oder man nur noch von «der von nebenan» spricht oder einfach von «dem da». Primo Levi beschreibt, wie man ihm bei seiner Ankunft in Auschwitz seinen Namen nahm und ihm eine Nummer gab: «Nichts ist mehr unser. Man hat uns die Kleidung, die Schuhe und selbst die Haare genommen; [...] Auch den Namen wird man uns nehmen; wollen wir ihn bewahren, so müssen wir in uns selber die Kraft dazu finden, müssen dafür Sorge tragen, daß über den Namen hinaus etwas von uns verbleibe, von dem, wie wir einmal gewesen.»[10]

Als Jesus später am Tisch sagt, dass einer von ihnen ihn verraten wird, fragt Judas: «Bin ich es etwa, Herr?» Eigentlich dürfte man annehmen, dass er sehr wohl weiß, dass er es ist, und seine Verblüffung nur spielt, um sich hinter den anderen Jüngern zu verstecken. Aber vielleicht hat er auch immer noch nicht erfasst, was er tut. Er hatte zwar das Geld genommen, aber vielleicht war damit keine konkrete Absprache verbunden. Und bisher war auch noch nichts geschehen. Noch hat er Zeit, sich anders zu besinnen. Leonardo da Vincis *Letztes Abendmahl* fängt die Ungewissheit dieses Augenblicks vollendet ein: Judas «weicht vor den Worten Christi zurück, obwohl seine Hand sich unwiderruflich dem Stück Brot nähert, das er in die Schüssel tauchen wird».[11] Wir kennen sicher alle die Situation, wenn wir in eine Sünde hineingleiten, die wir uns selbst nicht eingestehen würden. Wir wollen die Sünde, machen uns aber vor, etwas anderes zu tun. Gleichzeitig hassen wir uns für unsere heimlichen Absichten und Motive, die wir niemals zugeben würden, auch uns selbst gegenüber nicht. Ich kann mir nicht vorstellen, dass Judas eiskalt handelte. Den Pelagianern, die hartnäckig die Position vertraten, dass jede Sünde eine vollkommen bewusste Zurückweisung Gottes sei, hielt Augustinus entgegen, dass die «meisten Sünden von Menschen begangen werden, die weinen und seufzen».[12]

Hat Judas vollkommen realisiert, was er tut, als er die Soldaten nach Getsemani führt? In der Version des Markusevangeliums bittet er sie, Jesus «sicher» abzuführen. Macht er sich da immer noch etwas vor? Unter dem Motto: «Der Hohepriester ist so wütend auf ihn, dass er den Schutz der Römer braucht»? Und dann küsst er Jesus «herzlich», wie es im Griechischen wörtlich heißt (*kataphilein*)! Hier scheint sich die Tragödie eines Mannes abzuspielen, der sein Vorhaben bis zum letzten Moment gegenüber sich selbst und der Welt leugnet. Nur ist es da zu spät.

In diesem Fall hätte Judas, der sich so nach Freiheit gesehnt hat, den Mangel an Freiheit auf abgrundtiefste Weise erlebt. Wie Paulus hätte auch er sagen können: «Was ich vollbringe, verstehe ich nicht. Denn ich tue nicht, was ich will, sondern was ich hasse, das tue ich» (Römer 7,15). In der Fassung des Johannesevangeliums muss Jesus ihn beinahe dazu drängen, seine vorherbestimmte Rolle wahrzunehmen: «Was du tun willst, das tue bald!» (Johannes 13,27). Mit Sicherheit war dieses Abgleiten in das Böse eine Folge seiner Einsamkeit. Judas ging allein zu den Hohenpriestern, um die Idee des Verrats zu lancieren. Das Letzte Abendmahl erlebt er in äußerster Einsamkeit. Wir brauchen Freunde, die uns klarmachen, was wir tun, die uns den Spiegel der Wahrheit vorhalten. Das ist schmerzhaft, aber es hält uns frei. Doch selbst die Einsamkeit des Judas ist nicht endgültig und vollkommen. Denn noch bei ihrer letzten Begegnung, so hält es Matthäus fest, begrüßt ihn Jesus als seinen Freund.

Entscheidungen

Jesus ist ein unschuldiges Opfer, ein Opfer von Hass und Furcht. Sein Leben ist ihm aus der Hand genommen. Er wurde verraten, seine Auslieferung steht unmittelbar bevor. Wo immer wir Unfreiheit erfahren und zum Opfer gemacht werden, ist er an unserer Seite. Aber er trifft weiter Entscheidungen. Seine Handlungsmöglichkeiten sind extrem begrenzt, aber anstatt aus Jerusalem zu fliehen, entscheidet er sich, seine Jünger zu einem letzten Mahl zu versammeln. Er entscheidet sich, auf die andere Seite des Baches Kidron in den Garten Getsemani zu gehen, um dort seinen Feinden zu begegnen. Er ist nicht bloß ein Opfer. Als er sich im Garten zu erkennen gibt, stürzen die Soldaten laut Johannesevangelium vor ihm zu Boden.

Der Mechanismus, wie Menschen zu Opfern gemacht werden, wurde für unsere Gesellschaft wie für die Evangelien von Autoren wie René Girard und James Alison glänzend analysiert.[13] Ich habe dem nichts hinzuzufügen, würde aber betonen, dass Jesu unbändige Freiheit uns alle dazu herausfordert, uns niemals nur als Opfer zu sehen. Die Kirche muss allen Menschen zur Seite stehen, die in irgendeiner Weise diskriminiert werden. Erst recht muss sie erkennen, wo sie selbst Menschen zu Opfern macht. Wie Paulus auf der Straße nach Damaskus müssen wir dem Herrn unsere Ohren öffnen, der auch uns fragt: «Saul, Saul, warum verfolgst du mich?»

Wir müssen es wagen, zu den Sündern gezählt zu werden, auch wenn es unserem Ruf schadet. Ich denke an einen französischen Dominikaner, der Seelsorger in einer Gemeinschaft der Roma ist. Er lebt in einem Wohnwagen, hat ihre Sprache gelernt und teilt ihr Leben. Mit der Zeit wurde er von ihnen akzeptiert und schließlich sogar zum Richter gewählt, die bei den Roma die Aufgabe haben, in Streitfällen zu schlichten. Ich glaube nicht, dass einem Nicht-Roma jemals zuvor eine solche Ehre zuteilwurde. Aber das bedeutet auch, dass er der gleichen sozialen Ächtung wie sie verfiel, dass er regelmäßig von «anständigen» Leuten angespuckt und von der Polizei drangsaliert und willkürlich verhaftet wurde.

Die westliche Gesellschaft ist durchzogen von einem tiefgreifenden Gefühl des Opferseins. Es ist die Schattenseite der freien Welt, die Verbitterung darüber, dass die Freiheit nicht automatisch das Glück mit sich gebracht hat, das man uns versprochen hat. Die Menschen fühlen sich als Opfer von Vorurteilen, der Geschichte, ihrer Gene oder ihrer Erziehung. Ein Spezifikum der Moderne, von Nordirland bis zum Nahen Osten, ist die wechselseitige Beanspruchung der Opferrolle. Einige sprechen gar von einem «Opferwettbewerb»: «Ich bin mehr Opfer als du.» Es steht völlig außer Frage, dass Menschen in schlimmster Weise zu Opfern gemacht werden – Kinder, die verkauft und sexuell ausgebeutet werden, oder Frauen in so vielen Teilen der Welt. Aber die Kirche kann niemals akzeptieren, dass jemand *bloß* ein Opfer ist. Freiheit beginnt, wo Menschen die ihnen offenen Entscheidungsmöglichkeiten ergreifen, seien sie auch noch so begrenzt – und sei es, dass es nur darum geht, morgens aufzustehen. Ergibt man sich passiv in die Opferrolle, stirbt man.

Primo Levi beschreibt, dass das Überleben in Auschwitz von so kleinen Dingen wie dem täglichen Waschen abhing. Eine Zeit lang hatte er es sein gelassen. Was hatte es auch für einen Sinn? Das Wasser war dreckig, also war es reine Zeitverschwendung. Das Leben rettete ihm sein Mitgefangener Steinlauf, der ihm Folgendes klarmachte:

Wenn wir auch Sklaven sind, bar allen Rechts, jedweder Beleidigung ausgesetzt und dem sicheren Tod verschrieben, so ist uns doch noch eine Möglichkeit geblieben, und die müssen wir, weil es die letzte ist, mit unserer ganzen Energie verteidigen: die Möglichkeit nämlich, unser Einverständnis zu versagen. Wir müssen uns also selbstverständlich das Gesicht ohne Seife waschen und uns mit der Jacke abtrocknen. Wir müssen unsere Schuhe einschwärzen, nicht, weil es so vorgeschrieben ist, sondern aus Selbstachtung und Sauberkeit. Wir müssen in gerader Haltung gehen, ohne mit den Holzschuhen zu schlurfen, nicht als Zugeständnis an die preußische Disziplin, sondern um am Leben zu bleiben, um nicht dahinzusterben.[14]

Unser Bild von Afrika ist oft das eines Kontinents von Opfern: Millionen von bettelnden Kindern mit aufgeblähten Bäuchen. Schuld daran ist zu einem wesentlichen Teil die westliche Wirtschaftspolitik. Afrika wird gekreuzigt durch Handelsembargos und Subventionen, durch Verschuldung und auch durch manche Entwicklungshilfeprogramme. Aber wir tun dem Kontinent Unrecht, wenn wir seine Menschen in die Opferrolle zwängen und sie darin einsperren. Auf einem Treffen der Dominikanischen Familie in Manila 2001 warf ein junger Laiendominikaner aus der Demokratischen Republik Kongo uns Angehörigen der westlichen Welt vor, sein Land durch den Tausch von Waffen gegen Diamanten auszuplündern. Der Westen bereichere sich auf Kosten ihres Leidens. Nichts könne unternommen werden, solange wir nicht die Unterdrückung stoppten. Er hatte recht damit, uns anzuklagen, aber ich war erleichtert, als ein junger Mitbruder aus Angola ihn daran erinnerte, dass die Afrikaner sich selbst nicht bloß als Opfer sehen dürften. Was kann in Angola und im Kongo getan werden, damit diese Länder auf den Weg zur Freiheit gelangen? Dieser junge Mitbruder, Zeca, macht es vor: Er leitet eine Organisation, die sich den Wiederaufbau der durch den Krieg traumatisierten angolanischen Gesellschaft zur Aufgabe gemacht hat.

Jesus trifft Entscheidungen. Das ist die Form von Freiheit, die einem in unserer Gesellschaft zuerst in den Sinn kommt. Denn die Freiheit des Marktes besteht darin, zwischen mehreren Alternativen auszuwählen: Pepsi Cola oder Coca-Cola? Für einige Menschen sind die Wahlmöglichkeiten jedoch sehr beschränkt. In vielen Ländern können es sich Frauen beispielsweise nicht aussuchen, ob sie mit HIV-positiven Männern schlafen wollen oder nicht. Moralische Entscheidungen

bewegen sich notwendigerweise immer nur im Rahmen dessen, was möglich ist. Hier muss die Kirche den Menschen zur
Seite stehen und sie bei ihren Entscheidungen unterstützen,
statt die Entscheidungen für sie zu treffen. Nur dann wird sie
als Wiege der Freiheit des Evangeliums verstanden werden.

Im Gegenzug wird die Kirche wenig Anziehungskraft ausüben, wenn ihre Morallehre darauf reduziert wird, den Menschen vorzuschreiben, was sie zu tun und zu lassen haben. Das
würde – zu Recht oder zu Unrecht – als Verletzung unserer
Autonomie verstanden werden. Die Europäische Wertestudie
macht den «Individualismus» als das vielleicht entscheidende
Kennzeichen des modernen Europäers aus. Damit liegt die
Betonung auf dem immensen Wert, der dem oder der Einzelnen das Recht verleiht, Entscheidungen für sein oder ihr
Leben zu treffen. Diese Freiheit halten wir hoch und lehnen
jede übermäßige Einmischung von institutioneller Seite, sei
es Kirche oder Staat, ab. Laut der Studie suchen Jugendliche
in der Kirche nach *spirituelle*r Orientierung, sprechen aber
mit übergroßer Mehrheit allen Kirchen das Recht ab, in ihr
Privatleben hineinzureden. Eine Religion, die in Konkurrenz
zur persönlichen Autonomie tritt, wird von den meisten modernen Europäern abgelehnt, darunter, zumindest indirekt,
auch von vielen Katholiken. Letztlich besteht unsere tiefste
Freiheit darin, den Willen des Vaters zu tun. Aber vielleicht
ist das erst am Ende der Reise zu verstehen und nicht schon
an ihrem Anfang.

Die Kirche muss zum anderen begreifen, wie vielschichtig
und schwierig die Entscheidungen sind, vor denen Menschen
heute stehen. Ich hatte einmal die Ehre, ein Wochenende mit
Verantwortlichen eines großen Ölkonzerns zu verbringen. Sie
wollten Außenstehende an der Diskussion über moralische

Entscheidungen beteiligen, mit denen sie konfrontiert waren. Ich hatte vorher nicht die leiseste Ahnung gehabt, wie komplex diese Fragen sind. Wie findet man einen Ausgleich zwischen den Verpflichtungen gegenüber den Aktionären auf der einen und den Angestellten auf der anderen Seite? Wie lassen sich Profitstreben und Umweltschutz vereinbaren? Christen stehen in ihrem Leben vor schwerwiegenden und weitreichenden moralischen Entscheidungen, für die die kirchliche Lehre nicht immer klare und einfache Lösungen hat. Dürfen Geschiedene, die einen neuen Partner kennen- und lieben gelernt haben, ein zweites Mal heiraten? Müssen Homosexuelle ihr ganzes Leben grundsätzlich allein verbringen? Weil es Anstrengung kostet und manchem auch Angst einjagen mag, sich diesen Fragen zu stellen, im Gebet um sie zu ringen und sie im Licht des Evangeliums und der Lehre der Kirche zu durchdenken, ist die Versuchung groß, entweder gleich zu tun, was man will, oder – im Fall der Kirche – eine schnelle Antwort zu geben. Immer wieder wird der Vatikan gebeten, moralische Zweifelsfälle zu lösen. Wenn er es dann aber tut, wird es ihm übel genommen. Entscheidungen zu treffen ist schwer. Aber es ist notwendig, um frei zu werden.

Aber selbst wenn die christliche Lehre klar und eindeutig scheint, müssen wir uns dennoch auf die komplizierte Lebenssituation von Menschen einlassen, die darum ringen, das Richtige zu tun. Nehmen wir das Beispiel Abtreibung. Die gesamte christliche Tradition lehnt Abtreibung unmissverständlich ab. Bereits im *Brief an Diognet* aus dem zweiten Jahrhundert begegnet diese Haltung als unterscheidendes Merkmal der Christen: «Sie heiraten wie alle anderen und zeugen Kinder, töten aber ihren Nachwuchs nicht.» Es ist schlechterdings undenkbar, dass die Kirche Abtreibung jemals als zulässig ansehen könnte. Aber das heißt nicht, dass wir Christen einfach unsere Ohren vor dem verschließen dürfen, was die Abtreibungsbefürworter uns sagen wollen. Gerade weil wir auf die Wahrheit unserer Tradition vertrauen dürfen, brauchen wir keine Angst davor zu haben, uns mit aller Verstandes- und Vorstellungskraft auf ihre Position einzulassen, um sie zu verstehen und möglicherweise daraus zu lernen. Auf dem Konzil sagte der große Bischof Butler: «*Ne timeamus quod veritas veritati noceat*» – «Lasst uns keine Angst davor haben, dass Wahrheit die Wahrheit gefährden könnte». Wenn wir aufmerksam sind für die Wahrheit in dem, was sie sagen, kann uns das nur helfen, die Wahrheit dessen, was wir glauben, klarer zu sehen. Romane wie *Gottes Werk und Teufels Beitrag* von John Irving und Filme wie *Vera Drake* helfen uns dabei, uns in die schwierige Lebenssituation derer zu versetzen, die vor der Entscheidung für oder gegen eine Abtreibung stehen. Die Wahrheit ist einfach, aber solange diese Einfachheit nicht durch das Feuer der Vielschichtigkeit menschlicher Erfahrung gegangen ist, bleibt sie eine kindische Einfachheit, schrill und unmenschlich. Sie hat nichts mit der Einfachheit zu tun, die wir schemenhaft in Gott erahnen. Wer meint, die Wahrheit der christlichen Lehre durch Verleumdung und aggressive Attacken schützen zu müssen, sollte sich fragen, ob er sich seiner Überzeugung vielleicht selbst nicht sicher ist und die Position der anderen Seite nur deswegen nicht hören will, weil er Angst davor hat, ins Zweifeln zu geraten. Gerade dann, wenn wir uns der Lehre der Kirche vollkommen sicher sind, müssten wir ganz frei sein, zuzuhören und zu lernen und denen unser Herz und unseren Verstand zu öffnen, die zu anderen Ergebnissen gelangt sind als wir selbst.

Thomas von Aquin hatte eine Vorliebe für das Schriftwort, in dem es heißt, dass wir niemanden Meister nennen sollen, da wir einen Meister im Himmel haben. Als ich noch Ordensmeister war, stellte ich fest, dass auch meine Mitbrüder diesen Text zu lieben schienen, tauchte er doch mit schöner Regelmäßigkeit in den Lesungen auf! Thomas begriff, dass es Gott ist, der durch die Gnade in der Tiefe des menschlichen Herzens und Geistes lehrt. Alles, was ein menschlicher Lehrer tun kann, ist, andere bei ihrer Erkundung zu begleiten. Er tut es, indem er sein Wissen in Freundschaft teilt. Josef Pieper drückte diese Einsicht des Thomas folgendermaßen aus: «Nur der Freund, nur der *kluge* Freund, vermag die Entscheidung des Freundes, aus dessen in der Liebe wie zu eigen gewordenem Ich her [und also doch wieder nicht ganz ‹von außen›], mitzuvollziehen.»[15] Wir müssen dieses andere Ich werden, müssen in seine Welt eintreten, seine Konflikte teilen. Erst dann können wir ihm auch unsere Lehre vermitteln.

Papst Johannes Paul II. schreibt in *Fides et Ratio*: «Man möge nicht vergessen, dass auch die Vernunft bei ihrer Suche auf die Unterstützung durch vertrauensvollen Dialog und aufrichtige Freundschaft angewiesen ist. Ein Klima aus Verdacht und Misstrauen, wie es die spekulative Forschung mitunter umgibt, vernachlässigt die Lehre der antiken Philosophen, welche die Freundschaft als eine der für das richtige Philosophieren geeignetsten Rahmenbedingungen herausstellten.»[16] Freundschaft bedeutet, mit den Augen des anderen zu sehen, aufmerksam zu sein für seine Erfahrungen und Überzeugungen und seine Zweifel ernst zu nehmen. Wenn die Kirche von oben herab lehrt, weit weg von den Problemen und Nöten der normalen Leute, dann lehrt sie überhaupt nicht. Denys Turner, Theologieprofessor in Cambridge, schreibt:

Ich kann mir nicht vorstellen, was ein Lehrer, oder in diesem Fall ein Prediger, anderes tun sollte, als die Menschen an ihre Fähigkeit für das Unendliche zu *erinnern*. [...] Jesus hat uns verboten, *uns selbst* Lehrer zu nennen, und gnade uns Gott, wenn wir Theologen unserer Lehre und Predigt irgendetwas Eigenes hinzufügen, das nicht diesem Sichtbarmachen der Erinnerung, diesem Hervorlocken der Sehnsucht, diesem Verlangen nach dem Geist dient. Alle Lehrer kennen diese Demut, diese Bescheidenheit aus der Praxis, denn sie wissen, dass, wenn sie ihre Sache gut gemacht haben, die Schüler spontan ‹Na klar› sagen werden – sie *erkennen*, als würden sie sich an sie erinnern, eine Wahrheit nicht länger nur als die ihres Lehrers, weil sie nun gemeinsam besessen und geteilt wird.[17]

Wenn Gott den Menschen Gebote gibt, dann aus Freundschaft. Als Mose ihm auf dem Berg begegnete, um die Zehn Gebote zu empfangen, traf er dort nicht den kosmischen Gesetzgeber. Vielmehr redete der Herr «mit Mose von Angesicht zu Angesicht, wie jemand mit einem Freund spricht» (Exodus 33,11). Und als Jesus seinen Jüngern sein neues Gebot gab, tat er das, weil sie seine Freunde waren: «Ihr seid meine Freunde, wenn ihr tut, was ich euch auftrage» (Johannes 15,14). Freunde haben gegenseitige Verpflichtungen, die sie nicht knebeln, sondern verbinden sollen. Es ist die Verpflichtung der Liebe, nicht des Gesetzes.

Nur wenn die Kirche die Freundschaft und Nähe der Menschen sucht, kann sie ihnen in moralischen Konflikten und bei Entscheidungen zur Seite stehen. Nur dann können Menschen das Vertrauen gewinnen, Entscheidungen zu treffen, die kreativ und befreiend sind, die über die offensichtlichen Alternativen hinausgehen und Neuland erkunden. An seinem

letzten Abend waren Jesus wenige Möglichkeiten offengeblie-
ben, und keine von ihnen schien gut. Er konnte warten und
sterben oder fliehen und sein Gesicht verlieren. In beiden Fällen musste sein Leben als gescheitert gelten. Eine gute Alternative gab es scheinbar nicht. Er aber handelte kreativ, indem
er den Verrat zu einer Gabe machte und den Zerfall der Gemeinschaft in einen neuen Bund wandelte.

Viele glauben, dass wir sehr wenige Möglichkeiten zur Auswahl haben. Aber sich zu entscheiden bedeutet mehr, als nur
zwischen Alternativen zu schwanken. Wenn Gottes Gnade
unsere Vorstellung belebt, können wir kreativ entscheiden
und damit Möglichkeiten eröffnen, von denen wir nie geträumt haben. Wir können unser Schicksal in die Hand nehmen und es zu einem Segen machen. Wir können Freiheit
entdecken, wo sie bisher unmöglich schien. Auf den Philippinen traf ich eine Frau, die an Lepra erkrankt war. Sie hatte
die meiste Zeit ihres Lebens in einer der Leprastationen ver-
bracht, die die Dominikaner auf St. Martin betreiben, viele
von ihnen selbst mit der Krankheit infiziert. Aber auch nach
ihrer Heilung traute sie sich nicht, auf die Straße zu gehen. Sie
fürchtete sich vor der Angst und dem Ekel in den Augen der
Leute. Ihre Narben hielten sie gefangen. Dann entdeckte sie
jedoch, dass ihre Krankheit zu ihrer Berufung werden könnte.
Sie begann, in Asien herumzureisen, besuchte Leprakranken-
häuser und ermutigte Menschen, ihre Gefängnisse zu verlassen und frei zu sein.

Von dem mittelalterlichen Dominikanermystiker Heinrich
Seuse wird folgende Geschichte erzählt: Eine Frau, die ein un-
eheliches Kind hatte, legte es auf seine Türschwelle und ver-
breitete das Gerücht, dass er der Vater sei. Heinrich ertrug
alles wortlos. Er sagte zu dem Kind: «Mein schönes Kind, ich

will für dich sorgen, denn du bist Gottes Kind und auch meines.»[18] Ich weiß nicht, was seine Mitbrüder damit angefan-
gen haben! Die Frau jedenfalls war davon so bewegt, dass sie
seine Unschuld enthüllte, bevor sie starb. Das Wunderbare an
dieser Geschichte ist, dass die Frau Heinrich zwar zum Opfer
macht. Aber anstatt die Anschuldigung zu bestreiten, macht
er sie sich zu eigen und nimmt das Kind als Gottes Kind und
sein eigenes an. Er ist frei.

Spontaneität

«Dies ist mein Leib, der für euch hingegeben wird.» Das war
nicht eine vereinzelte, isolierte Handlung, die Jesus tun oder
auch nicht hätte tun können. Die synoptischen Evangelien zeigen, dass alles, was Jesus zuvor getan hatte, auf diesen Punkt
hinführte: die Berufung der Jünger, die gemeinsamen Mähler
mit Prostituierten und Zöllnern, die Brotvermehrung – alle
Ereignisse werden als in diesem schöpferischen Akt zusam-
menlaufend verstanden, der die Gemeinschaft des Leibes
Christi begründete. Ohne ihn würde die vorausgegangene
Lebensgeschichte Jesu keinen Sinn machen. Die Freiheit, die
er in der Vergebung von Sünden, der Berührung von Aussät-
zigen, der Überschreitung des Gesetzes gezeigt hatte, kulmi-
nierte in diesem Akt äußerster Freiheit. Liest man die ganze
Geschichte des Evangeliums, bekommt man im Nachhinein
den Eindruck, dass alles unausweichlich und unabwendbar
war. Tatsächlich war diese letzte Handlung beides: Jesus tat,
was er tun *musste*, und tat es vollkommen *frei*.

Unsere Gesellschaft versteht Freiheit zumeist allein als
Wahlmöglichkeit zwischen mehreren Alternativen. Das Le-

ben wäre demnach nichts anderes als eine Aufeinanderfolge
von Entscheidungen. Trifft man die falsche, geht man zur
Beichte und lässt sie löschen. Drei Morde und zwei unkeusche
Gedanken diese Woche: kein Problem! Fang noch einmal von
vorne an. Natürlich gehen wir alle zur Beichte, bitten darum,
dass uns die Sünden vergeben werden, und werden entlas-
sen mit dem Gefühl, gereinigt zu sein. Und so soll es auch
sein. Aber wenn wir über diese Ebene nicht hinauskommen,
wenn wir unser moralisches Leben nur als eine Kette aufein-
anderfolgender guter oder schlechter Handlungen verstehen,
bleiben wir moralisch in den Kinderschuhen stecken. Unsere
persönliche Geschichte ist nicht, wie es Henry Ford von der
Geschichte allgemein sagte, «einfach ein verdammtes Ding
nach dem anderen». Im letzten Kapitel haben wir gesehen,
dass sich uns der Sinn unseres Lebens erschließt, indem wir
eine Geschichte darüber erzählen können. Diese Geschichte
enthüllt uns, wer wir sind. Wir begreifen es, indem wir unsere eigene Autobiographie im Laufe unseres Lebens immer
wieder umschreiben. Mit jeder wichtigen Entscheidung bestimmen wir die Richtung, die unser Leben nehmen soll, und
damit auch die Geschichte, die am Ende über es erzählt werden wird. Wir treffen Entscheidungen nicht allein im Hin-
blick darauf, was wir tun, sondern wer wir sind.

Wenn es bei der Moral um die Beachtung von Regeln ginge,
ließe sich die moralische Qualität eines Lebens daran ermessen, wie oft die Regeln eingehalten oder gebrochen wurden.
Die ältere Tradition, zu finden etwa bei Theologen wie Thomas von Aquin, denkt jedoch im Sinne einer Bewegung des
ganzen Lebens. Die Geschichte, die wir eingeladen sind zu erzählen, ist die des Unterwegsseins zu Gott, von dem wir her-
kommen. Für diese Heimreise will uns die Moral die nötige

Kraft geben. Ein tugendhaftes Leben zu führen heißt nichts
anderes, als in die richtige Richtung weiterzugehen. Das lateinische Wort *virtus*, das im englischen *virtuous* (tugendhaft)
steckt, bedeutet «Stärke» – Stärke für die Reise. Die Kardinaltugenden – Tapferkeit, Mäßigung, Klugheit und Gerechtigkeit – unterstützen uns auf diesem Weg. Die theologischen
Tugenden – Glaube, Hoffnung und Liebe – geben uns einen
Vorgeschmack auf die Ankunft.

Die typische Form zeitgenössischer Religiosität ist, wie ich
schon ausgeführt habe, das Pilgersein. Ein Pilger wie Momo
und Oskar. Menschen heute suchen, sind unterwegs. Sie sind
sich nicht ganz sicher darüber, was sie am Ende ihrer Reise
erwartet, aber sie sind auf dem Weg, zumindest hin und wieder. Wir müssen bei ihnen sein, ihnen helfen, die Freiheit
des Weges zu entdecken und das Ziel unseres Pilgerseins zu
erahnen. Die Kirche muss eine Pädagogik der Freiheit anbieten, bei der es um mehr geht als bloß darum, die richtigen
Entscheidungen zu treffen: darum, ein moralisch handelnder
Mensch zu werden und zu entdecken, dass das Leben einen
Sinn und eine Richtung hat. Das werden wir aber nur erreichen, wenn wir bei den Menschen sind, und zwar dort, wo
sie sind. Wir werden es nicht schaffen, wenn wir ihnen nur
predigen, wo sie sein müssten – ähnlich wie der Mann, der
auf die Frage nach dem Weg nach Dublin antwortete: «Wenn
ich nach Dublin wollte, würde ich nicht von hier aus losge-
hen.» Wo immer wir auch sind, in was für Unaufgeräumthei-
ten und verqueren Situationen wir uns auch immer befinden,
es ist der Ausgangspunkt für die Heimreise. Es hilft nichts,
Menschen vorzuschreiben, sie dürften sich nicht scheiden
lassen oder wieder heiraten oder mit einem Partner zusam-
menleben oder schwul sein. Wir müssen dort anfangen, wo

sie gerade stehen. Als der heilige Antonin, ein guter Dominikaner und Erzbischof von Florenz, Cosimo de' Medici darum
bat, allen Priestern das Glücksspiel zu verbieten, antwortete
dieser weise: «Eins nach dem anderen. Sollten wir nicht damit beginnen, ihnen das Spielen mit gezinkten Würfeln zu
verbieten?»[19] Samuel Beckett schreibt: «Eine Form zu finden, die die Unordnung beherbergt, das ist die Aufgabe des
Künstlers» *(Times Literary Supplement vom 15. März 2002).*
Es ist auch die Aufgabe des Seelsorgers. In was für einem
Schlamassel wir auch stecken mögen, es gibt eine Geschichte
zu erzählen, die ihm Sinn verleiht und die zum Gottesreich
führt.

Thomas von Aquin beginnt seine Betrachtungen zum moralischen Leben mit der Feststellung, dass wir nach Gottes
Ebenbild geschaffen und daher intelligent, frei und die Quelle
unser eigenen Handlungen sind.[20] Tugendhaftigkeit bedeutet daher nicht, sich einem äußeren Zwang zu unterwerfen.
Vielmehr geht es darum, aus der innersten Mitte des eigenen
Seins heraus zu handeln. Es bedeutet, «auto-mobil», aus eigenem Antrieb heraus bewegt, zu sein. Körperlich mögen wir
uns am Anfang unseres Lebens wie Sportwagen und am Ende
wie uralte Laster fühlen. In unserem moralischen Leben ist es
hoffentlich umgekehrt. Wenn wir die Freiheit als Wahlfreiheit verstehen, dann ist sie etwas, über das wir verfügen. Wir
müssen eine tiefere Freiheit ausmachen, die darin besteht, zu
sein, wer wir sind. Rabbi Hugo Gryn schildert, dass in Auschwitz eine radikale Umwertung für ihn fundamentaler Werte
geschah, einschließlich des Wertes der Freiheit. Er schreibt:
«Freiheit wird allgemein als etwas verstanden, was man *hat*
und was einem genommen wird, wenn man eingesperrt wird.
Aber in den Lagern wurde die Freiheit zu dem, was man *war*,

und das prägte die Haltung, die man zur eigenen Situation und zum eigenen Schicksal ausbildete.»[21]

Die Tugenden sind Wege zur Freiheit, und unsere tiefste Freiheit besteht darin, aus uns selbst heraus zu tun, was gut ist, weil es das ist, was wir zutiefst ersehnen. Oft hat man den Eindruck, dass eine Handlung dann als besonders tugendhaft gilt, wenn sie mit großer Anstrengung verbunden ist: Jemand, der es unter Einsatz seines ganzen Willens schafft, einer weiteren Flasche Wein zu widerstehen, ist tugendhafter als jemand, der glücklich weiß, dass er genug getrunken hat. Aber das meint Thomas von Aquin nicht. Die Tugenden verhelfen uns zu der Freiheit, mühelos und leicht zu tun, was gut ist – so wie ein Fußballspieler spontan und wie von selbst den Ball ins Tor lenkt, ohne vorher alle Winkel und Flugbahnen berechnen zu müssen. Sein ganzer Körper weiß, was er zu tun hat. Ein Spitzenfußballer beherrscht den Ball, ohne dabei groß nachdenken zu müssen.

Natürlich brauchen wir Regeln und Gebote, so wie ein Pianist Tonleitern braucht. Aber sie sind nur dazu da, uns Freiheit beizubringen und uns an das zu erinnern, was wir zuinnerst wollen. Herbert McCabe schreibt: «In der Ethik geht es genau um das Tun, das man wirklich will, das heißt, es geht um die Freiheit. Die meisten Probleme entstehen aus der Unsicherheit in der Erkenntnis dessen, was wir wollen.»[22] Die Zehn Gebote sind keine äußere Beschränkung unserer Freiheit: Sie sagen uns, wer wir sind. Wenn mich das plötzliche Verlangen überkommen sollte, den Prior zu ermorden, erinnert mich das Gebot «Du sollst nicht töten» daran, dass ich sein Bruder bin und dass ich ihn nicht wirklich töten will. Ich würde nur ein schlechtes Gewissen bekommen, wenn ich es täte. Etwas zu bedauern heißt, dass einem jetzt etwas leidtut,

was man in der Vergangenheit getan hat. Etwas zu bereuen ist
die Erkenntnis, dass man es eigentlich nie wirklich tun wollte.
Spontaneität entspringt der Aufrichtigkeit des Herzens.

Spontaneität meint also nicht, das Erstbeste zu tun, was
einem in den Sinn kommt. Sie bedeutet vielmehr ein Handeln aus dem Innersten des Seins, wo Gott ist, der uns im Dasein hält. Denken Sie an die vollkommene Spontaneität Jesu.
Er sieht die Jünger am Ufer und beruft sie. Er hatte sich vorher nicht vorgenommen, nach Jüngern zu suchen, und dann
überlegt, ob diese Männer vielleicht die geeigneten Kandidaten sind. Er sieht den reichen Jüngling und liebt ihn, ohne zu
zögern. Er sieht Zachäus oben im Baum und ruft ihm gleich
zu: «Zachäus, steig schnell herunter, denn heute muss ich in
deinem Haus bleiben» (Lukas 19,5). Jesus handelt oft impul-
siv. Ähnlich wie für Kapitän Jack Aubrey in den Romanen
von Patrick O'Brian scheint es auch für ihn keinen Augenblick zu verlieren zu geben. In Pasolinis *Das 1. Evangelium –
Matthäus* ist Jesus dauerbeschäftigt. Aber seine Handlungen
wirken nicht überhastet, sondern sind unzögerlich und sicher.
Der Gegensatz dazu ist Judas, der, wie ich ihn mir vorstelle,
verwirrt hin und her schwankt und allmählich abrutscht in
das Böse. Jesus hingegen ist ganz bei und in dem, was er tut.
Er ist vollkommen präsent in jeder Tat. Christus in uns lässt
all unsere Handlungen zu den unseren werden. «Der rechte
Mensch gerechtet; / Hält Segen: das hält all sein Tun im Segen.»[23]

Für uns ist solch ein spontanes Handeln die Frucht harter
Arbeit, einer Wiedergeburt. Denken Sie an den Franziskaner
Maximilian Kolbe, der in Auschwitz inhaftiert war. An einem
Tag im Sommer 1941 waren drei Häftlinge aus dem Konzen-
trationslager entkommen. Die Gestapo beschloss, im Gegen-

zug zehn Gefangene zu töten. Als diese in einer Reihe aufgestellt waren, trat Pater Kolbe plötzlich vor, zeigte auf einen
der Männer, der verheiratet war und drei Kinder hatte, und
nahm seinen Platz ein. Kolbe wurde hingerichtet. Es war der
spontane Akt einer zutiefst freien Person. Um so etwas tun zu
können, braucht es die jahrelange Übung kleiner guter Taten.
Dabei macht man Fehler und muss es immer und immer wieder versuchen – es sind die Tonleitern der Spontaneität.

Donald Nicholl, ehemaliger Direktor des Ökumenischen
Instituts in Tantur, berichtet, wie er einmal in der Nähe von
Jerusalem joggte. Als er um eine Ecke bog, traf er auf eine
Gruppe junger muslimischer Arbeiter. In wenigen Sekunden
war er an ihnen vorbei, aber einer von ihnen drückte ihm
spontan mit den Worten «Du hast Durst» ein paar Rosinen
in die Hand. Das ist ein Beispiel der «tiefen Spontaneität, die
heiligen Menschen eigen ist. Sie reagieren nicht einfach nur
oberflächlich, sondern antworten unmittelbar aus der Mitte
ihres Seins, aus ihrem Herzen.»[24] Als ich das las, wurde mir
bewusst, dass ich just am selben Morgen das Gegenteil getan
hatte. Während meiner Morgenmeditation in der Kirche war
ein sehr verdreckter alter Mann zu mir gekommen und hatte
einen schmutzigen Keks aus seiner Tasche hervorgeholt, den
er mir geben wollte. Ich war so irritiert darüber, beim Beten gestört zu werden, dass ich augenblicklich «Nein, danke»
sagte. Er bot ihn dann einer Dominikanerin neben mir an,
die ihn dankbar entgegennahm. Ich war zutiefst beschämt. Er
war mit seinem kleinen Geschenk gekommen, und ich hatte
es zurückgewiesen. Ich hoffte darauf, ihn wiederzusehen und
eine zweite Chance zu bekommen. Ich bekam sie nicht.

Unsere Konsumgesellschaft geht davon aus, dass man umso
freier ist, je mehr Wahlmöglichkeiten man hat: Jemand, der

zwischen zehn Biersorten wählen kann, ist freier als jemand, der nur zwei Sorten zur Auswahl hat. Aber wenn man die tiefere Freiheit der Spontaneität erreicht hat, kann es genau umgekehrt sein. Man muss nur einige wenige grundsätzliche Entscheidungen treffen, bei denen es darum geht, frei und glücklich in Gott zu werden. Es gibt nur ein einziges Langzeitziel, das unser Leben formt und ihm Zusammenhalt verleiht. Man muss also bestimmte Entscheidungen treffen, weil sie Teil dessen sind, was und wer man ist. Denken Sie noch einmal an Jesus. Rowan Williams zeigt brillant, dass es Jesu tiefste Freiheit war, nichts anderes als den Willen des Vaters tun zu können.

> Innerlich mag er aufgewühlt sein: der Preis, den es zu zahlen gilt, klar vor Augen, ein Zurückschrecken vor dem, was ihm bevorsteht. Aber es gibt keine letzte Unsicherheit. Und das heißt nicht, dass Jesus auf irgendeine Weise der Schrecken menschlicher Entscheidung angesichts entsetzlicher Gefahr und Qual erspart bliebe, nur entscheidet die Tatsache, wer er ist, die Sache endgültig. Er ist vollkommen frei, er selbst zu sein. Tatsächlich ist es undenkbar, dass er seine Berufung zurückweist – es ist nur theoretisch möglich, so wie theoretisch jeder Mensch Ja oder Nein zu etwas sagen kann. Aber das mindert seine Freiheit nicht herab; es begründet im Gegenteil, was die wichtigste Freiheit von allen ist.[25]

Der Evangelist Markus erzählt wieder und wieder, dass der Menschensohn nach Jerusalem gehen und dort leiden und sterben muss. Jesus willigt in das Unvermeidliche ein und ist gerade darin in höchstem Maße frei. Denn das, was er tun muss, drückt aus, wer er in seinem Innersten ist.

In diese Freiheit, die Christi ureigenstes Geschenk ist, ein-
zutreten, setzt voraus, dass wir uns von einer falschen Vorstellung von Gott frei machen. Wir müssen das Bild eines Götzen zerstören, der uns als großes, mächtiges, meist männlich
gedachtes Wesen herumkommandiert und uns vorschreibt,
was wir tun müssen, damit er uns mag. Wir müssen von einem Gott loskommen, der unserer Freiheit entgegensteht und
uns in kindischer Unterwürfigkeit gefangen hält. Das Leben
wie vieler Menschen wurde durch die Anbetung dieses fremden Götzen zum Kreuz! Wir müssen den Gott entdecken, der
die Quelle unserer Freiheit ist, die im Innersten unseres Seins
sprudelt und uns in jedem Augenblick Dasein schenkt.

Paul Murray OP drückt es in seinem Gedicht «Der Zwi-
schenraum» folgendermaßen aus:

Was geschah war für mich
Eine Art Wunder

Wie plötzlich fähig zu sein
Unter Wasser zu atmen

Das Erstaunen über die Entdeckung
Wieder glauben zu können

Und über die Entdeckung eines Raumes
Zum Atmen und tief zu atmen

Zwischen dem Wort ‹Freiheit›
Und dem Wort ‹Gott›[26]

Dann kann unser Handeln vollkommen unser eigenes sein,
gänzlich frei von äußerem Zwang: zu tun, was wir zutiefst
wollen und worin wir größte Freude finden. Zugleich ist es

ganz und gar auch Gottes Handeln, denn alles, was wir tun, entspringt aus der Verwurzelung in ihm. Eine Konkurrenz gibt es nicht.

Die Freiheit,
das eigene Leben hinzugeben

Beim Letzten Abendmahl vollzieht Jesus die freieste Handlung der menschlichen Geschichte. Er gibt sein Leben hin: «Das ist mein Leib, der für euch hingegeben wird.» Es wirkt geradezu fahrlässig, sich in die Hände der Jünger zu geben – der Leute, die ihn verraten, verleugnen und von ihm fortlaufen werden. Gar scheint es wie der totale Verlust aller Freiheit. Die verschiedenen Ebenen der Freiheit, von denen ich gesprochen habe, sind vergleichbar mit einem Bumerang, dessen Flugbahn eine Kurve um die Wahlfreiheit beschreibt und der dann zurückkommt. Denn die Wahlfreiheit ist die offensichtlichste Art von Freiheit; sie leuchtet uns unmittelbar ein. Spontan zu handeln erscheint hingegen wie der Verlust der Entscheidungsmöglichkeit: Es ist die Freiheit, zu tun, was getan werden *muss*. «Dann begann er, sie zu belehren, der Menschensohn müsse vieles leiden und von den Ältesten, den Hohenpriestern und den Schriftgelehrten verworfen und getötet werden, aber nach drei Tagen werde er auferstehen» (Markus 8,31). Diese tiefste, eucharistische Freiheit, seinen Leib für uns hinzugeben, führt uns zurück zu Judas und seinem Verrat, den Jesus entschlossen und freigebig ergreift.

Wie können wir es wagen, unser Leben so wegzuwerfen? Besteht nicht die Gefahr, dass es einfach für irgendeinen blödsinnigen Zweck verschwendet und vergeudet wird, als hätte es keinen Wert? Und selbst die Kirche – wird sie die Gabe unseres Lebens, das wir ihr widmen, immer zu schätzen wissen? Die Nagelprobe darauf, ob diese Selbsthingabe frei geschieht, besteht darin, ob sie anderen zur Freiheit verhilft. Trägt sie zum Aufbau der Gemeinschaft der von Christus Befreiten bei oder nicht? Dafür hat Jesus sein Leben hingegeben: «Zur Freiheit hat uns Christus befreit» (Galater 5,1). Freiheit ist niemals nur individuell – die des Verbrauchers, der die Qual der Wahl zwischen mehreren Produkten hat. Freiheit ist der Raum, in dem wir uns gemeinsam entfalten können. Die Freiheit der Spontaneität gründet in der Gemeinschaft Gottes mit allen Menschen, die das Fundament unseres Daseins ist. Die Freiheit, unser Leben hinzugeben, strebt der Gemeinschaft der ganzen Menschheit im Reich Gottes zu.

James Mawdsley ist ein ganz außergewöhnlicher junger Mann, der nach Myanmar ging, um gegen die dortige Regierungstyrannei zu protestieren. Er kettete sich an ein Gebäude in Rangun, verteilte Flugblätter und spielte Tonbandaufnahmen ab, die das Regime anprangerten. Für kurze Zeit wurde er inhaftiert. Dann erwirkte der britische Botschafter seine Freilassung, setzte ihn in ein Flugzeug nach Hause und redete auf ihn ein, sich nicht wie ein dummer Junge aufzuführen. Aber er kam immer wieder zurück und saß mit jedem Mal länger in Einzelhaft. In seinem Buch schreibt er: «Die Menschheit ist ein Leib. Nur gemeinsam kommen wir voran. Wir können nicht einzelne Glieder unseres Körpers zurücklassen. Niemand von uns ist frei, solange wir nicht alle frei sind.»[27]

Niemand kann wirklich frei sein, solange auch nur ein anderer noch gefangen ist. Nelson Mandela gab sein Leben hin. Aus Liebe zu seinem Volk verzichtete er auf ein normales

Leben als Ehemann. Wenn er selbst frei werden wollte, musste er sich für die Befreiung aller Südafrikaner, der schwarzen und der weißen, einsetzen. In *Der lange Wege zur Freiheit* schreibt er:

> Auf diese Weise ging meine Verpflichtung gegenüber meinem Volk, gegenüber den Millionen von Südafrikanern, die ich niemals kennen oder treffen würde, zu Lasten der Menschen, die ich am besten kannte und am meisten liebte. Es war so einfach und zugleich so unverständlich wie der Augenblick, da ein Kind seinen Vater fragt: ‹Warum kannst du nicht bei uns sein?› Und der Vater muß die schrecklichen Worte aussprechen: ‹Es gibt noch andere Kinder wie du, eine große Zahl von ihnen …›, und dann erstirbt ihm die Stimme. […]
> Ich erkannte, daß ich nicht einmal die ärmlichen, begrenzten Freiheiten, die mir gewährt waren, genießen konnte, als ich sah, daß mein Volk nicht frei war. Freiheit ist unteilbar; die Ketten an jedem einzelnen aus meinem Volke waren die Ketten an ihnen allen, die Ketten an allen Menschen meines Volkes waren die Ketten an mir.[28]

Diese Freiheit kostet. Der große evangelische Theologe Dietrich Bonhoeffer, der von den Nazis ermordet wurde, schreibt aus der Haft in den «Stationen auf dem Wege zur Freiheit»: «Nicht das Beliebige, sondern das Rechte tun und wagen, / nicht im Möglichen schweben, das Wirkliche tapfer ergreifen, / nicht in der Flucht der Gedanken, allein in der Tat ist die Freiheit. / Tritt aus ängstlichem Zögern heraus in den Sturm des Geschehens / nur von Gottes Gebot und deinem Glauben getragen / und die Freiheit wird deinen Geist jauchzend empfangen.» Und Bonhoeffer schließt diese Betrachtung mit

dem Satz: «Freiheit, dich suchten wir lange in Zucht und in
Tat und in Leiden. / Sterbend erkennen wir nun im Angesicht
Gottes dich selbst.»[29] Sich selbst in die Hand anderer zu geben
schließt das Wagnis ein, sich «in den Sturm des Geschehens»
zu stellen. Es schließt ein, sich ganz und gar auf die Probleme und Fragen der Menschen einzulassen und bei ihnen zu
sein in ihrem Ringen, das Richtige zu tun. Es bedeutet, die
Sicherheit der Zurückhaltung aufzugeben und das Risiko auf
sich zu nehmen, in die raue See hinauszuwaten und ihr nicht
standhalten zu können. Das ist gefährlich. Es hat Bonhoeffer
das Leben gekostet und wird uns zumindest von Zeit zu Zeit
den Schlaf rauben. Wenn wir auf diese Weise frei sind, werden die Menschen nach der verborgenen Wurzel fragen.

3

Die stille See

Die Freiheit zeigt uns den Sinn des Christentums, denn sie erschließt uns das endgültige Ziel unseres Lebens: teilzuhaben an Gottes unsagbarer Freiheit. Ein anderer Anweg, um zu verstehen, worauf wir hinleben, ist das Glück.

François de Bondy war 21 und führte ein recht ausschweifendes Leben, als ihn sein Cousin Charles de Foucauld besuchte, der aus der Sahara für einige Tage zurück in Paris war. Bondy beschreibt, wie dieser Besuch sein Leben veränderte:

> Im Zimmer lag ein Segen auf ihm, und etwas Liebliches und ungeheuer Friedliches schwebte noch um mich herum. [...] Eine unglaubliche Freude ging von ihm aus ... Ich, der ich die ‹Genüsse des Lebens› gekostet hatte und die Hoffnung hegen durfte, die Tafel für eine gute Weile noch nicht verlassen zu müssen, sah ein, dass die Summe meiner Befriedigungen, verglichen mit dem vollkommenen Glück des Asketen, nicht mehr wog als eine winzige Feder, und in mir stieg ein seltsames Gefühl nicht des Neides, sondern des Respekts auf.[1]

Von der Freude heiliger Menschen getroffen zu werden, ist

nichts Außergewöhnliches. Ich verdanke meine Berufung zum Ordensleben auch der Fröhlichkeit eines benediktinischen Großonkels. Als Seelsorger im Ersten Weltkrieg war er schwer und bleibend verwundet worden, aber er strahlte eine tiefe Freude aus – vorausgesetzt, dass meine Mutter an seinen abendlichen Whisky dachte, der nicht zu knapp eingeschenkt sein durfte!

Mit dem verbissenen Entschluss, glücklich zu sein, den man bei einigen Christen findet, die sich moralisch zum Dauerlächeln verpflichtet fühlen, weil Jesus sie liebt, hat das herzlich wenig zu tun. Seamus Heaney nennt es das «starre Lächeln eines vorbestellten Platzes im Paradies».[2] Nichts ist deprimierender. Es ist so wenig überzeugend wie die stets wiederholte Anweisung vor dem Start eines Flugzeugs, «sich zurückzulehnen, zu entspannen und den Flug zu genießen». Die Freude heiliger Menschen entspringt der Tiefe ihres Seins. Tatsächlich *ist* sie ihr Sein.

Jede Kultur hat ihre eigenen Vorstellungen vom Glück. Ein chinesisches Sprichwort sagt: Willst du für eine Woche glücklich sein, nimm dir eine Frau. Willst du für einen Monat glücklich sein, schlachte ein Schwein. Willst du ein Leben lang glücklich sein, pflanze einen Garten. Im 16. Jahrhundert zeigte sich ein Franzose bei einem Englandbesuch erstaunt über die vorzügliche Küche. Besonders angetan hatten es ihm die Puddings. Nicht umsonst wurden Zeiten besonderer Fröhlichkeit und Festlichkeit «Puddingzeiten» genannt! Verspricht das Christentum eine eigene, besondere Form des Glücks?

Im zeitgenössischen Christentum gibt es einen starken Zug, der solch eine Behauptung zurückweisen würde. Großen Einfluss etwa übte Anders Nygrens Buch *Eros und Agape*[3] aus.

Nygren spricht davon, dass im Zentrum des Christentums die Agape steht, die selbstlose Liebe ist und keine Belohnung sucht. Jesus habe uns geboten, die Menschen um ihrer selbst willen zu lieben, ohne dass wir etwas dafür bekommen. Damit kontrastiere der Eros als egoistische, habgierige Liebe zum eigenen Nutzen. Es heiße, so Nygren, Verrat an der Religion zu üben, ihren Zweck darin zu sehen, uns glücklich zu machen. Sie wäre damit rein utilitaristisch und selbstsüchtig. Die Labour-Politikerin und überzeugte Christin Hilary Armstrong stellte fest, dass «wir nicht zum Vergnügen auf Erden sind». Tatsächlich erwecken einige christliche Traditionen den Anschein, aus dem Unglücklichsein eine Tugend zu machen. Der amerikanische Zeitungsverleger L. H. Mencken sah den Kern des Puritanismus in der «quälenden Angst, dass irgendwer irgendwo glücklich sein könnte».[4]

Als eine Gruppe junger Männer fröhlich lachend an ihm vorbeiging, war einer der Wüstenväter so irritiert, dass er ausrief: «Uns steht das Jüngste Gericht bevor, und ihr lacht!» Doch in den ersten anderthalb Jahrtausenden war der christliche Mainstream davon überzeugt, dass der Hauptgrund dafür, Christ zu sein, ja überhaupt etwas zu tun, darin bestehe, glücklich zu sein. Augustinus glaubte, dass die *delectatio*, das Vergnügen, die Triebfeder allen menschlichen Handelns sei.[5] «Denn wir müssen unsere Handlungen in Übereinstimmung mit dem ausüben, was uns höchstes Vergnügen bringt.» «Wer kann willentlich etwas tun, was ihm kein Vergnügen bereitet?» Die Bewegung unseres Lebens läuft auf die «reine Freude» zu. Das ganze moralische Leben ist eine Reise in Richtung Freiheit und Glück.

Glück ist für Thomas nicht ein Gefühl, das wir zu kultivieren versuchen sollten. Es ist eine Aktivität, die Verwirk-

lichung unseres Seins, ein «Sein durch und durch».[6] Das ist
nicht egoistischer als der Wunsch, am Leben zu sein, als
der Wunsch eines Vogels, zu fliegen, oder eines Fisches, zu
schwimmen. D. H. Lawrence erfreut sich am Anblick einer
Eidechse, die ganz sie selbst ist: «Die Art, das Kinn zu bewegen, den Schwanz herumzuwirbeln – alles passt vollkommen! Ach, wenn nur Menschen so Mensch wären wie Eidechsen Eidechsen sind, wie würde es sich doch lohnen, sie anzuschauen.»[7] Wir sind zutiefst wir selbst, wenn wir glücklich
sind. Aber im Gegensatz zu Eidechsen besteht unser Glück
nicht darin, bei uns zu verharren. Es besteht darin, uns zu öffnen, um andere zu lieben. Wir entfalten uns, indem wir uns
nach außen kehren. Letztlich besteht unser Glück in etwas,
das wir nur als Geschenk empfangen können: Gottes eigenem Leben. Wir sind geschaffen für etwas, das über uns hin-
ausgeht. Wir erblühen, wenn wir ein Glück empfangen, das
außerhalb unserer Natur liegt. Das Glück zu suchen ist also
nicht egoistisch. Vielmehr verwandelt es das Selbst. Thomas
hat recht, wenn er sagt, dass wir es gar nicht vermögen, unglücklich sein zu wollen.[8] Aber wir können uns abkehren von
dem Glück ohne Maß, zu dem wir berufen sind. Denn dieses Glück setzt unseren Tod und unsere Auferstehung voraus.
Und das macht Angst.

Das Christentum ist die frohe Botschaft, dass Gott uns
zum Glück geschaffen hat, im Letzten für das Glück, das darin besteht, dass Gott Gott ist. Glaubwürdige Zeugen dieses
Glücks können wir Christen aber nur sein, wenn wir nicht
unglücklich und verklemmt wirken. «Erlöster müssten mir
seine Jünger aussehen»,[9] schrieb Nietzsche herausfordernd.
Andernfalls droht uns die Überzeugungskraft eines Sport-
muffels, der Lobreden über Fitnessprogramme schwingt.

Amitav Ghosh beschreibt in ihrem Buch *Der Glaspalast*
die Eindrücke einer Frau von einer öffentlichen Rede Aung
San Suu Kyis, der Oppositionsführerin in Myanmar, die über
Jahre unter Hausarrest stand:

> Aung San Suu Kyi winkte der Menge zu und begann zu reden.
> Sie sprach birmanisch, und Jaya konnte nicht verstehen, was
> sie sagte. Doch ihre Vortragsweise war ganz anders als alles,
> was Jaya je gehört hatte. Sie lachte ständig, und sie hatte eine
> elektrisierende, heitere Ausstrahlung. Das Lachen ist ihr Cha-
> risma, dachte Jaya. Überall ringsum hörte sie in der Menge
> den Widerhall von Aung San Suu Kyis Lachen. Obwohl es von
> Geheimdienstagenten wimmelte, war die Atmosphäre nicht
> drückend oder angsterfüllt. Die vorherrschende gute Laune
> stand in krassem Gegensatz zu der ausgestorbenen Innen-
> stadt. Jaya begriff, warum so viele Menschen ihre ganze Hoff-
> nung auf Aung San Suu Kyi gesetzt hatten. Sie selbst wäre in
> diesem Augenblick bereit gewesen, alles zu tun, was von ihr
> verlangt wurde. Es war unmöglich, diese Frau zu erblicken
> und sie nicht sofort zu lieben.[10]

Hier bekommen wir einen kleinen Eindruck von der Autorität Jesu. Er sprach Worte, die Macht hatten, nicht wie die
der Schriftgelehrten und Pharisäer, und die Autorität bestand
gewiss in seiner unsagbaren Freude. Diese Freude muss ein
Prediger notwendig haben. Es kann keine Verkündigung der
frohen Botschaft geben, wenn sie nicht der Freude entspringt.
Alle Zeugnisse stimmen darin überein, dass Dominikus und
seine ersten Mitbrüder in höchstem Maße glücklich waren.
Eine Erzählung handelt davon, wie eine Gruppe Novizen eines Tages während der Komplet einen Lachanfall bekam. Ein

älterer Bruder wies sie zurecht, weil sie in der Kirche lach-
ten. Aber Jordan von Sachsen, der Nachfolger des Dominikus, rügte ihn und sagte zu den Novizen: «Lacht nach Her-
zenslust und hört nicht auf wegen dieses Mannes. Ihr habt
meine volle Erlaubnis, und es ist nur recht, dass ihr lacht, da
ihr der Knechtschaft des Teufels entkommen seid ... Lacht
weiter, und seid so fröhlich, wie es euch gefällt.»[11]

Wie kann die Kirche eine Wiege solcher Freude werden?
Die Pessachfeier war erfüllt von der Freude über die Befreiung
aus der Sklaverei in Ägypten. In dieser Nacht versammelte Jesus seine Jünger, um eine noch größere Freude zu feiern: die
Befreiung von allem, was die Menschheit unterdrückt. Wahrscheinlich folgte er der Tradition und beschloss das Mahl mit
dem Singen des *Hallel* – Psalm 114 bis 118 –, das jubelt über
unsere Freiheit: «Dankt dem Herrn, denn er ist gut, / in Ewigkeit währt sein Erbarmen.» Und doch kann Jesu Freude nicht
ungetrübt gewesen sein. Er hatte angekündigt, dass «einer
von euch mich verraten wird». Alle wussten, dass der Augenblick der Krise unmittelbar bevorstand. Aber vielleicht war es
genau deswegen ein Moment höchster Freude, weil Jesus in
ihm all unser Leiden, unsere Trostlosigkeit und unsere Not
annahm und sich zu eigen machte. Gründonnerstag ist der
bittersüßeste Tag des christlichen Kalenders.

Das Letzte Abendmahl ist der Wendepunkt in der Geschichte, da Jesus seine Heimreise zum Vater antrat. Johannes beginnt seinen Bericht von diesem letzten Abend mit den
Worten: «Jesus wusste, dass seine Stunde gekommen war, um
aus dieser Welt zum Vater hinüberzugehen; und weil er die
Seinen, die in der Welt waren, liebte, so liebte er sie bis zum
Ende» (Johannes 13,1). Glücklich zu sein heißt, sich selbst in
dieser Geschichte wiederzufinden, die von der Geburt über

den Tod bis zur Auferstehung reicht. Wir gehören in diese
Geschichte, denn sie ist unsere eigene, und sie trägt uns durch
Schwierigkeiten, Leiden und Tod hin zur Auferstehung.

In seinem Buch *Alte Schule*[12] erzählt Tobias Wolff von einem Jungen, der einen Preis für eine Kurzgeschichte erhält,
die er gar nicht verfasst hat: Er hatte sie aus einer Zeitschrift
abgeschrieben. Aber schließlich kam es doch noch raus, und
er war blamiert. Trotzdem hat man den Eindruck, dass er
nicht absichtlich etwas Schlechtes getan hatte. Die Geschichte
ist so vollkommen *seine* Geschichte – eine Geschichte, die ihn
sein Leben, alles, was er ist und sein will, verstehen lässt –,
dass er sie wie selbstverständlich als seine eigene beanspruchen musste. Ähnlich geht es uns Christen. Wir finden uns
wieder in einer Geschichte, die von einem anderen handelt.
Sie ist unsere Erzählung, denn wir sind mit Christus gestorben und auferstanden.

Diese Geschichte vergegenwärtigen wir jedes Jahr im Zyk-
lus von Advent bis Pfingsten. Sich von ihr tragen zu lassen im
Wissen, dass sie uns zur endgültigen Seligkeit führen wird –
der Schau Gottes von Angesicht zu Angesicht –, macht einen
Teil unserer gegenwärtigen Freude aus. Vielleicht drücken
uns jetzt Sorgen nieder, und wir spüren die eigene Unzuläng-
lichkeit, aber der kleine Vorausblick auf die Ankunft lässt uns
schon jubeln. Augustinus fordert uns auf:

> Lasst uns hier auf Erden das Halleluja singen, wo wir noch in
> Sorge sind, damit wir es einst dort [im Himmel] in Sicherheit
> singen können. [...] Heute lasst uns singen, nicht um uns der
> Ruhe zu erfreuen, sondern um in der Drangsal Trost zu fin-
> den. So wie Wanderer zu singen pflegen: Singe, aber schreite
> aus! [...] Singe und wandere![13]

Ein bisschen ist es so, als würde man im englischen National-
park Lake District wandern: kalt, müde und nass bis auf die
Knochen. Und doch freut man sich schon auf den Gin Tonic
und die heiße Badewanne, die auf einen warten. Tatsächlich
ist es aber mehr als das, denn das ewige Leben berührt uns
jetzt schon. Drei Tage vor seiner Auferstehung sagt Christus
zum guten Schächer am Kreuz: «Heute noch wirst du mit mir
im Paradies sein.»

J. R. R. Tolkien rechtfertigt, was er den «Trost des glückli-
chen Ausgangs» nennt, der gerade nicht die Augen vor der gegenwärtigen Trauer und dem Leid verschließt: Er «verleugnet
(dem Augenschein zum Trotz, wenn man so will) die endgültige, allumfassende Niederlage, und insofern ist [er] Evangelium, gute Botschaft, und gewährt einen kurzen Schimmer
der Freude, der Freude hinter den Mauern der Welt, durch-
dringend wie das Leid. [...] Das Besondere der ‹Freude› im
gelungenen Fantasiewerk kann so als ein plötzliches Durch-
schimmern der tieferen Wahrheit oder Wirklichkeit erklärt
werden.»[14] Dass die Freude am Ende über die Trauer triumphieren wird, ist eine grundlegende Wahrheit unseres Glaubens. Sie ist unsere Bestimmung. In den Evangelien finden
wir Erzählungen, die uns weitertragen. Sie umfangen unsere
Trauer und weisen uns über sie hinaus. Indem wir in ihrem
Rhythmus leben, entdecken wir uns als Menschen, die zur
Freude geschaffen sind.

Wie ein Leben in der Geschichte Jesu uns in der Freude
formen kann, möchte ich anhand einiger Schlüsselszenen des
Markusevangeliums aufzeigen. Die Mehrheit der Bibelwis-
senschaftler stimmt darin überein, dass es das früheste Evangelium ist und in den frühen 70er Jahren des ersten Jahrhunderts verfasst wurde. Es wurde geboren aus einer Hoffnungs-

krise heraus, in der die Christen in Rom das Martyrium von
Petrus und Paulus und den Verrat durch die eigenen Brüder und Schwestern zu bewältigen hatten, und erzählt eine
Geschichte, die ihren Schmerz aufnimmt und sie über ihn
hinausträgt. Das Evangelium entstand in der beschriebenen
Feuerprobe, als die Wiederkunft Jesu in Herrlichkeit ausblieb
und jede Geschichte von einer Zukunft zum zweiten Mal verloren ging. Wenn wir uns selbst also in der Dynamik seiner
Erzählung wiederfinden, hilft sie uns, jede Sorge, jede Trauer,
die uns niederdrückt, anzunehmen, und führt uns gleichzeitig über sie hinaus.

Taufe

In jenen Tagen kam Jesus aus Nazaret in Galiläa und ließ
sich von Johannes im Jordan taufen. Sobald er aus dem Wasser heraufstieg, sah er, dass sich der Himmel öffnete und der
Geist wie eine Taube auf ihn herabkam. Und eine Stimme
sprach aus dem Himmel: Du bist mein geliebter Sohn, an dir
habe ich Gefallen gefunden.

Markus 1,9–11

Die Geschichte beginnt mit dem Gefallen des Vaters am Sohn.
Im Herzen des Lebens Gottes steht das gegenseitige Vergnü-
gen des Vaters am Sohn und des Sohnes am Vater. Diese
Freude ist der Heilige Geist. Meister Eckhart sagt: «Wenn der
Vater den Sohn anlacht und der Sohn zurücklacht, entsteht
Vergnügen, aus diesem Vergnügen entsteht Freude [und] aus
der Freude Liebe.»[15] Eckhart beschreibt Gottes Freude wie
die überschwängliche Ausgelassenheit eines Pferdes, das auf

einem Feld herumgaloppiert und mit den Hufen in die Luft ausschlägt. Das Evangelium ist die Geschichte, wie wir in dieser Freude unterwegs nach Hause sind.

Eines der Bilder, das Caterina von Siena für Gott verwandte, war das «eines Bettes, auf dem wir ausruhen können».[16] 1375 reiste sie nach Pisa und setzte zur Insel Gorgona über.[17] Es war das erste Mal in ihrem Leben, dass sie das Meer sah. An Fra Bartolomeo, einen befreundeten Dominikaner, schrieb sie, dass sie wenigstens für eine kurzen Moment geschaut habe, was es heißt, zu sagen, dass Gott Liebe ist: Gottes Liebe ist das weite Meer, auf dem wir treiben. Ihr Lieblingsbild von Gott wurde das der «friedlichen See» – eine Art göttlicher Whirlpool. Dorthin tragen uns die Evangelien mit ihrer Geschichte.

Diese Freude ist keine Emotion Gottes, kein sonniges, göttliches Gefühl. Sie ist Gottes Wesen. Sie ist das «Ich bin» des brennenden Dornbusches, dem Mose in der Wüste begegnete. Für Thomas von Aquin ist Glück einer der Namen Gottes.[18] Weil dieses Vergnügen Gottes ganzes Wesen ist, können wir es nicht definieren oder verstehen, denn, so Thomas, wir können nicht ergründen, was es für Gott heißt, Gott zu sein. Berührt zu sein von Gottes Freude bedeutet daher, von etwas erfasst zu sein, das jenseits aller Definition liegt. G. K. Chesterton bezeichnete es als das gewaltige Geheimnis des Christentums. «Da war etwas, das [Jesus] vor allen Menschen verbarg, wenn Er auf einen Berg stieg und betete. Da war etwas, das Er immer wieder unter abruptem Schweigen oder plötzlicher Absonderung von den andern versteckte. Da war etwas, das Gott zu groß fand, um es uns zu zeigen, als Er auf unserer Erde wandelte. Und manchmal denke ich: Es war Sein Jauchzen.»[19]

Jesus konnte diese Freude nicht beschreiben, er konnte sie nur verkörpern; in ihm nahm sie Fleisch an. Im Jerusalemer Israel-Museum befindet sich ein winziges, 2500 Jahre altes Stück Leder, das den ältesten erhaltenen biblischen Text enthält, geschrieben in einer hebräischer Schrift, die schon zur Zeit Jesu überholt war.[20] Es sind die Worte Aarons, mit denen er das Volk Israel segnete: «Der Herr segne dich und behüte dich! Der Herr lasse sein Angesicht über dich leuchten und sei dir gnädig! Der Herr erhebe sein Angesicht hin zu dir und schaffe dir Heil» (Numeri 6,24–26). Vor demselben Lächeln waren Adam und Eva in Scham geflohen. Die Rückreise nach Hause beginnt damit, dass «Noach Gnade in den Augen des Herrn fand» (Genesis 6,8). Dieses Lächeln wurde Fleisch und Blut im Gesicht Jesu. Auch wir können nicht angemessen von der Freude sprechen, die Gott ist, aber sie kann Gestalt bekommen in unserem Leben, Fleisch werden in unseren Gesichtern.

> Oder welche Frau, die zehn Drachmen hat und eine Drachme verliert, zündet nicht ein Licht an und kehrt das Haus und sucht sorgfältig, bis sie sie findet? Und hat sie sie gefunden, so ruft sie ihre Freundinnen und Nachbarinnen zusammen und sagt: Freut euch mit mir; denn ich habe die Drachme gefunden, die ich verloren hatte.
>
> *Lukas 15,8 f.*

Die Kirche ist dazu da, Menschen zu versammeln, damit sie zusammen glücklich sind. Herbert McCabe OP schreibt, dass

> wir unsere Freude in körperlichen Zeichen ausdrücken, durch Tanzen, Singen oder Lachen. Wir stoßen Freudenschreie aus,

umarmen einander oder schlagen Purzelbäume. Wie wir unsere Freude äußern, hängt natürlich davon ab, in welchem
Land wir leben, von lokalen Bräuchen und Traditionen. In Teilen Afrikas würde man zu kunstvollen und genau festgeleg-
ten Tänzen greifen. In Teilen britischer Vorstädte kommt man
vermutlich mit einem leichten Zucken der Oberlippe aus.[21]

So mag ein Grund, warum viele junge Menschen zwar gläu-
big sind, aber keiner Gemeinschaft angehören wollen, vielleicht darin zu suchen sein, dass sie diese gemeinsame Freude
im Kern unserer christlichen Feiern nicht entdecken können.
Oder sie finden sie, aber sie wirkt – oft genug – gezwungen,
hohl und eher peinlich. Diese Freude kann nicht nur eine
rein innerliche oder geistige Empfindung sein. Sie muss raus –
sogar bei Engländern. Raimundus Lullus, ein katalanischer
Mystiker des 13. Jahrhunderts, bat: «Herr, da du mir so viel
Freude ins Herz gelegt hast, bitte ich dich, weite sie aus auf
den ganzen Körper, so dass mein Gesicht und mein Herz und
mein Mund und meine Hände – alle meine Glieder deine
Freude fühlen. Das Meer ist nicht so voller Wasser wie ich
voller Freude.»

Als ich eines Nachts einmal durch die Jerusalemer Altstadt
ging, kam ich an einer offenen Tür vorbei. Drinnen sah ich
chassidische Juden in ekstatischer Freude tanzen – ihr Glaube
war Fleisch und Blut geworden. Ich habe solche Freude in afrikanischen Kirchen gesehen, wo niemand auf die Uhr guckt,
wie lange man noch aushalten muss, bis der Gottesdienst
endlich zu Ende ist. Weiter oben habe ich davon gesprochen,
dass wir eine neue Musik brauchen, die unserer Hoffnung
Ausdruck gibt. Sie muss auch eine Freude ausdrücken, die
mit Worten nicht mehr zu beschreiben ist. Vor Kurzem war

ich auf den Philippinen, um Dominikaner und Dominikanerinnen zu treffen, die verantwortlich für die Ausbildung des
Ordensnachwuchses in Asien sind. An einem der Abende or-
ganisierten die indischen und pakistanischen Dominikaner
ein Fest, auf dem gemeinsam gegessen, gesungen und getanzt
wurde. Die Stimmung war überschäumend. Der Höhepunkt
aber war ein Video eines Sufisängers und seiner Jünger. Er war
ein eher unattraktiver Mann von dicker, androgyner Gestalt.
Aber als er anfing zu singen, waren alle wie gebannt. Hier war
jemand, der es verstand, eine Freude jenseits aller Worte auszudrücken, eine Freude jenseits von Glück und Trauer.

Ich musste an das Jubellied denken, von dem Augustinus
spricht:

Was ist das: Singen mit Jubel? Innewerden, dass es unmöglich ist, in Worten auszusprechen, was das Herz singt! Wenn
Menschen bei der Ernte singen, im Weinberg oder bei irgendeinem tief bewegenden Tun und wenn sie dann anfangen, mit
den Worten der Lieder vor Freude zu jubeln, dann sind sie wie
voll von Freude und können ihren Jubel nicht in Worte fassen.
Dann verzichten sie auf die Silben und Worte und gehen über
zum Jubeln in Tönen.
Der Ton des Jubilierens macht offenbar, dass das Herz gebiert,
was es nicht aussprechen kann. Wem aber gebührt dieser
Jubel mehr als dem unaussprechlichen Gott?[22]

Das Markusevangelium beginnt also mit dem Ende der Reise,
dem Gefallen des Vaters am Sohn. Das Evangelium ist die
Geschichte, wie wir unseren Platz in diesem wechselseitigen
Vergnügen finden können. Unmittelbar nach der Taufe ging
Jesus in die Wüste, um mit dem Satan zu ringen, der danach

trachtet, uns im Unglück einzuschließen. Und dann begann
das Feiern.

Feiern

Als er in seinem Haus zu Tisch lag, aßen auch viele Zöll-
ner und Sünder mit Jesus und seinen Jüngern. Denn es waren viele, die ihm nachfolgten. Als nun die Schriftgelehrten
(von der Partei) der Pharisäer sahen, dass er mit den Sündern
und Zöllnern aß, sagten sie zu seinen Jüngern: Warum isst
er mit den Zöllnern und Sündern? Das hörte Jesus und sagte
zu ihnen: Nicht die Gesunden brauchen den Arzt, sondern
die Kranken. Ich bin nicht gekommen, Gerechte zu berufen,
sondern Sünder. Die Jünger des Johannes und die Pharisäer
fasteten gerade. Da kamen einige Leute und sagten zu ihm:
Warum fasten die Jünger des Johannes und die der Pharisäer,
deine Jünger aber fasten nicht? Jesus antwortete ihnen: Können die Hochzeitsgäste denn fasten, solange der Bräutigam
bei ihnen ist? Solange sie den Bräutigam bei sich haben, können sie nicht fasten.

Markus 2,15–19

Alle Evangelien lassen uns in die Freude, die Gott ist, eintreten durch Feiern, Essen und Trinken. Im Matthäusevange-
lium wird Jesus beschuldigt, ein «Schlemmer und Trinker»
zu sein (Matthäus 11,19). Er eckt mit seiner Fröhlichkeit an.
Das erste Wunder, das Jesus im Johannesevangelium tut, ist
die Verwandlung von Wasser in Wein auf der Hochzeit von
Kana. Fjodor Dostojewskij schreibt: «Nicht das Leid, sondern
die Freude der Menschen suchte Christus auf, als er das erste

Wunder vollbrachte, tat er es um der Freude der Menschen willen.»[23] Das war keine Pflichtübung, wie Politiker Babys küssen. Er hatte seine Freude an der Gemeinschaft mit Sündern. Er «liebte» sie nicht nur, weil er es musste; er hatte seinen Gefallen an ihnen.

Paul Murray OP hat auf die Tatsache hingewiesen, dass die frühen Dominikaner sich gern dem Feiern widmeten. Es ist kein Zufall, dass der Predigerorden seine Ursprünge auf eine Kneipe zurückführt, wo Dominikus die Nacht debattierend mit dem Gastwirt verbrachte. Erstaunlich häufig taucht der Wein als fester Bestandteil ihres Lebens auf wie auch als ganz selbstverständliche Metapher für das Evangelium.[24] Das Bild von Dominikus als asketischem Fanatiker ist ein antikatholischer Mythos und so weit entfernt von der Wahrheit wie Swinburnes Beschreibung Jesu als «blasser Galiläer». Als Dominikus einmal spät in einem Kloster ankam, rief eine Glocke alle Nonnen bei ihm zusammen.

> Als er zu reden aufgehört hatte, sagte er: ‹Es wäre gut, meine Töchter, etwas zu trinken zu bekommen.› Er beauftragte Bruder Roger, den Cellerar, etwas Wein und einen Becher zu bringen …, dann segnete er den Becher und trank aus ihm … Nachdem die Brüder alle getrunken hatten, sagte Dominikus: ‹Ich will, dass alle meine Töchter trinken.› … Daraufhin tranken die Schwestern davon … und alle tranken, so viel sie wollten, ermutigt von Dominikus, der fortfuhr: ‹Trinkt aus, meine Töchter!› Zu dieser Zeit waren 104 Schwestern dort und alle tranken so viel Wein, wie sie wollten.[25]

Einige der frühen Brüder waren offensichtlich ein bisschen übereifrig, dem Beispiel ihres Gründers zu folgen. Denn 1251 beschloss die römische Provinz, dass die Brüder nach nächtlichem Weingenuss die Komplet noch einmal beten mussten![26]

Trinken und Trunkenheit lagen als Metaphern für die Freude des Evangeliums unmittelbar auf der Hand. Auf die Dominikaner wirkte dieses Bild laut Murray so anziehend, weil es

> sehr gut ihre emotionalen Erfahrungen in der Begegnung mit dem Evangelium widerspiegelte. Ihre Spiritualität war nicht verspannt, introvertiert oder selbstbesorgt, sondern fröhlich und ausgreifend. Schon deshalb fand das Bild einer Gruppe von gemeinsam trinkenden Freunden oder Gefährten naturgemäß Anklang bei ihnen. Wein oder ein anderes Getränk steht bildlich für die Güte und Süße des Lebens. Zur Zeit des Dominikus sahen viele zeitgenössische Asketen – und ich denke hier vor allem an die Albingenser – Freude als etwas Böses an; ähnliches galt im Blick auf Essen und Sexualität. Zutiefst von der Gutheit der Schöpfung überzeugt, vermutete dagegen Dominikus in der Freude eindeutig etwas Förderliches und Gutes.[27]

Besonders Jordan von Sachsen, der Nachfolger des Dominikus, griff das Bild des Weines immer wieder auf. Bei der Hochzeit des Lammes, so schreibt er, wird denen süßer Wein gegeben werden,

> die aus Liebe bitteren Herzens sind, das lautere Wasser der gegenwärtigen Unzufriedenheit und der Trauer in den Wein des heiligen Weinstocks zu wandeln, in edlen Wein, in Wein, der das Herz des Menschen erfreut, in Wein, durch dessen Süßigkeit die ihm Teuersten berauscht werden, in den Wein

der ewigen Freude, den vortrefflichen Wein, den neuen Wein, den der Sohn Gottes seinen Auserwählten an der Tafel des himmlischen Hofstaates reicht.[28]

Und nicht nur die männlichen Dominikaner nutzten dieses Bild. Caterina von Siena verwandte die Trunkenheit häufig als Metapher für das Hineingenommensein in Gottes Freude. An Fra Bartolomeo schrieb sie: «Macht es wie einer, der sich berauscht und dabei sich selber verliert und nicht mehr sieht.»[29] Und sie fügte hinzu: «Lasst uns uns benehmen wie der Trinker, der nicht an sich selbst denkt, sondern nur an den Wein, den er getrunken hat und der noch zu trinken bleibt.»[30]

Für Jesus war das Feiern mehr als nur ein festlicher Anlass: Es war Ausdruck seiner Freude an den Menschen. Wenn Freude Gottes eigenes Wesen ist, dann ist sie Mensch geworden in Jesu Freude an denen, denen Gott Dasein schenkt. Lullus beschreibt seine Freude als Freude an Gottes Dasein und an seinem eigenen Dasein. Bevor unsere Zuhörer nicht ein Gespür für Gottes Vergnügen an ihrer Existenz bekommen haben, hat die Kirche nichts zur Moral zu sagen. Oft kommen Menschen zu uns, die schwere Lasten tragen, mit einem Leben, das aufgrund verwickelter Geschichten nicht den kirchlichen Vorgaben entspricht. Bevor wir irgendetwas zu sagen haben, müssen sie erst wissen, dass Gott schon allein über die bloße Tatsache jubelt, dass es sie gibt – was zugleich der Grund ist, warum es sie überhaupt gibt. Jesus ist die Menschwerdung von Gottes Freude an uns, an allem, was wir sind, Körper, Geist und Seele. In *Die Stunde des Siegers*, einem Film über zwei Leichtathleten, die für die Olympiade in Paris trainieren, sagt Eric Liddell, ein schottischer Presbyterianer: «Gott hat mich schnell gemacht. Und wenn ich laufe, spüre ich, wie er sich freut.» Ich bin mir nicht so sicher, ob Gott das Gleiche fühlt, wenn *ich* laufe!

In ihrem Roman *Gilead* erzählt Marilynne Robinson von einem alten protestantischen Pastor, der den Tod nahen fühlt und für seinen siebenjährigen Sohn all die Dinge aufschreibt, die er später nicht mehr in der Lage sein wird mit ihm zu teilen. Uns wurde gesagt, so schreibt er, dass wir unsere Eltern ehren sollen. Aber keinen Eltern sollte jemals gesagt werden müssen, dass sie ihre Kinder ehren sollen. Es ist der stärkste Trieb, den Eltern haben; es ist das gleiche Gefallen am Dasein, wie Gott es hat. Der alte Prediger freut sich an der Einzigartigkeit seines kleinen Sohnes.

Ein Schimmer liegt auf dem Haar eines Kindes im Sonnenlicht. Regenbogenfarben sind darin, dünne, weiche Strahlen von der genau gleichen Farbe, die man manchmal auch auf Tau sieht. Man sieht sie auf den Blüten von Blumen und man sieht sie auf der Haut eines Kindes. Dein Haar ist glatt und dunkel, deine Haut sehr hell. Du bist, nehme ich an, nicht hübscher als andere Kinder. Du bist einfach ein netter Junge, ein wenig schmächtig, gründlich geschrubbt und wohlerzogen. Alles schön und gut, vor allem aber liebe ich dich, weil es dich gibt. Dein Dasein.

Und über die Mutter sagt er:

Sie hat fast jeden Augenblick deines Lebens erfahren und liebt dich, wie Gott es tut, ganz und gar. Das ist die Verehrung, die Kindern entgegengebracht wird. Du siehst, wie gottgleich es ist, das *Dasein* eines anderen zu lieben. Deine *Existenz* ist uns eine Freude. […] Ich [kann] Gott nie ausreichend danken für

die Herrlichkeit, die er – mit Ausnahme deiner Mutter natürlich – vor der Welt verborgen und mir in deinem lieben, gewöhnlichen Antlitz enthüllt hat.[31]

Vor der Wahl des vorletzten Ordensmeisters der Dominikaner (2001) fand ein Versöhnungsgottesdienst für alle statt, die
an der Wahl teilnehmen sollten. Mehrere Mitbrüder waren
um die Kapelle herum verteilt, um in verschiedenen Sprachen
Beichte zu hören. Einer von ihnen, ein junger Argentinier, war
für sein breites Lächeln bekannt. Ich beobachtete die Mitbrüder, die zu ihm beichten gingen, manche mit trauriger Miene,
niedergedrückt, zögerlich. Alle gingen sie lächelnd von ihm
weg. Sein Lächeln hatte ihre Gesichter verwandelt.

Gefallen ist nicht das Gleiche wie Anerkennung. Der Vater heißt nicht den Sohn gut, noch der Sohn den Vater. Die
Dreifaltigkeit ist keine gegenseitige Bewunderungsgesell-
schaft. Anerkennung impliziert Gunst. Um sie zu gewinnen,
sind wir oft versucht, Masken aufzusetzen und vorzugeben,
jemand anders zu sein. In *König Lear* suchen Goneril und
Regan die Anerkennung ihres Vaters, um Macht zu gewinnen.
Cordelia weigert sich hartnäckig, dem Vater nach dem Mund
zu reden. Sie sagt, was sie denkt, und findet damit am Ende
doch noch sein Gefallen.

Mechanismen der Anerkennung finden sich in allen
menschlichen Institutionen. Sie senden subtile Signale, wer
«in» und wer «out» ist. Wir Menschen passen uns und unser Verhalten entsprechend an. Das passiert – wenig überra-
schend, da sie eine menschliche Einrichtung ist – auch in der
Kirche. Der langjährige Rektor des Priesterseminars in Cleve-
land, Donald Cozzens, spricht in seinem Buch *Das Priesteramt im Wandel*[32] von einem «priesterlichen Ödipuskomplex»,

das heißt, viele Priester entwickeln eine tiefe Abhängigkeit von Gesten der Bestätigung und Anerkennung, vor allem durch ihren Bischof. Als Yves Congar OP vom Heiligen Offizium (der heutigen vatikanischen Glaubenskongregation) geprüft wurde, spürte er in sich den Druck, zu sagen, was man in Rom hören wollte. In einem Brief an seine Mutter aus dem Jahr 1956 bemerkt er, dass «die Gründe [für ihr Vorgehen gegen mich] niemals benannt wurden, aber ich glaube, ich weiß, was es ist ... Was mich in ein schlechtes Licht gerückt hat, ist nicht, dass ich etwas in ihren Augen Falsches gesagt habe. Es sind Dinge, von denen sie nicht wollten, dass sie gesagt werden.»[33] Als ich selbst im Amt war, mag auch ich so einen Druck ausgeübt haben. Einer meiner Vorgänger war bekannt dafür, dass er einen Mitbruder mit einem einzigen Blick aufrichten oder vernichten konnte. Wenn man ihn sehen wollte, fragte man den Generalsekretär nach dem Wetterbericht: «Stürme erwartet am Morgen, aber hoffentlich einige sonnige Abschnitte am Nachmittag, nach der Siesta.»

Die Mechanismen der Anerkennung erziehen uns zur Falschheit und Heuchelei. Gefallen lädt uns ein, aus uns herauszukommen, um so angeschaut zu werden, wie wir sind. Am Ende von *König Lear* leben der König und Cordelia in Frieden zusammen und können über die Dinge lachen:

So woll'n wir leben,
Beten und singen, Märchen uns erzählen,
Und über goldne Schmetterlinge lachen.
Wir hören armes Volk vom Hofe plaudern,
Und schwatzen mit: wer da gewinnt, verliert;
Wer in, wer aus der Gunst; und tun so tief
Geheimnisvoll, als wären wir Propheten

Der Gottheit: und so überdauern wir
Im Kerker Ränk' und Spaltungen der Großen,
Die ebben mit dem Mond und fluten.[34]

In ähnlicher Weise führt uns die Geschichte des Evangeliums
über die Versuchungen und Verführungen der Anerkennung
hinaus, die von den Pharisäern gewährt oder verweigert wird.
Sie führt uns zum gegenseitigen Vergnügen, das die Dreifaltigkeit bestimmt und das Gottes Leben und unsere Heimat ist.
Sie trägt uns hinaus über die Sorge, wer gerade «in» und wer
«out» ist, wer als Nächstes befördert wird oder wer derzeit total angesagt ist. Die Kirche wird in dem Maße ein Ort sein, der
uns für das Leben in der Dreifaltigkeit formt, in dem wir dieses gegenseitige und befreiende Gefallen aneinander finden.

Jesu Blick ist nicht nur ein unbestimmtes, gutmütig-blin-
des Wohlwollen. Er schaut die Menschen an, wie sie sind. Von
Jesus angesehen zu werden, ist eine Erfahrung der Wahrheit.
Denken Sie an die Samaritanerin am Jakobsbrunnen: «Er hat
mir alles gesagt, was ich getan habe» (Johannes 4,39). Augustinus spricht davon, dass Glück «gaudium de veritate» sei,
«Freude an der Wahrheit».[35] Jesu Gefallen an uns ist nicht
leere Zustimmung: Für uns ist es die schmerzhafte Freude, all
dessen, was wir vorgeben zu sein, entkleidet zu werden und
ins Licht hinauszutreten. In der Gegenwart dieses Gesichts
entdecken wir, wer wir sind. Der Blick Jesu schält die Masken
herunter, die wir tragen, und dekonstruiert die falschen Gesichter, die wir der Welt zeigen.

Cyprian warnte die Frauen in Karthago vor dem Tragen
von Make-up, denn Gott würde sie vielleicht nicht erkennen,
wenn sie um Einlass in den Himmel bitten. Der Blick Jesu
entfernt unser Make-up! Von John Donne stammt ein wun-

derbares Gedicht, das von einem Ritt nach Westen handelt.
Dabei hat er die aufgehende Sonne in seinem Rücken und vergleicht sie mit dem Gesicht des auferstandenen Herrn. Bekehrung ist das Wagnis, sich umzudrehen und Jesus zu begegnen,
von ihm angesehen zu werden, offen zu sein für seinen Blick:

> Erstelle Dein Bild neu in mir durch Dein Licht,
> Dass Du mich erkennest, und ich zeig mein Gesicht.[36]

Von Jesus angesehen zu werden, ist die Befreiung von aller
Scham. Die Bibel beginnt mit der Flucht vor dem Angesicht
Gottes, als Adam und Eva sich beschämt und nackt hinter Bü-
schen verstecken, als sie Gott kommen hören. Das Nacktsein
bei der Taufe in der frühen Kirche war ein Zeichen, dass die
Zeit der Scham vorüber war. Gott schaut auf uns mit Freude.
Bei Gregor von Nyssa heißt es, dass wir «alle Verhüllungen,
die aus diesen vergänglichen Blättern des Lebens entstehen,
[…] ablegen und wiederum vor den Augen des Schöpfers stehen» sollen.[37] Oder in den Worten eines alten ägyptischen
Gebetes: «Nimm den Schleier von unseren Augen, gib uns
Vertrauen, lass nicht zu, dass wir beschämt oder verlegen sind,
lass nicht zu, dass wir uns selbst hassen.»[38] Gottes Wahrheit
ist barmherzig. Walt Whitman gibt eine Beschreibung des
Dichters, die man auf Gott anwenden kann: «Er richtet nicht
wie der Richter, sondern wie die Sonne, die auf ein hilfloses
Ding fällt.»[39]

Für unsere gegenwärtige Kultur ist diese Enthüllung des
Selbst schwer nachvollziehbar, da sie die selbstbestimmte Ent-
scheidung, wer man ist, weithin als Menschenrecht versteht.
Identitäten werden nicht entdeckt; sie werden gewählt. In der
Nähe unserer Priorei in London gibt es einen Friseurladen,

der «Identity» heißt. Man sucht sich aus, wer man heute sein
will. Identität ist eine Lifestyle-Option, eine Frage des Lebens-
stils. Wer diese Identität nicht akzeptiert, verletzt meine Menschenrechte. Das Lächeln Jesu hingegen lädt mich ein zu einer
Identität, die nicht konstruiert, sondern geschenkt ist. Denn
mein tiefstes Wesen ist reine Gabe; Freude finde ich, indem ich
es annehme. Die Person zu werden, die mir geschenkt wurde
zu sein, ist Arbeit, ist Mühe. Mein eigenes Gesicht zu erlangen ist Frucht meiner Geschichte mit all ihren komplizierten
Entscheidungen. Es ist die lange Aufgabe, zu der Person zu
werden, die Gottes Gnade erschafft. Es ist eine Erfindung, die
eine Entdeckung ist. Das nächste Stadium in diesem Prozess
ist die Reise nach Jerusalem, zu Verhaftung und Tod.

Die Reise nach Jerusalem und zur Kreuzigung

> Dann begann er, sie zu belehren, der Menschensohn müsse
> vieles leiden und von den Ältesten, den Hohenpriestern und
> den Schriftgelehrten verworfen und getötet werden, aber nach
> drei Tagen werde er auferstehen. Das sprach er ganz offen aus.
>
> *Markus 8,31f.*

In diesem Augenblick weist Jesu Reise auf das Ende hin: Jerusalem. Für ihn ist es zugleich der Antritt des Heimwegs zum
Vater. Man könnte den Eindruck haben, als würde Jesus mit
den freudigen Zeiten abschließen, da er nun dem Tod näher-
kommt. Aber diese zweite Hälfte des Evangeliums weist uns
den nächsten Schritt zum Eintritt in die Freude der Dreifal-

tigkeit. Jesus geht nach Jerusalem, um unseren Schmerz und unsere Sterblichkeit zu teilen. Wir können zu dieser Freude nur gelangen, wenn wir das Wagnis eingehen, ihm auf seinem Weg zu folgen und uns vom Leid unserer Mitmenschen berühren zu lassen. Gott fordert von Israel, «dich deinen Verwandten nicht zu entziehen» (Jesaja 58,7). Wir können versuchen, unser zerbrechliches Glück zu schützen, indem wir uns vor dem Schmerz abschirmen, der uns umgibt und uns bisweilen zu überwältigen droht. Manchmal beobachte ich an mir selbst, dass ich es kaum wage, in die Augen der Menschen, die auf der Straße betteln, zu sehen. Und sie sind meine Verwandten.

Ich durchquerte einmal Nigeria von einer Ecke in die andere. Manchmal kamen wir durch Gegenden, wo Tausende von Menschen an Lepra erkrankt waren. Sie leben in Leprakolonien, bekommen dort aber kein Essen. Daher bauen sie kleine Hütten aus Palmenblättern und kampieren am Straßenrand. Als Zeichen ihrer Krankheit tragen sie seltsame Strohhüte. Über Stunden kommt man an Massen von ihnen vorbei. Wegen der Schlaglöcher in den Straßen können Autos nur sehr langsam fahren, und die Scharen drücken sich bettelnd an die Scheiben und zeigen ihre Wunden. Das Schlimmste sind die Augen der Kinder, die voller Hoffnung und Schmerz zugleich sind. Sie werden ihr ganzes Leben bettelnd am Straßenrand zubringen. Eine andere Zukunft haben sie nicht. Wagen wir es, ihnen in die Augen zu sehen? Wagen wir es, uns anrühren zu lassen von ihrer Hoffnung und ihrem Schmerz? Ich merkte, dass ich mit der Versuchung kämpfte, den Fahrer zu bitten, schneller zu fahren, damit ich die unerträgliche Traurigkeit in ihren Augen nicht sehen musste. Aber jedes Glück, das darauf beruht, dass wir unsere Gefühle abschotten, dass wir vor dem Mitleid fliehen, ist letztlich nicht tragfähig. Denn es verweigert denen das Glück, die in Wirklichkeit Teil meiner selbst sind. Es wäre wie der grimmig entschlossene Versuch, fröhlich zu sein, wenn man Zahnschmerzen hat.

Das Gegenteil von Freude ist nicht Trauer, sondern eine Taubheit des Herzens, die uns unfähig macht zu jeglichem Gefühl. Leiden kann unser Herz versteinern. Simone Weil beschreibt, wie die Fabrikarbeit die Seele tötet: «Wenn man sich an seine Maschine stellt, muß man 8 Stunden täglich seine Seele knebeln, sein Denken, seine Empfindungskraft, alles. Ist man verärgert, traurig oder angeekelt, muß man dies ‹hinunterschlucken›, verdrängen: Ärger, Trauer oder Ekel würden das Arbeitstempo verlangsamen. Und sogar die Freude.»[40] Aber Trauer kann uns auch auskehlen und in uns Raum schaffen, so dass wir fähig werden zu einer tieferen Freude. Sie kann unsere Herzen aus Stein zerbrechen und uns Herzen aus Fleisch geben. Um Fleisch zart zu machen, muss man bisweilen die Knoten aus ihm herausklopfen. Gott scheint das mit unseren Herzen zu tun.

Die fröhlichsten Heiligen sind daher auch die traurigsten. Dominikus lachte am Tag mit seinen Brüdern, aber weinte nachts mit Gott. Franz von Assisi verfügte über eine überschäumende Freude, aber er trug auch die Wundmale. Die *Blümlein des heiligen Franziskus* ziehen diese Verbindung sehr deutlich, denn als Franziskus den Seraphen auf dem Berg La Verna sah, war er «zugleich von Freude, Schmerz und Staunen erfüllt. Überaus große Freude empfand er [...], andererseits [aber] einen unermesslichen Schmerz des Mitleidens.»[41] Wollen wir Gottes Freude teilen, müssen wir auch seine Trauer über das Leiden der Welt teilen. Schottet man sich gegenüber dem Schmerz der Welt ab, kann man niemals zutiefst fröhlich sein. William Blake schrieb:

Der Mensch ward gemacht für Freude und Pein,
und wer dies immer im Sinne behält,
geht unangefochten durch die Welt.
Das feine Gewebe von Freude und Leid
ist für die göttliche Seele ein Kleid;
unter jedem Kummer und jedem Leide
zieht sich ein seidener Faden der Freude.[42]

In Afrika sah ich oft, wie Leiden oberflächlichen Optimismus zerstört und eine tiefe und jubelnde Fröhlichkeit freilegt. Man kann nur fest hoffen oder verzweifeln. Ich war in Kinshasa in der Demokratischen Republik Kongo, als Rebellen die Stadt umzingelten und es so aussah, als würde sie jeden Moment fallen. Mein Gespräch mit einem der Brüder wurde jäh unterbrochen, als es direkt über der Priorei eine Explosion gab und wir beide unter dem Tisch landeten. Alle warteten angespannt auf den Hereinbruch der Gewalt. Dann gingen wir in die Kirche, um die Eucharistie zu feiern. Sie war erfüllt von einer Freude, die ich nicht beschreiben kann. Das Bedürfnis zu tanzen steckte uns alle noch in der Sakristei an!

Tod

Jesus aber stieß einen lauten Schrei aus und verschied. Da zerriss der Vorhang des Tempels von oben bis unten entzwei. Als der Hauptmann, der ihm gegenüberstand, ihn so sterben sah, sagte er: Dieser Mensch war in Wahrheit Gottes Sohn!

Markus 15,37–39

Jesu Weg nach Jerusalem gipfelt darin, dass er, seiner Kleider beraubt, nackt vor den Menschen steht. Der Anfang unserer Freude liegt, wie ich oben gesagt habe, darin, uns von Jesus ansehen zu lassen. Wir müssen uns trauen, uns seinem Blick auszusetzen, im Vertrauen darauf, dass er Freude an uns finden wird. «Lass leuchten dein Angesicht, so sind wir gerettet.» Der Kulminationspunkt dieser Reise hingegen ist, dass wir auf Jesus blicken, der unserem Blick entblößt ist. Das ist das zentrale Bild unseres Glaubens.

1999 wurde eine Statue des «Ecce Homo», des nackten Christus, auf dem Londoner Trafalgar Square aufgestellt. Sie zeigte einen schlanken jungen Mann, der unglaublich verletzlich aussah. Anders als die Statuen der ganzen Berühmtheiten um sie herum war sie nur lebensgroß; selbst die Löwen waren größer. Ein vorübergehender Passant soll gesagt habe: «Wenn das Jesus Christus ist, ist es ein verdammtes Wunder. Man kann doch seinen Glauben nicht auf einen wie den da setzen. Der ist so mickrig wie eine Fliege.»[43] Die Sorge der Bilderstürmer war keineswegs unbegründet: Gottes nacktes Gesicht zu zeigen ist skandalös.

Der Höhepunkt ist der Anblick von Jesu totem Gesicht. Dieses Gesicht können die Vorübergehenden anschauen, aber es blickt nicht zurück. Die Beziehung zu Gott ist damit umgekehrt: Zuvor hatte er uns angesehen, aber wir konnten es nicht ertragen, ihn zu sehen. Denn Gott zu sehen bedeutete zu sterben. Hier am Kreuz schauen wir sein Angesicht, aber er uns nicht. Denn Gott ist tot. Es brauchte 400 Jahre, bis die Kirche es wagte, Christus am Kreuz darzustellen, zu sehen auf den Türen der römischen Basilika S. Sabina. Noch weitere 500 Jahre sollten vergehen, bis sie ihn erstmals tot abbildete.[44]

Ausgangspunkt unserer Überlegungen war der Ausruf des Vaters bei der Taufe des Sohnes: «Du bist mein geliebter Sohn, an dir habe ich Gefallen gefunden.» Es ist das gegenseitige Vergnügen, das im Herzen der Dreifaltigkeit steht und das es nur unter Gleichen gibt. Das ist der Heilige Geist: «Drei in Einem, der Freude ist», wie Harry Williams es fasst.[45] Eine christliche Liebe ohne Gleichheit gibt es nicht. Das Evangelium führt uns zum Kreuz, wo Jesus unseren Blicken ausgesetzt ist wie wir seinem. Hier treten wir in eine gegen- und wechselseitige Liebe ein. Damit ist die Tür geöffnet zum Skandal der Gleichheit mit Gott im Sohn. Es gibt keine Liebe, die sich nicht nach Gleichheit ausstreckt.

Für uns Christen bedeutet das, dass wir es wagen müssen, gesehen zu werden, wie wir sind, im Vertrauen darauf, dass die Menschen vielleicht Gefallen an uns finden. Das gilt auch und besonders für die Priester oder Ordensleute unter uns: Wir müssen den Mut haben, ins Licht hinauszutreten als die schwachen, tastenden Menschen, die wir sind: Menschen, die unausgeglichen sind, denen das Beten schwerfällt oder wo unsere Herausforderungen sonst liegen. Damit meine ich keine großen intimen Bekenntnisse von der Kanzel herab. Es geht nicht darum, dass wir öffentlich unsere Seele zur Schau stellen. Es geht nur darum, keine Masken zu tragen. Wenn wir uns der Nacktheit des Karfreitags nicht stellen, werden wir andere nicht einladen können, Christus zu folgen.

Auferstehung

Sie gingen in das Grab hinein und sahen einen jungen Mann auf der rechten Seite sitzen, bekleidet mit einem weißen Gewand, und sie erschraken. Er aber sagte zu ihnen: Erschreckt nicht! Ihr sucht Jesus von Nazaret, den Gekreuzigten. Er ist auferweckt worden, er ist nicht hier. Seht da die Stelle, wo sie ihn hingelegt hatten. Aber nun geht und sagt seinen Jüngern und Petrus: Er geht euch voraus nach Galiläa. Dort werdet ihr ihn sehen, wie er euch gesagt hat. Da gingen sie hinaus und flohen vom Grab; denn Angst und Entsetzen hatte sie gepackt. Und sie sagten niemand etwas; denn sie fürchteten sich.

Markus 16,5–8

Nachdem uns Markus in die tiefste Trauer des Todes Christi geführt hat, könnte man erwarten, dass er sein Evangelium mit einem Freudenfeuerwerk bei der Auferstehung beschließt. Das blieb in der ursprünglichen Version seines Evangeliums jedoch aus. In der Exegese herrscht weitgehende Einigkeit darüber, dass es mit dem Schweigen der Frauen endete, die aus Angst nichts sagten. Markus lässt uns in der Ungewissheit. Es ist, so hat es jemand einmal beschrieben, als würde man einen Schuh auf den Boden im Zimmer über sich fallen hören und auf den anderen warten – der aber niemals kommt. Das ganze Evangelium läuft auf die Freude der Auferstehung zu, schildert sie aber nicht.

Tatsächlich ist dieser Schluss des Evangeliums ein Geniestreich. Markus wollte, dass seine Leser im Rom der frühen 70er Jahre in gleicher Weise durch die Frauen verblüfft werden. Er wollte sie herausfordern zu der Frage: «Warum jubeln sie nicht? Kapieren sie nicht, dass Jesus nicht da ist, weil er auferstanden ist? Sehen sie nicht, dass das leere Grab eine gute Nachricht ist?» Die Leser sollten dadurch entdecken, dass sie selbst diese Frauen sind. Die frühe römische Gemeinde war

voller Entmutigung und Misstrauen. Während der Krisenzeit
der Verfolgung hatte sie auf die Wiederkunft des Herrn ge-
wartet; und noch immer gab es keine Spur von ihm. Sie fühl-
ten sich verraten. Markus wollte, dass seine Leser diese Abwesenheit Jesu mit Freude erlebten: Wir sehen ihn jetzt und hier
nicht unter uns, genau wie es der Engel den Frauen gerade
gesagt hat: «Er geht euch voraus nach Galiläa. Dort werdet
ihr ihn sehen, wie er euch gesagt hat.» Seine Abwesenheit ist
nicht die des Scheiterns und Todes. Er ist nicht hier, weil er
uns vorausging und am Ziel der Reise angekommen ist und
dort auf uns wartet.

Christliche Freude ist also keine verbissene Fröhlichkeit, der Entschluss, nur auf die Sonnenseite des Lebens zu
schauen. Es ist kein optimistisches Bestehen darauf, dass das
Glas halb voll und nicht halb leer ist – oder irgendeine andere
Plattitüde, mit der wir uns selbst vor Furcht und Sinnlosigkeit
abschirmen. Es ist eine österliche Freude, das heißt, wir können nur vollkommen in sie eintreten, wenn wir durch Leiden,
Tod und Auferstehung gehen. Wir müssen uns der Dynamik
der Geschichte anvertrauen, in die wir hineingetauft sind und
die wir im Lauf eines jeden liturgischen Jahres vergegenwärtigen. Sie trägt uns auf die endgültige Freude zu. Aber selbst
wenn wir beim Triumph von Ostern ankommen, können wir
wie die Frauen in Traurigkeit gefangen sein: dann nämlich,
wenn die Angst uns blind macht. Furcht lässt uns die Abwesenheit Jesu als Scheitern sehen und nicht als Versprechen.

Wenn die Kirche Zeugin der Auferstehungsfreude sein will,
müssen wir befreit sein von der Angst. Von ihr gibt es jedoch
viel zu viel in der Kirche – Angst vor der Moderne, der Kom-
pliziertheit menschlicher Erfahrung, voreinander, Angst davor, zu sagen, was wir wirklich glauben, Fehler zu machen,

keine Anerkennung zu bekommen. Es ist diese Angst, die so oft die Freude auslöscht – die Freude, die Menschen verblüffen und sie verwundert nach dem Geheimnis unseres Lebens fragen lassen sollte. Daher müssen wir jetzt auf die Tugend schauen, die am dringendsten in der Kirche gebraucht wird, wenn wir das Evangelium bezeugen wollen: Mut. Das Evangelium endet mit der Einladung des Engels, die Reise fortzusetzen. Das Ende des Evangeliums ist nicht das Ende der Geschichte. Wir müssen weitergehen – und das macht, wie wir im nächsten Kapitel sehen werden, Mut im Kern aus.

4

«Fürchtet euch nicht!»

Macht es einen Unterschied aus, Christ zu sein? Wir haben gesehen, dass das Christentum uns zu einer Lebensweise einlädt, die verblüffend und faszinierend sein sollte. In einer Welt, die ihre Utopien verloren hat, sollen wir ein Zeichen der Hoffnung sein; wir sind eingeladen, die radikale Freiheit Jesu zu ergreifen und schon jetzt einen Vorgeschmack auf das Glück zu bekommen, für das wir geschaffen sind. Wenn man diese Qualitäten so selten bei uns findet, liegt das vielleicht daran, dass wir Angst haben – Angst davor, die Pilgerfahrt zu Gott aufzunehmen. In John Bunyans *Pilgerreise* erklärt Herr Verzagt, dass es «sklavische Angst» war, die ihn selbst und seine Tochter Furchterfüllt von der Reise abhielt: «Um es ganz deutlich zu sagen, es sind Geister, die wir aufgenommen haben, als wir anfingen, als Pilger zu leben, und die wir seither nie wieder haben abschütteln können. Bald werden sie umhergehen und sich bei anderen Pilgern einzunisten suchen; aber tut uns den Gefallen und verschließt eure Türen vor ihnen.»[1] Angst kann uns die Freiheit nehmen, unser Leben ganz einzusetzen. Denn wir wissen, dass wir verletzt werden können. «Fürchtet euch nicht», rief der Engel den Frauen am leeren Grab zu.

Aber die Angst machte die Frauen für die Bedeutung des leeren Grabes blind und sprachlos, so dass sie zu niemandem
etwas sagten.

Wir können keine überzeugenden Zeugen für das Evangelium sein, wenn in uns nicht ein unerklärlicher Mut wohnt.
Die ersten christlichen Jahrhunderte waren weithin eine Zeit
der Sorge und Unsicherheit. Das römische Imperium, so eine
These, wurde vom Mut der Märtyrer bekehrt. Die Lehren der
Kirche mögen den Römern bizarr und krude erschienen sein –
der Glaube an einen einzigen Gott in drei Personen, die seltsame Idee einer Auferstehung von der Toten –, aber der Mut
der Märtyrer machte das Christentum zu einem Rätsel, das
man nicht so einfach abtun konnte. Er sprach von der christlichen Hoffnung. Als Ignatius von Antiochien um das Jahr
107 nach Rom gebracht wurde, um dort hingerichtet zu werden, bat er die römischen Christen, nicht zu versuchen, ihn
zu retten. Denn durch sein Sterben werde er zu einem «Wort
Gottes».[2]

Im Gegensatz zu anderen christlichen Tugenden wie der
Mäßigung besitzt der Mut eine universale Anziehungskraft
und spricht damit auch Menschen unmittelbar an, die unseren Glauben nicht teilen. Screwtape, der erfahrene alte Teufel, dessen Ratschläge an einen Teufelslehrling C. S. Lewis
beschreibt, beklagt, dass die Feigheit das einzige völlig unat-
traktive Laster sei – «schrecklich vorauszuahnen, grässlich zu
fühlen, entsetzlich, sich daran erinnern zu müssen» –, während die Tapferkeit «sogar in den Augen der Menschen als etwas so offensichtlich Liebenswertes und Wichtiges [erscheint],
dass unsere ganze Arbeit vergeblich ist. Immerhin aber bleibt
zuletzt ein Laster übrig, dessen sich die Menschen aufrichtig schämen.»[3] Eine afrikanische Geschichte erzählt von einer

Schildkröte, die gegen einen Leoparden kämpfen sollte. Im
Vorfeld ging sie zum Austragungsort und wischte überall auf
dem Boden herum, um es nach einem harten Kampf aussehen zu lassen. Auf die Frage, was sie da mache, antwortete sie:
«Auch wenn ich tot bin, will ich, dass alle, die hier vorbeikom-
men, sagen: Das waren wirklich zwei ebenbürtige Gegner!»
Wer würde diese Schildkröte nicht lieben?

Auch wir, am Beginn des 21. Jahrhunderts, leben in einer
Zeit der Angst. In Michael Ondaatjes Roman *Anils Geist* fas-
ziniert sich eine Chirurgin aus Sri Lanka für die Amygdala,
den Teil des Stammhirns, das die Angst steuert: «Sie erinnert sich an den Mandelkern. Bei Autopsien macht sie inzwi-
schen heimlich einen Umweg, um nach der Amygdala zu suchen, dem Nervenbündel, das die Furcht beherbergt – und
damit alles beherrscht. Wie wir uns verhalten, wie wir Entscheidungen treffen, wie wir sichere Ehen ansteuern, wie wir
Häuser bauen und gegen Einbruch sichern. [...] ‹Ich wollte
*das eine Gesetz finden, das alles Leben regiert. Und ich fand
die Angst ...›.»*[4]

In vielerlei Hinsicht leben wir in sehr viel größerer Sicherheit als unsere Vorfahren. Das gilt vor allem für die westliche Welt, in der wir in großem Maße vor Krankheit, Gewalt
und Armut geschützt sind. Und doch haben wir Angst. Wir
fürchten uns vor Gefahren, die wir selbst geschaffen haben:
eine ökologische Katastrophe, BSE, Atomenergie, gentech-
nisch veränderte Pflanzen. Ich war in afrikanischen Ländern, wo Menschen jeden Tag entsetzliche Gefahren mit
Ruhe und Zuversicht aushalten, während im Westen schon
das geringste Anzeichen von Risiko oft Panik auslöst. Dieses Klima der Angst wird geschürt und benutzt von Politikern, die eine «Politik der Angst» betreiben. Dann versuchen

Politiker, die Bürger durch eine gezielte Mobilisierung von Ängsten zur Wahl zu bewegen: Angst vor einer «Ausländerflut», Gewalt in den Städten, dem Zusammenbruch des Gesundheitssystems … Wenn uns keine Ideale mehr überzeugen können, für eine Partei zu stimmen, dann, so ihre Hoffnung, eben die Angst. Diese Angst hat auch die Beschneidung der Menschenrechte seit dem 11. September und den Skandal von Guantánamo Bay gerechtfertigt. Aber alles spricht dafür, dass Angst Menschen gerade nicht dazu motiviert, zur Wahl zu gehen. Vielmehr schließt sie sie zu Hause ein, so dass sie sich nicht nach draußen wagen. Angst löst die Gesellschaft auf und untergräbt den Bürgergeist.

Was unsere Gesellschaft braucht, ist also eine starke Dosis christlichen Mutes. Nur hat ihn die Kirche selten im Angebot. Papst Johannes Paul II. kann man mit gutem Recht als mutigen Mann bezeichnen. Er hatte Angst vor nichts und niemandem. In seinem Apostolischen Schreiben *Novo millennio ineunte* lädt er uns ein, mutig zu sein. Refrainartig taucht in dem Schreiben immer wieder der Satz auf: «Fahr hinaus auf den See.» Ich denke, ich habe in Afrika, Lateinamerika und Asien außergewöhnlich mutige Christen gesehen, die mit heroischer Ausdauer in täglicher Gefahr leben, die an Ort und Stelle bleiben, wenn alle anderen weglaufen. Aber wohl niemand würde behaupten, dass uns die Kirche im Westen dazu formt, mutig zu sein.

In meiner Kindheit bekam man bei der Firmung vom Bischof immer noch einen Klaps auf die Wange. Sie galt als Sakrament des Mutes, das uns darauf vorbereitet, für den Glauben zu leiden. Ich wuchs auf mit den Geschichten der englischen und walisischen Märtyrer, die heldenhaft in den Tod gegangen waren. In meiner kindlichen Fantasie stellte ich mir vor, wie russische Fallschirmjäger meine Schule umstellten. Sie ließen alle Jungen in einer Reihe antreten und stellten sie vor die Wahl, ihren Glauben zu verleugnen oder zu sterben. Der junge Radcliffe malte sich natürlich aus, wie er von Kugeln durchsiebt zusammenbrechen würde – geliebt, betrauert, bewundert! Aber das Sakrament der Firmung soll uns tatsächlich zur Heldenhaftigkeit heranbilden. Denn es gliedert uns in eine Gemeinschaft ein, in der wir als Erstes lernen, mutig miteinander umzugehen: in der wir es wagen, die Wahrheit untereinander auszusprechen, aufeinander zu hören, verletzlich zu sein füreinander, angstfrei voreinander. Ohne einen solchen Mut in der Kirche wird es kein Märtyrertum für die Welt geben, kein überzeugendes Zeugnis, kein «Wort Gottes», wie Ignatius von Antiochien es mit seinem Sterben sein wollte. Wie können wir Mut lernen? Und welche Art Martyrium brauchen wir? Heute reklamieren Menschen den Status des Märtyrers für sich, indem sie sich Sprengladungen um den Körper wickeln und damit unschuldige Menschen töten. Ist das Märtyrertum? Ist es überhaupt mutig? Wie sieht ein spezifisch christlicher Mut aus?

Verletzlichkeit

Das Wort «Courage» kommt von «cor», dem lateinischen Wort für «Herz», und oft wird Mut als Eigenschaft des Herzens verstanden. Man *fühlt* sich ängstlich oder tapfer. Aber Aristoteles und Thomas von Aquin in seinem Gefolge sahen ihn primär als eine Eigenschaft des Geistes. Er ist *fortitudo mentis*, Geistesstärke, der Mut, Dinge zu sehen, wie sie sind, und direkt und klar auf die Gefahr zu schauen.[5] Ein mutiger

Mensch sieht und versteht, dass er verletzlich ist. Josef Pieper
schreibt als Kommentar zu Thomas von Aquin: «Tapferkeit
setzt Verwundbarkeit voraus; ohne Verwundbarkeit gibt es
nicht einmal die Möglichkeit der Tapferkeit. Ein Engel kann
nicht tapfer sein, weil er nicht verwundbar ist. Tapfer sein
nämlich heißt: eine Verwundung hinnehmen können.»[6] Für
Engel ist es also ein Leichtes, zu sagen: «Fürchtet euch nicht.»
Sie können gar nicht wissen, was es bedeutet!

Es gibt keinen Mut ohne Klarsicht. Wenn man in ein bren-
nendes Haus rennen würde, um ein Kind zu retten, riskiert
man, selbst Verbrennungen davonzutragen oder sogar zu sterben. Wenn ich mir jedoch einreden würde, unverwundbar
zu sein, versehen mit einer Asbesthaut, wäre ich nicht mutig,
sondern dumm. Angst vor dem Feuer zu haben ist angemessen. Aber mutige Menschen werden nicht von der Angst beherrscht. Furcht kann uns versklaven; Mut hingegen nimmt
unsere Freiheit in Anspruch, das zu tun, was trotz des Risikos richtig ist. Aristoteles bezeichnete die keltischen Krieger
als furchtlos, sprach ihnen aber den Mut ab, da sie die Gefahr
nicht begriffen. Die Tapferen gestehen ihre Ängste ein. Óscar
Romero saß einmal mit einem Freund am Strand und fragte
ihn, ob er Angst davor habe, zu sterben. Der Freund antwortete, dass er keine habe, und Romero erwiderte: «Ich aber. Ich
habe Angst zu sterben.» Und trotzdem gab er sein Leben hin.

Mut kann von mir verlangen, dass ich etwas Gutes für etwas Besseres aufgebe – meinen guten Ruf, wenn es um das
Aussprechen einer Wahrheit geht, oder meine Gesundheit,
wenn es gilt, dass Evangelium zu verkünden. Ich kann sogar mein größtes natürliches Gut, mein Leben, einsetzen und
verlieren müssen, um das Beste von allem zu gewinnen: das
ewige Leben. Laut Anthony Ross OP ist

der wahrhaft tapfere Mann [...] also nicht derjenige, der ‹die Angst nie gekannt hat›, oder der Berserkertyp, der sich selbst in den Rausch treibt, noch der austrainierte Soldat, der sich seiner Fähigkeiten bewusst und womöglich darauf getrimmt ist, mit wenig oder keinem Gedanken an die Gefahr zu kämpfen. Es ist vielmehr der, der Schwierigkeit und Gefahr realistisch einzuschätzen weiß, der, soweit es ihm möglich ist, sieht, was damit verbunden ist, und der dabei seine ganz natürliche Reaktion auf diese Situation kontrolliert, sei es das Gefühl von Angst oder freudiger Erregung, über- oder untertriebener Selbstsicherheit.[7]

Damit ist der Mut die Tugend, die am schwierigsten von außen zu beurteilen ist, da wir nicht oder kaum erkennen können, wie ein anderer ein Risiko einschätzt. Ein mutiger Soldat muss ermessen, wann es richtig ist, zu kämpfen, und wann, sich zurückziehen. Seine mutige Entscheidung kann aber von einem anderen als feige verstanden werden. So ist beispielsweise extrem schwer zu beurteilen, ob Pius XII. mutig oder feige war, als er die Verfolgung der Juden während des Zweiten Weltkrieges nicht deutlicher verurteilte. Wir können zutiefst bedauern, dass er es nicht tat, und uns für sein Schweigen schämen. Aber dennoch ist es möglich, dass es für ihn aufgrund seiner Wahrnehmung aller Faktoren eine mutige Entscheidung war. Screwtape hat recht damit, dass der Mut die eindeutig attraktivste Tugend ist und dass niemand Feiglinge bewundert, und doch ist es nicht immer leicht zu sagen, was was ist. Mäßigung ist eine Tugend, die schnell unattraktiv wirken kann, eine ängstliche Furcht davor, das Leben zu feiern und zu genießen. Viele der Dominikaner, die sich beim Trinken nicht auf den «neuen Wein des Evangeli-

ums» beschränkten, scheinen so gedacht zu haben! Und doch
kann ein blindes Sich-Betrinken niemals ein Beispiel von Mäßigung sein, ein Truppenrückzug aber sehr wohl ein Beispiel
von Mut. Es ist also nicht immer leicht, wahren Mut zu erkennen; dann aber ist seine Schönheit nicht zu leugnen. Und
welche Entscheidung mutig ist, lässt sich nur schwer sagen,
weil man die Risiken vorher nicht genau abschätzen kann.
Manchmal muss man einfach den Sprung wagen. Chesterton
schreibt: «Für den mutigen ersten Menschen, der Blauschim-
mel-Käse gegessen und überlebt hat, sollte an Ort und Stelle
eine Gedenktafel errichtet werden.»[8]
  Der erste Schritt im Erlernen des Mutes ist die Befreiung
von allen irrealen Ängsten, von der Furcht vor Dingen, die
nicht wirklich gefährlich sind. Die meisten von uns werden
von Ängsten bestimmt, die unbegründet oder neurotisch
sind. Die meisten Mitglieder meiner Familie haben beispielsweise Angst vor Spinnen. Geben Sie ein paar Spinnen in einen Raum voller Radcliffes – die Wirkung wird wenig erbau-
lich sein! Dabei wissen wir alle ganz genau, dass Spinnen in
England total harmlos sind: Es ist eine Phobie, die eine Be-
drohlichkeit auf Spinnen projiziert, die sie nicht haben. Anfangs graute es mir vor Reisen in bestimmte Teile Afrikas und
Asiens, wo mir regelmäßig grässliche Spinnen über den Weg
liefen: Vogelspinnen, Taranteln, Schwarze Witwen, die ganze
Palette! Ich kann bezeugen, dass das ein sehr effektives, wenn
auch reichlich unangenehmes Heilmittel ist. Man muss die
Augen öffnen und sich klarmachen, dass Spinnen nur Spinnen sind und nichts anderes. Keine Form von Feigheit ist es
natürlich, wenn diese Ängste eine Krankheit sind (Arachno-
phobie, Klaustrophobie). Manche der tapfersten Menschen,
die ich jemals getroffen habe, kämpften mit solchen Phobien.

Die Apartheidgegner, die auf Robben Island in Südafrika inhaftiert waren, machten einander Mut, indem sie ihre Lieblingspassagen von Shakespeare miteinander teilten. Nelson Mandelas Satz stammte aus *Julius Cäsar*: «Der Feige stirbt schon vielmal, eh' er stirbt.»[9] Feigheit kann uns in einer imaginären Welt einsperren, die voller lebensbedrohlicher Gefahren ist. Mut beginnt mit der Suche nach Objektivität angesichts der Gefahr. Viele Christen sind tagtäglich sehr realer Gefahr ausgesetzt. Am 12. Februar 2005 erschossen Bewaffnete Dorothy Stang, eine Notre-Dame-Schwester, die am brasilianischen Amazonas die Rechte armer Siedler gegenüber den Großgrundbesitzern verteidigt hatte. Der Nächste auf der Liste ist ein französischer Dominikaner, Henri Burin des Roziers. Er versuchte, Landbesitzer vor Gericht zu bringen, die ihre Arbeiter versklaven und töten. 30.000 US-Dollar sind auf seinen Kopf ausgesetzt. Henri hält die Drohungen für übertrieben und beteuert zudem: «Ich habe keine Angst zu sterben. Ich bin 75 und habe ein langes Leben hinter mir.» Als ich ihn besuchte, überließ er mir für eine Nacht sein Zimmer. Er selbst schlief nicht, weil ihm plötzlich aufgegangen war, dass, falls sie ihn gerade in dieser Nacht zu erwischen versuchten, sie mich stattdessen töten könnten – was ihm ziemlich unangenehm gewesen wäre. Glücklicherweise kam mir nicht die gleiche Idee. Wie können wir solch einen Mut lernen – einen Mut, der uns von sklavischer Furcht befreit?

Im Zentrum unseres Glaubens steht das Kreuz, das Bildnis eines zutiefst verletzlichen Menschen, der tödlich verwundet ist. Als Jesus von den Toten auferstanden war, waren die Wunden jedoch noch da. Im Lukasevangelium sagt er: «Seht meine Hände und meine Füße an: Ich bin es selbst!» (Lukas 24,39). Und in der Ostererzählung des Johannes «kam Jesus,

trat in ihre Mitte und sagte zu ihnen: Friede sei mit euch! Als
er dies gesagt hatte, zeigte er ihnen seine Hände und seine
Seite» (Johannes 20,19 f.). Als Thomas, der nicht dabei gewesen war, zurückkam, wollte er nichts anderes, als die Wunden Jesu sehen und sie berühren. Der auferstandene Christus
ist immer noch verwundet. Seine Passion und sein Tod sind
nicht einfach vorbei, sie sind nicht abgeschlossen wie frühere
Kapitel seiner Geschichte, wie unsere Kindheit, wenn wir erwachsen werden. James Alison schreibt:

> Die Auferweckung Jesu war die freie Rückgabe des ganzen
> Lebens und Todes, das am Karfreitag geendet hatte – die
> ganze Menschheit Jesu, die seinen menschlichen Tod mit ein-
> schließt. Das heißt, dass der auferstandene Herr gleichzeitig
> der tote und auferstandene Herr ist. Der Jesus, der den Jün-
> gern erschien, war kein Sportheld, der sich nach dem Spiel
> abgeduscht hat.[10]

In einem liturgischen Gebet der Osterzeit heißt es, dass Jesus
sich Gott allzeit für uns darbringt und vor Gott als unser An-
walt steht. «Denn einmal geopfert, stirbt er nicht wieder, sondern lebt auf ewig als das Lamm, das geschlachtet ist.»[11] Das
lateinische Original formuliert noch paradoxer: Jesus ist der
«agnus qui vivit semper occisus» – «das Lamm, das für immer
geschlachtet lebt». Wenn der Auferstandene seine Wunden
nicht mehr gehabt hätte, würde ihn kaum etwas mit uns verbinden. Die Auferstehung würde uns zwar zukünftiges Heil
und ewiges Leben versprechen, aber mit unseren gegenwärtigen Verletzungen wären wir allein. Aufgrund von Ostern
haben wir jedoch jetzt schon Anteil am Sieg. Der auferweckte
Christus teilt mit uns noch immer unsere Verwundungen,

und wir teilen mit ihm schon seinen Sieg über den Tod. Auch wir sind jetzt verwundet und geheilt. Als Brian Pierce OP zum ersten Mal in die peruanischen Anden kam, überraschte ihn die Allgegenwart von Bildern des gekreuzigten, blutüberströmten Christus. Es schien, als habe der Glaube der Indios vor der Auferstehung haltgemacht und sie nur mit den Bildern der Niederlage zurückgelassen. Aber ihm wurde klar, dass er sich irrte. Die Kreuze waren Zeichen dafür, dass der auferstandene Christus hier und heute ihre Kreuzigung teilt. Wir können mutig sein und Verletzungen riskieren.

Der französische Schriftsteller Charles Péguy erzählt die Geschichte eines Mannes, der starb und in den Himmel kam. Einer der Engel forderte ihn auf, ihm seine Wunden zu zeigen. Der Mann war verblüfft: «Wunden? Ich habe keine.» Der Engel erwiderte: «Ist dir niemals in den Sinn gekommen, dass es etwas gibt, wofür es sich zu kämpfen lohnt?»

Warten

Für Aristoteles war Mut vor allem die Tugend des Kriegers, der im Kampf das Risiko der Verwundung eingeht. Bei Thomas von Aquin hingegen meint er eher ein Durchhaltevermögen: treu und geduldig dabeizubleiben, wenn es schwierig wird. G. K. Chesterton erinnert daran, dass wir unser Dasein alle unseren Müttern verdanken, die neun Monate Schwangerschaft und die Schmerzen der Geburt aushielten. Mutig sind Eltern, die manch schlaflose Nacht bei ihren Kindern verbringen; Lehrer, die trotz Gewalt an den Schulen und eigener Frustration weiter unterrichten; Krankenschwestern, Pfleger und Ärzte in der Subsahara Afrikas, die trotz man-

gelnder Medikamente und der scheinbaren Übermacht der
Epidemie weiterhin AIDS-Kranke versorgen. Mutig sind die
vielen Menschen, die in einer brüchigen Beziehung aushalten
oder täglich mit einer Krankheit fertig werden. Mut macht
uns zäh.

Unsere Gesellschaft versucht, das Warten möglichst zu eli-
minieren: «Wunscherfüllung ohne Wartezeit»[12] ist das Ziel.
Es ist das Symptom einer Gesellschaft, die ihre größere Geschichte verloren hat und für die es nur diesen Moment gibt.
Im Oktober 2004 stürzte in Kanada ein Flugzeug ab. Die Piloten waren fast 24 Stunden im Einsatz gewesen. Sie hatten
frisches Gemüse aus Afrika auf die westlichen Märkte geflo-
gen. Die Verbraucher erwarten, Zuckererbsen, Spargel und
Erdbeeren ganzjährig im Supermarkt zu finden. Sie wollen
nicht warten, bis die entsprechende Saison dafür ist. Sie wollen sie *jetzt*. Um Obst und Gemüse zu einem konkurrenzfähi-
gen Preis anbieten zu können, kaufen die Supermärkte sie von
Gesellschaften, die es in alten, schlecht gewarteten Flugzeu-
gen transportieren, registriert in Ländern mit niedrigerem Si-
cherheitsstandard wie in diesem Fall Ghana. Die Piloten fliegen gefährlich lange Schichten. Es war der vierte Absturz eines Flugzeugs dieser Gesellschaft seit 1992. Ihr Gründer wies
die Schuld von den Supermärkten und verteidigte sich damit,
dass man nur auf die Marktnachfrage reagiere, die eben keine
Wartezeiten dulde.

Warten müssen jedoch die Armen. Sie müssen darauf warten, dass das Land seine Früchte hervorbringt. Sie müssen
Schlange stehen, um zu kaufen, was gerade da ist, und wenn
es aus ist, warten sie umsonst. Sie warten auf Arbeit. Jeder,
der in Afrika und Indien war, wird die ungeheure Geduld
gesehen haben, die dafür nötig ist. Als ich einmal in der El-

fenbeinküste auf ein Flugzeug wartete, wurde ich vorgewarnt, dass es sich ein bisschen verspäten könnte. «Wie viel zu spät?» «Drei Tage.» Vor allem warten die Armen auf Gerechtigkeit; die Jahre vergehen, doch nichts scheint wirklich besser zu werden. Dann brauchen wir Ausdauer, um durchzuhalten, uns weiter zu engagieren, nicht aufzugeben, dem Versprechen des Herrn auf eine bessere Welt weiter zu vertrauen.

Gleiches Durchhaltevermögen verlangt der Dialog mit dem Islam von uns: bereitzustehen für Freundschaft und Gespräch, wenn sich die Tür einen Spalt öffnet. Der ägyptische Dominikaner Georges Anawati widmete sein ganzes Leben diesem Dialog und sprach von einer «geologischen Geduld», die dafür nötig sei. Es ist das, was der frühere Ordensmeister Vincent de Couesnongle OP *«le courage du futur»*[13] genannt hat, der Mut der Zukunft, ein Mut, der in die Zukunft ausgreift. Der Begriff umschreibt sehr treffsicher, worum es beim Christsein geht: ausgerichtet zu sein auf etwas, was noch nicht ist – ein zukünftiges Versprechen.

Auch in der Kirche brauchen wir diesen Mut. Laien brauchen ihn, um in leblosen Gemeinden mit wenig inspirierenden Pfarrern auszuharren und der oft so großen Versuchung zu widerstehen, einfach aufzugeben. Frauen, die ihre Würde in der Kirche nicht beachtet finden, brauchen ihn, um auszuhalten, wie sie es jahrhundertelang getan haben, indem sie sich geweigert haben zu verzweifeln. Priester und Ordensleute brauchen ihn, um ihrer Berufung treu zu bleiben, wenn sie keinen Sinn mehr zu machen scheint und der Zauber des Anfangs verflogen ist. Vor dem Zweiten Vatikanischen Konzil traten viele Theologen für eine Erneuerung der Kirche ein, für eine Rückkehr zu den Wurzeln des Wortes Gottes. Theologen wie Marie-Dominique Chenu und Yves Congar litten viele Jahre darunter, an den Rand gedrängt zu werden. Aber sie haben durchgehalten. Congar schrieb: «In der Dunkelheit auszuhalten, in der Unwissenheit darüber, wie lange die Prüfung dauern wird; nicht den Mut zu verlieren, wenn sie sich länger und länger hinzieht, Müdigkeit und Zermürbung zu bewältigen: Das ist es, was die Tugend des Mutes deutlicher als alles andere erkennen lässt, und es zeigt, warum er allgemein als Wert des moralischen Daseins verstanden wird.»[14] Er musste darauf vertrauen, dass eines Tages, so und wann Gott es will, die Wahrheit siegen wird. Und er beharrte darauf, dass man in Zeiten der Dunkelheit darauf vertrauen muss, dass sich das, woran man glaubt, bei Tageslicht bewahrheiten wird.

Einige Katholiken sind tief enttäuscht darüber, dass sich die Hoffnungen, die sie mit dem Konzil verbunden hatten, nicht erfüllt haben. Sie konstatieren gar einen Rückschritt in der Kirche, die sich zunehmend klerikalisiere. Sie brauchen den Mut, auszuhalten und darauf zu vertrauen, dass das, wonach wir uns sehnen, uns zu seiner Zeit gegeben wird – wenn auch vielleicht anders, als wir es erwarten. In ihrem Bild Christi als eines geduldigen und verwundbaren Soldaten verband Caterina von Siena das heidnische Ideal des Mutes mit dem christlichen: Christus reitet in die Schlacht am Kreuz und hält bis zum Ende aus. Christsein heißt, daran teilzuhaben. An einen dominikanischen Mitbruder schreibt Caterina:

Wir sind in diesem Leben wie auf ein Kampffeld gestellt und wir müssen tapfer kämpfen, ohne dabei auf die Schläge zu achten oder gar zu fliehen. Vielmehr gilt es, den Blick auf unseren Anführer, den gekreuzigten Christus, zu richten. Er hielt durch und ließ sich weder durch das Gerede [...] ‹Steig herab vom Kreuz» [abbringen] noch durch den Teufel noch durch unsere Undankbarkeit. In der Erfüllung des Gehorsams gegen seinen Vater und um unser Heil zu wirken, blieb er standhaft mit äußerster und letzter Konsequenz. [...] Und das hat ihn getötet.[15]

Wenn das, worauf wir warten, nicht eintritt, ist die Versuchung zur Ungeduld groß. Wir können versucht sein, aufzugeben und zu anderen Dingen überzugehen. Die Wüstenväter und -mütter waren jedoch überzeugt, dass der Königsweg zur Heiligkeit gerade darin besteht, dass man bleibt, wo man ist, und auf Gott wartet. «Sitze in deiner Zelle, und deine Zelle wird dich alles lehren.» Die Einsiedlerin Synkletika schrieb im vierten Jahrhundert: «Wenn du in ein Koinobion [eine klösterliche Gemeinschaft] gekommen bist, so ändere deinen Aufenthalt nicht. Denn du würdest davon großen Schaden nehmen. Wenn der Vogel von seinen Eiern aufsteht, werden sie leer und unfruchtbar, so auch der Mönch und die Jungfrau, wenn sie von Ort zu Ort ziehen, dann erkaltet ihr Glaube und stirbt ab.»[16]

John Henry Newman bezeichnet den Christen als Menschen, «der nach Christus Ausschau hält».[17] Das ganze liturgische Jahr macht uns zu einem Volk, das den Mut hat, auf das Kommen des Herrn zu warten. Die Adventszeit übt uns in der Geduld, nicht zu früh mit dem Feiern der Geburt Christi anzufangen und die Geschenke vorzeitig auszupacken, obwohl uns in den Geschäften schon überall «Frohe Weihnachten» entgegenschallt. Christus ist ein Geschenk, und Geschenke achtet man, indem man auf den Moment wartet, in dem sie überreicht werden. Dieses Warten ist nicht bloß Passivität. Das lateinische Wort für «warten», *attendere*, bedeutet, sich nach vorn auszustrecken. Wir tun es, indem wir uns öffnen auf das, was kommen wird, wie eine Mutter, die sich auf die Geburt vorbereitet. Das ganze Kirchenjahr ist bestimmt von diesen Augenblicken des Wartens: Der Karsamstag lässt uns innehalten zwischen Tod und Auferstehung und den Triumph erwarten; zwischen Himmelfahrt und Pfingsten warten wir auf die Gabe des Heiligen Geistes. Das christliche Jahr übt uns in Geduld.

Warum gehört das Warten so sehr zum Christsein? Warum kann uns Gott nicht einfach jetzt geben, wonach wir uns sehnen: Gerechtigkeit für die Armen und vollkommenes Glück für alle? Fast 2000 Jahre sind vergangen seit der Auferstehung, und wir warten immer noch auf das Reich Gottes. Warum? Ein Grund dafür, warum Gott so viel Zeit braucht, ist, dass er kein Gott im üblichen Sinne ist. Unser Gott ist nicht mächtig, kein himmlischer Superman, der von außen in unsere Welt hereinplatzt. Das Kommen Gottes ist nicht die Kavallerie, die angeritten kommt, um uns zu retten. Gott kommt von innen, in unserer tiefsten Innerlichkeit. Er ist uns, so Augustinus, näher, als wir uns selbst sind, oder, wie der Qur'an sagt, näher als unsere Halsschlagader.

Gott kommt zu uns, wie ein Kind zu einer Mutter kommt, in der Tiefe ihres Seins und sie langsam verwandelnd. Alles andere wäre Gewalt, eine Vergewaltigung. Wir sind körperliche Wesen, und als solche leben wir in der Zeit. So wie es neun Monate für eine Schwangerschaft braucht, braucht es seine Zeit, damit ein gebrochener Knochen wieder zusammenwächst und Fieber abklingt. Heilen und Wachsen brauchen Zeit. Wir brauchen Geduld, weil Gott nicht als äußerer Akteur zu uns kommt, sondern in der tiefsten Intimität unseres körperlichen Seins, das in der Zeit lebt. Wir Menschen unterscheiden uns von anderen Lebewesen darin, dass wir so lange brauchen, um heranzuwachsen und zu reifen – anders als Fruchtfliegen zum Beispiel. Unsere Hoffnung liegt auf dem Gott, der Mensch wird und der den Rhythmus unseres Lebens achtet.

In der Adventszeit gleichen wir Menschen, die um ein Bett herum versammelt sind und die Geburt erwarten. Aber Gottes Kommen war nicht einfach die Geburt eines Kindes; es war das Kommen eines Wortes. Man könnte sogar sagen, es war das Kommen einer Sprache. Die englische Sprache brauchte Hunderte von Jahren, bis sie so weit war, dass Shakespeare seinen *Hamlet* schreiben konnte. Unzählige Männer und Frauen, Poeten und Rechtsanwälte, Prediger und Philosophen hatten sie geformt und entwickelt, bevor sie bereit war für seine Kreativität. Die englische Gesellschaft musste sich tiefgreifend verändern, bevor seine Kreativität die Sprache befruchten konnte.

In ähnlicher Weise brauchte es Tausende von Jahren, bis es eine Sprache gab, in der Gottes Wort in der Gestalt Jesu gesprochen werden konnte. Wir brauchten all diese Erfahrungen der Befreiung und des Exils, des Aufbaus und der Zerstörung von Königreichen. Wir brauchten unzählige Propheten und Schriftgelehrte, Dichter und Eltern, die um Worte rangen, bevor Jesus geboren werden konnte als das Wort. Das Wort Gottes kommt nicht vom Himmel wie ein überirdisches Esperanto: Es steigt auf aus der menschlichen Sprache. Die Geburtswehen des Wortes begannen, als die ersten Menschen zu sprechen anfingen.

Wenn wir jetzt um das Kommen des Gottesreichen beten – oder vielleicht nur um das Ende der Kopfschmerzen oder die Aussicht auf Arbeit –, dann antwortet Gott nicht

wie ein himmlischer Magier, der im Nu Lösungen herbei-
zaubert. Oft kommt Gott heimlich und unsichtbar, mit un-
endlichem Respekt für den Rhythmus unseres menschlichen
Lebens. «Seid also wachsam! Denn ihr wisst weder den Tag
noch die Stunde.» Dieses Wachen ist aktive Vorbereitung auf
Gottes Kommen, wie ein Gärtner den Boden düngt und den
Mutterboden umgräbt, damit die Erde den Samen empfangen kann.

Diese geduldige Ausdauer mag grimmig und mürrisch erscheinen: Zähne zusammenbeißen und durch! Als der französische Priester Abbé Sieyès gefragt wurde, was er in den
dreißig langen Jahren der Französischen Revolution und der
Herrschaft Napoleons gemacht habe, antwortete er: «Überleben.» Nur zu überleben, reicht aber nicht. Thomas von
Aquin sah die Geduld darin, nicht zuzulassen, dass Widrig-
keit das eigene Glück zerstört: «Denn geduldig heißt jemand
nicht deshalb, weil er nicht flieht, sondern deshalb, weil er
im Erdulden dessen, was in der Gegenwart Schaden zufügt,
sich lobwürdig verhält, indem er sich dadurch nicht ungeord-
net betrüben lässt.»[18] Oder wie Augustinus sagt: Wir singen,
während wir gehen, um uns den Mut zu bewahren. Als James
Mawdsley in Myanmar inhaftiert wurde, sang er, um sich
selbst Mut zu machen.

Nachdem [der Wächter] gegangen war, begann ich, immer
noch unfähig zu schlafen, ‹How Great Thou Art› zu singen.
Meine Stimme wurde lauter und lauter, bis ich es hinaus-
schmetterte. Ich fühlte, wie die Kraft zu mir zurückkehrte;
ich würde jetzt noch nicht aufgeben. Eine Schar Wächter kam
angerannt und befahl mir, ruhig zu sein. Sie waren aufgeregt
und hatten Angst. Ich sang das Lied zu Ende und gratulierte

mir zu meinem Trotz, dann sank ich wieder in meine Trostlosigkeit.[19]

Wut nährte den Mut von James Mawdsley und ließ ihn an
den Gitterstäben seiner Zelle rütteln. In der Kirche gehen wir
oft nicht gut mit der Wut um: Sie wird entweder unterdrückt
und nagt dann in uns, oder sie explodiert in einer Weise, die
zerstörerisch und spaltend ist. Laut Thomas von Aquin lehrt
uns der Mut jedoch, in einer fruchtbaren Weise wütend zu
sein. Wut stählt uns darin, dem entgegenzutreten, was falsch
ist: «Zum Zorn gehört es, dass er sich auf das Übel stürzt.
Darin wirken Zorn und Tapferkeit direkt zusammen.»[20] Bede
Jarrett OP beklagte einmal: «Die Welt braucht Wut. Sie lässt
das Böse oft weiterhin einfach zu, weil sie nicht wütend genug ist.»

Ein Charakteristikum der Freundschaft ist es, dass sie mit
Wut fertig werden und durch sie sogar wachsen kann:

Meinem Freunde zürnte ich:
ich sagt es ihm, der Zorn entwich.
Ich zürnte meinem Feinde: doch
ich sagt es nicht, der Zorn schoß hoch.

William Blake[21]

In der Kirche versammelt sich die Gemeinschaft derer, die
Jesu Ruf zur Freundschaft angenommen haben. Daher müssen wir fähig sein, Wut ohne Furcht zu begegnen. Sie ist kein
Zeichen von Untreue oder mangelnder Solidarität. Im Gegenteil: Kirchliche Amtsträger sollten die Gläubigen ausdrück-
lich ermutigen, ihrer Wut Ausdruck zu geben. Sie können dar-

auf vertrauen, dass es die Gemeinschaft der Kirche nur stärkt. Die Kirche sollte ein Ort sein, an dem wir lernen, wütend zu sein – nicht in blinder Manier, sondern behutsam und zuversichtlich. Augustinus bezeichnet die Wut als eine der schönen Töchter der Hoffnung. Es besteht ein großer Unterschied zwischen hoffnungsvoller Wut, die davon überzeugt ist, dass die Dinge nicht so sein müssen, wie sie sind, und darum kämpft, sie zu verändern, und dem bloßen Jammern. Der Muslim Rabi'a, der vor 1000 Jahren in Bagdad lebte, wurde gefragt, wie man die Tugend der Geduld lernen könne: «Hör auf, dich zu beschweren.»

Während der Liturgie stehen wir beim Singen bestimmter Teile der Heiligen Schrift – dem Lobgesang des Zacharias *(Benedictus)* beim Morgenlob, dem *Vaterunser* in der Messe, dem Lobgesang Mariens *(Magnifikat)* im Abendlob und dem Lobgesang des Simeon *(Nunc dimittis)* im Nachtgebet. Wir stehen, um unsere Achtung vor diesen Texten auszudrücken, die alle den Evangelien entnommen sind. Wir stehen auch zum Zeichen unserer Würde und Hoffnung. Anders als andere Lebewesen stehen Menschen auf zwei Beinen. Wir stehen, um zu zeigen, dass wir standhaft sind. Wir sind jetzt Bürger des Gottesreiches, was immer wir auch erleiden. Wir stehen, um uns selbst Mut zu machen, wenn wir uns niedergeschlagen fühlen. Wir stehen zum Zeichen unseres Vertrauens darauf, dass Jesus von den Toten auferstanden ist. Im Augenblick seines Todes rief Stephanus: «Ich sehe die Himmel offen und den Menschensohn zur Rechten Gottes stehen» (Apostelgeschichte 7,56).

«Der Herr sei mit euch»

«Da gingen [die Frauen] hinaus und flohen vom Grab; denn Angst und Entsetzen hatte sie gepackt. Und sie sagten niemand etwas; denn sie fürchteten sich» (Markus 16,8). Angst brachte die Frauen zum Schweigen. Angst schloss die Jünger im Obergemach ein. Angst schneidet uns voneinander ab. Mut hingegen spricht ein Wort, das Gemeinschaft schafft und das Schweigen überwindet. Caterina von Siena sagt: «Angst hat nur, wer glaubt, er sei allein.»[22] Während der Eucharistie wendet sich der Priester mehrfach an die Gemeinde mit den Worten «Der Herr sei mit euch». Und sie antwortet: «Und mit deinem Geiste». Das sind Worte, die Mut machen. Denn sie feiern, dass wir letztlich nicht allein sind. Der Herr ist mit uns, weil er von den Toten auferstanden ist.

Die amerikanische Laiendominikanerin Sheila Provencher verbrachte während des Krieges einige Monate im Irak als Mitglied des Christian Peacemaker Team, in dem Menschen ihre Solidarität mit der irakischen Bevölkerung in dieser Zeit des Leidens ausdrücken wollten. In einer E-Mail beschrieb sie, wie Angst durch Gemeinschaft besiegt wird:

Wir sind *alle* umgeben von Angst: hier und in Nordamerika. Ich fühle sie in der Luft und den Wellen des Äthers. Endlose Worte und endlose Angst halten uns gefangen. Aber hier im Irak sind wir auch umgeben von Freunden. Mein Nachbar Abu Zayman lässt sich nicht davon abbringen, uns mit dem Auto zur Kirche zu bringen, obwohl sie nur einige Blocks entfernt ist. ‹Bitte, lassen Sie mich das für Sie tun›, sagt er. Ein Kaufmann sagt zu mir: ‹Haben Sie keine Angst. Wenn jemand versucht, Ihnen wehzutun, werde ich Sie beschützen.›

Und ein anderer Nachbar: ‹Mein Zuhause ist Ihr Zuhause. Sie
können jederzeit hierher kommen, auch mitten in der Nacht!›
Es sind Menschen in hohen Positionen und kleine Leute, in
teuren Häusern und obdachlos, Sunniten, Schiiten, Christen,
Sabäer, Alte, Junge, Männer, Frauen. Alle sagen sie das Gleiche: ‹Wenn es *irgendetwas* gibt, was ich für Sie tun kann, bitte,
ich mache es gern.› Sie umgeben uns mit Fürsorge. Was sonst
umgibt uns, jeden von uns? Wir sind umgeben von Gnade.
Wir sind umgeben von Familie. Wir sind umgeben vom Atem
des Lebens. Die Gnade ist unbegrenzt, jeder ist unsere Familie, und jeder Atemzug ist der Atem Gottes. Wann und wie
werden wir unsere Augen öffnen? Und wie werden wir uns
verhalten, wenn wir es getan haben?

Wir bekämpfen die Angst also dadurch, dass wir uns gegen
Vereinsamung und Isolierung stellen, durch den Aufbau von
Gemeinschaft. Auf Robben Island bewahrten Nelson Mandela und seine Gefährten ihren Mut, indem sie sich gegenseitig Nachrichten schickten. Sie versteckten sie in doppelten
Böden von Streichholzschachteln und ließen sie auf den Boden in den Gängen fallen; sie verbargen sie unter der Pampe,
die sie zu essen bekamen, und klemmten sie unter die Rän-
der der Toiletten. Mut verweigert sich der Vereinsamung. Er
kann nicht selbstsüchtig oder eigenbrötlerisch sein, nicht der
eigenen Verherrlichung dienen oder eine Abkürzung in den
Himmel finden wollen. Tapfer sind Soldaten, die dem Tod ins
Auge sehen, damit andere leben, und nicht, weil sie töten wollen. Menschen wie Henri Burin des Roziers, der es riskiert,
getötet zu werden, sind mutig, weil sie ihr Leben für andere
einsetzen, die versklavt sind. Die vermeintlichen Märtyrer,
die sich selbst in die Luft sprengen, um so viele unschuldige

Menschen mit sich in den Tod zu reißen wie möglich und selbst auf direktem Weg ins Paradies einzugehen, sind im tiefsten Sinne des Wortes nicht tapfer, sondern verblendet.

Die Kirche sollte uns also ermutigen, indem sie Austausch und Kommunikation wertschätzt und uns das Selbstbewusstsein gibt, zu reden. Der Dominikaner Lacordaire begründete den Orden in Frankreich nach der Unterdrückung des religiösen Lebens im 19. Jahrhundert neu und freute sich an seiner Freiheit, predigen zu können:

> Ich habe die Freiheit nie besser erkannt, als an dem Tage, wo ich mit der heiligen Weihe das Recht von Gott zu reden empfing. Die ganze Welt öffnete sich vor mir, und ich begriff, dass es im Menschen etwas Unveräußerliches, etwas Göttliches und ewig Freies gäbe: das Wort! Das Wort des Priesters war mir anvertraut, und man hatte mir gesagt, ich solle es bis zu den Enden der Erde tragen, ohne dass jemand das Recht hätte, meine Lippen auch nur einen einzigen Tag meines Lebens zu verschließen.[23]

Dieser Mut zu sprechen kommt aber nicht allein den Priestern zu, sondern jedem Christen kraft der Taufe. Oft geht es uns jedoch eher wie den Frauen am Grab. Wir sind unfähig, irgendetwas zu sagen, weil wir Angst haben. Gegen Ende ihrer Amtszeit und im Wissen, dass sie kein neues Bistum mehr übernehmen werden, reden Bischöfe manchmal freier, weil «sie nichts zu verlieren haben». Aber was Größeres hätten wir denn zu verlieren als die Freiheit zu sprechen? Wir sollten einander Mut machen zu reden, besonders denjenigen, die nicht einer Meinung mit uns sind. Sonst werden Freude, Freiheit und Glück – die Früchte der Teilhabe an Gottes Leben – ver-

trocknen, und wir werden unfähig zum Zeugnis für die Auferstehung des Wortes von den Toten sein. Mut ist die Tugend,
die wir brauchen, wenn die anderen Tugenden gedeihen sollen. In Kapitel 10 dieses Buches werde ich darauf eingehen,
dass die Ursprünge dieses Schweigens weit zurückreichen,
und darüber nachdenken, wie wir es brechen können.

Das tiefste Schweigen, dem wir begegnen müssen, ist der
Tod: «Tote können den Herrn nicht mehr loben, / keiner, der
ins Schweigen hinabfuhr» (Psalm 115,17). Der Tod führt uns
am deutlichsten vor Augen, was Mut ist. Denn der Mut konfrontiert uns mit unserer eigenen Verletzlichkeit, und unsere
äußerste Verletzlichkeit besteht darin, dass wir sterblich sind.
Wenn Mut die Kraft des Geistes ist, die uns klar sehen lässt,
was uns bevorsteht, müssen wir versuchen, die Bedeutung des
Todes zu verstehen. Verändert unser Christsein etwas an der
Weise, wie wir sterben? Der Tod der Märtyrer hat das römische Imperium bekehrt. Können wir heute mit der Art, wie
wir uns dem eigenen Tod stellen, ein Zeugnis geben?

Nach G. K. Chesterton ist der «Mut fast ein Widerspruch
in sich. Er meint einen starken Lebenswillen in Form einer
Todesbereitschaft.»[24] Dieser Widerspruch, oder zumindest
diese Spannung, findet sich darin, wie wir dem Tod begegnen. Über ihn können wir auf zwei unterschiedliche Weisen
sprechen – als Auslöschung oder als Befreiung. Beide sind
notwendig. Vorab: Der Tod ist schrecklich. Wir sind körperlich, und daher ist der Tod unseres Körpers nicht einfach das
Abwerfen unnötigen Ballastes, so dass die Seele in den Himmel entschwinden kann. Er ist unser Ende, die Zerstörung
von allem, was wir sind und was uns einzigartig macht. Wir
schätzen und achten den Körper derer, die wir lieben. In Marilynne Robinsons Roman *Gilead* richtet der alte Pastor an

seinen Sohn die Worte (ich habe sie weiter oben bereits zitiert): «Ich [kann] Gott nie ausreichend danken für die Herrlichkeit, die er – mit Ausnahme deiner Mutter natürlich – vor der Welt verborgen und mir in deinem lieben, gewöhnlichen Antlitz enthüllt hat.»[25] Der Tod, der eigene wie der anderer Menschen, ist entsetzlich.

Herbert McCabe OP schreibt, dass «der menschliche Tod empörend ist … Die meisten Menschen würden zustimmen, dass der Tod eines Kindes, das nie die Chance hatte, die ganze Spanne menschlichen Lebens zu leben, etwas Schockierendes an sich hat. Aber ich glaube, dass, in gewisser Weise, jeder Tod eine Geschichte abschneidet, die unendliche Möglichkeiten vor sich hat … Wir sind zu Recht wütend über den Tod. Wut macht einen großen Teil der Trauer aus. Und wir sind zu Recht wütend auf Gott.»[26] Wenn wir Schmerz und selbst Wut nicht aushalten, werden wir nicht fähig sein zu trauern. Im Angesicht des Todes dürfen, ja sollen wir traurig und verzweifelt sein. In einem Gebet für die Toten, das häufig und fälschlich Bede Jarrett OP zugeschrieben wird, heißt es, dass «der Tod nur ein Horizont ist, und der Horizont ist nichts anderes als die Grenze unserer Sicht». Innerlich spürt man, dass man gegen diese Worte protestieren muss. Sie scheinen den Tod zu banalisieren: Er ist nicht dramatischer als eine Reise nach London. Henry Scott Holland meinte gar, nicht einmal so weit fahren zu müssen: «Der Tod bedeutet gar nichts. Ich bin nur still nach nebenan gegangen.»[27]

Aber man kann noch eine andere Geschichte über den Tod erzählen. Sie handelt davon, dass der Tod unser Übergang zu Gott ist. Oft wird sie von den Heiligen erzählt. Kurz vor seinem Tod fügte Franziskus seinem *Sonnengesang* den letzten Vers hinzu: «Gelobt seist du, mein Herr, durch unsere

Schwester, den leiblichen Tod; ihm kann kein Mensch lebend entrinnen.»[28] Er lag auf dem Boden, bedeckt mit Staub und Asche zum Zeichen, dass er zum Staub zurückkehren würde. Er starb mit einem Lied auf seinen Lippen: «Führe mich hinaus aus meinem Gefängnis, / und deinem Namen sage ich Dank. / Und es werden sich scharen um mich die Gerechten, / sobald du mir wohlgetan hast» (Psalm 142,8). Als Dominikus im Sterben lag, sagte er zu seinen Brüdern, «dass er nach seinem Tod für sie nützlicher sein werde als zu Lebzeiten».[29] Die zwei Schwestern, die Dom Enzo Bianchi aufzogen, brachten ihm bei, jeden Abend vor dem Zubettgehen den Erdboden zu küssen, um «Solidarität [zu spüren] mit der Erde, die unseren Körper aufnimmt, wenn wir zu Staub werden: die Erde unsere Mutter».[30]

Vom Tod werden also zwei Geschichten erzählt: als Schrecken und als Heimkommen, als unser Ende und unsere Vernichtung und als unsere Befreiung, als das Ende unserer Geschichte und als unser Eintritt in die größere Geschichte der Ewigkeit. Um die Beziehung zwischen beiden Geschichten zu verstehen, lassen Sie uns zum Tod Christi zurückkehren.[31] Zunächst ist da die schlichte Tatsache des Todes. Ein Mann wird auf abscheulichste Weise zu Tode gefoltert. Daran denken wir jedes Jahr am Karfreitag. Geoffrey Preston OP erläutert, wie dies in den Mysterienspielen des Mittelalters wachgerufen wurde,

wo der Zenturio die verschiedenen Geräusche hört, als seine Männer die Nägel in die Hände Jesu einschlugen. ‹Fleisch›, sagte er, als er den ersten Schlag hört; ‹Knochen› beim zweiten; schließlich ‹Holz›, als der Nagel sich in das Kreuz selbst bohrt. Eben das wird uns am Nachmittag des Karfreitags ge-

zeigt: ‹Seht das Holz des Kreuzes!› Wie derb, wie roh wir am
Karfreitag sind! Aber wir wissen, dass Christen seit mindestens 1600 Jahren an diesem Tag genau das getan haben: Sie
haben Holzstücke verehrt, roh, grob und materiell. Das ist jedoch das Fundament, ohne das wir weiter nichts sagen könnten. Der Karfreitag hat eine fundamentale Grobheit, die daher
kommt, dass Jesus ein für alle Mal tot war; sie kommt von
Fleisch und Blut, von Knochen und Sehnen, vom Schweiß –
und vom Holz.[32]

Diese nackte, rohe Tatsache des Todes Jesu ist der Ausgangspunkt. Jedoch ist jeder Bericht über diesen Tod, auch Mel
Gibsons Film über die Passion, bereits eine Interpretation. Es
gibt keine neutrale Beobachtung. Jedes der Evangelien versucht in unterschiedlicher Weise, den Tod Jesu zu verstehen.
Wir brauchen alle vier Berichte. An dieser Stelle genügt es
festzuhalten, dass die Berichte von der Passion einen zweifa-
chen Fokus haben: Jesu Tod ist schrecklich. Im Garten Getsemani bittet er den Vater, ihn vor dem, was kommt, zu verscho-
nen: «Abba, Vater, alles ist dir möglich. Lass diesen Kelch an
mir vorübergehen. Doch nicht, was ich will, sondern was du
willst» (Markus 14,36). Als er starb, schrie er aus: «Mein Gott,
mein Gott, warum hast du mich verlassen?» (Markus 15,34).
Sein Tod war ein schmachvolles und schändliches Ende, ein
Scheitern, verlassen von Gott und seinen Freunden.

Aber die Evangelien erzählen auch andere Geschichten.
Im Lukasevangelium sagt Jesus dem gerechten Schächer zu:
«Heute noch wirst du mit mir im Paradies sein» (Lukas 23,43),
und als er seinen letzten Atemzug tut, vertraut er sich dem Va-
ter an: «Vater, in deine Hände lege ich meinen Geist» (23,46).
Die Spannung zwischen den beiden Erzählweisen der Ge-

schichte ist am stärksten im Johannesevangelium. Als Judas
wegging, um Jesus zu verraten, «war es Nacht» (13,30). Und
doch war sein Tod ein Augenblick der Herrlichkeit: Der Menschensohn ist über die Erde erhöht und zieht alle Menschen
zu sich. Sein Sterben war tiefste Dunkelheit und Anbruch des
Lichts zugleich.

Angesichts dieser unterschiedlichen Geschichten fragt
man sich natürlich, welche wahr ist. Was hätten wir gesehen, wenn wir dabei gewesen wären? Wäre es gewesen wie
im Film von Mel Gibson? Welche waren wirklich die letzten
Worte Jesu am Kreuz? Die bei Markus oder bei Lukas – wer
ist historisch exakter? Wir wissen es nicht, und das macht
auch nichts. Der Mut lädt uns zur Klarsicht ein, und wir brauchen beide Geschichten, wenn wir den Tod Jesu und unseren
eigenen Tod verstehen wollen. Wir brauchen beide Perspektiven, wenn wir ein scharfes Bild bekommen und Golgata in
der Geschichte der Erlösung verorten wollen. Der Bericht von
Jesu Leben, das mit dem Scheitern am Kreuz endet, ist wahr.
Von diesem Menschen Jesus kann man eine Geschichte erzählen, die seine 30 Lebensjahre und seine Niederlage mit
jenem schrecklichen letzten Verzweiflungsschrei am Kreuz
nachzeichnet. Aber am Ostersonntag wurde seine ganze Geschichte hineingehoben in das Leben Gottes, und damit können wir von diesem Tod auch als Sieg sprechen. Jedoch war
die Auferstehung nicht einfach das, was «danach» geschah,
das nächste Ereignis in der Geschichte Jesu. In der Auferstehung umfing der Vater alles, was Jesus gewesen war, seine
ganze Geschichte von der Geburt bis zum Kreuz, und ver-
lieh ihr Sinn. Jesus ist der verwundete Herr, auf ewig getötet
und lebendig. Die Kreuzigung in den Begriffen des Triumphs
und der Gabe des Lebens zu fassen ist daher in gleicher Weise

richtig. Wir brauchen beide Arten von Geschichten, um Hoffnung und Mut zu finden. Wenn wir nicht die Geschichte des
Markus erzählen könnten von Jesus, der der Gegenwart des
Vaters entrissen ist, was hätte das Ganze dann mit uns und
unserer Einsamkeit und Verlassenheit zu tun? Aber wenn wir
nicht auch die Geschichte des Sieges und der Erlösung erzählen könnten, was würde uns der Tod Jesu dann bringen?

Wenn wir sterben, ist das in gewissem Sinne das Ende. Das
war's. Die Geschichte, die über uns erzählt werden kann, ist
abgeschlossen. Der Tod ist unser Ende, die Zerstörung unserer Körperlichkeit, die uns so teuer ist. Bei Kohelet heißt
es: «Ein lebender Hund ist besser als ein toter Löwe» (9,4).
Eines Tages wird es, so hoffe ich, einen Grabstein geben, auf
dem «Timothy Radcliffe OP 1945–20??» steht. Wir sind sterblich und müssen sterben, und wir haben alles Recht, über den
Verlust derer zu trauern, die wir lieben, und sogar unserem eigenen Tod mit Beklommenheit entgegenzusehen. J. M. Synge
lässt sein Stück *Reiter ans Meer* mit den nüchternen Worten
enden: «Bartley kriegt einen schönen Sarg aus den weißen
Brettern und ein tiefes Grab. Was können wir noch mehr wollen? Kein Mensch kann für immer leben, und wir müssen's
zufrieden sein.»[33]

Dieses Ende ist nicht nur eine biologische Notwendigkeit.
Wir brauchen es, wenn wir jemand werden wollen. Denn damit die Geschichte des Lebens einen Sinn haben kann, muss
sie einen Anfang, eine Mitte und ein Ende haben. Der Tod ist
das Ende. Nach dem Tod eines Menschen können wir die Geschichte seines Lebens erfassen und seine Biographie schreiben. Wenn meine Geschichte niemals endete, sondern immer
für unendliche Möglichkeiten offen bliebe, würde ich niemals
eine bestimmte Person mit einer ganzen und vollständigen

Geschichte werden – einer Geschichte, die zeigt, wer ich bin. Wenn wir älter werden, bildet sich ein Muster heraus, und vorher offene Möglichkeiten schließen sich. Ich weiß jetzt, dass ich einige meiner Träume niemals werde verwirklichen können. So bin ich mir sehr sicher, dass ich es trotz mehrerer Anläufe niemals schaffen werde, gut genug Hebräisch zu lernen, um das Alte Testament in seiner Originalsprache zu lesen. Cello zu spielen würde mir vielleicht noch einigermaßen gelingen, aber ich werde niemals Cricket für England spielen. Der Tod beschließt unsere Möglichkeiten endgültig.

Aus diesem Grund sind Geschichten von Bekehrungen auf dem Totenbett so wichtig. Im letzten Augenblick der Geschichte kristallisiert sich all das, was vorausgegangen ist. Das Ende der Geschichte wirft ein Licht auf die Bedeutung des Ganzen. Als Beda Venerabilis im Sterben lag, musste er noch seine letzte Schrift beenden: «Der Knabe Wilbert sagte noch: Geliebter Meister, ein Satz ist noch nicht geschrieben. Er antwortete: Dann schreib ihn schnell! Nach einiger Zeit sagte der Knabe: Nun ist der Satz geschrieben. Er darauf: Gut, du hast die Wahrheit gesagt: Es ist vollbracht!»[34] Beda ist ein Schriftsteller, und so endet seine Geschichte mit dem Ende seines Schreibens. Seine Worte nehmen die Worte Christi am Kreuz auf: «Es ist vollbracht.» Unsere Hoffnung ist, dass wir bei unserem Tod das abgeschlossen haben, wozu wir berufen sind, es zu tun und zu sein, und so hinter unser Leben einen Punkt setzen zu können. Clemens von Rom verglich am Ende des ersten Jahrhunderts den Tod mit dem Brennen eines Tongefäßes. Er fixiert uns ein für alle Mal: «Denn wie der Töpfer, wenn er ein Gefäß herstellt und es unter seinen Händen verbogen oder zerbrochen ist, es erneut formt, wenn er es aber in den Feuerofen geschoben hat, ihm nichts mehr hilft, [können auch wir], wenn wir aus der Welt hinausgegangen sind, [...] nicht mehr (die Sünden) bekennen oder Buße tun.»[35]

Es gibt also einen Sinn, der alles, was von jemandem gesagt werden kann, in eine Geschichte fasst, die von seiner Geburt bis zu seinem Tod reicht. Mit dem Tod eines Menschen verlieren wir nicht einfach die nächsten Episoden seines Lebens aus den Augen, so als wäre er in ein fremdes Land ausgewandert. Das ist sein Leben. Aber da ist noch etwas anderes: In Christus wird das Ganze unserer Lebensgeschichte, von der Geburt bis zum Tod, hineingenommen in Gottes Leben. Dieses kurze Menschenleben in seiner ganzen Besonderheit und Einzigartigkeit ist umfangen von Gott und geöffnet auf das Unendliche. Alles, was wir getan haben und gewesen sind, wird aufgehoben in Gott. Juliana von Norwich versichert uns: «Nichts von dem, was in der Zeit geschieht, und nichts von der Mühe und dem Leiden, das wir in dieser Welt erdulden müssen, wird verloren gehen; es wird *alles* in Gottes Lobpreis und in unsere unendliche Freude verwandelt. *Alles* wird gut sein.»[36] Auch unser Versagen und unsere Sünden werden Sinn bekommen, vergleichbar mit einer Reihe von dissonanten Tönen, die Teil einer längeren Partitur sind und ihre Auflösung finden. Sie werden nicht gestrichen, sondern umfangen.

Christen haben also eine ungewöhnliche und auffallend andere Sicht des körperlichen Lebens. Auf der einen Seite ist es in höchstem Maße zu schätzen und zu achten – von der Empfängnis bis zum Tod –, auf der anderen Seite aber auch in der Hoffnung auf das Gottesreich hin zu leben. Der amerikanische Richter Scalia hat es genau falsch verstanden, als er behauptete, dass Amerika der Todesstrafe zustimmen könne, weil es ein christliches Land sei, während das post-christliche Europa sie ablehne: «Ich führe es darauf zurück, dass es für

den gläubigen Christen keine große Sache ist, zu sterben …
Sie wollen eine gerechte Todesstrafe? Sie töten, Sie sterben.
Das ist gerecht.»[37] Christen lehnen die Todesstrafe gerade wegen ihres tiefen Gespürs für den Wert des körperlichen Lebens rigoros ab. Indem wir es wertschätzen, bereiten wir uns
auf das ewige Leben vor.

Die Hoffnung treibt uns voran, dem zu, was jenseits unseres Sehvermögens liegt. Unser Ausgreifen auf das, was zu
groß ist für unsere Vorstellung, ist also in gewissem Sinne
blind. Mut sieht klar. Mit ihm öffnen wir unsere Augen und
erkennen, wie verwundbar wir sind und wie groß die Wahr-
scheinlichkeit doch ist, auf dem Weg zum Glück verletzt zu
werden. Der Mensch ist, wie König Lear zu Edgar sagt, nur
«ein armes, nacktes, zweizinkiges Tier».[38] Wenn wir es nicht
wagen, unserer Zerbrechlichkeit und Sterblichkeit zu begegnen, sind wir nicht mutig, sondern tollkühn, so wie Aristoteles es von den Kelten dachte. Aber Christus teilt mit diesem
armen, nackten, zweizinkigen Tier seinen Sieg über den Tod
und seine ganze Herrlichkeit, so dass, wie Hopkins schreibt,
«dieser Hans-Narr, armer Scherben, Flicken, Holzspan unsterblicher Diamant [ist], unsterblicher Diamant».[39] Wenn
wir davon nicht überzeugt sind, kann uns der Mut aus dem
umgekehrten Grund fehlen – weil wir ihn verlieren. Wenn
wir aber mit diesem Mut leben, werden wir nicht schweigen
und ängstlich sein wie die Frauen am Grab. Dann wird die
Freiheit und Freude des Gottesreiches hier und dort in unser
Leben hereinbrechen.

5

«Den elektrischen Leib sing ich»

Die bisherigen Überlegungen haben uns immer wieder zum
Thema Körper geführt: Jesu vollkommene Freiheit drückte
sich aus in der Gabe seines Leibes. Glück als Teilhabe an Gottes Leben ist nicht nur ein innerer Geisteszustand. Wenn
es wahrhaft menschlich sein soll, muss es einen körperlichen Ausdruck finden. Es ist eine Freude an der Besonderheit und Einzigartigkeit der Menschen und ihren «wunderbar
gewöhnlichen» Gesichtern. Der Mut verlangt von uns, dass
wir uns unserem eigenen leiblichen Tod stellen. Der Körper
ist zentral in allen großen christlichen Glaubenssätzen. Wir
glauben, dass Gott unseren Körper erschaffen hat und uns
nahegekommen ist in Jesus Christus, der Fleisch und Blut war
wie wir. Unser zentrales Sakrament ist die Teilhabe an seinem
Leib. Wir glauben, dass er leiblich aus dem Grab auferstanden
ist und dass auch wir es mit ihm tun werden. Bevor wir mit
unserer Erkundung des Christseins und der Frage nach seinem Sinn fortfahren, müssen wir also darüber nachdenken,
was es heißt, einen Körper zu haben, ja körperlich zu sein.

Die christliche Lehre gründet auf unserer Überzeugung
von der Gutheit des Körpers. Daher ist es schon mehr als selt-

sam, dass wir Christen uns oft so unbehaglich in unserem
Körper zu fühlen scheinen und ihn wie ein lästiges Gepäck-
stück behandeln, das uns belastet, bis die Seele durch den
Tod befreit ist. Um ehrlich zu sein: Nicht wenige Theologen
vermitteln in ihren Schriften den Eindruck, als sei genau das
bei ihnen der Fall. Es erklärt sich aus der Tatsache, dass das
Christentum über lange Strecken seiner Geschichte gegen du-
alistische Vorstellungen kämpfen musste, die einen starken
Gegensatz zwischen Materie und Geist annehmen. Die frühe
Kirche sah sich konfrontiert mit der Gnostik, die die Welt
häufig als von einem bösen Gott geschaffen begriff. Erlösung
wurde verstanden als Entfliehen der Seele aus dem Körper.
Augustinus war eine Zeit lang Manichäer gewesen, bis sich
sein Leben durch die skandalöse Behauptung änderte, dass
das Wort Fleisch wurde. Dominikus gründete den Predigerorden mit der ursprünglichen Intention, den Dualismus der
Albigenser zu bekämpfen, die daran glaubten, dass die materielle Welt böse sei. Descartes brachte ein starkes dualisti-
sches Element des Gegensatzes von Geist und Körper in die
westliche Kultur, mit dem wir heute noch zu kämpfen haben.
Und unsere Gesellschaft selbst ist besessen vom Körper, besonders wenn er jung und schön ist, aber die Banalisierung
der Sexualität legt den Verdacht nahe, dass wir unseren Körper letztlich nicht ernst nehmen.

Wir sind keine Geister, die in Fleischkäfigen gefangen sind,
sondern körperliche Wesen, deren Gemeinschaft immer eine
leibliche Grundlage hat. Unsere Verwurzelung in der Welt,
unser Sinn für Zeit und Raum, ist zutiefst körperlich. Als
Kardinal Peter McKeefry, der knapp zwei Meter große Erzbischof von Wellington, einmal von einem Seminaristen nach
seinem Haupteindruck vom Zweiten Vatikanischen Konzil

gefragt wurde, antwortete er, dass die Stühle zu klein gewesen seien! In *Root Shock* beschreibt Mindy Thompson Fullilove, wie afroamerikanische Viertel in ganz Amerika durch die Städteplanung zerstört wurden. Häuser wurden ab- und Gemeinschaften zerrissen. Sie schildert die Verzweiflung und die Wut, die das hervorgerufen hat, und bezeichnet es als *root shock,* als «Schock der Entwurzelung». Der Verlust war nicht bloß der von Freunden und Nachbarn, sondern der eines Zuhauses, mit dem der Körper vertraut ist, eines Ortes, an dem wir uns als leibliche Wesen entfalten können.

> Diese Trauer betrifft nicht nur den Geist, sondern auch den Körper. Die Ortserfahrung ist eingeschrieben in unsere Muskeln und Knochen: der Sonnenschein am längsten Tag des Sommers, die Entfernung bis zum Eckladen, der Baum mit den besten Kastanien. Wir sind diese Strecken gegangen und haben uns an unserer Gemeinschaft gefreut; wir waren umgeben von einem Netz von Freundlichkeit. Diese Orte, an denen wir unsere Bedürfnisse aufgehoben fanden, gibt es nicht mehr. Sommers und winters erinnert uns unser Körper daran, dass sie nicht mehr da sind.[1]

Wie das Judentum betont auch das Christentum die Verbindung zwischen der Verehrung Gottes, der uns – Körper und Seele – erschaffen hat, und der Fürsorge für den Leib anderer: Nackte zu bekleiden, Hungrige zu speisen, Kranke zu pflegen. Wir können uns vor dem menschlichen Leid nicht einfach verschließen, als wäre es die Folge unserer Sünden aus einem früheren Leben. Diese Ehrfurcht vor dem leiblichen Leben hat auch zu einem wachsenden Bewusstsein dafür geführt, dass die Todesstrafe dem Christentum grundlegend widerspricht.

In unserem Körper begegnen wir Gott. Johannes spricht vom Wort des Lebens als dem, «was wir gehört und mit unseren Augen gesehen haben, was wir geschaut und was unsere Hände berührt haben» (1 Johannes 1,1). Bei meinem ersten Besuch einer dominikanischen Priorei bin ich fast nach hinten umgefallen, als einer der Brüder mir erklärte, dass alle Sakramente in unserem leiblichen Leben wurzeln: Geburt und Tod, Sexualität und Essen, Sünde und Krankheit. In diesen durch und durch körperlichen Handlungen begegnet und heilt uns Gottes Gnade, die Gnade, die die Natur vollendet: «Mit meinem Körper heirate ich dich», heißt es in einer Trauformel. Rowan Williams fasst es wie immer wunderbar:

> Nur der Körper kann die Seele retten. Das so auszudrücken, klingt ziemlich schockierend. Aber der Punkt ist, dass die Seele (was immer das ist), das innere Leben oder wie man es sonst nennen will, für sich belassen, nicht fähig ist, sich selbst zu verwandeln. Es braucht die Gaben, die nur über das äußere Leben vermittelt werden können: die realen Ereignisse von Gottes Handeln in der Geschichte, von denen wir mit unseren Ohren hören, die reale materielle Tatsache, dass Gläubige zusammenkommen, um Brot und Wein zu teilen, die realen wunderbaren, unsympathischen, unmöglichen, unberechenbaren Menschen, denen wir in und außerhalb der Kirche begegnen. Nur in diesem Setting werden wir heilig – auf eine Weise, die für jeden von uns einzigartig ist.[2]

Der Sündenfall Adams und Evas, so die Überzeugung Luthers, hat unsere Körper verkrümmt, so dass wir physisch wie psychisch verdreht sind, *incurvatus in se*, «in sich hinein verkrümmt».[3] Die Gnade richtet uns wieder auf, lässt uns aufrecht stehen und uns nach außen hin öffnen, wie wir es beim *Vaterunser* tun. In allen religiösen Traditionen hängt das Beten eng mit einer guten und natürlichen Haltung des Körpers zusammen. Im Christentum haben wir diese Körperlichkeit des Gebets häufig verloren. Ich erinnere mich daran, wie ich einmal zusammen mit dominikanischen Brüdern und Schwestern aus ganz Asien auf dem Dach unseres Seminars in Nagpur, Indien, saß. Eine Sacre-Cœur-Schwester, Vanda Mataji, die vom Hinduismus konvertiert war, versuchte, uns klarzumachen, dass es eine Verbindung zwischen dem Beten und dem Zuhausesein in unserem Körper gibt. Jeden Morgen bei Sonnenaufgang machten wir eine Stunde lang Atemübungen und Yoga – zur großen Verwunderung der Affen, die uns von den Bäumen aus zusahen, während im Hintergrund die Festmusik für die Göttin Durga lief. Und doch war es für einige von uns peinlich. Sie saßen krumm da wie ein Sack Kartoffeln und wussten weder, wie sie sitzen, noch, wie sie atmen sollten.

In C. S. Lewis' *Dienstanweisung für einen Unterteufel* gibt der alte Teufel Screwtape seinem jungen Lehrling Tipps, wie man das Gebet seines Opfers sinnlos macht:

Du [erreichst] das am besten dadurch, dass Du in ihm die Erinnerung oder die vermeintliche Erinnerung an nachgeplapperte Gebete seiner Kindheit weckst. Als Reaktion dagegen kann man ihn vielleicht dazu bringen, etwas völlig Spontanes, Innerliches, Form- und Regelloses anzustreben. [...] Einer ihrer Dichter, Coleridge, sagte, er ‹bete nicht mit bewegten Lippen und gebeugten Knien›, sondern er ‹versetze sich in einen Zustand vollkommener Liebe› und überlasse sich dem Gefühl der ‹Anbetung›. Das ist gerade, was wir brauchen. [...] We-

nigstens können sie davon überzeugt werden, dass die körperliche Haltung für ihr Beten gleichgültig sei, denn sie vergessen
stets, was Dir jedoch nie entgehen darf, dass sie Tier sind und
dass alles, was ihr Körper tut, auch ihre Seele beeinflusst.[4]

Der Körper aller Lebewesen ist an eine bestimmte Umgebung
angepasst. Ein Fisch entwickelte sich zum Leben im Wasser
und ein Vogel zum Leben in der Luft. Es ist mehr als wahrscheinlich, dass auch der menschliche Körper in gewisser
Weise unsere tiefste Identität, unser Geschaffensein auf Gott
hin, ausdrückt. Der Psalmist sehnt sich mit seinem ganzen
Sein, Seele und Leib, nach Gott: «Es dürstet nach dir meine
Seele. / Nach dir verlangt mein Leib / gleich einem dürren,
lechzenden Land ohne Wasser» (Psalm 63,1).

Etty Hillesum war eine holländische Jüdin und starb 1943
in Auschwitz. Teil ihrer Lebensreise war es, mit ihrem Körper
beten zu lernen: «Manchmal pocht durch meinen Körper ein
Bedürfnis, mich hinzuknien, oder vielmehr ist es, als wäre
mein Körper zum Knien bestimmt und gemacht.»[5] Am körperlichen Beten können wir ablesen, welche Art von Lebewesen wir sind. Wie Fische sich durchs Leben schwimmen oder
Kängurus hüpfen, so sind wir im Gebet auf das Ende unserer
Reise ausgerichtet. Dominikus kannte neun Arten des Betens:
auf dem Boden liegend, stehend, die Arme ausstreckend, sit-
zend usw.[6] Die verschiedenen Körperpositionen waren in sich
eine ganze spirituelle Ausbildung. Ein Mitbruder, der den Orden verlassen hatte, erlitt nach seinem Austritt einen physi-
schen Zusammenbruch. Er war überzeugt, dass das eine di-
rekte Folge davon war, dass er nicht mehr am gemeinsamen
Stundengebet teilnahm. Sein Körper kam ohne das Singen
der Psalmen nicht mehr klar!

Das Alte Testament warnt davor, dass uns die Götzenanbetung so leblos macht wie die verehrten Götzen selbst:

Ihre Götzen aber sind Silber und Gold,
gebildet von Menschenhand.
Sie haben einen Mund und können nicht reden,
sie haben Augen und sehen nicht.
Sie haben Ohren und können nicht hören,
sie haben eine Nase und riechen nicht.
Sie haben Hände und können nicht greifen,
sie haben Füße und gehen nicht,
es kommt aus ihrer Kehle kein Laut.
Ihnen gleichen, die sie gebildet haben,
und jeder, der ihnen vertraut.

Psalm 115,4–8

Eine falsche Religiosität macht uns empfindungslos und unfähig zum körperlichen Leben. Die Verehrung des wahren Gottes macht uns körperlich lebendig, lässt uns fühlen, schmecken, riechen, sehen und hören. Die Fülle unseres von Gott gegebenen Daseins bedeutet, dass wir nach Lebendigkeit in all unseren Sinnen streben. In *Billy Elliot*, einem Film über einen Jungen aus der Arbeiterschicht, der Balletttänzer werden möchte, wird Billy gefragt, was er fühlt, wenn er tanzt. Und er antwortet: «Elektrizität!» Gottes Gnade elektrisiert uns, setzt uns unter Strom.

Gnade macht uns anmutig. Manche östlichen Christen behaupten, dass Gnade uns sogar schön machen kann. Das wäre mal ein ganz neues Verkaufsargument für das Christentum! Gnade formt unsere Gesichter zum Lächeln. Dom Enzo Bianchi, Prior des Klosters in Bose, schreibt: «Persönlich bin ich davon überzeugt, dass das spirituelle Leben die körperliche Erscheinung einer Person, ihr Gesicht, tief beeinflusst. Die griechische Tradition spricht von spirituell gereiften Mönchen als den *kalógeroi*, den ‹schönen alten Männern›. Ja, die Dimension der Schönheit ist Teil des Zusammenwirkens von Gnade und Natur.»[7] Der Gedanke dieser schönen alten Männer bringt mich zum Schmunzeln. Ich muss zugeben, dass ich bislang noch nicht sonderlich von der Schönheit meiner Mitbrüder ergriffen wurde. Ich muss wohl noch einmal genauer hinschauen!

Es ist daher ebenso angemessen wie schön, dass das fundamentale christliche Gebet darin besteht, dass wir Anteil haben an einem Körper. Jesus macht seinen Jüngern seinen Körper zum Geschenk. Oder vielmehr: Sein Körper ist von seiner ganzen Natur her ein Geschenk. Das zentrale Geschehen des Letzten Abendmahls enthüllt uns die Bedeutung der eigenen Körperlichkeit. Ich bin mein Körper, dem Dasein geschenkt wurde von meinen Eltern, Großeltern und letztlich von Gott. Geschöpf zu sein heißt, Dasein zu empfangen, nicht nur bei der Empfängnis, sondern in jedem Augenblick. Wir danken Gott und unseren Eltern für unser Dasein, indem wir für unseren Körper sorgen. Jean-Louis Brugùes OP schreibt: «Wer seinen Vater oder seine Mutter nicht liebt, kann weder seinen Körper noch den anderer Menschen lieben.»[8] Man ehrt seine Mutter und seinen Vater, indem man den Körper ehrt, den sie gezeugt und empfangen haben und der man ist. G. K. Chesterton wachte an einem Weihnachtstag auf und fand in den Socken an seinem Bettende zwei bemerkenswerte Geschenke – seine eigenen Füße. Für seinen Körper zu sorgen, ihn fit zu halten – wessen man Chesterton kaum bezichtigen kann – ist eine Frage der Annahme dieses Geschenks, der Dankbarkeit für das eigene Dasein.

Unser zentrales Sakrament ist das Geschenk eines Leibes. Daher überrascht es nicht, dass der tiefste Ausdruck dessen, wer wir sind, in der Hingabe unseres Körpers an einen anderen Menschen besteht: «Hier ist mein Leib für dich.» Es ist ein zutiefst eucharistischer Akt. Das mag fast blasphemisch klingen, aber in unserer Tradition gibt es eine tiefe Verbindung zwischen Sexualität und Eucharistie. Der erste Korintherbrief handelt vornehmlich von diesen beiden Themen. Paulus springt im ganzen Brief vom einen zum anderen. Wir können unsere Sexualität nur im Licht der Eucharistie verstehen und umgekehrt. Man dürfte daher erwarten, dass Christen ein auffallend anderes Verständnis von Sexualität haben. Noch einmal: Für den *Diognetbrief* war es ein entscheidender Punkt, in dem sich die Christen vom Rest der Gesellschaft abhoben: «Sie heiraten wie alle anderen und zeugen Kinder, töten aber ihren Nachwuchs nicht. Sie haben einen gemeinsamen Tisch, aber kein gemeinsames Bett. Sie sind im Fleisch, aber sie leben nicht nach dem Fleisch.»

Für unsere Gesellschaft ist solch ein eucharistisches Verständnis von Sexualität aus zweierlei Gründen schwer verständlich. Der erste liegt darin, dass sie den Körper banalisiert. Symptomatisch ist eine gewisse Tendenz, Sex entweder nur als eine Form der Entspannung zu sehen oder als etwas, das man geflissentlich ignoriert. Man kann T-Shirts kaufen mit der Aufschrift: «Glad to be A» («Froh, a(sexuell) zu sein»). Menschen bekennen sich als asexuell. Das Spektrum reicht von der Ablehnung jeglicher Sexualität bis hin zur bloßen Gleichgültigkeit. In einem Artikel von Michele Kirsch in der *Times (17. März 2005)* fanden sich folgende Aussagen: «Es

ist eher Desinteresse als Abscheu. Wenn ich manchmal darüber nachdenke, was alles mit dem Geschlechtsverkehr verbunden ist, denke ich ‹Igitt, warum sollte ich das wollen?› Ich
spüre, dass ich diese Erfahrung einfach nicht brauche.» «Die
asexuelle Schriftstellerin Zoe O'Reilly schreibt in einem Essay
mit dem Titel *Mein Leben als Amöbe*: ‹Ich finde, dass mein
Leben ohne Sexualität sehr viel einfacher ist. Indem ich diese
Seite meines Lebens weglasse, habe ich mehr Zeit für andere
Aktivitäten: Schreine zu bauen, Heilungslieder zu lernen, fo-
rensische Psychologie zu studieren.›» – «Bei solchen Interessen», so Michele Kirsch, «könnte man meinen, dass sie mit
Sex wesentlich besser dran wäre.»

Die christliche Sicht der Sexualität sollte auffallend anders
sein, weil wir die Sexualität als für unser Menschsein fundamental schätzen. Als Johannes Chrysostomos einmal über
Sex predigte, bemerkte er, dass einige Leute rot wurden, und
war entrüstet: «Warum errötest du über das, was unbefleckt
ist? Mögen dies die Häretiker [tun]!»[9] Sex für widerlich zu
halten, ist eine Störung wahrer Keuschheit und nach keinem
Geringeren als Thomas von Aquin ein moralischer Defekt![10]

Der zweite Grund, warum sich unsere Gesellschaft mit der
Eucharistie schwertut, liegt in der Tendenz, den Körper als
einen Gegenstand zu verstehen, den wir besitzen. In der Londoner U-Bahn habe ich eine Werbung für ein Buch über den
menschlichen Körper gesehen, das, wenn ich mich recht ent-
sinne, den Titel trug: *Man: From 12000 BC Until Today. All
Models, Shapes, Sizes and Colours. Haynes Owner's Work-
shop Manual* (*Der Mensch. Von 12.000 v. Chr. bis heute. Alle
Modelle, Formen, Größen und Farben. Haynes Benutzer-
handbuch*). Es war eine Bedienungsanleitung, wie man sie
zu einem neuen Auto oder einer Waschmaschine bekommt.

Wenn man den Körper so versteht – als eine Sache, die wir neben anderen besitzen –, haben sexuelle Akte keine herausgehobene Bedeutung. Mit meiner Waschmaschine kann ich machen, was ich will: Ich kann darin Farbe anmischen, Kuchen backen oder baden (wenn sie groß genug ist). Warum also sollte ich nicht auch mit meinem Körper machen können, was ich will? Diese Denkweise ist quasi unhinterfragt, weil wir die Rechte des Eigentümers im 17. Jahrhundert praktisch verabsolutiert haben. Tatsächlich hatte John Locke sein Verständnis der menschlichen Person auf dem Prinzip des «self-ownership», des «Eigentums an seiner eigenen Person», aufgebaut.[11] Landläufige Meinung ist, dass sich die kirchliche Sexualmoral von derjenigen der Gesellschaft darin unterscheidet, dass sie restriktiver ist. In Wahrheit geht es ihr jedoch um die lebendige Beziehung des gegenseitigen Sich-Schenkens und nicht um den Austausch von Besitz.

Die Kirche ist unzweideutig in ihrer Sexuallehre. Sie erlaubt Geschlechtsverkehr nur verschiedengeschlechtlichen, verheirateten Partnern; zudem muss er offen sein für die Zeugung von Kindern. Das ist ein sehr klares Ideal, aber weit entfernt vom Leben vieler Katholiken. Eine große Zahl ist geschieden und wiederverheiratet, lebt unverheiratet zusammen mit einem – auch gleichgeschlechtlichen – Partner oder praktiziert Empfängnisverhütung. Zwischen der kirchlichen Lehre und der konkreten Lebenswirklichkeit vieler Kirchenmitglieder klafft ein riesiger Abgrund. Wenn es um Sexualität geht, verhalten sich viele Katholiken nicht auffallend anders als andere Mitglieder der Gesellschaft.

Wie soll die Kirche darauf antworten? Eine Möglichkeit ist es, energisch auf die Lehre zu pochen. Wenn wir das tun, laufen wir Gefahr, immer mehr den Kontakt mit dem Leben so vieler Kirchenmitglieder zu verlieren. Aus der Kirche drohte eine enge Sekte zu werden, deren Sexualmoral sie isoliert und daran hindert, das Evangelium mit anderen zu teilen. Schon jetzt bewahren sich viele Katholiken ihre Mitgliedschaft in der Kirche nur dadurch, dass sie die kirchliche Sexuallehre ignorieren – was die kirchliche Autorität in anderen Bereichen aushöhlt: Wenn man ausklammern kann, was die Kirche zur Sexualität sagt, warum dann nicht auch alles andere zur Disposition stellen? Andere bleiben katholisch, fühlen sich aber schuldig oder als Bürger zweiter Klasse, da sie von der Kommunion ausgeschlossen sind, weil sie in «irregulären Verhältnissen» leben.

Wenn die Kirche, zweite Möglichkeit, einfach heutige Sexualgewohnheiten unterschiedslos akzeptieren würde, wäre die Gefahr aber genauso groß. Es würde so aussehen, als passten wir uns aus Schwäche der modernen Welt an, als hätten wir nicht das Rückgrat, für unsere Überzeugungen einzustehen. Wenn die kirchliche Lehre wahr ist, müssen wir sie auch verkünden. In der Praxis sieht es oft so aus, dass die kirchliche Lehre offiziell – vielleicht *sotto voce* – hochgehalten wird, man aber dezent den Hinweis gibt, dass jeder wirklich willkommen ist. Dafür hat sich die Bezeichnung «pastorale Lösung» eingebürgert. Vielleicht ist das der menschlichere Weg, aber er riskiert den Anschein von Unehrlichkeit und Feigheit.

Ich habe auch keine Lösung. Aber der beste Ausgangspunkt für das Verständnis unserer Sexualität ist das Letzte Abendmahl. Als Jesus seinen Leib den Jüngern überliefert, ist er verwundbar. Er gibt sich in ihre Hand, damit sie mit ihm machen können, was sie wollen. Einer hatte ihn schon verkauft, ein anderer wird ihn verleugnen und der große Rest weglaufen. Jesu Gabe seines Leibes offenbart, dass Sexualität nicht zu trennen ist von Verwundbarkeit. Sie enthält eine Zartheit, eine Empfindlichkeit, die bedeutet, dass man sehr wohl verletzt werden kann. Sie ist eine Gabe des Selbst, der mit Zurückweisung und Spott begegnet werden und bei der man sich benutzt fühlen kann. Das Letzte Abendmahl führt uns mit äußerstem Realismus die Risiken vor Augen, die wir eingehen, wenn wir uns jemandem schenken. Es ist kein romantisches Rendezvous in einer Trattoria bei Kerzenschein. Die christliche Sexualmoral lädt uns ein, diese Verwundbarkeit anzunehmen und das Wagnis der Selbstentblößung und Intimität einzugehen.

Das Letzte Abendmahl ist die Geschichte des Risikos, sich selbst anderen zu schenken. Jesus starb aus diesem Grund – weil er liebte. Aber dieses Risiko nicht einzugehen, ist noch gefährlicher. Es ist tödlich. Lieben, so C. S. Lewis,

heißt verletzlich sein. Liebe irgend etwas, und es wird dir bestimmt zu Herzen gehen oder gar das Herz brechen. Wenn du ganz sicher sein willst, daß deinem Herzen nichts zustößt, dann darfst du es nie verschenken, nicht einmal an ein Tier. Umgib es sorgfältig mit Hobbies und kleinen Genüssen; meide alle Verwicklungen; verschließ es sicher im Schrein oder Sarg deiner Selbstsucht. Aber in diesem Schrein – sicher, dunkel, reglos, luftlos – verändert es sich. Es bricht nicht; es wird unzerbrechlich, undurchdringlich, unerlösbar. Die Alternative zum Leiden, oder wenigstens zum Wagnis des Leidens, ist die Verdammung. Es gibt nur einen Ort außer dem Himmel, wo wir vor allen Gefahren und Wirrungen der Liebe vollkommen sicher sind: die Hölle.[12]

Mark Patrick Hederman OSB schreibt: «Liebe ist der einzige Antrieb, der überwältigend genug ist, uns dazu zu bringen, den bequemen Unterschlupf unserer gut geschützten Individualität zu verlassen, die gepanzerte Schale unserer Selbstgenügsamkeit abzuwerfen und nackt hinauszukrabbeln in die Gefahrenzone, den Schmelztiegel, in dem die Individualität gereinigt zur Personalität gewandelt wird.»[13]

Das Letzte Abendmahl war ein Augenblick der Krise in Jesu Beziehung zu seinen Jüngern. Die Gemeinschaft brach zusammen, das Band der Freundschaft war verleugnet und zerrüttet. Jesus umfing die Krise jedoch und machte sie fruchtbar. Vermutlich hat jede enge Beziehung ihre Krisenmomente. Wenn wir uns einem anderen Menschen ganz öffnen und schenken, wird es, fast unvermeidlich, Augenblicke möglichen Desasters geben. Das Letzte Abendmahl lädt uns ein, vor der Krise nicht wegzulaufen, sondern sie im Vertrauen darauf anzunehmen, dass sie Frucht bringen kann. Das gilt auch für Priester und Ordensleute. Die meisten von uns durchlaufen Krisen, üblicherweise kurz nachdem wir geweiht wurden oder die Ewige Profess abgelegt haben. Als ein junger Mönch Abt Byrne von Ampleforth erzählte, dass er das Bedürfnis verspüre, «größere Horizonte» zu erkunden, fragte Byrne: «Und wie heißt sie?»

Auch ich bilde dabei keine Ausnahme. Kurz nach meiner Priesterweihe spürte ich zum ersten Mal, dass dort jemand war, dem ich mein Leben schenken könnte. Es war eine Zeit heftiger Verwirrung. Ich hatte mich aus freien Stücken bis zu meinem Tod an den Orden gebunden. Ich liebte meine Mitbrüder und unsere Sendung, und ich glaubte weiterhin, dass dies meine Berufung war. Es war ein fruchtbarer Augenblick und ein Beginn des Erwachens aus der Fantasie. Als ich die

Profess ablegte, hatte mir eine kleine Fantasieblase im Kopf herumgeschwirrt: «Das war es jetzt mit dem Heiraten, die Freiheit ist weg. Obwohl … Man kann nie wissen.» Jetzt, in der Krise, war ich auf der Erde angekommen und akzeptierte den Weg, den ich gewählt hatte, oder vielmehr: von dem ich glaubte, dass Gott mich auf ihn gerufen hatte. Erst als diese Person, mit dem Leben und der Bindung, die ich eingegangen war, konnte ich lernen, zu lieben und geliebt zu werden. Menschen sind sehr gut darin, sich in Fantasien zu flüchten; ich hoffe, dass ich vollkommen auf der Erde angekommen sein werde, bevor ich in ihr begraben werde.

Keuschheit ist als Tugend ziemlich aus der Mode. Sie klingt prüde und brav, aber wir alle sind zu ihr berufen, ob wir nun verheiratet, Singles oder Ordensleute sind. Nach Herbert McCabe kann eine Keuschheit, «die nicht Ausdruck der Liebe ist, nur noch als Leichnam einer wirklichen Keuschheit bezeichnet werden».[14] Der Kadaver eines Hundes sieht aus wie ein Hund. Wenn man nicht genau hinschaut, könnte man fälschlicherweise sogar glauben, dass es ein Hund sei, der nur ruhig schläft. Aber, so Thomas von Aquin, er ist kein Hund, sondern ein Ex-Hund. In gleicher Weise mag ein Zölibatär, der nicht liebt, keusch erscheinen; aber er ist es nicht.

Keuschheit heilt unsere Liebe, indem sie sie von Fantasiebildern befreit. Wir lernen, wie wir Mensch werden in den Körpern, die wir sind – mit dem Leben, das wir gewählt haben, und den Bindungen, die wir eingegangen sind. Wir treten ein in die Realität. Es geht hier um eine Fantasie mit dem Beigeschmack des Illusorischen, sie ist nicht dasselbe wie Imagination. Letztere ist die Kraft, die Wirklichkeit neu zu gestalten, Hoffnung zu finden, wo es nur Verzweiflung zu geben scheint. Sie kreiert Zeichen, die von der Zukunft sprechen und sie näher bringen. In gewisser Weise ist eine illusorische Fantasie das Gegenteil einer Fantasie der Hoffnung. Sie ist eine Form der Verzweiflung, die vor der Realität flieht, anstatt dass sie sie umzugestalten sucht. W. B. Yeats schreibt: «Das Herz, mit Phantasien genährt, ward über diesem Handel roh.»[15] Indem uns die Keuschheit von einer illusorischen Fantasie befreit, macht sie das Herz weich und formt es von einem Herzen aus Stein zu einem Herzen aus Fleisch.

Die Keuschheit sucht das Leben zu einer zusammenhängenden Geschichte zu formen. Gott wurde leib-haftig in Jesus Christus, und wir sind dazu berufen, es wie er auch in unseren Körpern zu werden. Bei der Keuschheit geht es nicht primär um die Unterdrückung von Begierde, zumindest nicht in der Tradition Thomas von Aquins. Er schreibt etwas, das leicht missverstanden werden kann: dass nämlich Keuschheit bedeutet, nach dem *ordo rationis*, der Ordnung der Vernunft, zu leben.[16] Das klingt kalt und kopflastig, als ginge es beim Keuschsein allein um die Kraft des Geistes, wilde Leidenschaften zu bändigen. Aber mit *ratio* meint Thomas, in der realen Welt zu leben, «gemäß der Wahrheit der wirklichen Dinge».[17] Es bedeutet, in der Wirklichkeit dessen zu leben, wer ich bin und wer die Menschen sind, die ich liebe. Leidenschaft und Begierde können uns dazu bringen, uns in eine Fantasiewelt zu flüchten. Die Keuschheit holt uns auf die Erde zurück. Sie vertreibt in uns die gefährliche Fantasie, dass wir himmlische, engelhafte Wesen seien. Das sieht aus wie Keuschheit, ist aber ihre Pervertierung. Wir sind aus Fleisch und Blut. Thomas von Aquin mahnt uns, dass niemand ohne sinnliche Freuden leben kann und dass «gerade derjenige, der uns lehrt, dass alle Lust schlecht sei, fast unvermeidlich dabei ertappt wird, einiges an Vergnügung mitzunehmen».[18] Das erinnert mich an einen meiner Mitbrüder, der einmal zu einem Konvent ging, um dort die Messe zu feiern. Die Schwester, die ihm die Tür öffnete, guckte ihn an und sagte: «Oh, Sie sind es, Pater. Ich hatte gedacht, es sei ein Mann.» Auf einer Tagung in Dublin gab es drei unterschiedliche Toiletten: «Herren», «Damen» und «Priester».

Wenn das Christentum unsere Sexualität wirklich für so kostbar hält, muss es auch die Erotik begrüßen und sich an ihr freuen. Tatsächlich, so argumentiert E. F. Rogers, steht sie im Kern unserer Beziehung zu Gott:

Die Liebe, mit der Gott die Menschen liebt, ist der Eros, wenn der Eros eine Liebe ist, die nach der Vereinigung mit dem Anderen verlangt, nach dem Fleisch des Anderen, wenn sie verwundbar und leidenschaftlich für den Anderen ist. Gottes *philanthropia* ist die Liebe des Liebhabers, wie sie die Liebe des Vaters ist ... Der Eros offenbart uns daher nicht Gott, vielmehr enthüllt uns Gott den Eros. Gott bewirkt, dass der Eros das bedeutet, das bezeichnet, was er bedeutet: Bund. Gott macht den Eros zur Kraft der Tugend. Der Eros bezeichnet nicht Befriedigung – es sei denn unabsichtlich –, sondern Heiligung. Er bedeutet Leben mit Gott.[19]

Wie können wir – Eheleute, Singles oder Zölibatäre – versöhnt leben mit der drängenden Kraft der Erotik? Ich bin mir sehr bewusst, wie lächerlich zölibatäre Kleriker wirken können, die sich auf dieses Feld begeben. Als Warnung habe ich einen irischen Bischof vor Augen, der eine wortgewaltige Predigt über die Schönheit der Sexualität hielt. Als er aus der Kirche ging, waren vor ihm zwei Frauen, die sich zu seiner großen Freude lobend über die Predigt äußerten – bis eine von ihnen sagte: «Es ist nur schade, dass er so viel weniger über Sex weiß als wir.» Mir ist auch bewusst, dass ich, wie der Bischof, ein Mann bin, was mir zweifellos eine begrenzte Sicht auf die Sexualität gibt.

Es gibt zumindest zwei Formen der Fantasie, die die Erotik verzerren und ungesund machen können: närrische Verliebtheit und sexuelle Gier. Die eine ist das Spiegelbild der anderen, wobei die Tugend in der Mitte liegt. Die meisten von uns kennen dieses Gefühl totalen Vernarrtseins, wenn jemand das Objekt all unserer Begierden wird und das Symbol für alles, was wir uns immer ersehnt haben, die Antwort auf all unsere Bedürfnisse. Wenn wir nicht mit ihr oder ihm eins werden, ist unser Leben sinnlos, nichtig und leer. Der/die Geliebte kann allein die große Leere ausfüllen, die wir in uns verspüren. Tag und Nacht denken wir an ihn oder sie.

Sieh, wie am Tag den Leib, nachts das Gemüt,
Um dich und mich, ersehnte Ruhe flieht.[20]

Das Gesicht des/der Geliebten wird, um es ein wenig zeitgemäßer auszudrücken, quasi zum Bildschirmschoner des eigenen Computers. Sobald man aufhört, an etwas zu denken, ist es da. Es ist wie ein Gefängnis, eine Versklavung, aus der wir nicht entkommen wollen. Wir sind machtlos. Wir vergöttern den Menschen, den wir lieben, und stellen ihn an die Stelle Gottes. Freilich haben wir das, was wir da verehren, selbst geschaffen. Es ist eine Projektion. Möglicherweise geht fast jede wahre Liebe durch dieses wahnsinnige, obsessive Stadium. Dafür gibt es nur ein Heilmittel: mit dem Menschen Tag für Tag zusammenzuleben und sich gewahr zu werden, dass er nicht Gott ist, sondern nur sein Kind. Die Liebe reift, wenn wir von dieser Illusion geheilt sind und uns einer wirklichen Person gegenübersehen, nicht einer Projektion unserer Sehnsüchte. Octavio Paz sagt: «Die Liebe offenbart dem Verlangen die Wirklichkeit.»[21]

Wie groß die Liebe zu einem anderen Menschen auch sein mag, kann er doch nicht alles sein, wonach man sucht. Kein Mensch kann unser Verlangen vollkommen stillen. Wir sind *capax Dei* – für Gott gemacht – und, so der berühmte Satz des Augustinus: «Unruhig ist unser Herz, bis es ruht in dir.»[22] Auf unserem Pilgerpfad brauchen wir nicht nur die oder den Einen, die/den wir am meisten lieben, sondern unsere Familie und Freunde, ein tragendes Netz von Beziehungen. In gewissem Sinn bleiben wir allein, unerfüllt, bis wir im Gottesreich ankommen. Rilke verstand, dass es bei einem Paar keine wirkliche Intimität geben kann, bis es erkennt, dass jeder in gewisser Weise allein bleibt. Jeder Mensch bewahrt eine Einsamkeit, einen Raum um sich herum, der nicht aufgehoben werden kann. «Die gute Ehe [ist] die, in welcher jeder den anderen zum Wächter seiner Einsamkeit bestellt und ihm dieses größte Vertrauen beweist, das er zu verleihen hat. [...] Aber, das Bewußtsein vorausgesetzt, daß auch zwischen den *nächsten* Menschen unendliche Fernen bestehen bleiben, kann ihnen ein wundervolles Nebeneinanderwohnen erwachsen, wenn es ihnen gelingt, die Weite zwischen sich zu lieben, die ihnen die Möglichkeit gibt, einander immer in ganzer Gestalt und vor einem großen Himmel zu sehen!»[23]

Manchmal haben Zölibatäre eine romantische Vorstellung von der tiefen Intimität und Vertrautheit, die Eheleuten möglich ist. Das kann sich in Wut auf die Kirche entladen, die ihnen verweigert, was ein so grundlegendes Bedürfnis zu sein scheint. Verheiratete können zornig sein auf ihren Ehegatten, weil sich herausgestellt hat, dass er oder sie doch kein Gott ist. Enttäuschung kann uns bitter werden lassen. Rowan Williams, der verheiratete Erzbischof von Canterbury, schreibt: «Das Selbst wird erwachsen und wahrhaftig, wenn es mit dem unheilbaren Charakter seines Verlangens konfrontiert wird: Die Welt ist so beschaffen, dass nichts dem Selbst eine vollkommene und vollendete Identität geben kann.»[24] Wenn zwei Menschen heiraten, legen sie ein Ehegelöbnis ab und versprechen, dass sie miteinander in der Wahrheit leben werden. Diese Wahrheit findet ihren letzten Ausdruck in der gemeinsamen Pilgerreise auf den Einzigen hin, in dem wir alles finden werden, was wir suchen.

Das Gegenstück zur Falle des blinden Vernarrtseins ist es, den anderen Menschen zum reinen Objekt zu machen, das meine sexuellen Bedürfnisse befriedigt. Die Gier verschließt uns die Augen vor dem Personsein des anderen, vor seiner Zerbrechlichkeit und Güte. In seinen Ausführungen zur Keuschheit zieht Thomas von Aquin den Vergleich zu einem Löwen, der den Hirsch nur als Mahlzeit sieht. Gier macht uns zu Jägern, zu Raubtieren, die etwas zu fressen suchen. Wir wollen nur ein Stück Fleisch, etwas, das wir verschlingen können. Augustinus sagt: «Es ist nicht möglich, Menschen in der gleichen Weise zu lieben, wie man den Gourmet sagen hört: ‹Ich liebe Suppe.›» Die gleiche Einsicht steckt hinter der Weigerung der Schwarzen Königin in *Alice hinter den Spiegeln*, Alice ein Stück von dem Hammel essen zu lassen, dem sie vorgestellt worden war. «Es ist gegen die gute Sitte, jemanden zu schneiden, mit dem man bekannt gemacht worden ist.»[25] Die Gier entpersonalisiert den anderen Menschen, so dass er konsumiert werden kann. Konsumismus impliziert einen gierigen Griff nach der Wirklichkeit. Daher ist es wenig über-

raschend, dass die Gier so charakteristisch für die Konsumgesellschaft ist.

Wenn wir Tiere essen, schneiden wir sie auf. Die Gier kann
uns Menschen zerstückeln lassen, indem wir uns nur auf einen Teil ihres Körpers konzentrieren. Jesus warnt uns mit
drastischen Worten vor begehrlichen Blicken: «Wenn dich
daher dein rechtes Auge zur Sünde reizt, so reiß es aus und
wirf es von dir. [...] Und wenn dich deine rechte Hand zur
Sünde reizt, so haue sie ab und wirf sie von dir!» (Matthäus
5,29 f.). Ich habe so meine Zweifel, dass es noch viele Christen
mit zwei Augen auf diesem Planeten gäbe, wenn wir Jesus hier
wörtlich nehmen würden. Eines wäre sicher: Wir wären auf
jeden Fall auffallend anders! Jesu Worte laden uns ein zu sehen, was wir anderen Menschen antun: Wenn wir uns selbst
nicht verstümmeln wollen, dann sollten wir es auch nicht mit
anderen tun. Noch einmal: Keuschheit meint, in der wirklichen Welt zu leben. Sie öffnet uns die Augen, damit wir die
Schönheit des Körpers wahrnehmen, der vor uns steht. Aber
dieser Körper ist nicht nur ein Körper: Er ist ein Jemand. In
seinem Gedicht «Den elektrischen Leib sing ich» begeistert
sich Walt Whitman am Körper, an dem die Seele sichtbar
wird:

Kopf, Hals, Haar, Ohren, Ohrgehänge und Trommelfell, Augen, Augenfransen, Augeniris, Augenbrauen, das Schlafen
und Wachen der Augenlider,
Mund, Zunge, Lippen, Zähne, Gaumen, Kiefer und Kiefer-
gelenke [...]
Kräftiger Bau der Schenkel, die sicher den Rumpf darüber
tragen, Beinsehnen, Knie, Kniescheibe, Oberschenkel, Un-
terschenkel [...]

O ich sage, dies sind nicht bloß Glieder und Gedichte des Körpers, sondern auch der Seele,
O ich sage jetzt, sie sind die Seele.[26]

Dieser Körper ist nicht ein Objekt, sondern ein Subjekt. Ich
schaue nicht sie an; sie schaut mich an. Der Pornograph sucht
die Immunität des Voyeurs, die Sicherheit der Unsichtbarkeit.
Roger Scruton unterscheidet zwischen erotischer Kunst und
Pornographie: In Ersterer ist der Körper in all seiner Schönheit derjenige einer Person – einer Person, die ein Gesicht hat
und über Subjektivität verfügt. Tizians «Venus von Urbino»
ist wunderschön, aber es ist keine Pornographie. Denn unser
Blick wird auf ihr Gesicht gezogen:

> Das Gesicht individualisiert den Körper, besitzt ihn im Na-
> men der Freiheit und verurteilt alle begehrlichen Blicke als
> Vergewaltigung. Die Nackte Tizians provoziert nicht, noch
> erregt sie. Sie bewahrt eine distanzierte Gelassenheit – die
> Gelassenheit einer Person, deren Gedanken und Begierden
> nicht unsere sind, sondern ihre. […] Bei Tizian wacht das Ge-
> sicht über die Gestalt, indem es still die Eigentümerschaft be-
> hauptet und sie unserer Reichweite entzieht. Das ist erotische,
> aber in keiner Weise lüsterne Kunst: Venus wird uns nicht
> als ein mögliches Objekt unseres eigenen Verlangen präsen-
> tiert. Sie ist uns entzogen, integriert in die Personalität, die
> ruhig aus diesen Augen blickt und mit eigenen Gedanken
> und Begierden befasst ist.[27]

Die Gier kann wie sexuelle Leidenschaft aussehen, die außer
Kontrolle geraten ist. Jedoch war Augustinus – der sich in
der Sexualität bestens auskannte – überzeugt, dass es bei der

Gier mehr als um das sexuelle Vergnügen um das Verlangen geht, andere Menschen zu beherrschen. Die Gier ist Teil der *libido dominandi*, des Impulses, die Kontrolle zu übernehmen und uns selbst zu Gott zu machen. Sebastian Moore OSB schreibt, dass die «Gier daher keine sexuelle Leidenschaft ist, die außer Kontrolle des Willens geraten ist, sondern eine Art der Leidenschaft, hinter der sich der Wille verbirgt, Gott zu sein ... Unsere Aufgabe ist es nicht, die sexuelle Leidenschaft dem Willen zu unterwerfen, sondern sie dem Verlangen wiederzugeben, dessen Ursprung und Ziel Gott ist. Dieses Verlangen findet seine Befreiung in Gottes Gnade, die offenbar wurde im Leben, in der Lehre, in der Kreuzigung und Auferstehung Jesu Christi.»[28] Der erste Schritt in der Überwindung der Gier liegt also nicht darin, das Verlangen zu beseitigen, sondern es wiederherzustellen, es zu befreien und zu entdecken, dass es sich auf eine Person richtet und nicht auf ein Objekt.

Verliebte Vernarrtheit und sexuelle Gier können nach außen sehr verschieden wirken, und doch spiegeln sie sich gegenseitig: Im ersten Fall macht man die andere Person zu Gott, im zweiten sich selbst. Hier ist man selbst machtlos bis zum Äußersten, dort beansprucht man absolute Macht. Laut Rowan Williams schwebt die Liebe «zwischen Selbstsucht und Selbstverleugnung».[29] Sie lässt den Liebenden intensiv sich selbst spüren und sein Selbst gleichzeitig von der Bühne verschwinden. Keuschheit hält uns im Gleichgewicht. Denn übernimmt der Egoismus das Ruder, kippt man um in die Gier; bekommt das Vernarrtsein die Oberhand, kann die Selbstverleugnung so total werden, dass man alle Identität verliert. In dem Film *Gefährliche Liebschaften* wetteifern zwei französische Aristokraten darum, Menschen in amouröse Affären zu verstricken.

Das Blatt wendet sich, als sich Vicomte Sébastien de Valmont derart verliebt, dass er seine Fähigkeit, sich selbst und andere zu kontrollieren, einbüßt. «Was diese gegenwärtige Vernarrtheit betrifft, die wird gewiss verfliegen. Aber für den Augenblick bin ich machtlos dagegen.» Beherrschung verwandelt sich in Machtlosigkeit und Gier in Vernarrtheit. Sie kippen von einem Extrem ins andere und verfehlen den feinen Punkt der Balance, an dem vielleicht Liebe keimen könnte.

Eine christliche Ethik müsste uns also helfen, unsere Sexualität im Licht der Eucharistie zu leben: Hier bin ich, und ich schenke mich dir, vorbehaltlos, jetzt und für immer. In der Lehre der Kirche geht es nicht darum, was man darf und was nicht. Oft hört man den Wunsch, sie möge doch die Regeln lockern – ähnlich der Hoffnung, dass die Regierung die Öffnungszeiten dereguliert, damit die Pubs länger offen bleiben können. Aber die Ethik dreht sich nicht um die Frage, was erlaubt oder verboten ist. Sie versucht vielmehr, dem Sinn dessen Ausdruck zu geben, was wir tun. In christlicher Sicht hat die Hingabe des eigenen Körpers an eine andere Person eine tiefe innere Bedeutung. Wenn wir wahllos mit anderen schlafen, widersprechen wir diesem Sinn, der unserem Körper eingeschrieben ist. Das kann nur zu Frustration führen und unglücklich machen. Wir reden von «Körpersprache». Aber jede körperliche Aktivität spricht. Laut Herbert McCabe ist Ethik nur «die Untersuchung des menschlichen Verhaltens, insofern es ein Teil der Kommunikation ist, insofern es etwas aussagt oder einer solchen Aussage ermangelt. […] Ethik [ist] ein Streben nach immer weniger trivialen Weisen der menschlichen Beziehungen.»[30] Gelegenheitssex ist die Perversion der Kommunikation. Wir sagen etwas mit unserem Körper, was wir mit unserem Leben verweigern. Es ist, als würde man zu jemandem sagen: «Ich liebe dich» und in der nächsten Minute vergessen, dass er existiert.

Unsere Gesellschaft hat sehr unterschiedliche Auffassungen von Sex. Sie reichen vom Ausdruck zärtlicher Sorge für einen anderen Menschen bis hin zum Spaß, den man sich gönnt. Aber nur wenige geben ihm die tiefe Bedeutung, die er in der christlichen Tradition hat. Wie können Christen an diesem eucharistischen Verständnis der Sexualität festhalten, wenn uns alltäglich – in Gesprächen, beim Zeitunglesen und Fernsehen – ein anderes Verständnis vermittelt wird? Es ist fast so, als wollte man an der Überzeugung festhalten, dass die Erde rund ist, während alle Welt davon ausgeht, dass sie flach sei. Dazu kommen soziologische Faktoren, die es uns sehr viel schwerer als noch unseren Vorfahren machen, einer einzigen Person unser ganzes Leben lang treu zu bleiben. Beispielsweise leben wir sehr viel länger. Wenn heute zwei Menschen heiraten, bedeutet das unter Umständen 60 oder 70 Jahre gemeinsamen Zusammenlebens. Wie unsere Gesellschaft über Sexualität denkt, ist also auch aus sozialen Gründen nachvollziehbar.

Daher reicht es nicht aus, wenn die Kirche allein auf die Regeln pocht. Diese Regeln brauchen wir natürlich, aber sie ergeben ohne eine auch nur anfängliche Ahnung vom christlichen Verständnis der Sexualität keinen Sinn. Man kann niemandem die eigene Begeisterung für Cricket vermitteln, indem man ihm nur die Spielregeln vorliest: Es wäre für ihn überhaupt nicht nachvollziehbar, wie man auch nur den Hauch eines Interesses für diesen Sport entwickeln kann. Wir brauchen eine Pädagogik, die den Menschen nach und nach die Augen öffnet für die Schönheit, die Würde und die Anmut des menschlichen Körpers. Unsere Keuschheit in guter

Weise leben zu lernen, ist nicht primär eine Frage des Willens
– unsere wildesten Passionen an die Kette zu legen –, sondern
eine Lebensweise, die uns in der Wahrheit darüber hält, was
und wer wir sind.

Ein erster Schritt dahin ist es, Gesichter sehen zu lernen.
Wie viel sehen wir wirklich, wenn wir Menschen anschauen?
In seinem Buch *We Walk the Path Together*[31] vergleicht Brian
Pierce OP das Denken Meister Eckharts, eines Dominika-
nermystikers des 14. Jahrhunderts, mit dem von Thich Nhat
Hanh, einem Buddhisten des 20. Jahrhunderts. Für beide
beginnt das kontemplative Leben damit, im gegenwärtigen
Augenblick zu sein – das, was der Buddhist «Achtsamkeit»
nennt. Denn nur er ist wirklich. In diesem Augenblick bin ich
lebendig und kann Gott und anderen Menschen begegnen.
Dazu muss ich still werden und meine Sorgen um Vergangenheit und Zukunft loslassen.

Diesen gegenwärtigen Augenblick, so habe ich im ersten
Kapitel ausgeführt, hat Jesus beim Letzten Abendmahl ergriffen. Die Soldaten waren schon unterwegs, um ihn zu verhaften.
Seine Zeit lief ab. Aber noch war die Zukunft nicht da. Jetzt
war der Moment, mit seinen Freunden zu essen und zu trinken. Es erinnert mich an den heiliggesprochenen englischen
Kardinal und Humanisten John Fisher, der auf die Nachricht,
dass seine Hinrichtung um einige Stunden verschoben werde,
fragte, ob er zurück ins Bett gehen könne, um noch etwas
Schlaf zu kriegen! Im Augenblick des Jetzt kann ich ganz für
einen anderen Menschen da sein, ruhig und still in seiner
Gegenwart. Es ist der Moment, meine Augen zu öffnen und
in sein Gesicht zu sehen. Bin ich zu beschäftigt, hektisch in
Gedanken damit befasst, was als Nächstes passiert, riskiere
ich, das Gesicht vor mir in all seiner Schönheit und mit all

seinen Wunden nicht wirklich wahrzunehmen. Keuschheit beinhaltet also, jetzt ganz für jemanden da und präsent zu sein und sich nicht auszumalen, was alles noch passieren mag, indem man sich in Fantasien verliert.

Die Keuschheit bringt uns bei, wie man Gesichter anschaut. Sie ist eine besondere Art der Aufmerksamkeit, über die einige Porträtmaler verfügen. Ihr Blick ist wahrheitsgetreu und zärtlich zugleich. Die großen Maler können sogar sich selbst betrachten, ohne dass ihr Blick von der Fantasie verzerrt wird. In einem Interview bemerkte Lucian Freud, dass «im Werk schlechter Maler alle Porträts wie Selbstbildnisse aussehen, weil ‹sie mit solchem Selbst-Bezug gemalt sind› (das heißt: jedes sieht am Ende gleich aus). Dagegen sahen sich einige wirklich gute Künstler mit solcher Objektivität, dass man kaum erahnen kann, dass sie sich selbst malten. Chardins Selbstporträt sieht aus wie das Bild von jemandem, den er auf der Straße getroffen hat.»[32] Es ist das Ergebnis einer Disziplin, die mehr ist als ein nur technisches Können. Sie setzt eine spirituelle Disziplin voraus, eine Qualität der Kontemplation, die es auch für ein keusches Leben braucht. Man könnte die Keuschheit gar als eine ästhetische Disziplin bezeichnen.

Zum Zweiten gilt es, die Kunst zu lernen, allein zu sein. Ich kann nicht glücklich mit und bei Menschen sein, wenn ich nicht fähig bin, zufrieden allein zu sein. Wenn ich vor der Einsamkeit Angst habe, werde ich versuchen, andere an mich zu binden – nicht weil ich mich freue, mit ihnen, um ihrer selbst willen, zusammen zu sein, sondern weil sie mir mein Problem lösen. Menschen werden zum bloßen Mittel, um die Leere und Einsamkeit auszufüllen, die mich so erschreckt. Damit verliere ich die Fähigkeit, mich daran zu erfreuen, wer sie wirklich sind. Wenn wir also mit und bei jemandem sind, sollten wir wirklich präsent sein; und wenn wir allein sind, sollten wir die Einsamkeit schätzen und lieben. Das ist nicht einfach. Ich gebe zu, dass ich in Gesellschaft manchmal die Minuten zähle, bis ich wieder allein bin – und wenn ich es dann bin, sehne ich mich schon nach der nächsten Unterhaltung!

Drittens kann jede Liebe für Gott geöffnet werden, damit er darin lebt. Unsere Liebe steht nicht in Konkurrenz zu Gottes Liebe. Sie öffnet Räume, wo er sein Zelt aufschlagen kann. Es gibt nur eine Liebe, und das ist Gott, der in jeder Liebe – erkannt oder unerkannt – gegenwärtig ist. Bede Jarrett, ein englischer Dominikaner und Provinzial in den 1930er Jahren, schrieb einen wunderbaren Brief an Dom Hubert Van Zeller, der sich als junger Mönch in Downside in P. verliebt hatte und zutiefst von dieser Erfahrung verunsichert war. Bede riet ihm:

> Wenn Sie daran gedacht haben, dass der Rückzug in Ihre Schale das Einzige sei, was Sie tun können, werden Sie niemals erkennen, wie wunderbar Gott ist. Sie müssen P. lieben und in P. nach Gott suchen … Genießen Sie Ihre Freundschaft, zahlen Sie den Preis des Schmerzes dafür, denken Sie daran in der Messe und lassen Sie [Gott] in ihr als eine dritte Person sein. Die Eröffnung der *Geistlichen Freundschaft* [von Aelred von Rievaulx] lautet: ‹Hier sind wir beide, ich und du, und ich hoffe, als dritter ist Christus bei uns.›[33]

Wenn wir unsere Liebe zu Gott von der Liebe zu den Menschen abtrennen, wird die eine wie die andere bitter werden und ungesund. Das heißt es, ein Doppelleben zu führen.

Ein Kriegsgefangener in einem japanischen Konzentrationslager schrieb:

Niemand konnte mir sagen, wo meine Seele sein mag;
ich suchte nach Gott, aber Gott entzog sich mir;
ich suchte meinen Bruder und fand alle drei:
meine Seele, meinen Gott
und die ganze Menschheit.[34]

Wir alle leben von Geschichten. Jede Kultur hat ihre eigenen
Erzählungen, die die kollektive Vorstellung ihrer Mitglieder
formen. In unserer Kultur am weitesten verbreitet und endlos
wiederholt in Filmen, Romanen und Klatschspalten ist: Junge
trifft Mädchen, sie verlieben sich und enden gemeinsam im
Bett. Wenn das die einzige Geschichte ist, die unser Herz bestimmt, ist das Ergebnis, wenn sich zwei Menschen näher-
kommen, fast unausweichlich. Unser Herz muss durch andere Geschichten genährt werden – Geschichten, die zeigen,
dass es viele Arten gibt, zu lieben und Liebe auszudrücken.
Die Lebensgeschichten der Heiligen, verheiratet oder Singles,
bewahren uns die Freiheit, auf Weisen zu lieben, die unsere
Gesellschaft merkwürdig finden mag: indem wir etwa unser
Leben für die Armen einsetzen oder alles aufgeben und in
die Mission gehen. Aus dem Troubadour Franziskus wurde
der Sänger für Gott. Die Geschichten von Nelson Mandela
und James Mawdsley, von denen ich oben gesprochen habe,
erzählen von anderen Formen heroischer Liebe.

Schließlich müssen wir Gebetsweisen finden, die unseren
Körper daran erinnern, wer wir sind. Die alte Liturgie war
bestimmt durch die Bewegung des Körpers: Knien, Vernei-
gungen, Gesten der Verehrung. Jedes Mal, wenn ich in einer
Moschee war, beeindruckte mich die schiere Körperlichkeit
des Gottesdienstes zutiefst. Er grenzt fast an Gymnastik und
verleiht der Verehrung Ausdruck durch den ganzen Körper.

Wir sind Lebewesen. Einer der bewegendsten Momente in der Liturgie des Kirchenjahres ist die Verehrung des Kreuzes am Karfreitag. Wenn die Brüder auf das Kreuz zugehen, werfen sie sich dreimal vollständig zu Boden. Es folgt die Gemeinde, darunter Kinder und alte Leute. Alle verehren das Kreuz auf ihre je eigene Weise. Einige knien sich hin und stehen nur mit Mühe wieder auf. Das Ganze dauert ungeheuer lange. Aber es spricht von dem Moment, in dem unser ganzes Menschsein erlöst wurde, Körper und Seele. Es bettet die Erinnerung in den Humus unseres körperlichen Seins ein.

In diesem Kapitel habe ich erkundet, wie wir Christen unsere Sexualität leben können, als Eheleute oder Singles, als Laien, Ordensleute und/oder Kleriker. Dabei habe ich versucht, mich nicht von einer allzu rosigen Sicht der Dinge fortreißen zu lassen, wie es dem irischen Bischof passiert ist. Aber was ist mit denen von uns, die den Zölibat versprochen oder das Gelübde der Keuschheit abgelegt haben? Wie können wir, Ordensleute und Priester, unseren Affekten und Begierden begegnen? Der Priester steht jeden Tag am Altar und spricht folgende Worte: «Das ist mein Leib, der für euch hingegeben wird.» Und dann wird von ihm verlangt, dass er seinen eigenen Körper niemandem schenkt. Die ganze Symbolik, die er vollzieht, schreit förmlich nach einer körperlich-sexuellen Erfüllung, die den meisten katholischen Priestern des westlichen Ritus verweigert ist. Das Pro und Contra des Zölibats soll an dieser Stelle nicht diskutiert werden. Ich möchte nur darauf schauen, wie er fruchtbar gelebt werden und Zeichen für unsere gemeinsame Pilgerreise zum Gottesreich sein kann.

Einerseits ist es offensichtlich, dass wir unser ganzes körperliches Leben weggeben: Wir schenken Menschen unser Ohr, indem wir den ganzen Tag zuhören, unsere Beine, wenn wir durch die Pfarrgemeinde touren, unsere Kraft und unsere Gesundheit. Als Kardinal Bernardin zum Erzbischof von Chicago geweiht wurde, schrieb er an die Diözese: «All die Jahre, die mir gegeben sind, schenke ich Ihnen. Ich biete Ihnen meinen Dienst, meine Führung, meine Energien, meine Talente, Herz und Verstand, meine Stärken und auch meine Grenzen an. Ich stelle mich Ihnen in Glaube, Hoffnung und Liebe zur Verfügung.»[35] Diese Worte machte er wahr und ließ sein Leben und noch seinen Tod zum Geschenk werden. Oft war ich beeindruckt von alten Missionaren in Afrika oder am Amazonas, die alles gegeben hatten und nun erschöpft waren. Sie litten an Malaria, hatten alle Zähne verloren, weil es dort, wo sie lebten, keine Zahnärzte gab. Und doch waren sie noch da. Denn sie hatten sich selbst vorbehaltlos gegeben, in guten wie in schlechten Tagen, in Gesundheit und Krankheit, bis zum Tod.

Aber was ist mit unserer Sexualität, mit unseren Begierden? In seinem Roman *Bleak House* erzählt Charles Dickens von Mrs. Jellyby, die über eine «teleskopische Philanthropie verfügte, weil sie nichts wahrnahm, was näher als Afrika liegt». Sie liebte alle Afrikaner, bemerkte aber nicht einmal ihre eigenen Kinder. Als Priester oder Ordensleute können wir uns nicht in eine solche teleskopische Philanthropie flüchten. Aelred, Abt von Rievaulx im 12. Jahrhundert, warnte die Ordensleute vor einer «Liebe, die sich allen zuwendet und niemanden erreicht».[36] Sich dem Geheimnis der Liebe anzunähern, bedeutet immer auch, dass wir ganz bestimmte Menschen lieben: die einen freundschaftlich, die anderen mit tiefer Zuneigung und manche vielleicht auch sehr viel leidenschaftlicher. Wir müssen lernen, wie wir diese Arten der Liebe ehrlich in unsere Identität integrieren können. Mir wurde erzählt, dass

Ordensleute in der Vergangenheit oft vor «Einzelfreundschaf-
ten» gewarnt wurden. Gervase Matthew OP sagte immer,
dass er größere Angst vor «Einzelfeindschaften» habe!

Im genannten Brief an Dom Hubert schreibt Bede Jarrett
weiter:

> Ich bin froh, [dass Sie sich in P. verliebt haben,] weil ich denke,
> dass Ihre Versuchung immer im Puritanismus lag, in einer
> Enge, einer gewissen Unmenschlichkeit. Sie neigten fast
> dazu, die Heiligung der Materie zu verleugnen. Sie liebten
> den Herrn, aber nicht recht die Inkarnation. In Wirklichkeit
> hatten Sie Angst … Sie hatten Angst vor dem Leben, weil Sie
> ein Heiliger sein wollten und weil Sie wussten, dass Sie ein
> Künstler sind. Der Künstler in Ihnen sah die Schönheit über-
> all. Der vermeintliche Heilige in Ihnen sagte: ‹O je, das ist
> fürchterlich gefährlich›, und der Novize: ‹Mach deine Augen
> zu›. Wenn P. nicht in Ihr Leben getreten wäre, wären Sie viel-
> leicht explodiert. Ich glaube, dass P. Ihnen das Leben retten
> wird. Ich werde eine Dankesmesse feiern für das, was P. für
> Sie bedeutete und für Sie getan hat. Sie haben P. schon lange
> gebraucht. Tanten sind keine geeigneten Ventile. Und beleibte
> und betagte Provinziale sind es auch nicht.[37]

Ich vermute, dass sich die Herausforderungen, denen wir begegnen, gar nicht groß von denen Verheirateter unterscheiden.
Am Ende ist die Zahl der Frauen bzw. Männer, mit denen wir
nicht verheiratet sind, fast genauso groß wie bei ihnen. Auch
für uns besteht der Kern der Keuschheit darin, uns von allen Fantastereien zu befreien. Auch wir müssen uns klarmachen, dass die Menschen, die wir lieben, weder Götter noch
ein zu verschlingendes Stück Fleisch sind, sondern mensch-

liche Wesen wie wir, verwundbar und gut. Wenn wir einfach nur versuchen, unsere Leidenschaft abzukühlen, werden wir mit totem Herzen enden und nichts über den Gott des Lebens zu sagen haben.

Die Energie des Eros kann sich in unserer Sendung entladen. Wenn ich Kandidaten für den Orden zu prüfen hatte, suchte ich immer nach einem Funken Leidenschaft. In Australien gibt es Eukalyptusarten, deren Samen nur nach einem Waldbrand aufbrechen und keimen, wenn ihre Schale geknackt ist. Auch eine Berufung braucht ein gewisses Feuer, um zu keimen. Es kann die Leidenschaft für das Studium sein, der Drang zum Wissen und Verstehen. Vincent McNabb OP pflegte zu den Novizen zu sagen: «Denkt an irgendetwas, aber, um Himmels willen, denkt!»[38] Es kann die Leidenschaft für die Gerechtigkeit oder das Predigen sein. Man kann durch den Schmerz anderer und die Ungerechtigkeit, die sie erleiden, so berührt werden, dass der Panzer des Um-sich-selbst-Kreisens aufgebrochen wird. Wir entdecken, dass wir eine Seele haben, so Graham Greene, wenn der Schmerz eines anderen Menschen uns selbst Schmerz bereitet.

Wenn Ehepartner sich wirklich lieben, macht ihre Liebe sie gegenseitig frei. Noch radikaler muss das bei Zölibatären der Fall sein. Wir schenken nicht nur dem oder der anderen Freiheit. Wir sollten ihn oder sie in einer Weise lieben, dass sie frei werden, andere sogar noch mehr zu lieben als uns. Augustinus beschreibt den Bischof nach dem Vorbild Johannes' des Täufers als den «Freund des Bräutigams», den *amicus sponsi*.[39] Der Freund des Bräutigams kommt ihm nicht in die Quere. Er versucht nicht, die Braut zu verführen (auch nicht die Brautjungfern)! Er hält sich selbst zurück. Er nährt die Liebe anderer Menschen. Und er weiß, wann er zu verschwinden hat. Wie Johannes der Täufer muss auch er kleiner werden, damit Christus wachsen kann.

Michel Van Aerde OP verglich Gott einmal mit einem englischen Gentleman, der so ungemein diskret ist, dass er sich den Menschen, die er liebt, nicht aufdrängen will. Er wird durch den Türspalt schielen, um sicher zu gehen, dass sie mit ihren aktuellen Geliebten glücklich sind. Und so gern er bleiben würde, wird er sich doch zurückziehen, um sie ungestört zu lassen. Laut C. S. Lewis ist es «ein göttliches Privileg, stets weniger ein Geliebter zu sein als ein Liebender».[40] Gott liebt immer mehr, als er geliebt wird. Vielleicht ist das auch unsere Berufung. Sie verlangt, dass wir Menschen nicht zu abhängig von uns werden lassen und den wichtigsten Platz in ihrem Leben einnehmen. Wir dürfen nicht unersetzlich werden, sondern müssen ihnen dabei helfen, andere Formen des Gestütztseins, anderen tragenden Halt für ihr Leben zu finden. Die Frage, die wir uns immer wieder stellen müssen, lautet also: Macht meine Liebe den anderen Menschen stärker und selbständiger, oder macht sie ihn schwächer und von mir abhängig?

Bei dieser diskreten Liebe, die sich nicht in den Mittelpunkt drängt, geht es nicht darum, wegzulaufen. Für Zölibatäre ist das eine andauernde Versuchung: die Sachen zu packen und zu laufen, wenn die Dinge kompliziert werden. Priester können sich fortlaufend verlieben, ohne daraus jemals gesunde Freundschaften heranreifen zu lassen. Natürlich kann es Situationen geben, in denen es klüger ist, auf Abstand zu gehen. Aber im Normalfall müssen wir bleiben, als Fels, auf dem andere in Schutz und Sicherheit ruhen können; verlässlich da für sie, ohne uns selbst in den Mittelpunkt zu spielen. Wir müssen den Mut haben, uns durch die Krisen der Liebe hindurchzuleben: durch die Turbulenzen des Verliebtseins mit verwundetem Herzen hinein in das tiefe und ruhige Wasser der reifen, erwachsenen, heiligen Liebe.

Es haben so viele Priester und Ordensleute aufgehört und geheiratet, dass man sich fragen kann, ob diese Lebensweise überhaupt möglich ist. Kann man das aushalten, ohne dass das Herz vertrocknet und stirbt? Oft sind die älteren Mitbrüder und Mitschwestern mit ihrem Leben ein Zeichen dafür, dass man diesen Weg gehen und blühen kann. Beim Letzten Abendmahl vergießt Jesus sein Blut zur Vergebung der Sünden. Er musste nicht leiden, um einen zornigen Gott zu besänftigen. Vielmehr schuf Gott aus der chaotischen Liebesaffäre zwischen Jesus und seinen Jüngern mit ihren Momenten des Scheiterns und der Niederlage neues Leben, die Auferstehung der Toten. Gottes Vergebung ist diese unergründliche Kreativität, die das Scheitern von Jesu Tod in einen Augenblick der Herrlichkeit verwandelt, den Karfreitag in Ostersonntag. Wir wagen uns auf diesen gefährlichen Weg, erdulden Zeiten der Unruhe und sogar der Krise, weil wir darauf vertrauen, dass Gott in all dem Chaos da ist, um uns zu segnen. Manchmal bleiben wir hinter den Ansprüchen der Liebe zurück, manchmal gehen wir in die Irre und leiden. Aber Gott ist da, um unser Leben fruchtbar zu machen. Wir müssen also keine Angst haben. Wir können mutig sein.

6

Gemeinschaft der Wahrheit

Wenden wir uns nun der christlichen Haltung zur Wahrheit zu.[1] Die Frage ist bereits in den vorangegangenen Kapiteln immer wieder angeklungen: Freiheit, so haben wir gesehen, setzt voraus, dass wir uns ehrlich der Vielschichtigkeit menschlicher Erfahrung stellen und die Menschen bei schwierigen Entscheidungsfindungen begleiten. Die Keuschheit erdet uns und lässt uns in der wirklichen Welt leben: in der Wahrheit darüber, wer ich bin und wer die sind, die ich liebe. Beim Mut, der eine notwendige Voraussetzung des Genannten ist, geht es nicht um ein Gefühl von Tapferkeit, sondern um die Einsicht in die und die Anerkennung der eigenen Verwundbarkeit. Wenn das Christentum lebendig sein und die frohe Botschaft bezeugen will, dann ist Wahrhaftigkeit wesentlich. Vielleicht liegt einer der Gründe, warum das Christentum so oft als uninteressant eingestuft wird, darin, dass die Wahrheit in unserer Gesellschaft keinen hohen Stellenwert hat. Mein eigenes Interesse am Christentum wurde durch die Frage ausgelöst, ob es wahr sei. Mein Freund, mit dessen Frage ich das Buch begonnen habe, war der Überzeugung, dass das die meisten Zeitgenossen wenig kümmert.

Die Wahrheit zu sagen galt über die längste Zeit der abend-
ländischen Geschichte als Wert an sich. Er war eng verbunden
mit der menschlichen Würde und ein Erfordernis der Ehre.
Aristoteles bezeichnete «die Lüge [als] an sich schlecht und ta-
delnswert und die Wahrheit [als] gut und lobenswert».[2] Noch
bei Kant war diese Tradition lebendig: «Die Lüge ist Wegwer-
fung und gleichsam Vernichtung seiner [des Lügners] Menschenwürde.»[3] In seiner wunderbaren Erzählung *Romulus,
mein Vater* zeichnet der australische Philosoph Raimond
Gaita ein Porträt seines Vaters, eines Schmieds, der aus Ru-
mänien nach Australien emigriert war. Sein Charakter, seine
ganze Persönlichkeit war von dieser Wahrhaftigkeit geprägt:
«Sie [der Vater und sein Freund Hora] schätzten Ehrlichkeit
[...], weil sie beide, um das Wort eines wunderbaren englischen Philosophen abzuwandeln, Menschen waren, für die
Dinge ‹nicht zu verfälschen› zu einer Geisteshaltung geworden
war.»[4] Das war keine Nützlichkeitserwägung – in dem Sinne,
dass Wahrhaftigkeit sich auf Dauer auszahlt oder Lügen kurze
Beine haben und man sich früher oder später hoffnungslos
darin verstrickt. Es war schlicht und einfach eine Frage der
Ehre. Dieses Gespür für Ehre ist uns weitgehend abhandengekommen und mit ihm der Unterbau für eine wechselseitige Wahrhaftigkeit. Und unter diesem Verlust leiden wir.

Im Zuge der *Reith Lectures,* einer jährlichen Reihe von Ra-
dio-Vorträgen prominenter Zeitgenossen in der BBC, sprach
die Philosophin Onora O'Neill von einer Krise des Verdachts.
Wir glauben nicht daran, dass Politiker, Ärzte, Wirtschafts-
leute, der Klerus und allen voran die Medien uns die Wahrheit erzählen. Und selbstredend erheben die Medien ähnliche
Anschuldigungen gegenüber den Politikern. Wir ertrinken in
einer Flut von Informationen, wissen aber nicht, wem oder

was wir glauben sollen. Das heißt nicht, dass die Menschen heute zwangsläufig unehrlicher wären als früher, obwohl ich vermute, dass dem so ist. Gleichzeitig gibt es so etwas wie einen unbedingten Anspruch darauf, die Wahrheit gesagt zu bekommen, auch wenn die gleiche Verpflichtung bei einem selbst vielleicht nicht ganz so ausgeprägt ist. Das starke Interesse der Briten daran, ob Tony Blair in der Irak-Frage gelogen hat oder nicht, kann als Symptom einer tiefliegenden Angst verstanden werden. Uns fehlt das Fundament der Wahrheit, der Fels, auf dem wir sicher stehen könnten. Samuel Johnson drückte es in einem Brief an Bennet Langton folgendermaßen aus: «Lassen Sie uns darum bemüht sein, die Dinge so zu sehen, wie sie sind, und dann herausfinden, ob wir [über etwas] klagen sollten. Ob diese Sicht des Lebens, so wie es ist, uns viel Trost gibt, weiß ich nicht; aber der Trost, der aus der Wahrheit kommt, so es überhaupt welchen gibt, ist solide und dauerhaft; der Trost, den man aus dem Irrtum zieht, muss, wie sein Ursprung, trügerisch und flüchtig sein.»[5]
  Weithin glaubt man, dass die Antwort auf diese Angst so transparent wie möglich ausfallen müsse. Kommt nur alles ans Licht, werden wir ja sehen, ob unser Verdacht, irregeführt und betrogen worden zu sein, begründet war oder nicht. So muss jedes Memo, jede E-Mail, jeder Telefonanruf, jedes Gespräch auf den Gängen der Macht zur Sicherheit aufgezeichnet werden. Und die Regierung kontrolliert uns alle zunehmend. Onora O'Neill ist jedoch davon überzeugt, dass keine dieser Maßnahmen den Verdacht jemals beseitigen werden: «Das Bedürfnis nach universaler Transparenz fördert wahrscheinlich [noch] die Ausreden, Scheinheiligkeiten und Halbwahrheiten, die wir üblicherweise als ‹politisch korrekt› bezeichnen. Etwas unverblümter könnte man sie auch ‹Selbst-

zensur› oder ‹Betrug› nennen.»[6] Steht ein Verdacht erst im Raum, kann er nicht mehr ausgeräumt werden. Es könnte immer noch ein letztes Indiz auftauchen – man muss nur lange genug danach suchen, wie nach den unauffindbaren Massenvernichtungswaffen im Irak. Die Tatsache, dass wir keine Beweise finden können, bestätigt nur, dass wir unseren Gegnern nicht trauen können, und offenbart ihre geradezu diabolische Gerissenheit.

Eine Kultur absoluter Transparenz kann sehr wirksam zur Folge haben, dass aller Wille zur Wahrhaftigkeit zerstört wird. Man kann nie wissen, wann die eigenen Worte gegen einen verwendet werden könnten. Und wie können wir überhaupt über etwas nachdenken, wenn wir nicht die Freiheit haben, verrückte Ideen auszuprobieren, Hypothesen aufzustellen und Fehler zu machen? Meister Eckhart sprach davon, dass niemand zur Wahrheit kommen kann, ohne auf dem Weg hundert Fehler gemacht zu haben. Wir brauchen die Freiheit, nicht für alles, was wir sagen, bis in alle Ewigkeit verantwortlich gemacht zu werden. Unsere Suche nach der Wahrheit braucht ihre Zeit geschützter Unverantwortlichkeit. Das Ideal totaler Transparenz ist also weder möglich noch wünschenswert.

Der enttäuschte Hunger nach der Wahrheit zeigt sich auch im endlosen Bedürfnis nach Selbstenthüllung oder Bloßstellung anderer. Wir leben in einer Gesellschaft, die als «die nackte Gesellschaft» *(the bare all society)* bezeichnet wurde, einer Gesellschaft, in der alle und alles enthüllt wird. Amazon listet mehr als 1000 Bücher auf, die «Der nackte …» im Titel haben, vom *Naked Chef* Jamie Oliver bis zum *Naked Parish Priest*. Menschen sind für einen kurzen Moment Helden, wenn sie in Fernsehtalkshows wie der von Oprah Winfrey in den Vereinigten Staaten alles erzählen. Glaubt man Zygmunt

Bauman, bedeutet «öffentliches Interesse» für die Medien nichts anderes als «die *privaten Sorgen öffentlicher Figuren*».[7] Die kleinen Geheimnisse eines und einer jeden müssen aufgedeckt werden. Und trotzdem wird diese Enthüllungssucht nie den Verdacht los, dass es vielleicht doch noch etwas verborgen Skandalöses geben könnte, das zu wissen wir ein Recht haben.

Hat das Christentum eine Antwort auf diesen Hunger nach der Wahrheit? Christen sind nicht zwangsläufig ehrlicher als andere Menschen. Es wäre zu schön, wenn wir dem Rat von Mark Twain folgten: «Wenn du im Zweifel bist, sag die Wahrheit. Das wird deine Feinde verwirren und deine Freunde in Erstaunen versetzen.»[8] Nur weiß ich von keinem stichhaltigen Beweis, dass wir es tun. Tatsächlich gaben 13 Prozent der Menschen, die sich als religiös bezeichnen, in einer amerikanischen Umfrage an, dass sie lügen würden, um einen Job zu bekommen. Unter den Nicht-Religiösen waren es 15 Prozent.[9] Der Unterschied ist nicht signifikant. Jedenfalls besteht das auffallend Andere des Christseins nicht darin, dass wir besser sind als andere Menschen und daher weniger anfällig für die Lüge. Charakteristisch ist vielmehr ein Doppeltes: In einer Welt, die von Skepsis geprägt ist, glauben wir, dass man über das Denken zur Wahrheit gelangen kann. Unser Glaube gibt uns, zweitens, ein sehr eigenes Verständnis davon, was es heißt, wahrhaftig zu sein. Yves Congar OP sagte einmal: «Ich liebe die Wahrheit, wie ich einen Menschen liebe.»

Glaube an Vernunft

Eine Kultur, deren Motor sich immer schneller dreht, verliert leicht jeden Sinn für die Wahrheit. Wir verbringen so viel Zeit in imaginären Welten, dass es bisweilen schwerfällt, zwischen Tatsache und Fiktion zu unterscheiden. Viele Menschen halten ihre Seifenopern-Helden für real und glauben wirklich, dass man Frau Beimer in der Lindenstraße treffen könnte. Die virtuelle Realität gibt uns die Freiheit, die Welt nach eigenem Geschmack umzugestalten. Wir erschaffen uns im Internet fiktive Identitäten und gehen Beziehungen mit anderen fiktiven Personen ein, wobei uns diese Beziehungen ebenso beanspruchen und fordern wie die mit Partnern aus Fleisch und Blut. Die Folge ist, dass der fundamentale Instinkt des Menschen für die Wahrheit verkümmert. Unsere Gesellschaft hat das Vertrauen in die Kraft der Vernunft verloren, ausgenommen vielleicht die naturwissenschaftliche Vernunft. Wir Europäer glauben weithin nicht mehr, dass man den Sinn des menschlichen Daseins und den Zweck unseres Lebens durch Reflexion und Argument entdecken kann. Über die großen Fragen gibt es kaum Diskussion: Warum gibt es überhaupt etwas und nicht vielmehr nichts? Wofür bin ich geschaffen? Worin finde ich Glück? Diese Fragen scheinen über unseren Verstand hinauszugehen.

Paradoxerweise ist einer der Beiträge, die das Christentum heute leisten kann, der, an die Vernunft zu *glauben*. Trotz allen Irrsinns des letzten Jahrhunderts, trotz aller Absurditäten des Krieges und Völkermords glauben wir daran, dass die Menschen als vernunftbegabte Wesen dazu geschaffen sind, die Wahrheit zu suchen. Wenn wir gemeinsam diskutieren, um das Für und Wider streiten und miteinander argumentieren, können wir sie erlangen. Das Motto des Dominikanerordens ist *Veritas*, Wahrheit. Dominikus, Sie erinnern sich, gründete den Orden in einer Kneipe, als er mit dem Gastwirt diskutierte. Sie debattierten die ganze Nacht lang, wobei

Dominikus, wie einer meiner Mitbrüder bemerkte, nicht die ganze Zeit gesagt haben kann: «Du hast unrecht, du hast unrecht, du hast unrecht.» Man sieht in einer Argumentation nur Sinn und setzt sie fort, weil auch das Gegenüber in gewissem Maße recht hat. Wir argumentieren nicht, um zu gewinnen, sondern damit die Wahrheit siegen kann.

Johannes Paul II. verstand das Christentum als großen Verfechter und Fürsprecher der Vernunft. In seiner Enzyklika *Fides et Ratio* schreibt er: «Unter den verschiedenen Diensten, die [die Kirche] der Menschheit anzubieten hat, gibt es einen, der ihre Verantwortung in ganz besonderer Weise herausstellt: *den Dienst an der Wahrheit*. Diese Sendung macht [...] die gläubige Gemeinde zur Teilhaberin an der gemeinsamen Bemühung, welche die Menschheit vollbringt, um die Wahrheit zu erreichen» (2). «Beim modernen Menschen, und das nicht nur bei einigen Philosophen, [sind] Haltungen eines verbreiteten Misstrauens gegenüber den großartigen Erkenntnisfähigkeiten des Menschen zutage getreten. Mit falscher Bescheidenheit gibt man sich mit provisorischen Teilwahrheiten zufrieden, ohne überhaupt noch zu versuchen, radikale Fragen nach dem Sinn und letzten Grund des menschlichen, persönlichen und gesellschaftlichen Lebens zu stellen» (5). «Niemals könnte [der Mensch] sein Leben auf Zweifel, Ungewissheit oder Lüge gründen; eine solche Existenz wäre ständig von Angst und Furcht bedroht. Man kann also den Menschen als den definieren, der nach *der Wahrheit sucht*» (28).[10]

In einer Debatte zwischen Bertrand Russell und Frederick Copleston SJ kam die Frage nach dem Grund für die Existenz des Universums auf. Warum gibt es überhaupt etwas und nicht vielmehr nichts? Russell erklärte, dass diese Frage nicht gestellt werden könne. Das Universum sei einfach da. Der christliche Philosoph Copleston hielt entschieden dagegen: So schnell dürfe man das Denken nicht aufgeben.[11] Teil der christlichen Sendung ist es also, darauf zu drängen, dass die Menschen weiterhin schwierige Fragen stellen und nach Antworten suchen. Christen geben die Vernunft nicht auf.

Für die Kinder der Aufklärung muss es verrückt klingen, dass ausgerechnet das Papsttum sich für die Vernunft stark macht. Gängige Überzeugung ist, dass Religion und Vernunft unvereinbar seien. Es scheint so paradox, als würde Dschingis Khan sich zum Pazifismus bekennen oder Franz von Assisi Tierquälerei verteidigen. Und doch haben Soziologen auf der Grundlage von Studien in Schweden, Japan und den Vereinigten Staaten gezeigt, dass Menschen, die sich einmal vom Mainstream-Christentum entfernt haben, anfangen, die verrücktesten Sachen zu glauben. Laut Rodney Stark sind Christen im Vergleich weniger anfällig für den Glauben an «außerirdische Besucher, Astrologie, übersinnliche Wahrnehmung, Tarot, Séancen und Transzendentale Meditation als [ihre Mit-]Studenten, die angaben, nicht religiös zu sein».[12] G. K. Chesterton sagte: «Wer nicht an Gott glaubt, glaubt an alles Mögliche.»[13]

Aufgabe des Christentums ist es also, unsere Gesellschaft an unser verschüttetes Verlangen nach der Wahrheit zu erinnern und sie auf ihrer Suche zu begleiten. Überzeugend werden wir das aber nur können, wenn wir uns selbst als Pilger verstehen, die nicht im Vorhinein schon alle Antworten kennen. Die Verantwortlichen in der Kirche gewinnen an Autorität, wenn sie öfter einmal ein «Ich weiß es nicht» eingestehen. Wir würden nicht nur als Lehr-, sondern auch als Lerngemeinschaft erkannt. Die Kirche braucht ebenso

den Mut, ihre Überzeugungen zu verkünden, wie sie die De-
mut braucht, von anderen Menschen zu lernen. Der Physiker
Niels Bohr erklärte, dass «das Gegenteil einer wahren Aussage eine falsche Aussage ist, aber das Gegenteil einer tiefen
Wahrheit eine andere tiefe Wahrheit sein kann».[14] Für sein
Wappen als damaliger Erzbischof von München wählte Papst
Benedikt XVI. eine Muschel. Sie erinnert daran, wie Augustinus einmal am Strand spazieren ging und den Vergleich zog,
dass wir die ganze Wahrheit Gottes ebenso wenig in unseren
Worten fassen können wie das Meer in einer Muschel: «Wer
auch immer denkt, dass ein Mensch in diesem sterblichen Leben die Nebelschleier [der] Vorstellungen vertreiben könnte,
um das unumwölkte Licht wandelloser Wahrheit zu besitzen
[…], der versteht weder, was er sucht, noch, wer er ist, der es
sucht.»[15]

Sobald gläubige Menschen anfangen, über die Wahrheit zu
sprechen, werden die Leute nervös. Das ist mehr als verständlich. In der ganzen Welt wird Gewalt mit den verschiedenen
Religionen assoziiert, die um die Wahrheit streiten. Christen
reklamieren sie für Jesus, Muslime für den Qur'an, Hindus
für Krischna. Da diese Ansprüche nicht alle wahr sein können, fangen die Gläubigen an, sich gegenseitig umzubringen.
Wahrheitsansprüche werden verbunden mit Intoleranz, Ar-
roganz und Indoktrination. Selbst innerhalb einzelner Religionen sind verschiedene Auslegungen der heiligen Texte bitter umkämpft. Als Christen erheben wir den Anspruch, dass
die Bibel wahr ist. Aber die Bandbreite unterschiedlicher Interpretationen ist groß, eine mitunter skurriler als die andere.

Und trotzdem glauben wir, dass die Wahrheit gesucht werden kann, mit aller Geduld und Bescheidenheit. Wenn nicht,
bleiben wir einfach nur in unseren Unterschiedlichkeiten ste-

cken. Nach dem Zweiten Weltkrieg sagte Albert Camus in einem Vortrag vor Dominikanern in Paris, dass «ein Zwiegespräch [...] nur zwischen Menschen möglich ist, die das bleiben, was sie sind, und die wahr sprechen».[16] Dialog macht keinen Sinn, wenn es keine Wahrheit gibt. Die einzige Grundlage für eine Gemeinschaft mit Anhängern anderer Religionen wie mit Agnostikern und Atheisten ist die gemeinsame Suche nach der Wahrheit. Während einer Fahrt durch London machte ein Taxifahrer einmal eine rassistische Bemerkung. Ich sagte ihm, dass das, was er da behauptete, nicht wahr sei. Er erwiderte: «Was soll das heißen: ‹nicht wahr›? Das ist nun mal meine Meinung.» Für ihn war die Sache damit erledigt. Er glaubte, dass er sein Recht zu so einer Behauptung unwiderlegbar verteidigt habe.

Wir können Andersdenkende nur erreichen, wenn wir daran glauben, dass wir durch gemeinsames Nachdenken zu einer gemeinsamen Wahrheit kommen können. Der Anspruch, die Wahrheit gepachtet zu haben, erzeugt Gewalt und Intoleranz. Dagegen kann die Überzeugung, dass wir zusammen zur Wahrheit gelangen, Differenzen heilen. Diese Annahme ist jedoch wenig en vogue. Der Vorstandschef von British Airways, Willie Walsh, behauptete, dass «ein vernünftiger Mensch in Verhandlungen nicht weit kommt». Bei Verhandlungen geht es in unserer Gesellschaft nicht darum, über die beste Lösung nachzudenken, sondern die eigene Stärke auszutesten. Was zählt, ist allein der Sieg. Und wenn nichts mehr hilft, sucht man eben Zuflucht beim Gesetz.

Fremden gegenüber die Wahrheit zu sagen, verstand Augustinus als Teil des Aufbaus der menschlichen Gemeinschaft, der Errichtung des Gottesreiches. Daher erklärt sich die extreme Intoleranz vieler Theologen selbst gegenüber Notlügen. Lüge ist nicht allein ein Mangel an Sorgfalt und Korrektheit. Sie zersetzt die Sprache und damit das Fundament der menschlichen Solidarität. Als Athanasius einen Fluss herunterruderte, um seinen Verfolgern zu entkommen, trafen sie auf ihn, aus der Gegenrichtung kommend, und riefen: «Wo ist der Verräter Athanasius?» «Nicht weit weg», sagte er und ruderte fröhlich weiter. Das war in Ordnung, denn er hatte ja nicht gelogen!

Ich muss zugeben, dass ich oft zu Notlügen greife. Bei Komplimenten über die Predigten oder Kochkünste meiner Mitbrüder bin ich nicht immer ganz ehrlich. Um des Friedens der Hausgemeinschaft willen, so der Talmud, ist das notwendig. Für uns mag der Unterschied zwischen einer zwar wahren, aber irreführenden Bemerkung und einer Lüge nicht groß sein. Das liegt daran, dass uns das tiefe Gespür für die Heiligkeit wahrer Worte als Grundlage der menschlichen Gemeinschaft fehlt. Lügen vergiften unsere natürliche Umwelt und lassen uns innerlich sterben wie Fische in einem vergifteten Fluss.

Oft wird bemängelt, dass die Kirche zu sehr auf Sexualität fixiert sei. Blickt man in die christliche Tradition, war sie die längste Zeit aber sehr viel mehr mit der Lüge befasst. In Dantes *Inferno* sind die äußeren Kreise der Hölle mit den mildesten Strafen für Menschen reserviert, die sich von ihren Leidenschaften haben fortreißen lassen. Sie wollten das Gute, aber sie wollten es in falscher Weise. In den mittleren Höllenkreisen finden sich diejenigen, die das Böse, vor allem Gewalt, suchten. Aber das eisige Herz der Hölle ist reserviert für jene, die in der menschlichen Gemeinschaft die Wahrheit geschwächt haben: die Lügner, Betrüger, Schmeichler, Fälscher und – als Schlimmste von allen – die Verräter. Für die Medien ist es äußerst bequem, die Kirche als vom Thema Sexualität besessen darzustellen, denn es sperrt das Evangelium in eine kleine, sichere Kiste, wo man sich über es lustig machen kann. Tatsächlich ist, wie wir in Kapitel 5 gesehen haben, die Sexualität ein integraler Teil unserer menschlichen Identität. Aber in der christlichen Tradition ist die Lüge eine sehr viel gravierendere Materie – was man als Trost verstehen mag oder auch nicht! Herbert McCabe schreibt: «Solange man die Zuständigkeit der christlichen Moral auf die Frage beschränkt, ob und wann Menschen zusammen ins Bett gehen dürfen, solange wird kein Bischof gekreuzigt werden. Und das ist eine deprimierende Tatsache.»[17]

Als erstes Opfer des Krieges gilt die Wahrheit. Dabei geht es nicht nur um ein Verdrehen der Wahrheit durch Propaganda. Vielmehr resultiert die Gewalt des Krieges in einer Zersetzung der menschlichen Kommunikation. Bezeichnend dafür ist jene berühmte Aussage während des Vietnamkriegs, dass man «das Dorf zerstören musste, um es (vor den Kommunisten) zu retten». Es gibt nicht den Hauch einer Chance, den so genannten «Krieg gegen den Terrorismus» zu gewinnen, wenn wir nicht mit denen ins Gespräch kommen, die den Westen hassen, indem wir uns ehrlich bemühen, ihnen die Wahrheit zu sagen, und gleichzeitig lernen, selbst die Wahrheit zu hören. Ansonsten werden wir uns selbst immer stärker in die Spirale von Misstrauen und gegenseitiger Zerstörung hineindrehen.

Ehrfurcht vor Worten und Achtsamkeit für ihre genaue Bedeutung sollte Teil unseres christlichen Zeugnisses sein. Augustinus bezeichnet Wörter als «erlesene und kostbare Gefäße».[18] In unserer Gesellschaft wird oft unverantwortlich mit Wörtern um sich geschmissen. Sie werden missbraucht, um

andere anzugreifen oder ihnen Honig ums Maul zu schmie-
ren. Damit aber werden die Werkzeuge, die die menschliche
Gemeinschaft verbinden, stumpf. Der sterbende Pastor in
Robinsons Roman *Gilead* sagt über seinen Patensohn:

> Er behandelt Worte, als wären sie Taten. Er hört nicht auf die
> *Bedeutung* der Worte, wie andere es tun. Er entscheidet nur, ob
> sie feindlich gesinnt sind und in welchem Maße. Er entschei-
> det, ob sie ihn bedrohen oder verletzen, und entsprechend re-
> agiert er. Wenn er aus deinen Worten eine Strafe herausliest,
> ist es für ihn, als hätte man einen Schuss auf ihn abgegeben.
> Als hätte man ihm eine Zacke aus dem Ohr geschossen.[19]

Wenn wir achtlos, ohne Rücksicht auf ihre Bedeutung und
Wahrheit, mit Worten um uns werfen, können wir buchstäblich Menschen töten. Im Mai 2005 veröffentlichte die amerikanischen Zeitschrift *Newsweek* einen Artikel über die ab-
sichtliche Schändung eines Qur'ans im Lager Guantánamo,
wo Terrorverdächtige verhört werden. Die daraus resultieren-
den Ausschreitungen kosteten weltweit mindestens 15 Menschen das Leben. *Newsweek* zog den Bericht daraufhin mit
der Erklärung zurück, dass man sich über den Wahrheits-
gehalt nicht ganz sicher sei.

Wir achten und schätzen das Wort Gottes und sollten daher vor allen Wörtern Ehrfurcht haben. Denn wir wissen um
ihre Macht – die Macht, zu verletzen oder zu heilen. Ein Er-
kennungsmerkmal von uns Christen sollte sein, wie wir Wörter benutzen: achtsam für ihre exakte Bedeutung, sorgsam im
Umgang mit ihnen. Denn Worte sind wie Messer. «Was, wenn
wir gläubige Menschen daran erkennen könnten, wie sie sprechen?», fragt Rowan Williams. «Am Fehlen von Klischees

und Floskeln, von demütigendem Spott oder oberflächlichem Trost?»[20]

Wenn der Priester das Evangelium vorliest, küsst er den Text. Unsere Ehrfurcht sollte sich selbst auf die alltäglichen Wörter erstrecken. Salman Rushdie schreibt in einem wunderbaren Artikel mit dem Titel «Ist nichts heilig?»:

Ich wuchs damit auf, Bücher und Brot zu küssen. Wenn jemand in unserem Haus ein Buch fallen ließ, einen Weizenmehlfladen oder eine ‹Schnitte›, wie wir ein dreieckiges Stück gesäuertes Brot mit Butter nannten, musste der heruntergefallene Gegenstand nicht nur aufgehoben, sondern geküsst werden als Entschuldigung für den Akt ungeschickter Geringschätzung. Ich war so unachtsam und tapsig wie jedes Kind und küsste in meiner Kindheit entsprechend eine Menge ‹Schnitten› und auch eine nicht geringe Zahl von Büchern. In frommen Haushalten in Indien lebten und leben immer noch Menschen, die die Angewohnheit haben, heilige Bücher zu küssen. Aber wir küssten alles. Wir küssten Wörterbücher und Atlanten. Wir küssten Romane von Enid Blyton und Superman-Comics. Wenn mir jemals das Telefonbuch aus der Hand gefallen wäre, hätte ich vermutlich auch das geküsst. All das passierte, noch bevor ich jemals ein Mädchen küsste. Tatsächlich wäre es zutreffend, zutreffend genug für einen Schriftsteller jedenfalls, zu sagen, dass meine Aktivitäten bezüglich Brot und Büchern etwas von ihrer besonderen Aufregung verloren, als ich einmal mit dem Küssen von Mädchen anfing. Aber man vergisst die erste Liebe nie. Brot und Bücher: Nahrung für den Körper und Nahrung für die Seele – was verdiente mehr unseren Respekt, ja unsere Liebe?[21]

Jenseits des Verdachts

In unserer vom Verdacht zerrissenen Gesellschaft sollte der christliche Beitrag nicht nur eine Aufmerksamkeit für Wörter sein, sondern auch ein besonderes Verständnis von Wahrhaftigkeit. Wir sind vielleicht nicht ehrlicher und wahrhaftiger als andere Leute, aber zu hoffen ist, dass wir es auf eine ungewöhnliche und faszinierende Weise sind. Mit Wahrhaftigkeit ist nicht einfach ein exakter Faktenbericht gemeint. Laut Alasdair MacIntyre wurden Tatsachen ebenso wie Herrenperücken und Teleskope nicht vor dem 17. Jahrhundert erfunden.[22] Tatsächlich spricht einiges dafür, die Wurzel der gegenwärtigen Vertrauenskrise darin zu suchen, dass unsere Gesellschaft Wahrheit fast ausschließlich in den Begriffen der Aufklärung versteht. Dieser reichen und fruchtbaren Tradition verdanken wir die moderne Wissenschaft und sehr viel an Freiheit. Wird sie aber zum einzigen Paradigma der Wahrheitssuche, darf uns die Klemme, in der wir stecken, wenig überraschen. Diese Tradition genau zu bestimmen und herauszufordern ist nicht leicht, weil sie alles, was wir sagen, durchzieht. Als herrschende Ideologie, so Alain de Botton, ist sie «wie ein farbloses, geruchloses Gas»,[23] das die Atmosphäre tränkt und das wir in jedem Augenblick einatmen, ohne es zu merken.

Nach MacIntyre war es seit dem 17. Jahrhundert ein Gemeinplatz, dass sich die scholastischen Gelehrten des Mittelalters über die «Tatsachen» der Natur und der Gesellschaft Täuschungen hingaben, weil sie ihre Erfahrungen mit Hilfe der Kategorien aristotelischer Philosophie begreifen und einordnen wollten. Die «Modernen» des 17. und 18. Jahrhunderts dagegen glaubten, Interpretation und Theorie abstreifen zu können, so dass sich Erfahrung und Wirklichkeit begegnen können, wie sie sind. Das begriffen sie unter «Aufklärung», der gegenüber das Mittelalter als dunkles Zeitalter erschien. «Was Aristoteles verdeckte, erkennen sie.»[24]

Vor diesem Hintergrund impliziert Wahrheitssuche eine Ablehnung der Tradition, insbesondere der christlichen Dogmen. Diese Haltung ist immer noch weit verbreitet. So springt etwa der Entwurf der Präambel für die europäische Verfassung direkt von Griechen und Römern zur Aufklärung, als wäre der größte Teil der Geschichte des christlichen Europa eine Verirrung gewesen, ein Umweg, den es hin zur Rationalität nehmen musste.

Für die Aufklärung ist der einzig wahrheitsgetreue, unverfälschte Blick der des unparteiischen wissenschaftlichen Betrachters, der kühl und rational beobachtet und die ererbten Prämissen und Vorurteile der Masse infrage stellt. Nur ganz so einfach war es dann doch nicht. Wie kann man sicher sein, dass die Dinge wirklich so sind, wie man sie sieht? Wie überbrückt man den Abgrund zwischen Verstand und Welt? Wie kann man sicher sein, dass sich die äußere Wirklichkeit auch nur annähernd mit der eigenen Wahrnehmung deckt? Auf seiner Suche nach Gewissheit muss der Verstand alles anzweifeln, muss skeptisch, argwöhnisch und misstrauisch sein. Bernard Williams umschreibt es folgendermaßen: Man engagiert «sich emsig für Wahrhaftigkeit – zumindest ist man vielfach argwöhnisch, auf der Hut vor Irreführung und eifrig darauf bedacht, Scheinbares zu durchschauen bis hin zu den wirklichen Strukturen und Motiven, die dahinter liegen».[25] Laut Voltaire ist dem Menschen die Sprache gegeben, um seine Gedanken zu verbergen. Ich will diese Tradition nicht einfach ablehnen. Wir sind alle Kinder der Aufklärung, und wir verdanken ihr viel. Aber wenn sie der primäre Weg ist, auf dem wir die Wahrheit suchen, werden wir unvermeidlich eine Gesellschaft schaffen, die misstrauisch, argwöhnisch und unsicher ist und deren soziale Bindungen sich auflösen.

Eine christliche Spiritualität der Wahrhaftigkeit muss ein Kind der Aufklärung empören, weil sie auf Glaubenssätzen beruht. Für die Aufklärung begann Wahrhaftigkeit mit der Befreiung von aller Doktrin. Freilich hatte man noch nicht realisiert, dass sich die Aufklärung sehr bald ihre eigenen Dogmen zulegte. Laut G. K. Chesterton gibt es «nur zwei Sorten von Menschen: solche, die Dogmen haben und es wissen, und solche, die Dogmen haben und es nicht wissen».[26] Der Mensch sei ein Tier, das Dogmen aufstellt: «Bäume haben keine Dogmen. Rüben sind extrem weitherzig.»[27]

Beginnen wir mit dem Anfang, der Schöpfung. Nach Thomas von Aquin handelt die Schöpfungslehre nicht von dem, was vor sehr langer Zeit, vor dem Urknall, geschah. Vielmehr glauben wir, dass alles sein gegenwärtiges Dasein von Gott empfängt. Daher können wir es verstehen. Es ist Gottes Welt, und wir sind in ihr als Gottes Geschöpfe zu Hause. Diese Welt ist kein fremder und unverständlicher Ort. Die zentrale Einsicht des Thomas war, so Cornelius Ernst OP, dass die Welt «sich mühelos selbst so zeigt, wie sie ist, sie entfaltet sich hinein ins Licht».[28] Das Universum ist durch Gottes Wort erschaffen und kann daher verstanden werden. Es ist, wie Nicholas Lash festhält, lesbar.[29] Sinn ist nicht etwas, was wir beliebig aufoktroyieren. Natürlich machen wir manchmal Fehler und unterliegen Missverständnissen. Wir erzählen Lügen und tragen Masken. Aber die Wahrheit liegt vor dem Irrtum und der Täuschung. Wie Fische dazu gemacht sind, im Wasser zu schwimmen, sind Menschen dazu geschaffen, sich in der Wahrheit zu entfalten. Sie ist unser Zuhause. Diese Sicht unterscheidet sich grundlegend von der des Descartes, die den Geist als «Gespenst in der Maschine» verstand, der darum kämpft, mit der Wirklichkeit in Berührung zu kommen. Für die Aufklärung lag die große Herausforderung darin, wie wir Sicherheit über etwas gewinnen können. Wie kommen wir von unserem Verstand zur Welt? Wie können wir wissen, dass die Wirklichkeit nicht vollkommen anders ist, als sie sich uns in unserem Denken darstellt? Ja können wir überhaupt sicher sein, dass sie wirklich existiert? So beginnen wir, zu zweifeln und zu misstrauen. Dagegen begründet die Schöpfungslehre unser Vertrauen, dass wir nicht in einer Illusion leben.

Thomas war überzeugt, dass wir über die Dinge nachsinnen, sie kontemplieren müssen, um sie so zu sehen, wie sie sind. Kontemplation ist ein leises, stilles Öffnen des Geistes auf das hin, was vor ihm ist: das Wort Gottes, eine Person, eine Pflanze. Es ist eine ruhige Präsenz für das, was nicht man selbst ist; ein Widerstehen gegen die Versuchung, es zu erobern, zu besitzen oder zu gebrauchen. Es bedeutet, den anderen anders sein zu lassen und ihn nicht der eigenen Denkweise zu unterwerfen. Dafür muss man das eigene Herz und den eigenen Verstand offen halten und erweitern lassen um das, was wir sehen. Thomas liebte die aristotelische Formel, dass die Seele «gewissermaßen alles ist».[30] Das, was anders ist, zu verstehen, erweitert unser Sein. Kontemplation bedeutet, nackt und demütig für den anderen gegenwärtig zu sein. Simone Weil schreibt: «Das wahre Genie ist nichts anderes als die übernatürliche Kraft der Demut im Bereich des Denkens.»[31]

Diese stille, kontemplative Offenheit für den anderen ist die schwierige Disziplin, die eigene Selbstzentriertheit zu bre-

chen, das heißt: nicht alles und jeden in Bezug auf sich selbst
zu sehen. Wahrhaftigkeit ist nicht einfach nur eine intellek-
tuelle Disziplin: Sie ist Einübung in Selbstlosigkeit, ein Loslassen unseres gierigen Griffs nach der Welt. Dieser Gedanke
war zentral in der Spiritualität von Caterina von Siena, wie
Suzanne Noffke OP ausführt:

> Sie nennt dieses Festklammern an unserer Sichtweise und un-
> serem Selbst ‹die Wolke der Eigensucht› oder die ‹selbstsüch-
> tige Eigenliebe›. Diese Eigensucht ist nicht einfach nur eine
> Art Egoismus, der uns das Pronomen der 1. Person Singular
> über Gebühr gebrauchen oder uns nach Aufmerksamkeit su-
> chen lässt. Es ist das Leben in einem Universum, in dem wir
> das Zentrum sind, in dem jede Entscheidung ganz wie von
> selbst auf das gegründet wird, was uns gefällig ist oder nicht,
> was uns nützt oder wehtut. Sie ist ‹ein Gift, das uns vergiftet
> und unseren Geschmack verdirbt ... Sie macht uns blind, so
> dass wir die Wahrheit nicht mehr wahrnehmen und wissen
> können›. Tatsächlich bringt sie uns dazu, Gott und unseren
> Nächsten ‹mit Abscheu, Unmut und Voreingenommenheit
> [zu behandeln], die nach unserer eigenen niederträchtigen
> und kranken Wahrnehmung und Meinung richtet statt nach
> der Wahrheit ... Sie beraubt uns nicht gänzlich des Lichtes;
> sie lässt uns ein bisschen Klarheit zurück, aber wir sehen den
> vollen Kreis der Sonne nicht mehr.›[32]

Von uns verlangt das eine Stille des Geistes, und es verlangt
Zeit. Eine der Ursachen unserer Wahrheitskrise ist, dass unser Leben so hektisch und fieberhaft ist, dass wir nicht die Zeit
haben, etwas oder einander richtig zu sehen. Unser Verständnis von Wahrheit als Verantwortlichkeit und Rechenschafts-

pflicht lässt uns derart viele Formulare ausfüllen, Berichte verfassen und Statistiken erstellen, dass wir keine Zeit mehr haben, unsere Augen zu öffnen und zu sehen. Als Wittgenstein gefragt wurde, wie sich Philosophen untereinander grüßen sollten, antwortete er: «Lass dir Zeit.» Eine Spiritualität der Wahrheit lädt uns ein, langsamer zu werden, still zu sein, unser Herz und unseren Geist auszustrecken und zu öffnen. Simone Weil spricht davon, dass man «die kostbarsten Güter nicht suchen, sondern erwarten [soll]. [...] Dieser Blick ist vor allem ein aufmerksamer Blick, wobei die Seele sich jedes eigenen Inhalts entleert, um das Wesen, das sie betrachtet, so wie es ist, in seiner ganzen Wahrheit, in sich aufzunehmen.»[33]

Die Welt mit Wahrhaftigkeit anzusehen, heißt also, dass wir eine demütige, gelassene Aufmerksamkeit lernen müssen. Dann, so Thomas von Aquin, werden wir die Güte der Welt sehen. Als Gott die Schöpfung abschloss, sah er, dass sie sehr gut war. Fergus Kerr OP schreibt: «Die Welt ist für Thomas – ganz im Gegensatz zu dem, was zu seiner Zeit oft gelehrt wurde – einfach ein Ausdruck der göttlichen Großzügigkeit, aus freien Stücken geteilt, gänzlich ohne Zwang, ‹nicht notwendig›, einfach ein Ausdruck der Liebe.»[34] Der wahrheitsgetreue Blick der Aufklärung ist der des unparteiischen Beobachters, der nüchtern betrachtet, was er vor seinen Augen hat. Es ist der naturwissenschaftliche Blick durch das Mikroskop. Diese Art, auf die Welt zu schauen, ist hilfreich. Wir wären so viel ärmer, wenn wir uns diesen Blick im 17. Jahrhundert nicht erschlossen hätten. Aber wenn wir einander nur durch Mikroskope anschauen, wie Tiere, die seziert werden, sehen wir die Güte des anderen nicht, die die tiefste Wahrheit unseres Seins ausmacht. Augustinus schreibt am Ende seiner *Bekenntnisse*: «Das alles sehen wir, und es ist sehr gut, denn du siehst es in uns, der du uns den Geist *[spiritus]* gegeben hast, damit wir es durch ihn sehen und dich darin lieben sollen.»[35]

Diese Güte können wir Menschen zeigen, die unseren Glauben nicht teilen. Raimond Gaita arbeitete eine Zeit lang in einer psychiatrischen Klinik in Australien. Die meisten der dortigen Psychiater waren mitfühlend und gewissenhaft. Er schreibt:

Eines Tages kam eine Ordensschwester auf die Station. Sie war mittleren Alters und machte zunächst nur durch ihre Lebhaftigkeit Eindruck auf mich – bis sie mit den Patienten sprach. Denn alles in ihrem Verhalten ihnen gegenüber – wie sie mit ihnen sprach, ihr Gesichtsausdruck, ihre Körpersprache – stand im Gegensatz zu den honorigen Psychiatern und stellte sie bloß. An ihr wurde deutlich, dass die Ärzte trotz allen Bemühens herablassend waren, so wie auch ich es gewesen war. Damit offenbarte sie, dass Patienten, selbst solche Patienten, in gleicher Weise Mensch waren wie ihre Helfer – was die Psychiater und ich immer aufrichtig und großzügig beteuert hatten. Aber sie enthüllte auch, dass wir es in unserem Herzen nicht glaubten.[36]

Sie machte das Menschsein dieser psychisch kranken Patienten sichtbar. «Die Reinheit ihrer Liebe war der Beleg dafür, dass das, was sie offenbarte, Realität war.» Weiter sagt Gaita, dass wir Menschen oft als liebenswert erkennen, weil wir sehen, dass andere Menschen sie lieben. «Kinder lernen, ihre Brüder und Schwestern zu lieben, weil sie sie im Licht der Liebe ihrer Eltern sehen.» Gefängniswärter betrachten Gefangene anders, wenn sie sie einmal mit Menschen zusammen gesehen haben, die sie lieben. Das ist nicht eine Frage der

Freundlichkeit; es geht nicht darum, die Welt durch eine rosarote Brille zu sehen. Es ist ein Sehen der Dinge, wie sie sind, wahrheitsgemäß.

Der Gegenspieler von Gottes Wahrheit in der Bibel ist Satan, der Vater der Lüge. Seine Lügen sind keine Sparsamkeit im Umgang mit der Wahrheit oder die von Politikern so gern bemühten Fehleinschätzungen. Es geht auch nicht einfach darum, dass er schwindelt. Seine Falschheit besteht darin, Zweifel und Misstrauen zwischen Gott und dem ersten Menschenpaar zu säen. Er äußert Verdächtigungen gegenüber Gott. Sein Name, Satan, bedeutet «der Ankläger», und die Bibel endet mit einer lauten Stimme, die ruft, dass «der Ankläger unserer Brüder gestürzt wurde» (Offenbarung 12,10). Für Christen besteht die zentrale Lüge darin, anderen mit Unbarmherzigkeit zu begegnen, unsere Augen vor der Güte ihres Menschseins zu verschließen und sie mit der Last ihrer Sünden zu beschweren.

Solange wir Menschen nicht mit Barmherzigkeit betrachten, sehen wir sie nicht richtig. Laut Iris Murdoch sieht «ein wahrer Künstler seine Objekte (ob sie nun traurig sind, absurd, abstoßend oder sogar böse) im Licht der Gerechtigkeit und Gnade. Entgegen der natürlichen Bewegung ist die Aufmerksamkeit nach außen gerichtet, weg vom Selbst, das alles auf eine falsche Einheit reduziert, hin zur großen, überraschenden Vielfalt der Welt. Die Fähigkeit, die Aufmerksamkeit so auszurichten, ist die Liebe».[37] Liebe, wie im Fall des Pastors in *Gilead* gesehen, ist aufmerksam für die Besonderheit und Einzigartigkeit der Menschen, für die schlichte Tatsache ihres Daseins. Hass lenkt von der Wirklichkeit ab. Man nimmt die Person, die man hasst, nicht mehr wahr, wie sie wirklich ist. Stattdessen wird sie zum Symbol für alles, was einem selbst bedrohlich erscheint. In seinem Roman *Die im feurigen Wagen* beschreibt Patrick White die Wachleute in einem Konzentrationslager, die «vielleicht über irgendetwas Scheußliches lachen, was sie sehen konnten, aber im ganzen schienen sie an dieser Sammelstelle Dunkelheit vorzuziehen, um die Gesamtmasse der Juden als solche hassen zu können».[38]

Ein Rabbi fragte seine Schüler: «Wie können wir bestimmen, wann die Nacht endet und der Tag zurückkehrt?» Einer der Schüler schlug vor: «Wenn man einen Löwen von Weitem klar von einem Leoparden unterscheiden kann?» «Nein», antwortete der Rabbi. Ein anderer sagte: «Wenn man erkennen kann, dass die Früchte an einem Baum Feigen und keine Pfirsiche sind?» «Nein» antwortete der Rabbi wieder. «Es ist, wenn ihr in das Gesicht eines Menschen blickt und in ihm euren Bruder oder eure Schwester erkennt. Bis dahin ist es, ganz gleich zu welcher Tageszeit, immer noch Nacht.»[39]

In der Bibel ist der Konflikt zwischen Wahrheit und Lüge also nicht einfach eine Frage der Genauigkeit, des exakten Beschreibens dessen, was der Fall ist – obwohl das wichtig ist. Auf sehr viel tieferer Ebene ist es der Konflikt zwischen Gottes Wort, das Dasein verleiht und uns blühen lässt, und dem Wort des Anklägers, das zersetzt, verleumdet und kleinmacht. Chesterton sprach davon, dass es nur eine Sünde gebe, nämlich ein grünes Blatt grau zu nennen.[40]

Mit ihrer Jagd nach Wahrheit im Entlarven von Heuchelei und Anprangern von Versagen sind die Medien ein typisches Kind der Aufklärung des 18. Jahrhunderts. Sie bestimmen in großem Maße, wie wir uns gegenseitig sehen. Gott sei Dank haben wir Medien, die frei sind. Gott sei Dank für Watergate. Die mediale Aufdeckung des sexuellen Missbrauchs in der katholischen Kirche und das Versagen der Autoritäten, damit verantwortlich umzugehen, ist in höchster Weise schmerzhaft und beschämend. Aber Gott sei Dank für diese Enthüllungen, sonst wäre die Kirche vielleicht nie gezwungen gewesen, ihrer Sünde ins Auge zu sehen. Gott sei Dank für die Aufdeckung des entsetzlichen Missbrauchs an Irakern im Gefängnis von Abu Ghraib. Ohne die Medien wäre er vielleicht niemals gestoppt worden.

Und dennoch: Wenn Anprangerung und Anklage die wesentlichen Kategorien sind, in denen Menschen einander betrachten, werden wir tatsächlich hineingesogen in die Unwahrheit. Zuweilen müssen wir anklagen – aber nicht, wenn wir nicht zuerst die Güte des anderen erkannt haben. Gute Menschen tun schlechte Dinge. In unserer von Argwohn und Misstrauen geprägten Gesellschaft brauchen wir eine andere Presse, die frei ist von den Beschränkungen der Aufklärung. Wir brauchen eine andere politische Kultur, in der es nicht das Ziel ist, den Gegner zu zerstören, sondern ein gemeinsames, von allen geteiltes Verständnis des Gemeinwohls zu gewinnen.

Die Schöpfungslehre lässt uns die Welt als geschaffene, das heißt als geschenkte, sehen. Unsere Augen werden geöffnet für das reine, freie Geschenktsein des Daseins. Nichts muss existieren. Die Entstehung und Entwicklung einer ganz anderen Sicht der Welt, die ebenfalls im 17. Jahrhundert ihren Ursprung hatte, beschreibt Karl Polanyi in seinem 1944 veröffentlichten Buch *The Great Transformation. Politische und ökonomische Ursprünge von Gesellschaften und Wirtschaftssystemen*: die Geburt der «Warenfiktion».[41] Es ist die Fiktion, dass alles gekauft und verkauft werden kann: Land, Arbeit, Wasser, Gottes ganze Schöpfung. Die Marktwirtschaft liefert die Brille, durch die wir die Welt betrachten. Besitz wird zum Fundament der Menschenwürde. Eigentumsrechte sind absolut. Alles wird zum Besitz – selbst, wie wir gesehen haben, unser Körper.

Einige Jahrzehnte nach der Veröffentlichung von Polanyis Buch zeigt sich, dass die «Kommodifizierung» der Schöpfung, ihre Verwandlung in eine «Ware», die sie zu einem bloßen Wirtschaftsgut macht, schnell voranschreitet. Polanyi umriss sie am Beispiel von Land. Er hätte sich nicht träumen lassen, dass am Ende des Jahrhunderts multinationale Gesellschaften im Namen des «geistigen Eigentumsrechts» sogar Anspruch auf die Fruchtbarkeit der Erde erheben. Einige wenige Gesellschaften kaufen die Kontrolle über das Keimplasma auf. Laut Jeremy Rifkin «modifizieren die Unternehmen das Saatgut [anschließend], entnehmen einzelne genetische Eigenschaften, kombinieren in den Samenzellen neue Gene und sichern sich Patentschutz für ihre ‹Erfindungen›. Einmal zum geistigen Eigentum geworden, sind sie auch das Mittel, den gesamten Saatgutbestand der Erde zu kontrollieren.»[42] Zu Recht gab es einen Aufschrei, als sich der Präsident Simbabwes das Land der weißen Farmer aneignete. Es ist eine Sünde gegen die Gerechtigkeit. Viel beunruhigender ist jedoch die Aneignung der Fruchtbarkeit des Planeten. Es ist eine Sünde gegen die Schöpfung.

Wie können wir in einer Gesellschaft, die zum Markt geworden ist und in der wir zuerst Konsumenten sind, eine andere Sicht der Welt, einen Klarblick bewahren? Ein Weg ist das Gebet. Für Thomas von Aquin ging es beim Beten vor allem darum, «Bitte» und «Danke» zu sagen. Wir bitten Gott um das, was wir wünschen und erhoffen, und danken ihm, wenn wir es erhalten haben. Das mag ziemlich kindisch klingen. Sollten wir nicht erwachsen genug sein, uns um uns selbst zu kümmern? Es erinnert mich an einen Prediger, der morgens darüber klagte, dass er keine Zeit habe, seine Predigt vorzubereiten, und den Heiligen Geist um Inspiration bat. Am Nachmittag hatte er dann, wie er meinte, seine Predigt ganz allein hinbekommen, war jedoch nicht zufrieden damit! Aber für Thomas ist Gebet das schlichte Erkennen und Anerkennen, was die Dinge sind: Geschenk. Gott zu bitten und ihm zu danken heißt, in der realen Welt zu leben. Es heißt, unsere Augen zu öffnen für das reine Geschenktsein des Daseins. Im Englischen wie im Deutschen entstammt das Wort «danken» *(thank)* dem Wort «denken» *(think).*[43] Zu danken heißt, wirklich zu denken, und das Gebet hilft uns, gut zu denken.

Etwas als geschaffen zu betrachten bedeutet für Thomas, nicht einfach zu sehen, was man vor Augen hat. Es heißt vielmehr zu sehen, wozu es geschaffen wurde. Eine Eichel ist eine potenzielle Eiche. Wenn man ein Auge für Pferde hat, kann man bereits am Fohlen sehen, was für ein Pferd in ihm steckt. Gott erschafft Dinge, damit diese sich entfalten und ihre Potenzialität, ihre Entwicklungsmöglichkeit realisieren können. Einen Fötus zu sehen bedeutet, den erwachsenen Menschen *in potentia* zu sehen. Mit dieser Perspektive auf die Welt ist die Frage, ob ein Fötus Mensch im eigentlichen Sinne ist, nicht derart wichtig. Auch spielt der exakte Moment, in dem das Menschsein beginnt, in der moralischen Qualifizierung der Abtreibung keine entscheidende Rolle.[44] Was wir sehen ist ein Geschöpf Gottes, das dazu geschaffen ist, Mensch zu werden. Einen Menschen zu sehen heißt, ihn als für Gott bestimmt zu sehen, als Geschöpf, nicht als ein nur zufälliges Produkt der Evolution, das zu mehr erschaffen ist, als wir sa-

gen können. Den alten Landstreicher, der auf der Straße bet-
telt, sehe ich erst wirklich, wenn ich in ihm den zukünftigen
Bürger des Gottesreiches erkenne.

Wenn wir dazu geschaffen sind, unsere Erfüllung in Gott
zu finden, dann heißt das auch, dass wir jetzt noch nicht voll
wissen können, wer wir sind. Wir sind geschaffen, um uns in
dem zu entfalten, den wir uns nicht vorstellen können. Gott
ist jenseits unserer Sprache. Von dem, was es heißt, Mensch
zu sein, haben wir auch jetzt nur einen flüchtigen Eindruck.
Im ersten Johannesbrief heißt es: «Geliebte, jetzt sind wir
Kinder Gottes und noch ist nicht offenbar geworden, was wir
sein werden. Wir wissen, dass wir, wenn es offenbar sein wird,
ihm ähnlich sein werden; denn wir werden ihn sehen, wie er
ist» (1 Johannes 3,2).

Wenn ich also einen Menschen wahrheitsgemäß beschreiben soll, reicht es nicht, wenn ich beschreibe, was ich vor
Augen habe. Ich greife aus auf das, was jetzt noch nicht vollständig gesagt, sondern nur am Rande der Sprache erhascht
werden kann. Die Wahrheit führt uns häufig zur Poesie, und
natürlich war Thomas von Aquin einer der größten Poeten
des Mittelalters. Seamus Heaney findet in einem Gedicht von
Dylan Thomas «genau dieses Gefühl von Sprache, die auf ein
Erkenntnisziel zustrebt».[45] Er schreibt: «Wir wenden uns an
die Poesie, wenden uns allgemein an die Literatur, um in uns
selbst vorangebracht zu werden. Das Höchste, was die Poesie
erreichen kann, ist, uns eine Erfahrung zu schenken, die wie
eine Vorahnung bestimmter Dinge ist, an die wir uns bereits
zu erinnern scheinen.»[46] Diese Vorahnung, die auch Erinnerung ist, deutet die Dynamik der Eucharistie an, die zugleich
Erinnerung – «Tut dies zu meinem Gedächtnis» – und Versprechen einer unbeschreiblichen Zukunft ist.

Das heißt nicht, dass andere Leute notwendig unseren Glaubenslehren zustimmen müssen, um zu verstehen, worum es uns geht. Gaitas Augen wurden durch das Verhalten der Nonne im psychiatrischen Krankenhaus geöffnet, ohne dass er ihren Glauben angenommen haben musste. Sie zeigte ihm, wie man die Patienten wahrhaftiger sieht. Millionen von Hindus waren bewegt von der Fürsorge Mutter Teresas für die Sterbenden. Sie mussten nicht Christen werden, um einen anderen Blick für die Menschen, um die sie sich kümmerte, zu gewinnen. Im Gegenzug können andere religiöse Traditionen auch unsere Augen öffnen, die Welt besser zu sehen.

Ich habe nicht versucht, zu bestimmen, was es für einen Politiker, einen Journalisten, einen Taxifahrer, einen Buchhalter oder gar einen Priester heißen könnte, in diesem christlichen Sinne wahrhaftig zu sein. In einer derart komplexen Welt wie unserer kann es nicht das eine und schon gar kein einfaches Modell geben. Was die Kirche versuchen sollte aufzubauen, sind Räume und Orte, wohin Menschen kommen können, um ihr Sehvermögen auffrischen und ihre Augen reinigen zu lassen. Das Klima von Misstrauen und Verdacht, das Dauerbombardement einer Kultur der Anklage durch die Medien, das Ethos des Konsumismus, all das drückt auf uns und verformt unsere Wahrnehmung. Thomas von Aquins Beschäftigung mit der Wahrheit als Ordensmann war eingebettet in einen Lebensstil mit regelmäßigem Gebet, Stille und Studium. Wir brauchen Oasen der Muße, der Stille und der Dankbarkeit, wo wir, ganz wörtlich, zu Sinnen kommen und unsere Sicht klären können, wie der verlorene Sohn, der «in sich ging» und sich an die Wahrheit erinnerte, die er war – der Sohn seines Vaters.

7

Ich bin, weil wir sind

Der *Diognetbrief* sagt von den Christen, dass «sie jeder sein Vaterland [bewohnen], aber nur wie Beisassen; sie beteiligen sich an allem wie Bürger und lassen sich alles gefallen wie Fremde; jede Fremde ist ihnen Vaterland und jedes Vaterland eine Fremde.» Ähnliche Formulierungen finden sich auch an einigen Stellen des Neuen Testaments, insbesondere im ersten Petrusbrief, der «an die Fremden in der Zerstreuung in Pontus, Galatien, Kappadozien, der Provinz Asia und Bithynien» (1 Petrus 1,1) adressiert ist. Aus Vers 2,11 wird klar, dass damit mehr gemeint ist, als dass sie nur weit entfernt von zu Hause leben: «Geliebte, ich ermahne euch: Als Fremde und Gäste sollt ihr den irdischen Begierden nicht nachgeben, die gegen die Seele streiten.» Der Hebräerbrief bezeichnet die vor uns Verstorbenen als «Fremde und Gäste auf der Erde» (Hebräer 11,13). Einer der Unterschiede, die das Christsein ausmacht, scheint also darin zu bestehen, dass man nicht völlig in dieser Welt zu Hause ist. Man ist in gewisser Weise im Exil. In T. S. Eliots Gedicht *Reise aus dem Morgenland* kehren die Magier heim, nachdem sie das Kind gesehen haben, und kommen doch nicht zur Ruhe.

Wir kehrten wiederum an unsern Ort, in diese Königreiche,
Doch nimmermehr getrost hier in dem Alten Bund,
Über ein fremdes Volk, das seinen Göttern anhängt.
Ich wäre froh um einen neuen Tod.[1]

Was heißt das? Lässt sich unsere Situation vergleichen mit der
– nur als Beispiel – von italienischen oder polnischen Immigranten, die von der Rückkehr in ihre Heimat träumen? Haben
wir ein Gefühl von Exil, weil wir eigentlich an einen anderen Ort gehören? Nicht ganz. Als Christen glauben wir, dass
wir vollkommen im Gottesreich zu Hause sein werden. Aber
das ist nicht dasselbe wie ein Holländer, der in England lebt
und sich eigentlich dem Königreich der Niederlande zugehörig fühlt. Das Gottesreich ist kein anderer Ort, der sich in einem entlegenen Winkel des Universums verbirgt und an den
man eines Tages zurückzukehren hofft. Es ist die Einheit aller
Menschen in Christus. Im Kolosserbrief heißt es von Christus:

> Er ist vor allem / und alles hat in ihm Bestand / Er ist das
> Haupt des Leibes, der Kirche.
> Er ist der Anfang, / der Erstgeborene aus den Toten, / damit
> er in allem der Erste sei.
> Denn es gefiel der ganzen Fülle, / in ihm Wohnung zu
> nehmen
> und durch ihn und auf ihn hin alles mit sich zu versöhnen, /
> indem er Frieden stiftete durch sein Blut am Kreuz, / sei
> es auf der Erde oder im Himmel.
>
> *Kolosser 1,17–20*

Christus ist der eine, in dem die ganze Schöpfung vereint ist.
Die Heimat, auf die wir zugehen, ist die Menschheit als ganze.

In unserem globalen Dorf definieren sich viele Menschen über die Nationalität. Zweifellos ist es ganz wunderbar, Engländer, Ire, Kenianer oder Inder zu sein. Es ist gut, ein Gefühl von Patriotismus zu haben, zu spüren, dass man einer Nation, einem Volk oder einer ethnischen Gruppe angehört. Als Christen glauben wir jedoch, dass diese Identitäten letztlich zu klein sind, um das, was und wer wir sind, fassen zu können. Denn sie sind nicht nur inklusiv, indem sie Menschen zusammenbringen. Sie sind auch exklusiv, denn sie schließen andere aus. Über Jahrhunderte bedeutete der große Stolz und die Freude, Engländer zu sein, dass man *nicht* Franzose war, oder Ire zu sein, dass man *nicht* Engländer war. Nationale Identitäten gründen sich nicht allein auf die Liebe zum eigenen Land, sondern auch auf Angst und Feindseligkeit gegenüber anderen. Nach christlicher Überzeugung ist die einzige Gemeinschaft, in der ich mich letztlich entfalten und vollkommen ich selbst sein kann, die ganze, in Christus versammelte Menschheit.

Christen sind nicht in dem Sinne Exilanten, dass sie an einen anderen Ort gehören, sondern weil sie in Einem ein Zuhause haben, der die Ausgrenzungen, die mit jedem bestimmten Ort verbunden sind, übersteigt. Als Thomas Merton zum Katholizismus übertrat, schrieb er: «Jetzt war ich in das Feld jener ewigen Gravitationskraft eingetreten, die Gottes ureigenes Leben und Gottes Geist ist: ich war in Gottes eigenes Hinstreben zu den Tiefen seines eigenen, unendlichen Wesens geraten, in seine Güte ohne Ende. Und Gott, der die allgegenwärtige Mitte ist und nirgendwo eine Peripherie hat, hatte mich gefunden … Und er rief mir zu aus dem unauslotbaren Abgrund seiner Tiefe.»[2] In Gott steht niemand am Rand, weil seine Mitte allgegenwärtig ist und er keine Peripherie hat. In dieser Weite Gottes werden wir vollkommen zu Hause sein, weil jeder es sein wird.

Die christliche Sehnsucht richtet sich also auf ein Zuhause, aus dem niemand ausgeschlossen ist – es sei denn, er will es. Das Zweite Vatikanische Konzil beschrieb die Kirche als «sacramentum seu signum et instrumentum», als «Sakrament bzw. Zeichen und Werkzeug für die innigste Vereinigung mit Gott und für die Einheit des ganzen Menschengeschlechts» (Lumen gentium 1).[3] Damit ist nicht ausgedrückt, dass die Kirche sich als das *einzige* Zeichen der Einheit der Menschheit verstanden wissen will. Gott ist nicht auf die Kirche begrenzt. Alle Sakramente deuten auf die letzte Einheit der Menschheit in Christus. Nachdrücklich weist etwa Herbert McCabe OP darauf hin, dass «die Taufe nicht das Sakrament der Zugehörigkeit zur Kirche [ist], sie *ist* Zugehörigkeit zur Kirche; sie ist das Sakrament der Zugehörigkeit zur Menschheit».[4] In der Taufe sterben wir allem, was uns von anderen Menschen trennt; sie richtet uns aus über die engen Begrenzungen jeder kleineren Identität hinaus. Unsere Eltern haben uns – vielleicht ohne es zu wissen – als Geschenk von Gott empfangen und geben uns dann wieder her. Deswegen kann ich die Idee einer reinen Nationalkirche nur schwer nachvollziehen. Mir scheint sie ein Selbstwiderspruch – wie die Ausrichtung von Olympischen Spielen für eine einzige Nation. Die Kirche sollte ein Zeichen der Verwandtschaft aller Menschen sein; aus eben diesem Grund haben die frühen Christen einander mit «Bruder» und «Schwester» angeredet.

Was bedeutet es, sich selbst als Bürger des Gottesreiches zu verstehen? Es klingt ziemlich vage und blutleer. Eric Hoffer sprach davon, dass es leichter sei, die Menschheit als Ganze zu lieben als den eigenen Nachbarn. Jean-Jacques Rousseau

ging laut Edmund Burke noch weiter und «liebte seinesglei-
chen, aber hasste die eigene Verwandtschaft».[5] In diesem und
im nächsten Kapitel werde ich aufzuzeigen versuchen, was es
bedeuten kann, zur Menschheit als ganzer in Christus zu gehören. Wie prägt eine solche Identität unser Leben?

Richard Rohr beschreibt drei Erzählebenen in der Bibel:
«*Meine* Geschichte», das heißt die Geschichte, die ich über
mich selbst erzähle und die meinen eigenen Sinn von Identität zur Sprache bringt; «*Unsere* Geschichte» als die Geschichte einer Gruppe – eines Volkes, einer Nation oder auch
eines Fußballvereins –, die zu entdecken sucht, was es heißt,
Mitglied der Gruppe zu sein; und schließlich «*Die große* Geschichte», die von der Schöpfung bis zum Gottesreich reicht
und Gottes letztes Ziel für alles, was er geschaffen hat, ausdrückt.[6] Ich werde diese drei unterschiedlichen Erzählebenen
aufgreifen, um die Beziehung zwischen den drei Identitäts-
ebenen zu erkunden, die wir als Individuum, als Mitglied von
bestimmten Gemeinschaften und als Bürger des Gottesreiches haben. In diesem Kapitel soll es um die Beziehung zwischen der persönlichen und der gemeinschaftlichen Identität
gehen. Anschließend folgt dann die Beziehung zwischen unseren lokalen Identitäten – als Mitglied von Familien, Nationen, Völkern usw. – und unserer gemeinsamen Identität als
Bürger des Gottesreiches.

Lernen, «wir» zu sagen

Das Land eines reichen Mannes hatte gut getragen. Da überlegte er: Was soll ich tun, da ich nicht genug Raum habe,
meine Ernte unterzubringen? Schließlich sagte er: So will ich

es machen; ich werde meine Scheunen abreißen und größere bauen und dort mein ganzes Getreide und alle meine Güter unterbringen. Dann kann ich zu mir sagen: Du hast großen Vorrat für viele Jahre; ruh dich aus, iss, trink und lass dir wohl sein! Da sagte Gott zu ihm: Du Tor, diese Nacht noch wird man dein Leben von dir fordern! Wem aber wird gehören, was du angesammelt hast?

Lukas 12,16–20

Das Gleichnis handelt von einem Mann, der ganz auf sich fixiert ist; es handelt von dem, was er sich selbst «überlegte». Insgesamt verwendet er das Wort «ich» oder «mein» neunmal, und wenn er das Wort «du» benutzt, dann nur in Bezug auf sich selbst. Niemand sonst existiert für ihn. Dann bricht jedoch die Stimme Gottes dieses narzisstische Gefängnis auf: «Du Tor!» Das klingt scharf und verurteilend. Man kann es aber auch befreiend verstehen, wie es Gottes Urteil immer ist. Gott reißt die Gefängnismauern seiner törichten Selbstzentriertheit ein. Nun muss der Mann sich entscheiden, ob er durch das Loch in dieser Mauer des Um-sich-selbst-Kreisens ins Licht krabbeln oder drinnen in der Einsamkeit bleiben will. Kann er lernen, «wir» zu sagen? Freiheit ist die Befreiung von der «Wolke der Eigensucht» (Caterina von Siena), die mich mit der Illusion blendet, dass ich der Nabel der Welt bin.

Aus der Selbstzentriertheit können wir uns selbst nur schwer hinausdenken. Vergleichbar wäre etwa der Versuch, sich in die Unbefangenheit hineinzudenken: Je größer die Anstrengung, spontan zu sein, desto gestelzter und ungelenker wirkt das Ganze. Meine wenig erfolgreichen Tanzversuche scheitern immer daran, dass ich bewusst versuche, mir meiner selbst nicht bewusst zu sein – und damit blockiere ich mich selbst und schaffe es nicht, mich ganz der Musik zu überlassen. In den Gleichnissen Jesu geht es oft darum, uns einen Stoß zu versetzen, der uns aus der Beschäftigung mit uns selbst herausholt. Der Gesetzeslehrer fragt Jesus, wer *sein* Nächster ist. Jesus erzählt ihm die Geschichte vom guten Samariter, der auf einen Mann am Straßenrand trifft, der von Dieben ausgeraubt und vom vorübergehenden Priester und Leviten einfach ignoriert wurde. Am Ende fragt er den Gesetzeslehrer: «Wer von diesen dreien hat sich deiner Meinung nach als der Nächste dessen erwiesen, der unter die Räuber gefallen war?» (Lukas 10,36). Der Gesetzeslehrer hatte eine Frage gestellt, die ganz auf ihn selbst hin ausgerichtet war. Jesus antwortete ihm mit einer Geschichte, die versucht, ihn aus dem Zentrum seiner Welt herauszuholen.

Nicht mehr im Rampenlicht stehen zu wollen – das ist Demut. Wir haben versucht, den distinkten Duft des Christentums einzufangen. In den frühen Jahrhunderten wäre die Antwort oft Demut gewesen. Demut wurde von den heidnischen Römern und Griechen verachtet. Für Aristoteles war sie ein Laster. Demütig zu sein bedeutete, gering zu sein, verachtenswert, keines Respekts würdig. Das Christentum stellte diese Weltsicht auf den Kopf, indem es die Demut zur typisch christlichen Tugend erklärte und den Stolz im Gegenzug zum größten Laster.

Christliche Demut meint nicht, dass man sich wie ein elender Wurm fühlen muss. Es geht ihr vielmehr darum, einen angemessenen Respekt vor sich selbst zu haben. Jean-Louis Bruguès OP schreibt, dass Demut der christliche Name für Selbstachtung sei. «Demut ist es, die mich in mir selbst ruhen lässt»;[7] ich bin zufrieden damit, wer ich bin. Es ist die Befreiung von Rivalität und Konkurrenzkampf, vom Zwang, mich

selbst immer an anderen Leuten messen zu müssen. Die Demut gibt mir einen angemessenen Ehrgeiz für das, was ich
tun kann, und befreit mich von allen Hirngespinsten, was ich
nicht tun kann. Der große William Bernard Ullathorne OSB,
im 19. Jahrhundert Erzbischof von Birmingham, wurde einmal nach guten Büchern zum Thema Demut gefragt. Er antwortete: «Es gibt nur eins: nämlich meins.»[8]

Im ersten Gesang seines *Inferno* gesteht Dante: Durch
Furcht *«io perdei la speranza dell'altezza»*, «verlor ich die
Hoffnung auf die Höhe».[9] Demut ist die Tugend, die uns den
Mut zurückgibt, denn sie schenkt uns ein realistisches Verständnis, wer wir sind und was wir mit Gottes Gnade sein
können. So machen wir uns wieder auf, die Höhen zu erklim-
men. Screwtape, unser alter Teufel, versteht sehr wohl, wie gefährlich wahre christliche Demut für seine Sache ist (obwohl
man den Sexismus in diesem Beispiel entschuldigen muss: In
den 1940er Jahren fehlte den Teufeln für solche Dinge schlicht
noch das Gespür):

> Du musst daher das wahre Ziel der Demut vor dem Patienten
> zu verbergen trachten. Lasse ihn Demut nicht ansehen als das
> Vergessen des Ichs, sondern als eine Art Einschätzung (näm-
> lich eine geringe) der eigenen Gaben [...]. Auf diese Weise sind
> schon Tausende von Menschen zu der Auffassung gebracht
> worden, die Demut bestehe darin, dass hübsche Frauen zu
> glauben versuchen, sie seien hässlich, und dass gescheite Män-
> ner sich bemühen, sich von ihrer Dummheit zu überzeugen.
> [...] Es wäre [Gott] viel lieber, der Mensch würde sich selbst als
> großen Baumeister oder Dichter ansehen und es gleich wieder
> vergessen, als dass er viel Zeit und Mühe aufwendet, sich als
> schlechten Baumeister oder Dichter hinzustellen.[10]

Als Noel Coward einen Freund traf, den er seit ewigen Zeiten nicht mehr gesehen hatte, sagte er: «Wir haben nicht genug Zeit, um über uns beide zu reden. Reden wir also über mich.» Demut befreit uns vom Zwang, immer im Mittelpunkt stehen zu müssen. Sie lässt uns akzeptieren, dass wir zwar eine Rolle in einer Geschichte spielen, sie aber mit anderen teilen. Und das ist nicht unbedingt immer die Hauptrolle. In dem Film *Shakespeare in Love* gehen die Schauspieler nach der ersten Theaterprobe in eine Taverne, um den Freunden von einem neuen, spannenden Stück zu erzählen: *Romeo und Julia*. Die Amme berichtet, dass der Held die Amme sei, die sich um das Kind Julia kümmert. Der Apotheker erzählt das Stück als Geschichte eines Apothekers. Selbst Friar Lawrence fehlt die von ihm als Ordensbruder eigentlich erwartete Demut, und er sieht sich als Mittelpunkt der Handlung. Demut meint die Zufriedenheit damit, manchmal nur eine kleine Nebenrolle zu spielen, eine Statistenrolle. Wie so oft bei den Tugenden geht es auch hier darum, in der wirklichen Welt zu leben, in der wir nicht immer die Stars sind.

In fast den gesamten letzten 2000 Jahren wurde dies als eine zentrale und befreiende christliche Tugend verstanden. Es ist wunderbar, nicht *immer* Brad Pitt oder Gwyneth Paltrow sein zu müssen. Aber seit dem 17. Jahrhundert muss die Demut hart um Anerkennung kämpfen. Vereinfachend gesagt, versteht die europäische Kultur seit Descartes den Menschen als Einzelwesen, dessen Daseinsvergewisserung auf dem Selbstbewusstsein gründet. *Cogito ergo sum*, «Ich denke, also bin ich» (heute in Anspielung auf die britische Supermarktkette abgewandelt in *Tesco ergo sum*, «Ich shoppe, also bin ich»). Dieses Selbst ist sich wesentlich seiner selbst bewusst, was wiederum das Fundament meiner Vergewisserung ist, dass ich überhaupt jemand bin. Das ist das moderne westliche Selbst: autonom und allein, «der Geist in der Maschine», unsicher und, wie wir im letzten Kapitel gesehen haben, argwöhnisch und misstrauisch. Es ist ein atomistisches Verständnis des Menschen; Charles Taylor nannte es «punktförmiges Selbst»,[11] verstreute Punkte von Selbstbewusstsein, die miteinander in Verbindung zu kommen suchen. In solch einer Gesellschaft sieht die Einladung zur Demut, die Befreiung von der Selbstzentriertheit, gefährlich nach geistigem Selbstmord aus. Es ist ein Sprung in den Abgrund des Selbstvergessens, wo mich vielleicht niemand auffangen kann.

Jemand schrieb einmal an den berühmten Lubawitscher Rebbe, dass er zutiefst unglücklich sei: «Ich hätte gern Ihren Rat, Rebbe. Ich wache jeden Morgen traurig und besorgt auf. Ich kann mich nicht konzentrieren. Ich finde es schwer, zu beten. Ich halte die Gebote, aber ich finde keine spirituelle Erfüllung. Ich gehe in die Synagoge, aber fühle mich allein. Ich frage mich, worum es im Leben überhaupt geht. Ich brauche Hilfe.» Als Antwort sandte der Rebbe ihm den Brief zurück, in dem er nur das erste Wort eines jeden Satzes unterstrichen hatte. Es war immer das gleiche: «Ich».[12] Das ist das Unglück des einsamen, modernen westlichen Selbst.

Afrikanische Kulturen fordern uns heraus, anders von uns selbst zu denken. Nun wäre es eine grobe Vereinfachung, zu behaupten, es gebe nur *ein* afrikanisches Verständnis der Person, so wie es auch nicht nur ein europäisches oder asiatisches gibt. Aber der Kern lässt sich doch zusammenfassen in den Worten John Mbitis: «Ich bin, weil wir sind»[13] oder in dem zentralen Satz der afrikanischen *Ubuntu-Weisheit*, dem Zulu-Sprichwort «*Umuntu ngumuntu ngabantu*» – «Ein Mensch wird ein Mensch durch andere Menschen». Die eigene Identität ist kein einsamer Besitz, der entdeckt wird durch geistige Innenschau, durch die Loslösung von Beziehungsnetzen: ich, der/die über mich nachdenkt. Sie wird verliehen durch die Mitgliedschaft in der eigenen Gemeinschaft – der Familie, dem Clan, dem Volk oder der Nation. Man wird Mensch durch Integration in eine Gemeinschaft, durch die Annahme der eigenen Position und das Ausfüllen der eigenen Rolle. David Copper schreibt, dass «ein Kind, das stirbt, bevor es öffentlich präsentiert wurde, beim Bantu-Volk der Chewa ohne Trauer oder Zeremonie begraben wird. Damit werde angezeigt, so einige Beobachter, dass ein Kind solange noch kein Mensch ist, bis es aus der Abgeschiedenheit mit seiner Mutter heraustritt.»[14] Cooper zitiert Ifeanya A. Menkiti: «Das Personsein wird als Errungenschaft angesehen, als eine ‹moralische Ankunft›. Darum hat ein Kind, das erst noch moralische Beziehungen mit anderen aufnehmen muss, nicht zweifelsfrei den Status einer Person.»

Dieses gemeinschaftliche Verständnis von Identität birgt in sich eigene Gefahren, wie jeder weiß, der in einem kleinen Dorf aufgewachsen ist. Man bekommt vielleicht nicht die Anerkennung, die man zu verdienen glaubt. Bestimmte Rollenbilder und Vorstellungen können als Unterdrückung erfahren werden, wie viele Frauen oder Mitglieder bestimmter ethnischer Gruppe zu berichten wissen. Welchen Status hat ein Ungeborenes? Jedoch: Auch ein cartesianisches Verständnis des Personseins, das auf das Selbstbewusstsein gegründet ist, kann den moralischen Status eines Embryos infrage stellen.

Aber der Glaube des «Ich bin, weil wir sind» ist eine Einladung an den Westen, ein weniger einsames und unsicheres Verständnis von Identität wiederzuentdecken. In den Worten des Wüstenvaters Antonius, der in Afrika lebte und einer der spirituellen Gründungsväter des Westens ist: «Vom Mitmenschen her kommen uns Leben und Tod.»[15] Wir sind zurückgerufen zu einem Verständnis des Personseins, das im Letzten relational ist. Diese Idee ist dem Westen nicht fremd. Das Ringen um die Formulierung des Trinitätsgeheimnisses – ein Gott und drei Personen, reine Beziehung – verhalf dem Westen zu einem neuen Verständnis des menschlichen Personseins. Der Unterschied zwischen den Personen der Dreifaltigkeit besteht nicht darin, dass sie verschiedene Aufgaben haben und zusammen eine Art göttliches Team bilden (Schöpfer, Erlöser, Heiliger der Welt). Es sind die Beziehungen, in denen sie zueinander stehen und die in der Gabe und dem Empfang des Seins liegen. Könnte es sein, dass die Verdrängung des Trinitätsdogmas aus dem Zentrum unseres gemeinsamen gesellschaftlichen Bewusstseins im Westen dazu beigetragen hat, ein Verständnis des Menschen zu schwächen, in dem dieser wesentlich durch Beziehungen konstituiert ist? Oder war es umgekehrt? Bekam die Lehre von der Dreifaltigkeit den Anstrich einer bizarren himmlischen Mathematik, als wir aufgehört haben, das menschliche Personsein als in Beziehung gegründet zu verstehen?

Wie kann ich meine Identität inmitten von Gemeinschaft, in Beziehung entdecken, ohne verschluckt und erdrückt zu werden? Wie kann die Geschichte einer Gruppe – «unsere Geschichte» – lauten, die Raum lässt für die Geschichte, die ich über mich selbst erzählen kann? Kommunismus und Nationalsozialismus haben gezeigt, was passieren kann, wenn das Selbst vom Volk aufgesogen wird. Um es in den Begriffen der zwei verschiedenen Erzählebenen auszudrücken: Wie kommt man zu einem ausgewogenen Gleichgewicht zwischen «unserer Geschichte» und «meiner Geschichte»? Man kann

den Kalten Krieg verstehen als Kampf zwischen einem radikalen Individualismus, der die Geschichte des einsamen modernen Westlers verabsolutierte, und einem grausamen Kol-
lektivismus, sei er faschistisch oder kommunistisch, der das
Gleiche mit der Geschichte der Gruppe tat. Es ist die Wahl
zwischen der Verabsolutierung des Individuums – siehe Margaret Thatcher, die verkündete, dass es so etwas wie Gesellschaft gar nicht gebe – und seiner Aufhebung.

Im Umgang mit anderen Menschen entdecke ich, wer ich
bin und wer wir sind. Kwame Anthony Appiah schreibt:

> Beginnend mit der frühesten Kindheit entwickelt man im
> Dialog mit dem Bild, das andere Menschen von einem ha-
> ben, ein Verständnis der eigenen Identität. Wir kommen in
> die Welt wie ein Kind, ‹das in der Wärt'rin Armen greint
> und sprudelt› (wie Shakespeare es so genial ausgedrückt hat).
> Wir sind fähig zu menschlicher Individualität – das aber nur,
> wenn wir die Chance haben, sie in der Interaktion mit ande-
> ren zu entwickeln. Eine Identität drückt sich immer in Kon-
> zepten (und Praktiken) aus, die von Religion, Gesellschaft,
> Schule und Staat vorgegeben und durch Familie, Peergroup,
> Freunde vermittelt werden.[16]

Nur gemeinsam mit anderen entdecke ich, wer ich bin. Trotzdem gibt es niemals nur ein übergreifendes und allumfassen-
des «Wir». Teil dessen, wer ich in einzigartiger Weise bin, ist
der Schnittpunkt, an dem sich alle möglichen Gemeinschaften treffen: Familie und Schule, Hobbys und Sport, Grup-
penzugehörigkeiten, die bestimmt sind durch ethnische Her-
kunft, Geschlecht und Alter. Ein selbstbewusstes «Ich» entsteht durch die Vermittlung der vielen gemeinschaftlichen

Identitäten, über die jeder von uns verfügt, also indem ich bestimme, wann ich welcher Priorität gebe. Gehe ich zum Fußballspielen, zur Geburtstagsparty meines Bruders oder zur Abendandacht? Durch die Entscheidungen, die ich hinsichtlich der Ansprüche treffe, die die verschiedenen Gruppen an mich stellen, gewinnt meine Identität Kontur.

Wenn ich von Berufung, beispielsweise zum Ordens- oder Eheleben, spreche, handelt es sich freilich nicht mehr nur um eine weitere Gruppe, der man angehören kann – neben dem lokalen Skat-Club oder einer politischen Partei. Wenn es eine *Berufung* ist, muss sie dort angesiedelt sein, wo sich alle anderen Wahrnehmungen von Identität zu bündeln beginnen – ein Zuhause, in dem man Ganzheit finden kann. Im Gegensatz zu einer schlichten Zugehörigkeit ist eine Berufung der Ort, wo das «Wir»-Werden – durch Heirat, Ordensprofess oder Einarbeitung in einen Beruf – fundamental für meine eigene Auffassung davon ist, wer ich bin.

Als ich in den Orden eintrat, lernte ich, «wir Dominikaner» zu sagen. Ich kann davon sprechen, dass wir 1221 nach Oxford kamen, obwohl ich erst mehrere Jahrhunderte später geboren wurde. Ich kann sagen, dass wir jetzt eine Universität in Äthiopien gründen, obwohl noch kein einziger englischer Dominikaner daran beteiligt ist. Mitglied dieser Gemeinschaft zu sein mag bisweilen von mir verlangen, dass sich die Geschichte, die ich von mir selbst erzähle, nicht so entwickelt, wie ich es erhofft und erwartet habe. Vielleicht habe ich mir gewünscht, als Missionar nach China zu gehen, und werde gebeten, in Oxford zu lehren, oder umgekehrt. Möglicherweise muss ich meine Prioritäten zugunsten derer der Gemeinschaft opfern. Darin besteht für mich das Brudersein unter Brüdern.

In *Dombey & Sohn* von Charles Dickens sagt Dombey über seinen Sohn und Erben: «Die Laufbahn meines Sohnes kennt weder Zweifel noch Zufall. Sein Lebensweg lag schon klar vorbereitet und vorgezeichnet da, ehe er geboren war.»[17] Der Orden macht Pläne und sendet uns, wohin unsere Mitbrüder es wollen. Aber im Gegensatz zum jungen Dombey habe ich teil an der Diskussion, in der diese Konzepte entwickelt werden. Wenn du Gott zum Lachen bringen willst, so sagt man, erzähl ihm von deinen Plänen. Meine Mitbrüder werden vielleicht das Gleiche tun. Aber obwohl ich nicht alleiniger Autor meiner Lebenserzählung bin und offen sein muss für das gänzlich Unerwartete, bin ich doch nicht vollkommen passiv. Im Dialog artikulieren sich die Geschichten, die wir von uns und ich von mir selbst erzählen kann.

Wenn ich die Mitgliedschaft bei den Dominikanern berechnend nur als nützlich für mich verstünde – der Orden wird mir eine gute universitäre Ausbildung zahlen –, würde ich niemals wirklich dazugehören. Ich hätte mich nicht in die Gemeinschaft meiner Mitbrüder hineingegeben. Wenn ich mich jedoch nur als Schachfigur sehe, die auf dem Brett des Ordens herumgeschoben wird, gäbe es kein solides, wirkliches «Ich», das überhaupt irgendwo dazugehören könnte. Das Ganze ist keine Frage des Kompromisses zwischen mir und dem Orden – manchmal bekomme ich meinen Willen und manchmal eben nicht –, vielmehr ist es eine Gemeinschaft, in der ich mich gerade aus dem Grund entfalte und glücklich bin, weil ich entdecke, wer ich als einer der Brüder bin. Wenn der Orden rücksichtslos alles, was wir individuell sind, übergehen würde, wäre er keine Gemeinschaft von Brüdern, sondern von Robotern. Aber in den Augen meiner Mitbrüder entdecke ich auch, wer ich bin. Wenn ich mir einbildete, ein zweiter Thomas von Aquin zu sein oder ein brillanter Verwalter der Finanzen, würden sie mir diesen Zahn ziemlich schnell und befreiend ziehen. Ich bin, weil wir sind, aber wir sind, weil jeder von uns ist.

Die älteste Lebensbeschreibung des Dominikus findet sich in den *Vitae Fratrum*, den «Leben der Brüder». Es ist eine Sammlung von Erinnerungen der frühesten Mitglieder des Ordens. Eine Vita des Dominikus zu schreiben, in der er die Zentralfigur ist, schien unangemessen. Denn seine Genialität bestand in der Gründung einer Fraternität, in der Menschen sich entfalten können, weil sie Brüder unter Brüdern sind.

Die Geschichte des Blindgeborenen im neunten Kapitel des Johannesevangeliums erzählt uns von einem Mann, der das «Ich»-Sagen lernt – nicht selbstzentriert und egoistisch wie der Mann, der an den Rebbe schrieb, sondern mit menschlicher Würde. Am Anfang der Geschichte sprechen die Jünger über den blinden Mann, aber sie sprechen nicht mit ihm. Nur Jesus tut es. Als er dann geheilt ist, sprechen die Nachbarn über ihn, aber sie sagen nichts zu ihm, bis er selbst den Mund aufmacht und sagt: «Ich bin es.» Dann wird er zu den Pharisäern gebracht, und wieder fängt man an, über ihn statt mit ihm zu sprechen. Die Pharisäer lassen seine Eltern kommen. Die aber weigern sich, länger über ihn zu reden: «Fragt ihn selbst, er ist alt genug. Er kann selbst über sich Auskunft geben.» Und das tut er, immer kräftiger. Es gipfelt schließlich in seinem Glaubensbekenntnis: «Ich glaube, Herr!» Es ist die Geschichte eines Mannes, der seine eigene Stimme findet. Er hört auf, bloßes Objekt der Unterhaltung zu sein, und wird ein Subjekt, das andere Menschen anspricht. Es ist wirklich *seine* Geschichte. Der blinde Mann lernt, «ich» zu sagen, indem er Teil einer Gruppe wird, einer der Jünger Jesu. Weil er «ich» sagen kann, kann er «wir» sagen und umgekehrt. Keine der beiden Identitäten, keine der beiden Geschichten hat eine absolute Priorität. Sie stützen und verstärken sich gegenseitig.

Durch Austausch und Dialog entdecken wir, wie wir die Geschichte einer Gemeinschaft in Beziehung zu der des Einzelnen setzen. Dieser Prozess kennt unvermeidlich Momente der Verwirrung und des Widerstands, wenn ich entdecke, dass andere Menschen mein Bild, das ich von mir selbst habe, nicht teilen. Es sind die Wehen, die es braucht, um ein «Jemand» zu werden. «Das Selbst», so Walter Davis, ist «keine Substanz, die man zutage fördert, indem man Schicht um Schicht abschält, bis man zum Kern kommt. Es ist eine Ganzheit, die zu gebären man sich abmüht.»[18] Der wahre Timothy Radcliffe ist kein verborgener Kern meines Geistes, kein tiefes und geheimes Innen, das ich durch Binnenschau entdecken muss. Ich verstehe, wer ich bin, ja werde tatsächlich zu dem, der ich berufen bin zu sein, durch den Austausch mit meinen Mitbrüdern und Freunden – indem ich entdecke, dass sie manchmal denken, dass in mir mehr steckt, als ich meine, aber manchmal vielleicht auch weniger.

Zuweilen kann diese Interaktion aber auch eine unerträgliche Ablehnung dessen, wer ich bin, beinhalten. Man findet sich in erniedrigende Kategorien und Begriffe gepresst – weil man eine Frau ist oder schwarz oder schwul oder arm. Dann braucht es den Hereinbruch einer neuen Art des Austausches, einen Durchbruch zu einer anderen Weise, miteinander zu sprechen, in der ich mich selbst wiederfinden kann. Rowan Williams schreibt: «Wir wachsen nicht ohne Konkurrenz; aber Konkurrenz ohne gegenseitige Anerkennung und gegenseitige Angewiesenheit ist barbarisch und selbstzerstörerisch.»[19] In der Geschichte des Blindgeborenen sagen die

Pharisäer wiederholt «wir». «Wir wissen, dass Gott zu Mose gesprochen hat. Woher aber dieser kommt, wissen wir nicht.» Es ist ein Verständnis einer gemeinsamen Identität, die sowohl Jesus wie den blinden Mann ausschließt. «Du bist ganz und gar in Sünden geboren und du willst uns belehren? Und sie stießen ihn hinaus.» Die Gegenwart Jesu fordert sie auf, die Natur ihrer Gemeinschaft neu zu verstehen, damit auch der blinde Mann in ihr «ich» sagen kann. Die Pharisäer werden zur Umkehr herausgefordert, die darin besteht, eine neue Form des Gesprächs zu lernen.

Die Kirche sollte ein Ort sein, an dem wir lernen, uns auszutauschen und in Dialog zu treten – in unseren Gemeinden, unseren Familien und Gemeinschaften –, ein Ort, der jedem von uns hilft, «ich» zu sagen, weil ich gelernt habe, «wir» zu sagen, und umgekehrt. Sie ist der Ort, an dem ich es wagen kann, das Risiko der Zugehörigkeit einzugehen. Moderne Europäer glauben, ohne einer Gemeinschaft anzugehören. Die Jugendlichen sind geprägt von einen tiefen Hunger nach Gott, aber sie stehen jeder Institution misstrauisch gegenüber, die Ansprüche an sie stellt – sei es der Staat, die Kirche, politische Parteien oder was auch immer. Bindungen einzugehen scheint unsere sakrosankte Autonomie zu gefährden, das «Wir» das so gefährdete «Ich» auszulöschen. Die christliche Gemeinschaft sollte jedoch ein Ort sein, an dem wir lernen, selbstbewusst und überzeugt «ich» zu sagen wie der blindgeborene Mann.

Für alle, die in der Kirche Verantwortung tragen, heißt das, dass sie sehr vorsichtig und achtsam sein müssen, wenn sie *über* Menschen sprechen statt *zu und mit* ihnen. Es gibt eine Tendenz, *über* junge Menschen, *über* Geschiedene, *über* Homosexuelle, *über* Frauen und *über* die Laien zu sprechen.

Man trifft Aussagen über sie, manchmal auch direkt an sie adressiert. Aber bisweilen fehlt der nötige Raum, dass auch ihre Stimmen als wirkliche Gesprächspartner gehört werden. In der Kirche sollte Gottes bedingungsloses Willkommen Gestalt annehmen, das heißt, niemand sollte erst darum kämpfen müssen, anerkannt zu werden. «Das Selbst ist nur frei, moralisch zu wachsen … wenn es nicht unter dem Zwang steht, sich selbst zuerst verteidigen zu müssen – oder sich selbst zu *erschaffen*, sich seinen Platz in einer potenziell feindlichen Umgebung freizuschaufeln.»[20] Für den Klerus besteht in der Kirche die Versuchung, die Gespräche und den Dialog zu dominieren, ihnen ihre Sprache und ihr Vokabular aufzudrücken. Das «Wir» der Kirche wird dann unterdrückend und erstickend und lässt die Menschen nach Atem ringen. Wir sollten Stille schaffen, in der die leisen Stimmen gehört werden können, deren Worte den Rahmen des Üblichen verlassen. Die Jünger sind still, als Jesus mit dem Blindgeborenen spricht. Er lässt ihn zu Wort kommen. Wenn wir das nicht tun, darf es uns nicht überraschen, wenn die, die das Gefühl haben, nicht gehört zu werden, ein wenig laut werden.

Wir wohnen in einer Geschichte, die uns Hoffnung gibt: dem Kirchenjahr. Es trägt uns vom Advent, wenn wir auf das Kommen Christi als Kind warten, zum Ende des Jahres, wenn wir auf seine Wiederkunft am Ende der Zeit blicken. In unseren Überlegungen haben wir uns bislang auf das dramatische Herzstück dieser Geschichte – Christi letzte Tage in Jerusalem, von Gründonnerstag bis Ostersonntag – konzentriert. Aber einen großen Teil dieses Jahres macht eine Zeit aus, den wir «Jahreskreis» – im Englischen *ordinary time* («ordentliche», «gewöhnliche» Zeit) – nennen. Das klingt ziemlich langweilig: ein «Durchhänger» bis zum nächsten aufregenden Ereignis im liturgischen Jahr, der die Zeit zwischen der Freude von Weihnachten und Epiphanie und dem Drama der Kar- und Osterwoche und dann die Zeit zwischen Pfingsten und dem Ende des Jahres ausfüllt.

Das ist falsch. Der Jahreskreis feiert das, was für unser Menschsein fundamental ist: dass wir «geordnet» sind, ausgerichtet über uns hinaus. Damit leistet er seinen eigenen Beitrag dazu, den Sinn des Christseins aufzuzeigen. Wir sind hingeordnet aufeinander. Wir können uns nicht allein entfalten. Und wir sind hingeordnet auf das Gottesreich, in dem wir endgültig gemeinsam erstrahlen und erblühen werden. Ging es also in diesem Kapitel um die gegenseitige Verwiesenheit aufeinander, wird sich das nächste mit der Frage befassen, wie wir auf jene vollkommene Gemeinschaft, das Gottesreich, ausgerichtet sind, aus dem niemand ausgeschlossen ist.

Die Kirche sollte eine Gemeinschaft sein, in der man das Vergnügen daran entdeckt, «geordnet» zu sein, zueinander zu gehören. Gott sagt zu Caterina von Siena: «Ich hätte sehr wohl den Menschen samt dem, was er für Leib und Seele braucht, erschaffen können, wollte aber, dass der eine auf den andern angewiesen sei.»[21] Bischöfe werden auch als «Ordinarien» bezeichnet, nicht weil sie langweilig sind, sondern weil sie damit beauftragt sind, eine Gemeinschaft zu fördern und zu pflegen, in der wir lernen können, wie wir zusammengehören. Im 18. Jahrhundert wurde das Wort auch für Menschen gebraucht, die Botschaften überbracht haben, die Frühform des Postboten, die lebenswichtig waren für den Austausch innerhalb der Gemeinschaft. Die liturgische Farbe des Jahreskreises, dieser «ordentlichen Zeit», ist grün. Denn sie ist die Jahreszeit, in der wir lernen, zusammen zu wachsen und zu erblühen.

Etwa 100 Meter entfernt von dem Haus, in dem ich wohne, steht ein Schild mit der Aufschrift: «Die Welt wird durch ganz gewöhnliche Menschen wie dich verändert.» Ich muss eingestehen, dass ich jedes Mal irritiert war, wenn ich an dem Schild vorbeilief. Woher wissen die, dass ich gewöhnlich bin? Ich könnte auch ein ganz außergewöhnlicher Mensch sein! Auf mich wirkte es herablassend. Und doch sollte die Kirche eine Gemeinschaft sein, in der wir uns anerkannt fühlen, auch wenn wir nicht berühmt sind, und die uns vom Zwang befreit, immer das Rampenlicht suchen zu müssen. In ihr können wir die Freude der Gewöhnlichkeit lernen – nicht in dem Sinne, dass wir langweilig oder durchschnittlich wären, sondern so, dass wir einander zugewandt sind, um uns zu begegnen und voneinander Leben zu empfangen.

Als Thomas Merton sein Kloster nach einigen Jahren verließ, um zum ersten Mal das örtliche Städtchen zu besuchen, war er überwältigt von einem Gefühl der Schönheit und Güte der Menschen, die er traf.

Es ist ein herrliches Schicksal, der menschlichen Rasse anzugehören, obwohl sie zu vielen Absurditäten bestimmt ist und schreckliche Fehler macht: Und doch gefiel es Gott, ein Mitglied der menschlichen Rasse zu werden. Ein Mitglied der menschlichen Rasse! Zu denken, dass solch eine Binsenweisheit plötzlich wie die Nachricht erscheinen sollte, dass man das Gewinnlos eines kosmischen Gewinnspiels gezogen hat. Es fehlen Worte, den Menschen zu sagen, dass sie herumlaufen und dabei scheinen wie die Sonne ... Es gibt keine Fremden ... Wenn wir einander nur sehen könnten, wie wir wirklich und immer sind. Es gäbe keinen Krieg mehr, keinen Hass, keine Grausamkeit, keine Gier ... Das große Problem wäre vermutlich, dass wir alle niederfallen und einander anbeten würden … das Tor zum Himmel ist überall.[22]

Die Kirche sollte eine Gemeinschaft sein, in der sich die Schönheit der Gewöhnlichkeit offenbart. Denn in Gott, der allgegenwärtige Mitte ist und keine Peripherie kennt, muss sich niemand am Rande fühlen.

Auf dem Weg nach Jerusalem stritten die Jünger untereinander, welcher von ihnen der Größte sei. Jakobus und Johannes, die Söhne des Zebedäus, baten Jesus: «Gewähre uns, dass der eine von uns zu deiner Rechten und der andere zu deiner Linken sitzen darf in deiner Herrlichkeit» (Markus 10,37). Sie wollten die Spitzenjobs haben, sich in Ruhm aalen, aus dem Konkurrenzkampf herausgehoben werden. Sie wollten nicht gewöhnlich sein, keine «Feld-Wald-und-Wiesen»-Apostel. Aber Jesus erwidert ihnen: «Aber das Sitzen zu meiner Rechten oder zu meiner Linken habe nicht ich zu vergeben, sondern es wird denen zuteil, für die es bereitet ist» (Markus 10,40). Und tatsächlich: Als er in Herrlichkeit am Kreuz erhöht ist, haben die Ehrenplätze zwei gewöhnliche Diebe. Wir wissen noch nicht einmal, wie sie heißen.

8

Bürger des Gottesreiches

Im letzten Kapitel haben wir uns die Beziehung angesehen, die zwischen der persönlichen Identität und derjenigen als Mitglied einer Gemeinschaft besteht, sei es der Familie, des eigenen Volkes oder der Nation. Ist eine Gemeinschaft gesund, unterdrückt sie die Identität des Einzelnen nicht: «Ich bin, weil wir sind.» Die Kirche sollte uns helfen, uns zu entfalten, indem sie als Gemeinschaft eine Atmosphäre des Vertrauens schafft, in der der Einzelne selbstbewusst und vertrauensvoll sprechen kann. Aber die Kirche hat den Anspruch, mehr zu sein als nur eine Gemeinschaft unter anderen, mehr als nur eine weitere Größe neben dem Skat-Club und selbst noch der eigenen Nation. Sie ist Sakrament der Einheit der Menschheit in Christus. Aber was heißt das?

Christen verwenden das Wort «Solidarität» häufig, um die Zugehörigkeit zur menschlichen Gemeinschaft auszu-drücken. Johannes Paul II. etwa hat wiederholt die Notwen-digkeit betont, an einer globalen «Kultur der Solidarität» zu bauen, «in der festen Überzeugung, dass der Markt verlangt, ‹dass er von den sozialen Kräften und vom Staat in ange-messener Weise kontrolliert werde, um die Befriedigung der

Grundbedürfnisse der gesamten Gesellschaft zu gewährleisten».[1] Wie kann eine solche «Kultur der Solidarität» aussehen? Die Wurzeln des Wortes «Solidarität» liegen im Frankreich des frühen 19. Jahrhunderts. Es bezeichnete die Solidarität des französischen Volkes gegen Feinde wie die Engländer und war somit auf Ausschluss gegründet: «wir» gegen «sie» – wie das «Wir» der Pharisäer gegen Jesus und den blindgeborenen Mann. Ein arabisches Sprichwort lautet: «Ich gegen meinen Bruder; mein Bruder und ich gegen meinen Cousin; mein Cousin, mein Bruder und ich gegen die Welt.» Wie aber würde eine Solidarität aussehen, die niemanden ausschließt, die keinen «anderen» braucht, um sich zu definieren? Gibt es diesen «anderen», den man hassen kann, nicht mehr, kann unser Identitätsgefühl ins Wanken geraten – wie man gesehen hat, als der Kommunismus fiel und der Westen ängstlich begann, sich nach einem neuen Feind umzusehen.

Sich als katholisch zu bezeichnen heißt, sich selbst *kat'-holon* («gemäß dem Ganzen»), gemäß der universalen Gemeinschaft des Gottesreiches zu identifizieren. Das impliziert die Ablehnung jeglicher Identität, die auf Ausschluss gegründet ist. Das Katholischsein in exklusiven Begriffen wie etwa «nicht protestantisch» zu verstehen, ist daher in gewisser Weise paradox. Wie können wir eine Identität haben, die niemanden ausschließt? Wäre sie nicht völlig leer? Benedict Anderson betitelte sein Buch über den Nationalismus *Imagined Communities – Erdachte Gemeinschaften*.[2] Ein Gefühl von Zugehörigkeit zu so etwas Großem wie einer Nation gewinnt man über die eigene Vorstellung. Im Fall der Vereinigten Staaten etwa wurde sie geboren mittels des Bildes von Uncle Sam, der den britischen Löwen in den Schwanz zwickt. Aber wie können wir uns vorstellen, ein Mitglied der in Christus ver-

einten Menschheit zu sein? Das Buch der Offenbarung spricht
von einem neuen Himmel und einer neuen Erde, die aber so
neu sind, dass wir sie uns nur schwer ausmalen können.

Ein Versuch, die Identifikation mit der ganzen Menschheit auszudrücken, besteht in der Ablehnung aller kleineren
Identitäten. Tolstoj bezeichnete Patriotismus als «dumm und
unmoralisch». In ihrem Essay *Drei Guineen* spricht Virginia
Wolf von der «Freiheit von unwirklichen Verpflichtungen»:
Damit «ist gemeint, daß ihr euch zuerst vom Nationalstolz
befreien müßt; außerdem vom Glaubensstolz, Collegestolz,
Schulstolz, Familienstolz, Geschlechtsstolz und den unwirklichen Verpflichtungen, die sich aus ihnen ergeben».[3] Das un-
terstellt, dass der einzige Weg, die Mitgliedschaft zu dieser
weitesten aller Gemeinschaften zu bejahen, über die Ablehnung der Identifikation mit allen kleineren Gruppen läuft. Ich
soll ein Gefühl der Zugehörigkeit zur Menschheitsgemein-
schaft gewinnen können, indem ich mich von der Identifikation mit meiner Familie, meinem Land und vermutlich selbst
mit dem Dominikanerorden abkehre. Aber das klingt brutal,
ja kontraproduktiv: Wenn man nicht von kleinen Loyalitäten
getragen wird, wie soll man dann fähig sein zur Solidarität
mit der ganzen Menschheit? Kann man sich im globalen Dorf
wohlfühlen ohne eine kleine Bleibe, in der man zu Hause ist?

Michael Ignatieff schreibt in seinem wunderbaren Buch
Wovon lebt der Mensch, dass wir eine neue Sprache finden
müssen: «Worte wie Brüderlichkeit, Heimat und Gemeinschaft sind so durchtränkt mit Nostalgie und Utopismus, daß
sie beinahe unbrauchbar sind, uns an konkrete Möglichkeiten der Solidarität in der zeitgenössischen Gesellschaft her-
anzuführen. Das moderne Leben hat die Bedingungen staats-
bürgerlicher Solidarität verändert, und unsere Sprache stol-

pert hinterdrein wie ein überlasteter Gepäckträger mit einem
Berg alter Koffer.»[4]

Ich möchte im Folgenden drei Wege weisen, wie wir ein
Gefühl von Zugehörigkeit zur menschlichen Gemeinschaft
ausdrücken können. Der erste besteht im Widerspruch gegen
alles, was die Einheit der Menschheit entstellt. Die Konfrontation mit menschlichem Leid kann einen tieferen Sinn für
die Verwandtschaft der Menschheitsfamilie erwecken. Zum
Zweiten können wir falsche Götzen identifizieren, die in unserer Gesellschaft angebetet werden und die unser gemeinsames Wohlergehen und Gedeihen aushöhlen: die Kultivierung unbegrenzter Begierde, die Verabsolutierung des Privateigentums und die Vergötterung des Geldes. Diesen Götzen die Anbetung zu verweigern, befreit uns zur Verehrung
des wahren Gottes, in dem wir miteinander eins sein werden.
Schließlich glauben wir Christen daran, dass die Einheit der
menschlichen Gemeinschaft verwurzelt ist in einer gemeinsamen Sprache und dass die Sprache, in der die ganze Menschheit endgültig zu Hause sein kann, Jesus Christus ist – Gottes
eigenes, weites Wort. Wir öffnen uns diesem Wort, indem wir
lernen, aufmerksam zu sein nicht nur gegenüber dem Evangelium, sondern auch gegenüber Fremden.

«Sind sie denn keine Menschen?»

Ein Weg der Annäherung an das Mysterium Gottes ist die
Dekonstruktion falscher Vorstellungen: die *via negativa*. Wir
pirschen uns an sein Geheimnis heran, indem wir entdecken,
was Gott nicht ist. Wir können vielleicht nicht sagen, wer Gott
ist, aber wir wissen, dass er nicht ein übermächtiges Wesen ist,

der Präsident des Universums, der Geschäftsführer von allem, was existiert. In ähnlicher Weise bekommen wir ein Gespür dafür, was es heißt, zum Ganzen der Menschheit zu gehören, indem wir allem Widerstand leisten, was ihm widerspricht. Die Erfahrung schreiender Unmenschlichkeit oder des Leidens kann uns ein tieferes Bewusstsein für die Bedeutung der gemeinsamen Solidarität geben. Wie es nur einen Gott gibt, so die christliche Überzeugung, ist auch die Menschheit zur Einheit berufen. Aber wie sieht diese Einheit aus? Dschingis Khan berief sich auf den Monotheismus, um die tyrannische Herrschaft zu rechtfertigen, die er seinem Reich aufgezwungen hatte. «Da es im Himmel nur einen ewigen Gott gibt, [sei] auch auf Erden nur ein Herrscher, nämlich Dschingis-Khan, der Sohn Gottes.»[5] Nicht jeder wird ihm darin zugestimmt haben, dass sein Reich die beste Verwirklichung von Gottes Plan für die Einheit der Menschheit war. Wir gelangen – und das ist *ein* Weg – zu einem tieferen Verständnis der menschlichen Solidarität, wenn wir uns immer stärker bewusst machen, dass und wie sie uns fehlt.

Ein Beispiel dafür ist das Zusammentreffen der spanischen Konquistadoren mit den Indios auf Hispaniola. Roger Ruston bezeichnet «die moderne Ära [als] Ära der Menschenrechte. Die Begebenheit, die traditionell als ihr Auslöser verstanden wird, ereignete sich 19 Jahre nach der Landung des Kolumbus, am zweiten Adventssonntag 1511 in einer provisorischen Kirche auf der Insel Hispaniola, der heutigen Dominikanischen Republik.»[6] Die Dominikaner, die kurz nach Kolumbus angekommen waren, zeigten sich zutiefst geschockt von der brutalen Versklavung der indigenen Bevölkerung und beschlossen, dass Antonio Montesino die spanischen Eroberer in seiner Predigt an jenem Sonntag mit ihrer Sünde konfron-

tieren sollte. Er nahm für sich in Anspruch, mit der Stimme
Christi zu sprechen:

> Ihr seid alle in Todsünde und lebt und sterbt in ihr wegen der
> Grausamkeit und Tyrannei, die ihr gegen jene unschuldigen
> Völker gebraucht. Sagt, mit welchem Recht und mit welcher
> Gerechtigkeit haltet ihr jene Indianer in einer so grausamen
> und schrecklichen Sklaverei? Mit welcher Autorität habt ihr
> so abscheuliche Kriege gegen diese Völker geführt, befanden
> sie sich doch in ihren eigenen sanften und friedlichen Län-
> dern, und von denen ihr unendlich viele durch Tod und nie
> gehörte Gräuel vernichtet habt. [...] Sind sie denn keine Men-
> schen? Haben sie keine vernunftbegabten Seelen? Seid ihr
> nicht verpflichtet, sie zu lieben wie euch selbst? Versteht ihr
> das nicht? Spürt ihr das nicht?[7]

Montesino war verwundert darüber, dass die spanischen Eroberer nicht merkten, was sie den Einheimischen antaten.
Aber vielleicht haben auch er und seine Mitbrüder nur deswegen verstanden, was passierte, weil sie das Versagen der
Menschlichkeit auf Seiten der Spanier sahen. Ihnen verhalf es
zu einem neuen Verständnis des Menschen als Träger unver-
äußerlicher Rechte, und zwar unabhängig davon, ob er Christ
ist oder nicht. Die spanischen Siedler hatten in skandalöser
Weise versagt, die Rechte der Indianer zu begreifen. Aber gerade deswegen wurden die Ordensbrüder sich ihrer gewahr –
zum ersten Mal in der Geschichte. Man kann es vielleicht vergleichen mit einem inneren Organ unseres Körpers, dessen
wir uns nie bewusst waren – bis es anfängt, wehzutun.

Ganz ähnlich führte das Blutvergießen der beiden Welt-
kriege zur Gründung der Vereinten Nationen und zur All-

gemeinen Erklärung der Menschenrechte im Jahr 1948. Das
massive Versagen der westlichen Zivilisation brachte ein neues
Verständnis dafür, was es heißt, Mitglied der menschlichen
Gemeinschaft zu sein. Niemals wieder solch ein Wahnsinn!
Die Sinnlosigkeit des blutdürstigen Kampfes um Territorien
demaskierte die Absurdität eines Kriegführens um der Ver-
schiebung von Grenzen willen. Wir sind immer noch dabei,
den Holocaust aufzuarbeiten. Erst 2005 wurde im Zentrum
Berlins ein Mahnmal für die sechs Millionen ermordeten Juden Europas errichtet. Dieses düstere und trostlose Denkmal
für die Toten inmitten einer Stadt der Lebenden drängt uns
zu einem neuen Gespür dafür, was es heißt, einander Bruder
und Schwester zu sein. Unsere menschliche Solidarität darf so
etwas nie wieder zulassen.

Der Tsunami am zweiten Weihnachtstag 2004 rief ein ganz
außerordentliches Gefühl der Verbundenheit mit den Opfern hervor. Grund dafür war nicht allein die Zahl der Toten – in Darfur starben mehr Menschen. Vielmehr wurde
diese riesige Welle, die sich mit unglaublicher Geschwin-
digkeit bewegte und die Menschen vollkommen unerwartet
traf, augenblicklich zum Symbol unserer Verletzlichkeit angesichts unbekannter Gefahr. Es stellte ein Gefühl diffuser
Unsicherheit scharf. Die Zerstörung reichte von Indonesien
bis zur Ostküste Afrikas und verband ferne Völker in einer
gemeinsamen Tragödie. Sie traf Menschen, die in tropischen
Paradiesen leben – Orte, von denen wir im Westen träumen.
Jetzt waren sie zerstört und Menschen aus aller Welt ums Leben gekommen. Die Katastrophe rief eine enorme weltweite
Reaktion hervor. Einige Hilfsorganisationen befürchteten,
dass sich die Spendenbereitschaft negativ auf andere Gebiete
auswirken und etwa die Hilfe für Afrika leiden würde. Das

hat sich nicht bestätigt: Die meisten Hilfsorganisationen verzeichneten einen Spendenzuwachs auch für andere Projekte. Der Tsunami hatte unser Bewusstsein dafür geschärft, dass wir alle miteinander verbunden sind.

Der Prozess der Globalisierung, der begann, als unsere Vorfahren vor langer Zeit zum ersten Mal den afrikanischen Kontinent verließen, hat ein neues Stadium erreicht. Wir leben in einer Welt unmittelbarer Kommunikation. Ich kann bequem mit Leuten auf der anderen Seite der Erde plaudern. Heute Morgen hatte ich E-Mails von einem muslimischen Freund aus Kairo und einer dominikanischen Nonne aus Simbabwe in meinem Postfach. Francis Fukuyamas Formel vom «Ende der Geschichte» ergänzte Richard O'Brien um «das Ende der Geographie».[8] Ich finde es ganz wunderbar und freue mich jeden Tag wieder darüber. Es hat fast etwas von einer Vorwegnahme unserer eschatologischen Hoffnung. Im Gespräch mit der samaritanischen Frau verheißt Jesus eine Zeit, da Gott weder auf dem Berg der Samaritaner noch in Jerusalem angebetet wird, sondern «im Geist und in der Wahrheit». Das Christentum macht uns frei von einer Religion heiliger Räume und führt uns in das Leben der Dreifaltigkeit, zu «Gott, der die allgegenwärtige Mitte ist und nirgendwo eine Peripherie hat».[9] Ein wenig wirkt der Cyberspace wie die Erfüllung dieses christlichen Versprechens.

Um uns gewahr zu werden, dass er es nicht ist, müssen wir auf die Schattenseiten unserer Gesellschaft schauen. Wir sind miteinander verbunden durch den Drogenhandel, dessen Profite die des Ölhandels übertreffen, und durch kriminelle Netzwerke, die sehr wohl die Kontrolle über die Welt übernehmen könnten. Laut Manuel Castells «geht [es] nicht darum, ob unsere Gesellschaften in der Lage sein werden,

die kriminellen Netzwerke auszuschalten, sondern vielmehr
darum, ob die kriminellen Netzwerke am Ende nicht einen
bedeutenden Teil unserer Wirtschaft, unserer Institutionen
und unseres Alltagslebens kontrollieren werden».[10] In Russland könnten sie die Oberhand gewinnen.

In diese kriminelle Wirtschaft werden überall die Armen
der Erde hineingezogen. «Von kriminellen, militärischen
und politischen Eliten ausgebeutet, versorgen die Armen unsere Welt mit Rohstoffen, Öl, Mineralien, billiger Facharbeit,
Körpern und Körperteilen, Rauschgift und der Fantasie des
Exotischen und Schrecklichen. Im Gegenzug bekommen sie
Waffen, Zigaretten, Alkohol, überschüssige Lebensmittel und
Hilfszuwendungen. Das muss nicht so sein. Wir müssen nicht
so sein.»[11] *Maria voll der Gnade*, ein in US-amerikanischer
und kolumbianischer Gemeinschaftsproduktion entstande-
ner Film, erzählt die Geschichte einer jungen Frau, die als
«Maultier», das heißt als Drogenkurier, Rauschgift von Kolumbien in die Vereinigten Staaten schmuggelt. Sie schluckt
mit Kokain gefüllte Kondome. Platzen sie in ihrem Bauch,
stirbt sie. Wird sie gefasst, landet sie im Gefängnis. Liefert sie
ihre Fracht nicht ab, wird sie getötet. Als eine ihrer Gefährtin-
nen krank wird, schneiden Drogenhändler in New York ihr
den Bauch auf, um an die Drogen zu kommen. Sie sind mehr
wert als ihr Leben. Aber für Maria ist es der einzige Weg zu
Freiheit und Sicherheit, für sich selbst und ihr ungeborenes
Kind.

Welches Zeichen für unser gemeinsames Menschsein kann
die Kirche in solch einer Welt bieten? Zuerst können wir auf
Maßnahmen drängen, die das Leiden der Menschen lindern.
Denn wir können vielleicht nicht genau sagen, was es für die
Menschheit heißt, eins zu sein; aber zumindest können wir

dem entgegentreten, was diese Einheit untergräbt. Im Mai 2005 versammelten sich 1500 Ordensmänner und -frauen aus Großbritannien, um das Parlament zur Unterstützung der Kampagne *Make Poverty History* («Lasst Armut Geschichte werden») zu bewegen. Ein Sechstel aller Menschen lebt in extremer Armut, und ein Sechstel der britischen Ordensleute ging für sie auf die Straße. 20.000 Menschen sterben jeden Tag allein aufgrund der Tatsache, dass sie zum Leben zu arm sind. Das muss nicht sein. Während der Großen Depression in den 1930er Jahren lebte ein ähnlicher Prozentsatz an Menschen in Westeuropa und den USA in extremer Armut. Viele hielten das für unvermeidlich und beriefen sich auf Jesus: «Die Armen habt ihr allezeit bei euch.» Diese Fehlinterpretation seiner Worte muss Jesus oft bedauert haben! Aber die extreme Armut wurde im Westen nahezu beseitigt. Man hatte es nicht für möglich gehalten, und doch wurde es wahr.

Vor zwanzig Jahren lebte mehr als die Hälfte der Asiaten in extremer Armut; heute floriert die Wirtschaft Indiens und Chinas, und der Prozentsatz wurde auf 15 Prozent reduziert. In der gleichen Zeit hat sich die Zahl der Afrikaner in extremer Armut fast verdoppelt. Das muss nicht sein. Die erste Pflicht der Christen ist es, die Aufmerksamkeit und das Bewusstsein dafür lebendig zu halten, was unserem Fleisch und Blut in diesem Moment geschieht, das gegenwärtige Leiden vor Augen zu führen und darauf zu insistieren, dass dies weder unvermeidlich noch tolerierbar ist.[12] Die Kirche ist die am stärksten globalisierte Institution weltweit. Wo es Leiden gibt, ist sie präsent. Mehr als ein Viertel der medizinischen Versorgung in Afrika wird allein von der römisch-katholischen Kirche bereitgestellt. Für uns, die Glieder des Leibes Christi, darf das Leiden von Menschen in entlegenen Teilen der Welt nicht einfach nur Statistik sein; sie sind Fleisch von unserem Fleisch. «Entziehe dich deinen Mitmenschen nicht» (Jesaja 58,7).

Aber ein solches Gespür der Verbundenheit zu entwickeln, ist schwer, wenn man nicht vor Ort gewesen ist und es mit eigenen Augen gesehen hat. Unsere Vorstellung reicht nicht aus, die Wirklichkeit hinter den Statistiken zu begreifen; dafür sind die Zahlen viel zu groß. Wer kann sich 20.000 Menschen vorstellen, die jeden Tag sterben? Man wird immun gegen die andauernde Bilderflut von verhungernden Kindern mit aufgeblähten Bäuchen und leeren Schüsseln. Wir werden übermannt von einer «Mitleidserschöpfung» und wenden uns ab. Die Übermacht der Probleme kann dazu führen, dass wir uns hilflos und schuldig fühlen. Wie aber sonst können wir eine Vorstellung von der einen Menschheitsfamilie gewinnen?

«Du sollst keine anderen Götter haben als mich»

Gott führte die Israeliten aus der ägyptischen Knechtschaft heraus, damit sie ihm in Freiheit dienen können. Der Eckstein dieser Freiheit war die Abkehr von der Götzenanbetung. Das erste Gebot lautet: «Ich bin der Herr, dein Gott, der dich aus Ägypten, dem Sklavenhaus, herausgeführt hat. Du sollst keine anderen Götter haben als mich» (Exodus 20,2f.). Ihre wesentliche Auseinandersetzung führen die biblischen Schriften nicht mit dem Unglauben, sondern mit der Idolatrie, der Götzenverehrung. In der Zugehörigkeit zum einen, wahren Gott sind die Israeliten miteinander verbunden und gehören zueinander. Vielleicht können wir uns kein nachdrückliches Empfinden für die Einheit der Menschheit und das Leiden der Armen bewahren, aber wir können die Götzen benennen, deren Verehrung unser globales Dorf entstellt, und ihnen den Dienst verweigern. Drei dieser Götzen sind: die Kultivierung einer ungezügelten Begierde, die Verabsolutierung des Privateigentums und die Vergötterung des Geldes. Begehren, Privateigentum und Geld sind nicht in sich falsch; es sind alles wahre Güter. Werden sie aber, wie in unserer Gesellschaft, zu absoluten Gütern erhoben, dann werden sie zu Götzen, deren Verehrung vernichtend ist für die Menschheitsfamilie. Sie werden zu einer furchtbaren tritheistischen Anti-Religion.

Der «Vater» dieser götzendienerischen Dreifaltigkeit ist die grenzenlose Begierde. Mäßigung war für Thomas von Aquin eine der vier Kardinaltugenden. Als Tugend klingt sie wenig aufregend, aber sie ist notwendig für Frieden und Glück, für ein ausgewogenes Leben. Ja, sie ist fundamental, denn sie berührt, was grundlegend für unser menschliches Überleben ist: das Verlangen nach Essen, Trinken und Sex. Es sind Bedürfnisse, deren Befriedigung sehr angenehm ist. Aber wenn unser Verlangen nach ihnen exzessiv wird, bedrohen sie unsere Existenz. Wie wir gesehen haben, hatten die frühen Dominikaner eine gewisse Vorliebe für Wein. Psalm 104 spricht davon, dass Gott ihn uns gegeben hat, damit er «das Herz erfreut». Und noch dazu ist er gut für unsere Gesundheit! Aber wenn das Verlangen nach Wein maßlos wird, zerstört es unsere Gesundheit und unser Glück. Gleiches gilt für Essen und Sex. Die Mäßigung erlaubt uns, Vergnügen in der Befriedigung unseres Begehrens zu finden: Wir können Essen, Trinken und Sexualität genießen, weil das Verlangen uns nicht erdrückt und versklavt.

Die Mäßigung hilft den Menschen, sich zu entfalten und zu erblühen, indem wir unsere Begierden in einem Maß pflegen, das für unseren Körper gesund ist. Ein Vielfraß hat in seinem Verlangen nach Essen den Kontakt zu seinem Körper verloren. Damit will Thomas nicht sagen, dass wir unser Verlangen auf die Befriedigung unserer minimalen körperlichen Bedürfnisse beschränken müssen, als ob es nur darum ginge, ausreichend Sprit zu haben, um den biologischen Motor gerade am Laufen zu halten. Vielmehr ist es gut, dass wir unser Vergnügen am Wein haben und uns an ihm erfreuen können – aus purer Lust am Geschmack. Die Mäßigung lässt uns in unserem fieberhaft-hektischen Leben einhalten, um die Befriedigung eines Bedürfnisses oder Verlangens voll auszukosten. In einem brillanten Artikel über Maßhalten und Schokoladeessen schrieb Margaret Atkins, dass «wir nur selten die Muße haben, wirklich aufmerksam bei dem zu sein, was wir gerade tun – einen belgischen Trüffel zu essen beispielsweise – sehr langsam und in aller Stille».[13] Mäßigung widersetzt sich der Gewalt des Begehrens, die gierig und zerstörerisch sein kann. In mittelalterlichen Darstellungen der Hölle erscheint der Satan oft als riesiger Mund, der alles verschlingt, was ihm über den Weg läuft. Der Ausdruck in seinen Augen ist glasig und leer: Vergnügen an diesem zwanghaften Vertilgen hat er keines.

Die Geburt der Marktwirtschaft, des Hauptmotors der Globalisierung, ging einher mit der Entfesselung des Begehrens. Es wurde vom moderierenden Einfluss der Mäßigung losgelöst und zur Grenzenlosigkeit ermutigt. Symptomatisch für diese neue Welt war die 1714 von Bernard de Mandeville veröffentlichte *Bienenfabel.* Mandeville behauptete, dass die Ökonomie dann floriere, wenn die Begierde der Menschen möglichst groß ist. Gier sei gut, denn sie steigere den Konsum und entwickle den Markt. «Private Laster sind öffentliche Tugenden.» Das Verlangen sollte zügellos sein. «Des Luxus Prachtaufwendung Millionen Armen Arbeit schuf, / Desgleichen Stolz trotz üblem Ruf.»[14] Die Reichen waren damit öffentlich zur Maßlosigkeit verpflichtet, denn auf diese Weise würde die Wirtschaft weiter wachsen und die Armen profitieren. Heute nennt man das «Trickle-down-Effekt» («Durchsickereffekt»). Nur funktioniert er nicht.

Die Konsumgesellschaft regt zu immer größerer Begierde an; ihre typische Sucht ist Shopping. Unser Verlangen koppelt sich von unseren körperlichen Bedürfnissen ab. Es wird körperlos, desinkarniert. Die Herausforderung für den Konsumismus ist es, dieses Verlangen wach zu halten und uns das Gefühl zu geben, dass wir noch nicht genug haben, dass wir noch mehr brauchen. Befriedigung gibt es nicht, allenfalls für den Moment. Die Werbung gaukelt uns immer neue Bedürfnisse vor, von denen wir gar nicht wussten, dass wir sie hatten. Indem sie künstlich Bedürfnisse schafft, sichert sie endlosen Konsum. Konsumismus muss Konsumenten produzieren. Bauman sieht eine Entwicklung von der Bedürfnisbefriedigung über die Beförderung von Begehren hin zu einer dritten Stufe, die noch weniger mit der realen Welt zu tun habe, einer Fantasiewelt, die jeden unserer Wünsche befriedigt:

Heute sehen wir das Verschwinden des Begehrens. Es war nützlich und kann nun abdanken. Nachdem es die Konsumenten auf ein Niveau der Abhängigkeit gebracht hat, das mit seinen Mitteln nicht mehr zu steigern ist, ist die Zeit reif für ein stärkeres und vor allen Dingen vielseitigeres Stimulans, das die Nachfrage der Konsumenten auf der Höhe der An-

gebote hält. Der ‹Wunsch› leistet diesen dringend benötigten
Ersatz. Er vollendet die Befreiung des Lustprinzips, treibt die
letzten Residuen des ‹Realitätsprinzips› aus: Jetzt kann die im
Naturzustand gasförmige Substanz endlich aus dem Gefäß
entweichen.[15]

Diese Kultur des Konsumismus ist letzten Endes zerstörerisch. Sie trennt das Begehren von den Bedürfnissen unseres körperlichen Lebens ab, so dass es sich von dem loslöst
und entfernt, was wir sind, und schließlich in die Irrealität
der Fantasie abhebt. Der Konsumismus mag uns ein Lied von
der Befriedigung physischer Bedürfnisse singen, aber letztlich ist er anti-körperlich. Mäßigung, von der ein Aspekt die
Keuschheit ist, holt uns auf die Erde zurück, zurück zu dem,
was wir als körperliche Wesen sind. Sie lädt uns ein, kritisch
gegenüber dem sein, was man uns als unabdingbar einzure-
den versucht, und zu fragen: «Brauche ich das wirklich, und
warum?» Noch einmal Atkins: «Werbung zielt darauf, die
Verbindung zwischen Gütern und ihrem wirklichen Zweck
zu zertrennen: Das Auto dient nicht mehr dazu, zur Arbeit
zu kommen, sondern um attraktive junge Frauen anzuzie-
hen, durch weite Wüsten zu rasen oder die Freunde neidisch
zu machen. Diese Abtrennung von der Wirklichkeit ist entscheidend für das System, denn nur so können wir perma-
nent manipuliert werden. Die Verteidigung gegen das System
besteht darin, uns immer wieder selbst zu fragen: ‹Wofür ist
das wirklich gut?›» Und wiederum sollten wir Christen es
sein, die nicht mit dem Fragen aufhören. Eine maßlose Gesellschaft ist zerstörerisch, nicht nur für das Leben des Einzelnen, sondern für die menschliche Gesellschaft und unseren
Planeten. Grenzenlose und unhinterfragte Gier kennt keinen

Respekt vor den Minimalbedürfnissen der anderen und wird die Erde verschlingen. Sie führt uns zum zweiten Gott in dieser unheiligen Trinität: der Verabsolutierung des Privateigentums gegen die Interessen des Gemeinwohls.

Die Gesellschaft, in der Thomas von Aquin lebte, war in ökonomischer Hinsicht sehr viel einfacher als unsere eigene. Trotzdem bietet er eine Vision, die uns helfen kann, kritisch mit unseren scheinbaren Selbstverständlichkeiten umzugehen. Thomas verteidigt die Idee des Privateigentums – nicht als absolutes Recht, sondern weil es nützlich ist. Wenn Menschen persönlich für bestimmte Dinge verantwortlich sind, werden sie sich auch um sie kümmern. Roger Ruston führt das Beispiel eines Fahrrad-Sharing-Programms in Amsterdam in den 1970er Jahren an. «Die Idee war, dass man sich ein Fahrrad nehmen und fahren konnte, wohin man wollte, und es dann dort abstellte, damit ein anderer es nutzen kann. Nach ein paar Wochen war nur noch ein Haufen über die Stadt verteilter vor sich hin rostender Rahmen mit platten Reifen übrig.»[16]

Aber nach Thomas gibt einem das Recht auf Privateigentum nicht die Erlaubnis, mit dem, was man besitzt, zu tun, was man will. Man hat Dinge letztlich in seinem persönlichen Besitz, damit sie dem Gemeinwohl dienen. «In dieser Hinsicht darf der Mensch die materiellen Güter nicht als Privateigentum, sondern muss er sie als Gemeingut betrachten, so dass er sie ohne weiteres für den Bedarf anderer ausgibt.»[17] Privateigentum nutzt also dem Gemeinwohl. In Situationen, wo die Armen in drängender Not sind und die Reichen im Überfluss leben, haben die Armen einen Anspruch auf die Güter der Reichen, da Gottes Schöpfung für alle da ist. Man kann also von einem bedingten, nicht aber von einem *absoluten* Recht auf Privateigentum sprechen. Thomas zitiert Ambrosius von Mailand: «Was du zurückhältst, ist Brot der Hungrigen, was du einschließest, Kleidung der Nackten, das Geld, das du im Boden vergräbst, Loskauf und Befreiung der Elenden.» Basilius der Große verglich die Reichen, die für sich selbst mehr behalten, als sie brauchen, mit Leuten, die alle Sitzplätze in einem Theater kaufen und dann die anderen das Stück nicht sehen lassen. Alle Menschen haben das Recht auf Zugang zu den Gütern der Schöpfung. Wenn also jemand zum eigenen Überleben einem anderen Güter wegnehmen muss, ist es kein Diebstahl, «denn eine derartige Lebenslage bewirkt, daß das, was jemand an sich nimmt, um sich am Leben zu halten, ‹das Seine› wird».[18]

Privateigentum an sich ist also tatsächlich gut, insofern es dem Gemeinwohl dient. Um noch einmal Ruston zu zitieren: «Das individuelle Recht an Dingen ist dem Gemeinwohl untergeordnet und im Vergleich zu ihm sekundär. Was Einzelne in ihrem Besitz haben, besitzen sie immer treuhänderisch. Der eigentliche Sinn des Privateigentums liegt aus Sicht der göttlichen Vorsehung darin, die Güter der Erde für die zugänglich zu machen, die sie brauchen – wenn nötig auch aus der Verpflichtung zur Nächstenliebe heraus.»[19] Nächstenliebe ist hier nicht eine Frage der Großzügigkeit, sondern der Gerechtigkeit.

Mit der Entstehung der Marktwirtschaft verschob sich das Verständnis des Rechts auf Privateigentum. Es wurde zu einem unveräußerlichen Recht, das dem Leiden der Armen gegenüber gleichgültig ist. Ein entscheidendes Moment in dieser Entwicklung war die Einfriedung des Gemeindelandes in England unter den Tudors: «Die Einfriedungen sind zutreffend als eine Revolution der Reichen gegen die Armen be-

zeichnet worden. Die Lords und Adeligen erschütterten die
soziale Ordnung, brachen altes Gesetz und Sitte, manchmal
mit Gewalt, häufig durch Druck und Einschüchterung. Sie
beraubten buchstäblich die Armen ihres Anteils am Gemein-
deland, rissen die Häuser nieder, die die Armen nach bis dahin niemals gebrochenem Gewohnheitsrecht als ihr und ihrer Nachkommen Eigentum betrachtet hatten.»[20] Das grenzenlose Begehren der Reichen durfte durch das Gemeinwohl
nicht beschränkt werden.

Nun wäre es dumm, ein mittelalterliches Verständnis von
Privateigentum an unsere komplexe globale Ökonomie anle-
gen zu wollen. Deutlich ist aber, dass wir jedes gerechte Verständnis der Beziehung zwischen Privateigentum und Gemeinwohl verloren haben. Es ist schlicht vollkommener Irr-
sinn, dass die 400 reichsten Amerikaner über ein jährliches
Einkommen von 69 Milliarden Dollar verfügen und damit
ungefähr auf die gleiche Summe kommen wie das vereinte
Einkommen – 57 Milliarden Dollar – der 161 Millionen Ein-
wohner Botswanas, Nigerias, Senegals und Ugandas.[21] Es ist
schlicht blasphemisch, dass acht Millionen Menschen pro
Jahr sterben, nur weil sie arm sind, während andere unvorstellbar reich sind. Denkbar ist das überhaupt nur, weil wir
die Privateigentumsrechte vergöttlicht haben. Es ist eine
Form der Idolatrie, die unsere Welt kreuzigt. Ian Linden, der
frühere Direktor des Catholic Institute for International Re-
lations in London, hält den Schluss für zwingend, «dass das
unangefochtene Recht auf Privateigentum und unbeschränk-
ten finanziellen Wohlstand im Kern unseres gegenwärtigen
ethischen Dilemmas stehen. Die Annahme, dass ein solcher Zustand als ‹natürlich›, als für die Marktwirtschaft notwendig zu verstehen sei, muss auf den Prüfstand. Sie ist neu

zu definieren im Sinn der alten mittelalterlichen Begrenzung eines Rechts auf ausreichenden Besitz.»[22]

Eine der alarmierendsten Ausweitungen des Rechts auf Privateigentum stellt die Entwicklung eines Konzeptes von intellektuellen Eigentumsrechten dar. In Kapitel 6 habe ich bereits ihre Anwendung auf die Fruchtbarkeit der Erde erwähnt. Die dramatischste Kollision zwischen Privateigentum und Gemeinwohl geschah in der Frage der Patentierung von gegen Retro-Viren gerichteten Medikamenten, mit denen HIV-positive Menschen behandelt werden.[23] Für Millionen von Menschen in der afrikanischen Subsahara sind diese Medikamente absolut unerschwinglich. Der fehlende Zugang bedroht die zukünftige Existenz ganzer Staaten. Die Vereinigten Staaten verteidigten die Rechte der amerikanischen Pharmakonzerne, obwohl das den vorzeitigen Tod von Abermillionen Menschen bedeutet hätte. Was könnte den Blutdurst unserer selbsterrichteten Götzen in obszönerer Weise verdeutlichen? Es war, in den Worten Ian Lindens, «patentierte Unmoral». Unterstützt von verschiedenen Nichtregierungsorganisationen, kämpften die afrikanischen Länder auf dem Treffen der Welthandelsorganisation (WTO) 2001 in Doha um ihr Überleben und erzielten trotz massiven Widerstands von Seiten der Vereinigten Staaten einen Teilerfolg. Er verdankte sich im Wesentlichen dem Engagement von Afroamerikanern und AIDS-Aktivisten zu Hause in den Vereinigten Staaten.

Ungezügelte Begierde und die Verabsolutierung von Privateigentum bringen die dritte Person dieser götzendienerischen Dreifaltigkeit hervor, eine Parodie des Heiligen Geistes, der aus dem Vater und dem Sohn hervorgeht. Es ist Geld als Selbstzweck. Zygmunt Bauman sieht unsere Gesellschaft in einem tiefen Transformationsprozess.[24] Wir lassen eine frühere Form des Kapitalismus hinter uns, die so typisch von den Ford-Motorenwerken verkörpert wurde, dass sich die Bezeichnung «Fordismus» eingebürgert hat. Dieser Kapitalismus gründete auf der Produktion von Schwergütern wie Autos, Stahl, Schiffen usw., die in Industriezentren angesiedelt war. Belfast, Manchester, Lille und Pittsburgh waren nur einige der Städte, in die es die Armen auf der Suche nach Arbeit zog. Von dort wurden die Produkte in die ganze Welt exportiert. Für das Verhältnis von Arbeit und Kapital bedeutete das eine starke gegenseitige Bindung. Sie fochten große Schlachten, blieben aber wie ein mürrisches altes Ehepaar miteinander verheiratet. Die Arbeiter waren angewiesen auf die Löhne, die Fabriken brauchten eine ausgebildete und stabile Belegschaft. Als Ford die Gehälter seiner Arbeiter verdoppelte, geschah das, weil er sie halten musste. Geld und Arbeit waren voneinander abhängig. Heute betreten wir eine neue Welt, die Bauman «flüchtige Moderne» nennt. Was jetzt durch das weltweite Netz fließt, sind nicht mehr so sehr Schwergüter als vielmehr Zeichen und Symbole, Informationen, Logos und Markennamen. Vor allem aber ist es Geld, was ungehindert bewegt wird. Werden die Arbeiter aufmüpfig und verlangen höhere Löhne, zieht das Geld eben weiter. Die wesentliche Rolle, die den Regierungen dabei zukommt, ist es, den freien Fluss des Geldes zu sichern, Hindernisse zu beseitigen und Grenzen zu errichten, um die Arbeit am Hinterherkommen zu hindern. Bauman schreibt: «Kurze Begegnungen treten an die Stelle langfristiger Verpflichtungen. Man muß keinen Zitronenhain pflanzen, um eine Zitrone auszupressen.»[25] Geld wird flüssiger, seine Verbundenheit mit substanziellen Dingen wie Immobilien oder Land nimmt ab. Es muss frei sein,

sich zu bewegen, damit es – in Imitation Gottes – allgegenwärtig sein kann. Diese Ablösung des Geldes von der realen
Welt trug wesentlich zur Finanzkrise des Jahres 2008 bei, die
die meisten Politiker und Ökonomen wie aus heiterem Himmel traf und ans Licht brachte, dass so viele Vermögen auf
Sand gebaut waren – und die unzählige Menschen in Armut
stürzte und sie nun ums Überleben kämpfen lässt.

Thomas von Aquin bezeichnete seine Gegner selten als
Narren. Zu groß war sein Respekt vor der menschlichen Vernunft, selbst noch vor den Argumenten und Folgerungen derer, mit denen er nicht übereinstimmte. Eine Ausnahme bildet eine Stelle in seiner *Summa*, in der er die dumm nennt,
die glauben, dass alles dem Geld gehorche.[26] In diese Dumm-
heit ist die Moderne gefallen. «Du Tor», sagt Gott zu dem reichen Mann, der neue Scheunen für seine Ernte baut. Dem
Geld muss gehorcht werden. Wie Gott ist es reines Sein. Alles kann in Geld und Geld in alles umgerechnet werden. Es
ist reine Plastizität, reine Formbarkeit, in dessen Begriffen
alles gefasst werden kann. Geld wird mehr und mehr entma-
terialisiert; von seiner frühen Bindung an Goldbarren ist es
abgetrennt. Jeremy Rifkin, der Präsident der Foundation of
Economic Trends in Washington, notiert, dass Geld in der
neuen Cyberspace-Wirtschaft «noch mobiler und immateri-
eller [wird]. Jeden Tag fließen 1,9 Billionen US-Dollar durch
die elektronischen Netze von New York City.»[27]

Geld ist der Sinn und Zweck von allem geworden, das letzte
Ziel menschlichen Strebens, das universale Symbol, dessen
Ansprüche absolut sind, der finale Referenzpunkt. Als Christen müssen wir dem den Gehorsam verweigern. Wir tun es,
indem wir fragen, wozu Geld gut ist. Der Gerechte, so Thomas, will die Menge an Geld, die für ihn angemessen ist. Der

Habgierige will immer noch mehr. Margaret Atkins schreibt: «Thomas fragt, warum das so ist. Es liegt daran, dass er oder sie einen simplen Fehler macht und vergisst, dass der Zweck des Geldes darin besteht, ein Mittel für etwas anderes zu sein. Sobald man Geld als Zweck und nicht als Mittel versteht, gibt es kein Limit mehr, wie viel man davon haben will. Um erfolgreich zum Geizhals zu werden, muss man nur eine einzige Frage vergessen: ‹Wozu?›»[28] Stellen Sie weiter Fragen! Angesichts der Dominanz des Geldes müssen wir nach dem «Warum» fragen. Warum sollten wir das Knie vor den Absolutheitsansprüchen des Geldes beugen? Warum sollten wir uns Götzen aus Silber und Gold unterwerfen? Wer dient wem? Das Geld der Menschheit oder wir ihm als seine Sklaven? In Shakespeares *Timon von Athen* sagt Timon über das Gold:

> Ja, dieser rote Sklave löst und bindet
> Geweihte Bande; segnet den Verfluchten.
> Er macht den Aussatz lieblich, ehrt den Dieb
> Und gibt ihm Rang, gebeugtes Knie und Einfluss
> Im Rat der Senatoren.[29]

Die Gabe des Wortes

Wir haben versucht, über die *via negativa* eine Vorstellung von der Verwandtschaft der Menschheit zu bekommen. Dabei zeigte sich, wie Erfahrungen von Leid – von der Grausamkeit der spanischen Konquistadoren gegenüber der indigenen Bevölkerung von Hispaniola bis zum Tsunami an Weihnachten 2004 – einen tieferen Sinn für menschliche Solidarität kristallisieren können. In gleicher Weise können Christen ihre Verbundenheit mit der Menschheit auch dadurch anzeigen, dass sie dafür kämpfen, den Skandal der Armut zu beenden. Den falschen Götzen des Marktes, die die horrenden Ungleichheiten unseres globalen Dorfes gerechtfertigt und unausweichlich erscheinen lassen, müssen wir die Anbetung verweigern. Gibt es aber auch einen positiveren Weg, unsere Teilhabe an der ganzen Menschheitsfamilie zu begreifen?

Ich habe Virginia Woolfs Formel von der «Freiheit von unwirklichen Verpflichtungen» zitiert. Sie war überzeugt, dass wir uns von allen kleinen Identitäten befreien müssten, die uns von unseren Familien, Universitäten oder Ländern verliehen werden. Der einzige Weg, für die ganze Menschheit offen zu sein, besteht darin, niemanden zu privilegieren; zu ihr kann ich nur gehören, indem ich alle kleineren Bindungen hinter mir lasse. Aber das klingt unmenschlich und, im wahrsten Sinne des Wortes, blutleer. Thomas von Aquin spricht von der Verpflichtung, die am meisten zu lieben, die uns am nächsten stehen. Es ist der *ordo caritatis*, die Ordnung unserer Liebe. Die Gnade vervollkommnet die Natur, und es ist ganz natürlich, die eigene Mutter mehr zu lieben als eine Frau, die man überhaupt nicht kennt. J. S. Haldane scherzte einmal, dass er bereit sei, sein Leben für zwei seiner Geschwister oder acht seiner Cousins hinzugeben.

Charles de Gaulle klagte darüber, wie schwer es sei, ein Land zu regieren, in dem es 365 Käsesorten gebe – die genaue Zahl variiert. Das Wunderbare ist nicht, dass es in Frankreich eine so große Vielfalt an Käse gibt – sie könnten einer ekliger als der andere sein –, sondern dass es eine solche Überfülle von fabelhaftem Käse ist, vom butterkremartigen Ziegenkäse *Couronne Lochoise* bis hin zum südfranzösischen Schimmelkäse *Bleu de Séverac!* Das Allumfassende, das wir suchen, löscht die Besonderheit nicht aus, sondern erfreut sich an ihr und bringt sie ans Licht.

Wir lieben Menschen nicht im Allgemeinen. Denken Sie noch einmal an die Worte des Pastors in *Gilead*: «Ich [kann] Gott nie ausreichend danken für die Herrlichkeit, die er – mit Ausnahme deiner Mutter natürlich – vor der Welt verborgen und mir in deinem lieben, gewöhnlichen Antlitz enthüllt hat.»[30] Auch Gott liebt uns nicht im Allgemeinen, er hat Gefallen an unserer Besonderheit. Edmund Burke schreibt: «Die Basis (der ‹Keim› gewissermaßen) aller öffentlichen Verbundenheit ist die Bindung an eine kleinere Einheit der Gesellschaft, die Liebe zu der kleinen Gruppe, zu der wir gehören. Sie ist der erste in einer Reihe von Schritten, mit denen wir auf die Liebe zu unserem Land und zur Menschheit zulaufen.»[31]

Für Thomas von Aquin geht es bei der Gerechtigkeit darum, den Menschen zu geben, was ihnen zusteht. Gemeint sind damit aber nicht ihre Minimalrechte. Es ist keine abstrakte Gerechtigkeit für abstrakte Menschen, die einfach nur Exemplare der Spezies *homo sapiens* sind. Wahre Gerechtigkeit berücksichtigt, was Menschen brauchen, damit sie sich entfalten und blühen können, ähnlich wie auch wir nach unseren Freunden schauen und für sie sorgen würden. In Shakespeares *König Lear* werden dem König alle mit seinem Amt verbundenen Würden aberkannt und seine Bedürfnisse auf das biologische Überleben reduziert. Was braucht er mehr? Er ruft aus: «Oh, streite nicht, was nötig sei!»[32] Michael Ignatieff notiert, dass «die bloße Zuteilung dessen, was er, also implizit: jedermann, als armes, nacktes, zweizinkiges Tier benötigt, ihn entehrt. [...] Die Gleichbehandlung der Menschen als Menschen bedeutet, ihnen den Respekt zu versagen, der ihnen aufgrund ihrer Menschlichkeit zusteht. [...] Stehen sich

Menschen als Menschen gegenüber, als abstrakte Universa-
lien, der eine mächtig, der andere nicht, dann wird sich der
Mensch mit Gewissheit als des Menschen Wolf verhalten.»[33]
Gerechtigkeit braucht Imaginationskraft, die Fähigkeit, die
dem anderen je eigene Würde zu sehen, sich an seiner Schönheit zu erfreuen und seine Bedürfnisse zu erkennen.

Die Freundschaft lehrt uns, uns an der Verschiedenheit zu
freuen. Die Wissenschaftler haben lange über den Grund für
die Unterschiede zwischen den Ethnien gestritten. Warum
sehen Afrikaner, Asiaten, Kaukasier usw. verschieden aus?
Ein offensichtlicher Grund sind umgebungsbedingte Vorteile, etwa die Pigmentierung der Haut. Aber zunehmend
wird angenommen, dass ein weiterer Faktor die Ästhetik ist.
Unterschiede sind das Ergebnis sexueller Präferenz.[34] Verschiedene Gruppen haben unterschiedliche Schönheitsvor-
stellungen und wählen nach diesem Kriterium ihre Partner
aus. Wir unterscheiden uns also voneinander im Aussehen,
weil die Menschheit mit einer großen Geschmacksbreite ge-
segnet ist. Und so kann das Einüben in die Freundschaft auch
beinhalten, andere Formen der Schönheit schätzen zu lernen.
Bei meinen Reisen um die Welt bin ich immer wieder erstaunt
über die unvergleichliche Schönheit der Menschen. Und immer halte ich die, die ich gerade treffe, für die schönsten überhaupt – bis ich zum nächsten Kontinent weiterziehe.

«Wenn ich die eine Formel finden müsste», so Nicholas
Lash, «mit der ich nach christlichem Verständnis den innersten Kern der Beziehung zwischen Gott und Welt anzeigen sollte, würde ich mich auf die Aussage festlegen, dass
wir zur Freundschaft fähig geschaffen wurden. Das heißt:
Wir sind fähig, der Herabwürdigung von Beziehungen hinein in Bindungen von Eigentum, Ausbeutung, Herrschaft,

Gewalt und Gleichgültigkeit wirksam zu widerstehen.»[35]
Menschliche Solidarität ist die Realisierung unserer Fähigkeit zur Freundschaft, die alle Grenzen überschreitet. Nun ist es schwer genug, sich eine Freundschaft vorzustellen, die ein ganzes Dorf umfasst – wie soll das erst für die ganze Menschheit gehen? Macht es überhaupt Sinn? Es geht hier nicht darum, alle Menschen sympathisch zu finden. Es geht darum, eine gereinigte Sprache zu lernen, aus der alles, was der Freundschaft entgegensteht, gestrichen ist: Verunglimpfung, Missachtung, Gewalt. Christus, das fleischgewordene Wort, ist die Sprache von Gottes Freundschaft, die wir zu sprechen lernen müssen.

In seinem Buch *Die Anti-Gesellschaft* weist McCabe darauf hin, dass sich die Einheit der Menschen deutlich von der Einheit anderer Spezies unterscheidet. Katzen oder Kühe bilden in sich eine biologische Einheit, sie sind in der Lage, sich zu verpaaren. Auch wir Menschen sind auf diese biologische Weise miteinander verbunden, aber als sprechende Wesen sind wir darüber hinaus zu einer tieferen Einheit berufen. Die Einheit der Menschheit gründet sich auf unsere Fähigkeit, miteinander zu sprechen. Die Sprache ist der Durchbruch zu einer neuen Art von Gemeinschaft.

Katzen teilen eine gemeinsame Bedeutungswelt, die bestimmt ist durch ihre Katzennatur. Eine Maus ist für sie eine Mahlzeit und der Schoß von Menschen ein kuscheliges Plätzchen zum Schlafen. Ihre Welt ist eine Katzenwelt. Wir Menschen hingegen leben in einer Welt, die nicht allein durch unseren Körper bestimmt wird. Wir können neue Wege des Sprechens erfinden, die unsere Sicht der Dinge verändern und neue Möglichkeiten von Beziehung eröffnen: «Wir können mit Hilfe selbsterfundener Medien kommunizieren, nämlich mit Hilfe unserer Sprache; die Medien anderer Lebewesen indessen sind genetisch determiniert.»[36] Menschen können beeinflussen, was es heißt, Mensch zu sein; Katzen können das mit ihrem Katzesein nicht. Im Rückblick auf Veränderungen in unserer Gesellschaft können wir sehen, wie unsere sprachliche Kreativität neue und tiefere Wege des Zusammenlebens eröffnet hat, aber auch wie wir in die Fantasie abgehoben sind und die menschliche Gemeinschaft unterminiert haben. Oft war es eine Mischung aus beidem.

Das Englisch, das ich heute spreche, unterscheidet sich ziemlich von dem meines Großvaters vor vierzig Jahren. Die Sprache hat sich entwickelt und drückt eine veränderte Sicht des Menschseins aus: Sie übermittelt Werte, ein Verständnis von menschlichen Beziehungen, davon, was es heißt, zu leben, zu lieben und zu sterben. Das moderne Englisch wurde beispielsweise stark demokratisiert und vermittelt ein tieferes Gespür für die Gleichheit aller Menschen. Vor vierzig Jahren war Englisch noch geprägt durch alle möglichen Klassenvorurteile, durch eine bestimmte Art, wie Männer über Frauen gesprochen haben und wie über Ausländer geredet wurde. Die Sprache ist auf eine für damalige Verhältnisse unvorstellbare Weise reicher geworden. Sie gewann neue Metaphern und Vokabeln aus aller Welt. Gleichzeitig trägt sie die Narben des Konsumismus und der Anbetung des Geldes; sie wurde deformiert durch die Götzen unserer Zeit. Für Englisch gilt das in besonderer Weise, da es zur universalen Sprache geworden ist – Inder, Afrikaner, Bewohner der Karibik und Amerikaner haben ihm unablässig neue Möglichkeiten gegeben –, aber durch die gemeinsame globale Kultur erfuhr es zugleich auch eine Verengung. Die Multikulturalität machte sie reicher, die Kultur des Marktes ärmer.

Als Menschen sind wir dazu berufen, nach neuen und tieferen Wegen der Zusammengehörigkeit zu suchen, nach neuen
Wegen des Sprechens, die unsere Fähigkeit zur Gemeinschaft
besser realisieren. In der Moral geht es um den Aufbau von
Beziehungen, die immer weniger oberflächlich, immer weniger belanglos sind. Menschliche Kreativität lässt keine vorgegebene Interpretation der Welt als endgültig zu; wir strecken
uns immer aus «nach einer Zukunft, die gerade deswegen,
weil ihre Sprache noch nicht existiert, nur sehr dunkel erahnt
werden kann. Das bedeutet: jede Sprache ist letztlich als vorläufig zu betrachten, zumindest kann sie in der Rückschau als
vorläufig erkannt werden».[37]

Menschliche Solidarität ist also mehr als die Überwindung
von Ungleichheit; sie schafft eine gemeinsame Bedeutungswelt. Das erreichen wir nicht dadurch, dass wir alle dieselbe
Sprache sprechen, etwa indem alle Welt Englisch lernt. Diese
linguistische Einheit wäre zugleich eine kulturelle Wüste.
Auf einer sehr viel tieferen Ebene sind wir zu einer Gemeinschaft berufen, in der wir alles teilen können, was wir sind, ja
in der wir zu dem werden, was wir sein sollen. Stellen Sie sich
eine Sprache und ein Sprechen vor, die frei sind von Herrschaft, die keine Verachtung kennen, sondern reine Gemeinschaft sind.

Das mag wie eine verrückte Utopie klingen, aber diese Gemeinschaft, so McCabe, ist Jesus Christus. Er ist das Wort,
in dem wir miteinander eins und so ganz Mensch werden.
Menschliche Solidarität ist also etwas, an deren Aufbau wir
durch die Bekämpfung von Ungerechtigkeit arbeiten. Für uns
ist das der Weg, Ja zu sagen zu Gottes Gabe der Gemeinschaft
in Christus, die alles übersteigt, was wir uns jemals vorstellen
können. «Es gibt zwei fundamentale Aussagen, die man von

Jesus machen muss: dass er [...] die Selbstmitteilung Gottes ist; und zum anderen, daß er der Sinn der menschlichen Geschichte ist. [...] Jesus also, die Kommunikation des Vaters, ist die Menschheit, die ihren Sinn erfüllt, ihre Bedeutung erlangt hat; er ist es, der die Menschheit sinnvoll macht.»[38] Jesus Christus hat mit seinem Körper alle Gewalt getragen, die Menschen gegeneinander anwenden, alles Scheitern in der Kommunikation, allen Hass, den wir jemals füreinander hatten. Es tötete ihn, aber der Vater hat sein Wort zum Leben erweckt und die Stille des Grabes gebrochen. Die Auferstehung ist der Triumph des Sinns über alle Mächte, die ihn zu zerstören suchten. Es ist der Sieg der Gemeinschaft über alles, was uns voneinander trennt. Als der auferstandene Herr den Jüngern erscheint, sagt er: «Friede sei mit euch.»

Denken Sie an den Unterschied zwischen dem Essen eines Hamburgers und dem Teilen der Eucharistie. Soziologen haben vom «sakramentalen Verzehr» eines Fastfood-Hamburgers gesprochen, das heißt, er wird zum Sakrament der eigenen Zugehörigkeit zur globalen Welt der Konsumenten. Peter Berger schreibt: «Mit Freud gesprochen, ist ein Hamburger manchmal einfach nur ein Hamburger. In anderen Fällen ist sein Verzehr, besonders wenn er unter der goldenen Ikone eines McDonald's-Restaurants geschieht, jedoch das sichtbare Zeichen der realen oder imaginären Teilhabe an der globalen Moderne.»[39] Sogar das Essen eines Hamburgers kann all die Rubriken einer kirchlichen Zeremonie haben. In Japan gab es anfangs eine Faszination für dieses Ritual: Im Stehen mit den Händen zu essen war ein sichtbarer Protest gegen die japanischen Gewohnheiten und Bräuche. Hier ist der Hamburger ein Zeichen der Gemeinschaft im globalen Markt – mit seiner wunderbaren Vernetzung und all den Möglichkeiten, Fremden zu begegnen, aber auch mit seiner kulturellen Armut und der Verelendung von Millionen.

Die Eucharistie zu teilen heißt, das Sakrament reiner Gemeinschaft in Christus zu teilen. In ihm sind alle Gewalt und Rivalität aufgehoben, denn er hat sie in seinem Tod getragen und in seiner Auferstehung zerstört. 1993 feierte ich das Fest Allerheiligen in unserer Kirche in Kigali, Ruanda. Man spürte die Nervosität der Anwesenden, denn Hunderttausende waren während des Mordens in Kirchen umgekommen. Aber hier konnten sich beide ethnischen Gruppen sicher, wenn auch ein bisschen ängstlich treffen. Den Brüdern steckte noch immer der Schreck des letzten Überfalls von Soldaten auf die Priorei in den Knochen. Einmal mehr hatten sie alles verloren, was sie besaßen, und ihnen war mit dem Tod gedroht worden. Die Schwestern waren mit dem Auto aus Biamba gekommen, nachdem sie über Wochen zwischen den gegnerischen Armeen gefangen waren, während die Granaten über ihren Köpfen hin- und herflogen. Alle standen unter Schock und konnten ihre Trauer kaum ausdrücken. Die Brüder allein hatten fast 500 Familienmitglieder verloren. Die Eucharistie war das Zeichen eines Friedens, der fast jenseits aller Vorstellung schien. Hinter uns an der Wand war ein leuchtendes Mosaik von Maria und Dominikus am Fuß des Kreuzes. Nur der gekreuzigte und auferstandene Herr versammelt uns alle in Einheit. Er hat mit seinem Körper die Gewalt getragen, die Menschen einander zufügen, und ist von den Toten auferstanden.

Es gibt keine universale Sprache reiner Gemeinschaft außer Christus, und noch wissen wir dieses Wort, das er ist, nicht vollauf zu sprechen. Wir sprechen verschiedene Sprachen, und zu Recht freuen wir uns an ihrer Vielfalt und kämpfen um ihr Überleben. Aber wir können das Wort, das Christus ist, unsere Sprachen durchdringen und reinigen lassen, indem wir uns vom Evangelium herausfordern lassen, mit Fremden zu reden und Worte zu finden, die Freundschaft eröffnen. Das heißt, dass ich eine Aufmerksamkeit dafür erlernen muss, wie Fremde über sich selbst sprechen. Jede Sprache ist nicht nur ein Medium der Gemeinschaft, sondern auch der Feindschaft. Sie schließt ein und aus. Sie ist Ausdruck der Zuneigung für die, zu denen wir gehören, und Ausdruck der Zurückweisung von Fremden. Wir sagen, wer wir sind, auch indem wir sagen, wer wir nicht sind. Im 18. Jahrhundert Engländer zu sein bedeutete, dass man *nicht* katholisch war. Im 19. Jahrhundert hieß es, dass man *nicht* Franzose war. Und die längste Zeit des 20. Jahrhunderts hieß es, dass man *nicht* Deutscher war. Das Zusammentreffen mit Fremden kann die Weise, wie wir über sie reden, verändern. Und damit ändert sich auch die Weise, wie wir uns selbst verstehen. Es reinigt unsere Sprache von Missachtung und fokussiert sie auf die Weite Christi hin.

Kwame Anthony Appiah ist davon überzeugt, dass wir kosmopolitisch – Weltbürger – werden, weil wir fähig sind, die Geschichten anderer Menschen zu verstehen. Es stimmt einfach nicht, dass wir in den kleinen Gefängnissen unserer eigenen Kultur eingesperrt und uns Fremde daher unverständlich sind. Ich kann Homer, Gabriel García Márquez oder Murasaki Shikibu, die erste Romanschriftstellerin der Welt, lesen und in ihre Welten eintauchen. Ich finde mich selbst in ihren Erzählungen. «Was das Zusammentreffen mit anderen Menschen über Raum, Zeit und Erfahrung hinweg gelingen lässt, variiert immens. Für Geschichten – epische Gedichte genauso wie moderne Formen wie etwa Romane und Filme – ist es die Fähigkeit, einer Erzählung zu folgen und eine Welt in der eigenen Vorstellung entstehen zu lassen. Und wie sich herausstellt, gibt es überall Menschen, die dazu gerne bereit sind.»[40] Je mehr sich die beschriebenen Welten von meiner eigenen unterscheiden, desto faszinierender sind die Geschichten. Ich mag Tolstoj oder Isabel Allende, weil sie so russisch beziehungsweise so chilenisch sind. Ihre Fremdartigkeit ist eine Einladung, keine Barriere.

Als Christ kann ich in meiner Vorstellung auch in die Geschichten anderer religiöser Traditionen eintreten. Muslime, Juden, Sufis – ich kann von ihren Begegnungen mit Gott lesen und mich selbst in ihren Geschichten finden. Sie lehren mich nicht nur etwas über Gott, sondern auch etwas über Christus. Wenn ich glaube, dass Christus wirklich das Wort der Freundschaft ist, das die Menschheit versöhnt, dann *muss* ich zum Schüler anderer Religionen werden. Denn von ihnen lerne ich neue Wörter, um die Sprache der universalen Freundschaft sprechen zu können, die Christus ist. Interreligiöser Dialog ist keine Frage der Nettigkeit gegenüber dem eigenen Nachbarn um des lieben Friedens willen: Er sollte Teil meiner religiösen Suche sein, gerade weil ich Christ bin. Ein muslimischer Freund kann meinen Geist öffnen, mein Vokabular weit machen, so dass ich Christus nahekomme, in dem Gott alle Dinge mit sich selbst versöhnt. Im interreligiösen Dialog geht es also nicht darum, eine vage universale Wischiwaschi-Spiritualität zu entwickeln, die ein bisschen was von jeder Weltreligion in den großen Topf rührt. Wenn ich aufmerksam dafür bin, wie Muslime über ihren Glauben sprechen, kann ich von der Kraft und Intensität ihrer Überzeugungen berührt werden, von der Besonderheit ihres Glaubens, von seiner Verschiedenheit. Das ist es, was mich öffnen wird. Ein interreligiöser Dialog, in dem man die eigenen tiefsten

Überzeugungen auf Eis legen muss, um einen leichteren Austausch über spirituelle Gemeinplätze zu erreichen, wäre Zeitverschwendung.

Am Anfang des vorigen Kapitels habe ich von den drei Erzählebenen «Meine Geschichte», «Unsere Geschichte» und
«Die große Geschichte» gesprochen. Wenn wir die Geschichte
der Menschheit erzählen können, werden wir im Gottesreich
angekommen und vollkommen miteinander eins sein. Noch
können wir sie nicht vollständig erzählen. Als Christen glauben wir, dass uns die Geschichte sakramental geschenkt ist
in der Geschichte von Christi Leben, Tod und Auferstehung.
Wir vergegenwärtigen sie in jedem liturgischen Jahr. Sie ist
das Zeichen der äußersten Freundschaft, die wir in Gott erlangen werden. Jetzt haben wir nur das Zeichen dafür, was
kommen wird. Wir haben keine Straßenkarte, kein Programm, keine Exklusiv-Information darüber, was als Nächstes kommt. Aber wir können uns unseren Weg bahnen hin
zur endgültigen Geschichte. Wir können uns selbst auf ihr
Geschenk vorbereiten, indem wir so zu sprechen beginnen,
dass die Weite von Gottes Wort darin zum Ausdruck kommt.
Wir können lernen, wie man mit- und übereinander auf eine
Weise spricht, die Freundschaft ermöglicht. Männer müssen
darauf hören, wie Frauen von sich selbst sprechen, da, wie
Mary Daly seitens der Frauen beklagte, «uns die Macht der
Benennung geraubt wurde».[41] Wir müssen auf Leute hören,
die Ausländer im eigentlichen Sinne sind, aber auch auf die
Fremden von nebenan. Die Heterosexuellen müssen auf die
Geschichten hören, die Homosexuelle erzählen, Christen auf
jüdische oder buddhistische Geschichten usw.

In der Welt der mächtigen Nationalstaaten bestand die
Rolle der Kirche darin, uns über den Nationalismus hinaus

zu einer globalen Identität zu rufen, denn die Kirche war die
einzige globale Institution. Sie war eine Gegenkultur und
eine Herausforderung für die herrschenden Mächte. Aber in
unserem neuen globalen Dorf, in dem der Nationalstaat sehr
viel schwächer ist und sich globale – oder zumindest internationale – Institutionen rasch ausbreiten, wird sich die Rolle
der Kirche vielleicht ändern. Angesichts einer zerstörerischen
Konsumkultur, die sich in jede Ecke unseres Planeten hinein
ausbreitet und jeden Unterschied beseitigt, indem sie immer
mehr Wahlmöglichkeiten zwischen identischen Produkten
bietet, wird die Kirche vielleicht wieder die Rolle einer Gegenkultur einnehmen müssen, indem sie schützt und schätzt,
was klein und bedroht ist. Nicholas Boyle schreibt: «Die kleinen Erzählungen von den Opfern der großen Prozesse, die
Geschichten von dem, was unsere große neue Welt verdrängt
oder ignoriert, sie werden in kleinem Maßstab erzählt, reich
an Details, die die neue Welt als oberflächlich und unwesent-
lich abtun wird. In Bezug auf die Kirchenstruktur finden sich
die kleinen Erzählungen auf diözesaner, gemeindlicher oder
Basis-Ebene.»[42]

Die Kirche ist also auf vielerlei Weise berufen, ein Zeichen
der Einheit der Menschheit zu sein. Die Päpste haben immer
wieder dazu aufgerufen, die Strukturen der Ungerechtigkeit
zu bekämpfen, die einen Großteil der Menschheit in Armut
gefangen hält. Wir müssen den falschen Götzen, die das globale Dorf regieren, den Dienst verweigern: einer grenzenlosen
Begierde, der Verabsolutierung von Privateigentum und Geld.
Aber vielleicht besteht unsere größte Herausforderung darin,
unsere Sprache zu reinigen, wenn wir über Fremde sprechen,
so dass sie offen ist und der ganzen Weite und Gastfreund-
schaft des Wortes Gottes nahekommt. Dann wird man eine

Spur von Gottes Geheimnis wahrnehmen können, der allgegenwärtige Mitte ist und nirgendwo eine Peripherie hat und
für den niemand am Rand steht.

9

Der Schock der Entwurzelung

Das Christentum ist in seiner Fähigkeit, die zukünftige Einheit der Menschheit zu bezeugen, tief verwundet. Grund dafür sind die Spaltungen, die die Christenheit als ganze wie die einzelnen Kirchen zertrennen. Auf die ersteren werde ich nicht eingehen, denn sie betreffen den ökumenischen Dialog zwischen den christlichen Kirchen, und ein besonderes Expertenwissen auf diesem Gebiet kann ich nicht für mich beanspruchen. In diesem und im nächsten Kapitel werde ich vielmehr der Frage nachgehen, wie wir die Spaltungen innerhalb der katholischen Kirche heilen können. Ich hoffe, dass meine Überlegungen auch bei Mitgliedern anderer Kirchen Resonanz finden werden.

Kürzlich war ich bei einem Freund und seiner Familie zum Essen eingeladen. Er hatte vor gut zwanzig Jahren sein Priesteramt aufgegeben und geheiratet. Während des gesamten Essens griff er wütend den Papst an, schimpfte über den Vatikan, das Opus Dei und die anderen üblichen Verdächtigen. Als wir beide dann allein unseren Kaffee tranken, beklagte er, dass er seine Liebe für die Kirche nicht an seine Kinder habe weitergeben können. Warum wohl! Die Kirche hat sich in vielen

Ländern polarisiert. Beispiele dafür sind Österreich, Holland und Teile Lateinamerikas; allen voran sind aber die Vereinigten Staaten zu nennen. Symptomatisch ist ein weitverbreiteter Zorn gegenüber Katholiken, die andere Ansichten vertreten. Wie sollen junge Menschen in einer Gemeinschaft eine Heimat finden, die so wütend ist? Wer wird sich von einer Kirche angezogen fühlen, deren Mitglieder so viel aggressive Energie gegeneinander aufwenden? Zorn kann fruchtbar sein, wie wir gesehen haben. Für Augustinus ist er eine der schönen Töchter der Hoffnung. Aber er kann auch schlicht und einfach nur zerstören.

Diese Polarisierung widerspricht diametral der Natur der Kirche, die das Volk Gottes zur Einheit versammeln soll, damit es ein Zeichen für das Reich Gottes ist. Christopher Ruddy, ein junger amerikanischer Theologe, schreibt: «Die Polarisierung ist ein Luxus, den sich die Kirche nicht länger leisten kann, ja sie darf ihn nicht einmal dulden ... Die Polarisierung hat die Fähigkeit der Kirche erstickt, authentisch das Evangelium zu verkünden und missionarisch zu sein.»[1] In den nächsten beiden Kapiteln möchte ich daher erkunden, wie und wo wir anfangen können, diese Spaltungen zu überwinden und die Kirche zu einem weiten Zuhause zu machen, das groß genug ist, das Volk Gottes zu beherbergen.

Lassen Sie uns zunächst kurz auf die Natur dieser Polarisierung schauen. Üblicherweise wird sie als Spaltung zwischen rechts und links, zwischen Liberalen und Konservativen, Progressiven und Traditionalisten verstanden. Das ist nur teilweise zutreffend. Denn der gleiche Gegensatz prägt die westliche Gesellschaft insgesamt und findet sich zunehmend auch auf globaler Ebene. Weil wir Mitglieder dieser Gesellschaft sind, färbt er auch unsere Wahrnehmung der Spaltungen in der Kirche. Eine solche Polarisierung aber widerspricht unserem Glauben zutiefst; wir sind daher aufgerufen, sie zu überwinden.

Die Aufspaltung in links und rechts geht zurück auf die Aufklärung. Ihre Denker verstanden sich als aufgeklärt, weil sie sich von der Tradition, allen voran derjenigen der Kirche, befreit hatten. Die Sonne der Vernunft war aufgegangen und hatte alle alten Dogmen hinter sich gelassen. Auf diese Beleidigung reagierte die Kirche nicht selten damit, dass sie sich gegen den Fortschritt mit all seinen schrecklichen Symptomen wie Demokratie, Gewissensfreiheit, Individualismus usw. stellte. Es war die große Schlacht des 19. Jahrhunderts: Kirche gegen Liberalismus. Die Kirche hatte das von ihren Gegnern abgesteckte Terrain als Schlachtfeld akzeptiert. Es waren jedoch Kategorien, die ihrer eigenen Tradition fremd waren, und so konnte sie nur verlieren. Im 20. Jahrhundert musste sie dann viele der Positionen zurücknehmen, die sie sich im vorangegangenen Jahrhundert zu eigen gemacht hatte. Der Fehler der Kirche bestand darin, dass sie sich auf das Gedankengebäude ihrer Gegner eingelassen hatte, statt die Kategorien anzufechten, in die man sie einsortiert hatte.

Innerhalb der Kirche kann es Spannungen zwischen liberalen und konservativen Katholiken geben, weil die meisten Menschen in unserer Gesellschaft entweder zum einen oder zum anderen Lager gehören. Die Kategorien unserer Kultur bestimmen uns. Der entscheidende Punkt für die Spaltung innerhalb der Kirche kann das aber nicht sein, denn für einen Katholiken übersteigt der Glaube diese Polarität. Paulus war der vielleicht kreativste christliche Denker überhaupt, aber seinem Selbstverständnis nach gab er nur eine Tradition weiter, die er selbst empfangen hatte. «Ich lobe euch, dass ihr in allem an mich denkt und an den Überlieferungen festhaltet, wie ich sie euch übermittelt habe» (1 Korinther 11,2). Als Christen, und das ist wesentlich, hören wir die frohe Botschaft, die uns von den Menschen vor uns überliefert wurde. Für uns ist die Tradition bleibende Quelle des Neuen und der Vitalität: Die alte Weisheit erneuert uns. Wenn Menschen von «der Tradition» sprechen, meinen sie üblicherweise das, was vor zwanzig Jahren gelehrt wurde. Aber Erneuerung geschieht durch die Rückbesinnung auf die außergewöhnliche Vielfalt und Verschiedenheit der Traditionen. Das Zweite Vatikanische Konzil etwa war in Teilen eine Rückkehr in die Zeit vor dem Konzil von Trient: zur Heiligen Schrift und den Traditionen der ersten Jahrhunderte.

Wie nun lassen sich die Spaltungen beschreiben, die die Kirche heute zerteilen, und warum machen sie die Leute so wütend? Es ist nicht leicht, fair und objektiv zu bleiben, weil jeder von uns, mich eingeschlossen, in den Strudel hineingezogen und keiner gänzlich unparteiisch ist. Aber wir müssen versuchen, die Situation so zu beschreiben, dass sich jeder in dieser Beschreibung wiedererkennen und mehr oder weniger sagen kann: «Ja, da stehe ich.» Wir müssen aufhören, über die Kirche zu reden, als ob es in ihr «Gute» und «Böse» gäbe. Das ist eine prophetische Aufgabe. In der Vergangenheit galten häufig diejenigen als Propheten, die gegen die kirchlichen Autoritäten aufstanden und ihr Versagen anklagten. Prophetie wurde oft verwechselt mit dem Anprangern der Fehler anderer. Heute liegt die prophetische Herausforderung darin, Wege nach vorn zu finden, um die Spaltung zu überwinden. Wir müssen uns gegenseitig aus dem Exil rufen. Das ist nicht ungefährlich, denn Vertreter beider Flügel werden es als faulen Kompromiss und Verrat an der Sache werten.

Eine erste Herausforderung besteht darin, passende Namen für die «Parteien» zu finden, die die Kirche spalten. Wie bereits gesagt, finde ich die Begriffspaare progressiv/traditionalistisch oder liberal/konservativ wenig hilfreich. Die beiden Lager werden auch holzschnittartig hier auf das Denken des Augustinus, dort auf die Theologie des Thomas von Aquin zurückgeführt. Ich denke, dass auch dies die Sache nicht trifft. Denn schließlich haben die Dominikaner die Augustinusregel übernommen und halten zugleich Thomas von Aquin in Ehren. Die Ansätze dieser beiden größten Theologen der westlichen Christenheit sind zu komplex, als dass man sie einfach der einen oder anderen Partei zuschlagen könnte. Andere haben versucht, die Opposition zwischen den Strömungen so zu fassen, dass für die einen die Kirche eine «Geheimnis-Wirklichkeit» ist, die «Epiphanie», das Aufleuchten eines göttlichen Mysteriums, während die anderen sie als «Beziehungswirklichkeit» begreifen, als etwas, das nur in Beziehungen und im Dialog seine Aufgabe erfüllt. Aber wenn ich Ihnen noch mehr mit solchen Begriffen komme, werden Sie möglicherweise nur dazu verleitet, schnell zum nächsten Kapitel weiterzublättern!

Jede Terminologie steht in der Gefahr, Widerspruch hervorzurufen und so das Gespräch zu beenden, bevor es überhaupt begonnen hat. Aber es muss beginnen! Mit einigem Zögern stelle ich Ihnen also meine Terminologie vor: Ich werde von den beiden Strömungen in der katholischen Kirche der Gegenwart als *«Gottesreich»-Katholiken* und *«Communio»-Katholiken* sprechen. Zugrunde liegt ein unterschiedliches Verständnis von Kirche: Die einen verstehen sie primär als pilgerndes Volk Gottes auf seinem Weg zum Gottesreich; die anderen sehen sie vorrangig als Institution, als Gemeinschaft der Gläubigen. Die meisten von uns werden sich bis zu einem gewissen Grad in beiden Modellen wiederfinden, tendieren aber stärker zum einen als zum anderen. Ich bin überzeugt, dass wir als römische Katholiken beide Identitäten brauchen und dass die Spannung zwischen ihnen fruchtbar und dynamisch ist. Das werde ich im Folgenden entfalten.

1963 trafen sich während der zweiten Sitzungsperiode des Konzils der Jesuit Karl Rahner, der Dominikaner Edward Schillebeeckx und der Diözesanpriester Hans Küng, um die Gründung einer Zeitschrift auf den Weg zu bringen, die die Agenda des Konzils weiterführen sollte.[2] Sie erhielt den Namen *Concilium* und brachte Theologen zusammen, die begeistert vom Zugehen des Konzils auf die Moderne waren. Die erste Ausgabe erschien 1965. Zentrale Glaubenslehre war für sie die Inkarnation: In Jesus Christus hat Gott die ganze Menschheit umfangen. Der Christus, an dem sie sich orientierten, reißt Grenzen zwischen Menschen nieder, berührt Leprakranke, streckt seine Hand zu den Fremden aus und versammelt uns als Volk Gottes. Ihre Theologie schaute nach außen und sah den Heiligen Geist am Werk in allen Menschen. Schillebeeckx sprach oft vom *Deus humanissimus*, dem allermenschlichsten Gott. Diese Katholiken hatten sich anstecken lassen vom Bestreben Papst Johannes' XXIII., die Fenster der Kirche weit aufzureißen und frische Luft hineinzulassen. Für sie bestand der theologische Lackmustest jeglicher Theologie in ihrer Verwurzelung in der Erfahrung und ihrem befreienden Charakter. Keine Offenbarung ohne Befreiung. Alle Arten von Befreiungstheologien entfalteten sich: mit der «Option für die Armen» in Lateinamerika, der feministischen Theologie, allen voran in den Vereinigten Staaten, der Theologie der Inkulturation, hauptsächlich in Asien. Das

war die Theologie, die während meiner Studienzeit in Oxford
und Paris in der Luft lag. Alles schien möglich. Im Rückblick
kommt es mir so vor, als seien wir dauernd auf der Straße
gewesen, um zu demonstrieren: gegen den Krieg in Vietnam,
gegen Nuklearwaffen, gegen Rassismus und die Misshand-
lung von illegalen Immigranten. Spannende Zeiten!

Die andere Gruppe sind die Communio-Katholiken. Auch
sie werden symbolisiert durch eine Zeitschrift, *Communio*.
Sie erschien erstmals im Jahr 1974, als sich Sorgen über den
Weg, den die Kirche nach dem Konzil eingeschlagen hatte,
breitzumachen begannen. Der Leitartikel der ersten englisch-
sprachigen Ausgabe führt die Anfänge der Zeitschrift auf ein
Treffen der Internationalen Theologenkommission 1970 zurück. Einige Mitglieder «glaubten, dass es ein echtes Bedürfnis für eine Zeitschrift gebe, die ein Gespür der Gemeinschaft
vermittelt, die das innere Leben der Kirche ausmacht».[3] Das
war das Kernanliegen. Die Zeitschrift schaute vor allem auf
Hans Urs von Balthasar als ihren «Guru». Viele der Autoren wie Joseph Ratzinger und Henri de Lubac hatten zuvor
Beiträge in *Concilium* verfasst. Ratzinger war geschockt von
den Studentenunruhen in Tübingen 1968. Sie erschütterten
sein Vertrauen in die Moderne, die das Konzil mit solchem
Enthusiasmus umarmt hatte. Für *Communio* durfte es kein
Nachgeben in der Verkündigung des Glaubens geben. Seine
Wahrheit und Schönheit hat die Macht, Menschen anzuzie-
hen. Übernimmt man die Sprache der Moderne zu unkritisch,
läuft man Gefahr, die eigene Identität zu verlieren und restlos
aufgesogen zu werden. Die zentrale Glaubenslehre war für sie
nicht so sehr die Inkarnation als das Kreuz: Wir müssen es
wagen, zum Skandal des gekreuzigten Herrn zu stehen. Zentrum des kirchlichen Lebens sind Anbetung und Lobpreis.

Auf Treffen junger Katholiken begegnet man heute häufig Gruppen, die in stiller Anbetung versammelt sind. Viele junge Menschen wachsen auf, ohne eine klare christliche oder katholische Identität mitbekommen zu haben, und so identifizieren sie sich mit einem Verständnis von Kirche, das unser spezifisches Erbe – mit seiner überlieferten Art des Sprechens und Betens und den traditionellen Formen der Frömmigkeit – betont: Wir sollten uns nicht von der Welt aufsaugen lassen. Wir sollten keine Angst davor haben, das Spezifische des Glaubens zu unterstreichen, sonst würden wir untergehen. Sie wurden daher auch als «Identitätskatholiken» bezeichnet.

Das sind zwei sehr verschwommene Etiketten, aber sie zeigen zwei grundlegende Tendenzen an. Einige mögen sich von Elementen der einen wie der anderen Richtung angesprochen fühlen. Ich tue es! Die eine Theologie rückt das Kreuz ins Zentrum, die andere die Menschwerdung; die eine versteht Wahrheit als Aufruf zur Geschlossenheit, die andere als Befreiung. Die eine konzentriert sich auf Lobpreis und Anbetung, die andere auf Praxis und Erfahrung. Die eine sieht Christus als den, der uns in Gemeinschaft versammelt, die andere als den, der alle Grenzen niederreißt. Die eine Theologie verkündet: *Ubi ecclesia, ibi Christus* – «Wo die Kirche ist, ist Christus», die andere ist geneigt, darauf zu antworten: *Ubi Christus, ibi ecclesia* – «Wo Christus ist, da sollte die Kirche sein» oder, in den Worten von John McDade: «Die Kirche (und ihre Theologie) muss dort sein, wo die Armen leiden.»[4]

Entscheidend ist, sich klarzumachen, dass es sich hierbei *nicht*, wie einige Gottesreich-Katholiken meinen, um eine Auseinandersetzung zwischen denen handelt, die dem Konzil treu sind, und denen, die zu einer vorkonziliaren Kirche zurückwollen. Eine Rückkehr zu dem, was vor dem Konzil

war, ist undenkbar und wird nur von einigen wenigen herbei-
gewünscht, die alt genug sind, sich an diese Kirche zu erinnern. Der Riss verläuft vielmehr zwischen zwei verschiedenen
Interpretationen des Konzils und der Frage, wie seine Arbeit
fortzuführen sei.

Entscheidend ist auch, dass die Spaltung *nicht*, wie einige
Communio-Katholiken zu glauben scheinen, in einem Konflikt zwischen denen besteht, die treu zur Tradition stehen,
und denen, die vor der modernen Welt zu kapitulieren bereit
sind. Beides sind Karikaturen, und sie sind unehrlich oder
zumindest ignorant.

Wie können wir die Spaltung heilen und so bessere Zeugen für die Einheit der Menschheit in Christus werden? Ein
erster Schritt scheint mir zu sein, dass wir erkennen und anerkennen müssen, dass hinter jeder der beiden theologischen
Visionen die Sehnsucht nach einer Heimat steckt, zu der wir
gehören. Nur ist das Gefühl des Exils bei beiden Parteien verschieden. Beide leiden unter einer Trauer, einem Gefühl des
Verlusts, und beide versuchen, sich ein Zuhause aufzubauen.
Wollen wir die Polarisierung überwinden, müssen wir begreifen, worin es besteht. Mit Exil ist hier nicht das Exil vom Gottesreich gemeint, auf das ich mich im letzten Kapitel bezogen
habe. Es ist ein unmittelbareres Gefühl – das Gefühl, die Kirche als Heimat zu verlieren.

Lassen Sie mich einen Vergleich ziehen. In Kapitel 5 habe
ich auf Mindy Thompson Fulliloves Untersuchung *Root
Shock* über die Zerstörung der afroamerikanischen Wohn-
viertel verwiesen. Sie beschreibt, wie die Städteplanung in den
vergangenen Jahren Tausende afroamerikanischer Gemeinschaften zerstört und Millionen von Menschen zerstreut hat.
Mitten durch schwarze Gemeinschaften wurden Highways

getrieben und rissen sie auseinander. Unter dem Banner der Stadtentwicklung wurden ganze Straßenzüge abgerissen und Nachbarschaften aufgelöst. Kleine Geschäfte verschwanden und wurden durch anonyme Supermärkte ersetzt. Irische, polnische und italienische Gemeinschaften erlitten ein ähnliches Schicksal: Sie verloren nicht nur ihre Häuser, sondern ihr Zuhause und damit den Ort, an den sie gehören. Daraus resultierte, was Thompson Fullilove den «Schock der Entwurzelung» nennt:

> [Er] meint die traumatische Stressreaktion auf die Zerstörung des ganzen oder eines Teils des emotionalen Ökosystems ... Ein solcher Schock schwächt das Vertrauen, vergrößert die Sorge, geliebte Menschen aus den Augen zu lassen, destabilisiert Beziehungen, zerstört soziale, emotionale und finanzielle Ressourcen und steigert das Risiko für alle Arten von stressbedingten Krankheiten, von Depression bis Herzinfarkt. Der Schock der Entwurzelung macht Menschen chronisch reizbar und lässt sie sich lautstark und bitter darüber beklagen, dass ihnen ihre Welt jäh genommen wurde. Heimat ist dort, wo man sich im Dunkeln sicher fühlt.[5]

Thompson Fullilove gibt eine wunderbare Beschreibung des Hill District in Pittsburgh, bevor er zerstört wurde: «Die Bewohner hielten [den Bezirk] durch eine Vielfalt von Beziehungen und Interaktionen lebendig und stellten sicher, dass jeder genug zu essen und zum Anziehen hatte und sich anständig benahm. Die Jungs auf der Straße bekamen Tipps von den Älteren: Die Tänzer und Musiker unter ihnen halfen ihnen, ihre Künste zu perfektionieren; die Zuhälter zeigten ihnen, wie man leicht zu Geld kommt; die ordentlichen Jungs mahn-

ten sie, sauber zu bleiben: ‹Und selbst wenn du siehst, dass ich
es tue – lass es sein.››[6] Nachbarschaften waren nicht einfach
nur Orte, an denen Menschen zusammenlebten. Sie vermit-
telten eine Lebensweisheit: das Wissen, wie man Konflikte
löst, wie man mit Unterschieden umgeht. Thompson Fullilove schreibt: «Ein Lebensstil entwickelt sich über die Zeit, indem jedes kleine Bemühen um Problemlösung Teil des kol-
lektiven Gedächtnisses und dann kollektive Grundlage zur
Bewältigung von Schwierigkeiten wird.»[7]

Die Stadtentwicklung fegte all das weg und ließ die Menschen einsam und mit dem Gefühl des Exils zurück. Eine Gemeinschaft, in der sich verschiedene Generationen, Ansichten
und Auffassungen vermischen und kennen konnten, gab es
nicht mehr. Einmal zerstreut, musste man sich die Menschen
aussuchen, mit denen man seine Zeit verbringt, und meistens
waren das Menschen, die einem selbst ähnlich sind. Laut Zygmunt Bauman drängt uns die Mobilität der modernen Gesellschaft hinein in Gemeinschaften Gleichgesinnter. Es gebe den
«Impuls, sich aus den risikobeladenen Komplexitäten in die
geschützte Sphäre der Einheitlichkeit zurückzuziehen».[8] Der
Verlust der traditionellen Gemeinschaften hat uns unsicher
und ängstlich gemacht. Wir suchen uns daher Menschen, die
denken wie wir. In den alten Nachbarschaften begegnete man
ständig Leuten, die radikal anders waren, und musste mit ihnen Kompromisse aushandeln: Mit der Aussicht auf ein quasi
lebenslanges Nebeneinander blieb einem auch gar nichts anderes übrig. Wenn aber eine Gemeinschaft zerfällt, wird die
Identität erfunden. Gehört man nicht mehr einfach automatisch zu einer Gruppe, muss man erst herausfinden, wer man
ist. Die «Identitätspolitik» ist geboren. Ich habe das in Ruanda beobachtet. Viele wussten gar nicht, ob sie Hutu oder

Tutsi waren, bis die Gemeinschaft zusammenbrach und sie sich hastig entscheiden mussten.

Es besteht dann die Versuchung, die Gemeinschaft dadurch zu stärken, dass man sie «reinigt». Richard Sennett schreibt:

> Das Bild der Gemeinschaft wird von allen Elementen gereinigt, die ein Gefühl der Differenz oder gar einen Konflikt in der Bestimmung des ‹Wir› aufkommen lassen könnten. So gesehen ist der Gemeinschaftsmythos eine Art Reinigungsritual […] Was diese mystische gemeinschaftliche Zusammengehörigkeit auszeichnet, ist das Gefühl, man gehöre zusammen, teile sich in die Gemeinschaft, *weil man sich gleich ist* […] Das ‹Wir›-Gefühl, das sich in dem Wunsch nach Ähnlichkeit ausdrückt, erspart es den Menschen, sich näher miteinander zu beschäftigen.[9]

In extremer Form kann diese «Reinigung» zur ethnischen Säuberung werden. Oft ist sie verknüpft mit dem Ausschluss derer, die sich nicht fügen und die nicht passen: der subversiven «fünften Kolonne», die sich in der Gemeinschaft verborgen hält und ihre Reinheit bedroht und ihren Zusammenhalt schwächt.

Meine These ist, dass wir in der Kirche *alle* unter einem solchen Schock der Entwurzelung leiden. Er hat die Wut ausgelöst und die Suche nach Identität in der Gemeinschaft Gleichgesinnter angestoßen. Das Zweite Vatikanische Konzil öffnete sich für die Moderne, und die Kirche suchte in ihr heimisch zu werden. Anhänger beider Parteien stimmen jedoch darin überein, dass wir uns dafür einen unglücklichen Moment ausgesucht haben. Laut George Weigel, den man in der Communio-Partei verorten kann, «hat das Zweite Vaticanum die Fenster zur Welt geöffnet, aber es tat es just in dem Augenblick, als die Moderne ‹in einen dunklen Tunnel voll giftiger Dämpfe raste›».[10] Und Edward Schillebeeckx OP, der eindeutig zur Gottesreich-Partei gehört, schrieb interessanterweise, dass «sich die Katholiken nach zwei Jahrhunderten des Widerstands gerade in dem Moment der modernen Welt öffneten, als sie begann, sich selbst zu misstrauen».[11] Ich behaupte, dass die meisten Katholiken, ob sie nun primär zum Lager des Gottesreiches oder der Communio gehören, an diesem Heimatverlust, diesem Schock der Entwurzelung leiden. Wir können das weite Zuhause für Gottes Volk nur wiederaufbauen, wenn wir das Exil verstehen, in dem die anderen sich fühlen. Nur dann werden wir die Kirche zu unserer gemeinsamen Heimat machen können, zu der sich alle – auch sie – zugehörig fühlen.

Die allerersten Seiten von *Communio* machen die Wiederherstellung des Zuhauses zum Herzstück ihres Programms. Denken Sie an den Satz, der den Gründungsimpetus erklärte: «ein echtes Bedürfnis für eine Zeitschrift, die ein Gespür der Gemeinschaft vermittelt, die das innere Leben der Kirche ausmacht». Vieles von dem, was nach dem Konzil geschah, wurde als kirchliche Städteplanung empfunden, die unsere Nachbarschaft auseinanderriss. Man sah die Theologen, die für *Concilium* schrieben, Highways durch die Gemeinschaft treiben und die kleinen Geschäfte und geliebten Institutionen abreißen. Ordensleute warfen den Habit ab, die Kirchen wurden auf den Kopf gestellt, die alten Lieder und Frömmigkeitsformen verschwanden. Ich erinnere mich an einen damals jungen und heute sehr angesehenen Mitbruder, der großes Vergnügen daran hatte, die alten Statuen in unserer Noviziatskirche vom Sockel zu stoßen.

Zur gleichen Zeit konnte man eine Erosion der bürgerlichen Gesellschaft beobachten: den Zusammenbruch der Familie, den Anstieg von Teenager-Schwangerschaften, die Ausbreitung von Drogen, eine wachsende Armut in den Innenstädten und die Säkularisierung. Die Zerstörung, der Verlust der Heimat war damit ein doppelter: Er betraf Kirche wie Gesellschaft. Das starke Verlangen danach, das kirchliche Familienhaus wiederherzustellen, ist also mehr als verständlich. Dafür brauchte es die alten Signa katholischer Identität. Statt die Moderne zu umarmen und die eigene Kultur, die eigene Denk- und Lebensweise zu verlieren, galt es, eine theologische Sprache zu behaupten, die wahrhaft katholisch ist: eine katholische Weise des Denkens, Betens und Sprechens, katholische Identitätsmarker, die der Bedrohung der Vernichtung widerstehen können. Es war an der Zeit, die eigenen Wurzeln wiederzufinden – das galt für Afroamerikaner, die ihr afrikanisches Erbes beanspruchten, ebenso wie für irische Amerikaner, die das Gälisch lernten, was ihnen ihre Eltern nie beigebracht hatten, und für Katholiken, die zum sakramentalen Segen und alten Formen zurückkehrten.

Natürlich zieht das junge Menschen an, die die vorkonziliare Kirche nie kennengelernt haben, aber von einer verlorenen Heimat träumen. Viele Engländer träumen von einem Leben in einem traditionellen englischen Dorf mit seinen Pubs, mittelalterlichen Kirchen und Angern. Für Häuser in den Cotswolds zahlen sie Unsummen. Und vielleicht wissen sie nicht, wo bei einer Kuh hinten und vorne ist, aber es zeigt das menschliche Verlangen, in ein idyllisches Zuhause, ein verlorenes Paradies zurückzukehren. Nun wäre es falsch, die Communio-Katholiken allein als Nostalgiker zu sehen. Hans Urs von Balthasar und Henri de Lubac zum Beispiel

waren äußerst kreative Theologen, und viele der «neuen geistlichen Gemeinschaften», die sich mit der Communio-Tradi-
tion identifizieren, sind hochinnovativ und erschließen neue
Wege, wie Laien ihren Glauben leben können.

Zur gleichen Zeit fuhr auch den Gottesreich-Katholiken ein
Schock der Entwurzelung in die Knochen, den man als spiegel-
bildlich bezeichnen könnte. Die intensive Erfahrung der Kol-
legialität auf dem Konzil war vorüber, die Konzilsväter hatten
sich zerstreut. Jetzt sah es so aus, als würde alles zum Alten zurückkehren. Die Pilgerfahrt des Gottesvolkes hin zum Him-
melreich war zum Stehen gekommen, der Vatikan schien die
Zügel der Macht wieder fest in die Hand zu nehmen. Die Kirche wurde nicht zu der Heimat, von der wir geträumt hatten.
Und ähnlich wie bei den Communio-Katholiken gab es par-
allel auch einen Schock der Entwurzelung in der Zivilgesell-
schaft. Der utopische Traum der 1960er Jahre realisierte sich
nicht. Wir waren nicht auf dem Weg zu einer gerechteren und
gleicheren Welt, in der die Armut überwunden sein würde.
Besonders heftig war die Enttäuschung für die lateinamerika-
nischen Befreiungstheologen. Kuba entpuppte sich nicht als
das Paradies, nach dem sie sich gesehnt hatten. Der Kapitalismus triumphierte, und die Schere zwischen Reich und Arm
klaffte immer weiter auseinander. Der sozialistische Traum
entpuppte sich als Alptraum. 1989 fiel die Berliner Mauer. Wir
erfuhren von den Massakern Mao Zedongs in China und der
absurden Grausamkeit der Kulturrevolution.

Beide Gruppen erlitten also einen Schock der Entwurzelung, ein Gefühl der Entfremdung und des Exils. Beide verstanden sich selbst als Gegenkultur: Die Communio-Katholiken glaubten, der zerstörerischen Kultur des modernen
Liberalismus und Relativismus entgegenzutreten, dem die

Gottesreich-Partei zu erliegen schien. Und die Gottesreich-Katholiken meinten, dem zerstörerischen Fundamentalismus und der Anpassung an die Welt Widerstand zu leisten, vor denen, wie sie glaubten, die Communio-Katholiken kapitulierten. Mit etwas mehr Fantasie hätte jeder im anderen sein Spiegelbild entdeckt und ihn verstanden, ja Verständnis für ihn gehabt.

Mit Bauman beobachten wir heute eine Ersetzung der verlorenen Gemeinschaft durch das Bewusstsein von Identität. Katholiken begannen, sich unter gleichgesinnten Protestanten oft wohler zu fühlen als unter anderen Katholiken: Communio-Katholiken spürten eine erstaunliche Nähe zu evangelikalen Protestanten und liberale Katholiken zu liberalen Protestanten. In einer zunehmend zwischen links und rechts polarisierten Gesellschaft wurde es dann immer verlockender, die Zugehörigkeit zu einer Partei als fundamental für das eigene Identitätsgefühl zu begreifen. Partnervermittlungen stellen häufig als Einstieg die Frage nach den politischen Sympathien. Katholiken fingen also an, sich selbst als progressiv oder traditionalistisch, liberal oder konservativ zu verstehen – es sind alles Begriffe, die fundamental unkatholisch sind. Wenn das komplexe Ökosystem der Kirche einmal zusammengebrochen ist, wenn unsere kulturelle Nachbarschaft zerstört ist, dann beginnt man, uns von außen zu sagen, wer wir wirklich sind. Darum nehme ich es zutiefst übel, wenn mich Leute fragen, ob ich liberal oder konservativ sei. Es ist schlicht die falsche Frage. Genauso gut oder schlecht könnte man auch einen Mann fragen, wann er aufgehört hat, seine Frau zu schlagen.

Viele Katholiken leiden unter der Wut, die durch den Schock der Entwurzelung hervorgerufen wurde. Denken Sie

an die Worte von Thompson Fullilove: «Der Schock der Entwurzelung macht Menschen chronisch reizbar und lässt sie
sich lautstark und bitter darüber beklagen, dass ihnen ihre
Welt jäh genommen wurde.» In einigen Ländern trifft man
diese Art von Wut auf katholischen Veranstaltungen. Es ist
eine Wut, die wir gegenseitig aufeinander projizieren: Jede
Seite beschuldigt die andere, das Familienheim abzureißen,
trägt aber nichts zum Wiederaufbau bei.

Am Ende ihres Buches schreibt Thompson Fullilove wunderbar: «Wir alle wurden aus unserem Zuhause vertrieben,
aber keiner von uns hat bislang neue Sicherheit und Gebor-
genheit gefunden. Vielleicht entscheiden wir uns dazu, blind
weiterzulaufen. Aber vielleicht werden wir auch erkennen,
dass wir die Reise dazu nutzen können, unsere Träume in der
Gemeinschaft von uns allen wahr werden zu lassen. Lasst uns
auf die Glocke hören; sie schlägt für uns. Es ist Zeit, nach
Hause zu gehen.»[12] Die Glocke schlägt auch uns Katholiken.
Wie können wir zueinander nach Hause kommen?

Auch die anglikanische Gemeinschaft leidet momentan
an tiefen Verletzungen. Im Februar 2005 kamen 38 Primasse
der anglikanischen Kirche zusammen, um die Spaltungen zu
heilen. Hauptstreitpunkt war dabei die Frage nach der Ordi-
nation von praktizierenden homosexuellen Geistlichen. Das
grundlegende Problem, vor dem sie standen, war jedoch das
gleiche wie unseres: Wie können wir Gemeinschaft bewahren? Rowan Williams, der Erzbischof von Canterbury, predigte während der Abendandacht am Ende des Treffens und
sagte:

Was also ist verlangt von uns, die wir in diese Gemeinschaft
gerufen sind? Als Erstes müssen wir wissen, dass es Christus

ist, der Frieden gestiftet hat. Mit anderen Worten, wir brauchen uns nicht zu beunruhigen. Das scheint ein tödlicher Rat für jede Kirche zu sein, zumal für die anglikanische Gemeinschaft in der momentanen Situation, und doch ist es das, was Christus uns sagt. Er hat Frieden gemacht, und unser Leben ruht auf dem auf, was er getan hat, und auf nichts anderem. Unsere eigenen Bemühungen, Frieden zu schaffen und den Frieden in der Welt wie der Kirche zu bezeugen, dürfen daher nicht bestimmt sein von einem ängstlichen Trachten, von verzweifeltem Aktionismus, vom fanatischen Willen, jetzt alles klären und in Ordnung bringen zu müssen. Er hat Frieden geschaffen durch das Blut seines Kreuzes, und wir leben in der Fülle dessen, was er getan hat, und wärmen uns an der Feuersäule, die durch sein Gebet und Opfer in unserer Mitte zwischen Erde und Himmel aufgerichtet ist.[13]

Ich komme noch einmal zurück auf das Letzte Abendmahl, auf das Zeichen, das uns bislang an so vielen Stellen durch unsere Überlegungen geführt hat. Es ist der Augenblick, in dem uns Jesus den Neuen Bund schenkt. Was sagt es uns über unser Zuhause in der Kirche? In welcher Weise ist es Zeichen eines Zuhauses, in dem sich alle, unabhängig von Sympathien und Loyalitäten, wohlfühlen können?

Der Evangelist Markus schildert das Geschehen folgendermaßen:

Während des Mahls nahm er Brot, sprach das Segensgebet, brach es und gab es ihnen mit den Worten: Nehmt, das ist mein Leib. Dann nahm er einen Becher, sprach das Dankgebet, gab ihn ihnen und sie tranken alle daraus. Und er sagte zu ihnen: Das ist mein Blut des Bundes, das für viele vergossen wird. Amen, ich sage euch: Ich werde nicht mehr von der Frucht des Weinstocks trinken bis zu jenem Tag, an dem ich von neuem davon trinke im Reich Gottes.

Markus 14,22–25

Der Schlüssel findet sich in der unterschiedlichen Formulierung von Brot- und Kelchwort. Das Brot wird nur den Jüngern gegeben. Auch der Kelch wird ihnen gereicht, aber er ist vergossen *für viele*. Jesus wird nicht mehr aus ihm trinken, bis er im Gottesreich ist. Das Brot ist der kleinen Gemeinschaft im Obergemach gebrochen; seine Jünger teilen es miteinander. Der Kelch ist bestimmt für die größere Gemeinschaft der Vielen (weshalb es in unseren eucharistischen Gebeten vielleicht genauer mit «alle» übersetzt ist). Er weist hin auf das Gottesreich, in das alle berufen sind. Im Bericht des Matthäus findet sich genau der gleiche Gegensatz zwischen Brot und Kelch. Lukas hat zwei Kelche, wobei die Worte über den ersten den Hinweis auf das Gottesreich enthalten. Im Johannesevangelium gibt es bekanntermaßen keinen Bericht von der Stiftung des Neuen Bundes an diesem letzten Abend, aber es findet sich eine ähnliche Spannung. An ihm versammelt sich der innere Kreis der Jünger Jesu, diejenigen, die er nicht mehr Knechte, sondern Freunde nennt. Es ist ein sehr intimer Moment der Gemeinschaft – und doch betet Jesus ganz am Ende: «Ich bitte aber nicht allein für sie, sondern auch für alle, die durch ihr Wort an mich glauben (werden). Alle sollen eins sein, wie du, Vater, in mir bist und ich in dir» (Johannes 17,20 f.). Schon vorher hatte Jesus auf eine größere Gemeinschaft hingewiesen: «Ich habe noch andere Schafe, die nicht aus diesem Stall sind. Auch sie muss ich führen, sie werden auf meine Stimme hören» (Johannes 10,16).

Diese Feier des Neuen Bundes, das Geschenk unseres Zuhauses, enthält also eine Spannung zwischen der Sammlung hinein in die Gemeinschaft der Jünger, Jesu enge und vertraute Freunde, und dem Ausgriff auf alle Menschen, auf die Fülle des Gottesreiches. Das Brot ist «für euch» und der Kelch «für euch und für viele». Diese Spannung ist wesentlicher Bestandteil des Letzten Abendmahls und jeder Eucharistiefeier. Mir scheint, dass die Communio-Katholiken dazu tendieren, den Schwerpunkt auf den Segen über das Brot zu legen. Jesus hat die Kirche gegründet und versammelt uns um den Altar in eine innige Gemeinschaft hinein – in die Gemeinschaft, die das innere Leben der Kirche ausmacht, wie es die erste Ausgabe von *Communio* formulierte. Sie ist unser Zuhause.

Die Gottesreich-Partei legt das Augenmerk auf das zweite Moment, den Segen über den Kelch, der ausgreift auf die Fülle des Gottesreiches, in dem die ganze Menschheit zur Einheit berufen ist. Sie verweist auf den Christus, der jede Grenze niederreißt, der die Leprakranken berührt und den Samaritanern die Hand entgegenstreckt, der das Gesetz bricht und Grenzen überschreitet. Ihr Kirchenbild ist das einer Kirche, die nach außen gekehrt ist, hin zu allem, was menschlich ist, und die nach den Zeichen des Geistes und seinem Wirken in der Welt sucht. Für diese Vision von Kirche sind das Engagement für die Befreiung der Armen und der Kampf für Gerechtigkeit zentral.

Das Wort «Messe», das sich im katholischen Raum für die Eucharistie eingebürgert hat, ist den letzten Worten der lateinischen Feier entlehnt: *Ite, missa est.* Die Liturgiewissenschaftler sind sich über den Ursprung oder die Übersetzung dieser Worte nicht einig (überhaupt ist Einigkeit nicht gerade ihre Stärke!). Die Worte weisen auf die Sendung von etwas Femininem hin. Ist es gesandt? Ist sie gesandt? Thomas glaubt, dass hier die Opfergabe – *hostia* – gemeint ist, die uns von Gott gesandt ist und von uns an ihn zurückgeschickt wird.[14] Origineller Gedanke, aber, ausnahmsweise einmal, wenig überzeugend! Was immer der Ursprung des Wortes sein mag, wesentlich ist, dass das Sakrament des Neuen Bundes seinen Namen vom Auseinandergehen am Ende der Feier erhält. Wir sind versammelt, um ausgesandt zu werden.

Diese Spannung ist die notwendige Dynamik des Letzten Abendmahls und des Lebens der Kirche, und sie war es von Beginn an. Sehr wahrscheinlich spiegelt sich in ihr, wenigstens anfänglich, die Spannung zwischen Petrus und Paulus wider. Petrus war von Jesus in eine Gemeinschaft berufen worden, die in ihren Ursprüngen jüdisch war. Bisweilen hatte sich Jesus an Fremde gewandt, aber der innere Kreis, die Apostel, bestand ohne Ausnahme aus Juden und war, zumindest am Anfang, zu den verlorenen Schafen des Hauses Israel gesandt. Für viele der ersten Jünger war es schier unvorstellbar, dieses Verständnis von Gemeinschaft infrage zu stellen. Aber die Kirche war kaum gegründet, da reichte Paulus den Heiden die Hand und schien das Herzstück ihrer Identität preiszugeben.

Wie konnte die Kirche sich derart verändern und doch die Gemeinschaft bleiben, die Jesus am Abend, bevor er starb, gegründet hatte? Wie konnte sie beidem – Brot und Kelch – treu bleiben? Vom Letzten Abendmahl ging eine zentrifugale wie eine zentripetale Kraft aus, deren Balance es zu wahren galt, sollte die Kirche nicht einfach zu einer weiteren jüdischen Sekte werden oder, gegenteilige Gefahr, die Kontinuität mit ihrem Gründer verloren gehen. Wir können uns kaum vorstellen, wie turbulent und doch kreativ diese Jahre gewesen sein müssen. Es war das Drama des Erwachsenwerdens der Kir-

che, und – wie jede Pubertät – war es wunderbar und schrecklich zugleich! Petrus und Paulus stritten in Antiochien, aber
sie starben zusammen in Rom als Zwillingsgründer des Bi-
schofssitzes. Die Kirche wuchs und gedieh, weil sie mit viel
Ach und Krach an dieser dynamischen Spannung festhielt.

Im letzten Kapitel haben wir gesehen, wie das Leiden der indigenen Bevölkerung Hispaniolas ein neues Verständnis der
Menschenrechte herauführte. Bartolomé de Las Casas und
Francisco Vitoria beharrten darauf, dass die Indios Träger un-
veräußerlicher Rechte waren, und zwar unabhängig davon, ob
sie Christen waren oder nicht, und selbst dann, wenn sie, wie
im Fall der mexikanischen Azteken mit ihren Menschenop-
fern, über Praktiken verfügten, die Christen als moralisch in-
akzeptabel einstuften. Sie besaßen diese Rechte aufgrund der
einfachen Tatsache, dass sie Menschen und daher nach Gottes Ebenbild geschaffen waren. Aber die Begegnung mit den
Fremden, die nie zuvor vom Evangelium gehört hatten, war
auch eine Herausforderung für das Selbstverständnis der Kirche. Sie war der Anfang vom Ende der Kirche als europäischer
Institution, das Ende der alten Christenheit. Diese Fremden
als Christen zu akzeptieren, forderte uns heraus, neu über das
Wesen der Gemeinschaft Kirche nachzudenken.

Den gleichen dramatischen Prozess durchleben wir heute
noch immer, da die Kirche zum ersten Mal wirklich Welt-
kirche und zur globalsten aller Institutionen überhaupt wird.
Der Generalrat des Dominikanerordens besteht aus vierzehn
Brüdern. Als ich Ordensmeister war, gab es eine Zeit, zu der
sie aus 14 verschiedenen Nationen und fünf Kontinenten kamen. Von der Kirche verlangt diese Entwicklung einen Tod
und eine Wiedergeburt, die Aufgabe ihrer alten eurozentri-
schen Identität, da wir ein bisschen näher auf die unermessli-

che Welt des Gottesreiches zukrabbeln. Aber wie können wir das tun und doch die gleiche Gemeinschaft bleiben, die Erben jener kleinen Gruppe von Jüngern, die Jesus um den Tisch des Obergemachs versammelt hat, bevor er starb?

Diese Dynamik wirkt im Herzen des römischen Katholizismus, und eine ähnliche Spannung findet sich sicherlich auch im Kern anderer christlicher Kirchen. «Römisch» bedeutet die Zugehörigkeit zu einer bestimmten Gemeinschaft. Wir sind Erben einer bestimmten Tradition – oder vielmehr eines ganzen Bündels von Traditionen: Weisen des Sprechens und Denkens, Betens und Leitens, Lebens und Sterbens. Wir sind als diese bestimmte Gemeinschaft verbunden durch die Gemeinschaft mit dem Bischof von Rom. Aber wir sind auch Katholiken, das heißt wir greifen aus auf Universalität, und das impliziert eine Bereitschaft und Offenheit für die unvorstellbare Verschiedenheit der menschlichen Kulturen und der Weisheit. Das bedeutet, dass wir uns mit jeder Identität unwohl und unzufrieden fühlen, die abgeschlossen, fertig und festgelegt scheint. Wir sind auf dem Weg zum Gottesreich und werden erst dort vollends das Geheimnis unserer Identität entdecken, die in Christus verborgen ist. Auf diese Spannung zwischen unserer Identität als bekannter und verborgener zugleich verweist der erste Johannesbrief. «Geliebte, *jetzt* sind wir Kinder Gottes und *noch* ist *nicht* offenbar geworden, was wir sein werden. Wir wissen, dass wir, wenn es offenbar sein wird, ihm ähnlich sein werden; denn wir werden ihn sehen, wie er ist» (1 Johannes 3,2).

Die Herausforderung besteht darin, diese Spannung dynamisch und lebendig zu erhalten. Sind wir allein «römisch», werden wir bloß eine Sekte sein, eine nach innen gekehrte Gruppe von Leuten mit einer Privatsprache, eine Wagenburg-

Kirche, die sich ihrer Identität bewusst, aber nach außen abgeschlossen ist. Ihre Zeichenhaftigkeit für das Gottesreich würde sie damit verlieren. Es wäre, als hätten sich die Apostel in Jerusalem niedergelassen und geweigert, der ganzen Welt das Evangelium zu verkünden. Nichts anderes hatten sie tatsächlich auch versucht, wie die Kirche es so oft tut. Aber in geradezu providenzieller Weise brach dann die Verfolgung die Gemeinschaft in Jerusalem auf und verteilte die ersten Christen über das Römische Reich. Saulus durchkämmte prophetisch Haus um Haus auf der Jagd nach den Christen und zwang sie zur Flucht. Damit trieb er die Verbreitung des Glaubens bereits zu einer Zeit voran, als er ihn noch zu vernichten suchte. Wenn wir heute versuchen, uns in den Schutz einer Wagenburg-Kirche zurückzuziehen, können wir gewiss sein, dass Gott sie zerstören wird.

Sind wir aber nur «katholisch» und verlieren die Verwurzelung in der Besonderheit unserer Gemeinschaft mit ihren ererbten Traditionen des Denkens und Sprechens, dann stehen wir in Gefahr, zu einer diffusen Bewegung zu werden, den «Jesus-Leuten», die chaotisch ohne erkennbare Richtung herumschlurfen. Auch solch eine Kirche wäre kein glaubwürdiges Zeichen des Gottesreiches. Die Kirche kann es nur sein, wenn sie ein identifizierbares «Wir» hat, aber ein «Wir», das geöffnet ist im Ausgreifen auf die «Vielen» und das «Alle» *(kat'holos)*.

Es kann also nicht darum gehen, dass eine Partei – Gottesreich-Katholiken oder Communio-Katholiken – über die andere siegt, denn das wäre gleichbedeutend mit der Niederlage der Kirche. Wir sind herausgefordert, die dynamische Spannung zwischen Brot und Kelch, zwischen dem Versammeln in Gemeinschaft und dem Ausgreifen auf die ganze Menschheit, zwischen unserer vorgegebenen und der noch unbekannten Identität lebendig zu halten. Das ist das Atmen der Kirche, ein Ein- und Ausatmen. Die Geschichte der Erlösung handelt davon, wie die Menschheit durch den Rhythmus von Gottes Atmen in uns lebendig bleibt. Gott blies in den Ton und gab Adam Leben. Christus hauchte seinen Geist am Kreuz aus und tilgte Adams und Evas Schuld. Am Ostersonntag trat Jesus in die Mitte der Jünger im Obergemach und sagte zu ihnen: «Friede sei mit euch! Wie mich der Vater gesandt hat, so sende auch ich euch. Als er dies gesagt hatte, hauchte er sie an und sagte zu ihnen: Empfangt den heiligen Geist» (Johannes 20,21 f.). In dieser Stelle hallt der Bericht der Erschaffung des Adam in der Version der Septuaginta, der griechischen Übersetzung des Alten Testaments, wider. Unsere Lungen füllen und leeren sich und füllen sich wieder. Gottes Atem versorgt unser Blut mit Sauerstoff.

Papst Johannes Paul II. betonte mehrfach, dass die Kirche wieder mit beiden Lungenflügeln zu atmen lernen muss, dem östlichen und dem westlichen. Das müssen wir tatsächlich. Wir müssen auch lernen, tief ein- und auszuatmen, um so das Blut der Kirche mit Sauerstoff zu versorgen. Wir brauchen das Einatmen der Communio-Katholiken und das Ausatmen der Gottesreich-Katholiken, wenn unsere Lungen weiter funktionieren und der Leib Christi lebendig bleiben soll. Diese Momente scheinen in Konkurrenz, ja Rivalität zu stehen; der eine scheint den anderen aufzuheben. Aber dem ist nicht so, denn der Rhythmus des Atmens gibt uns Leben. Die Spannungen in der Kirche haben uns nicht die Luft genommen, aber manchmal verpassen sie dem Leib Christi Asthmaanfälle. Wie können wir lernen, wieder leicht zu atmen? Das ist das Thema des nächsten Kapitels.

10

Das Züchten von Pandas

Wie können wir die Wunden des Leibes Christi heilen? Wie können wir lernen, wieder im Rhythmus der Eucharistie zu atmen: Menschen in Gemeinschaft zu versammeln, um das Brot zu teilen, und auszugreifen auf die Fülle des Gottesreiches?

In seiner Predigt auf dem Treffen der Primasse der anglikanischen Gemeinschaft erinnerte Rowan Williams daran, dass die Kirche ein heiliger Ort ist:

Ein heiliger Ort. Denken Sie aber an die doppelte Bedeutung des [englischen] Wortes ‹sanctuary› im allgemeinen Sprachgebrauch. Ein heiliger Ort, ja; ein Tempel für Gott; aber zugleich ein Ort der Zuflucht, ein Ort des Asyls, um ein sehr aktuelles Wort zu verwenden. Ein Ort, wo die, die ein Zuhause brauchen und keines haben, es finden können. Von Gott zu einem Heiligtum errichtet zu sein, zu einem lebendigen Tempel, heißt also nicht, irgendein verschlossener heiliger Raum zu sein. Es heißt, als Tempel erbaut zu sein, dessen Türen offen sind, wo Gott gefunden werden kann und Gottes Frieden den Unterschied macht. Welch tiefe Umkehr ist also von uns

verlangt? Wie schnell greifen wir doch zu einem ängstlichen
Eifer, als ob Christus nicht gestorben und auferweckt worden
wäre. Wie unbeholfen sitzen wir doch zusammen, um miteinander zu beten und Gottesdienst zu feiern. Wie leicht es
uns doch fällt, unsere Türen zu verschließen. Aber wir sind
dazu berufen, ein Königreich von Priestern und ein heiliger
Tempel zu sein, so dass die Welt eingeladen sein kann, sehen
kann, verwandelt werden kann.[1]

Der Erzbischof betont, dass die Wiedererrichtung dieses Hauses eine tiefe Umkehr verlangt. Ich möchte in diesem Kapitel erkunden, wie diese Umkehr die Art und Weise, wie wir
in der Kirche miteinander reden, berühren muss, damit die
Spaltung geheilt wird. Worte können Leben schaffen oder töten, sie können verwunden oder heilen. Im Anfang war Gottes Wort, und dieses Wort wurde Fleisch mitten unter uns. Im
Kern jeder christlichen Spiritualität steht unser Gebrauch von
Worten. Gott betraute Adam mit der Benennung der Tiere.
Damit hatte er teil an Gottes Schöpfungshandeln: Worte zu
sprechen, die Dinge ins Sein bringen. Es ist eine Handlung,
die höchste moralische Verantwortlichkeit von uns verlangt.
Emily Dickinson schreibt:

Ahnte die irdische Lippe
Die ungeformte Fracht
Einer gesprochenen Silbe
Sie zerbräche unter der Last.[2]

Lassen Sie uns mit den Worten beginnen, die wir nicht sagen,
dem Schweigen, das die Kirche verwundet. Warum sprechen
wir so wenig miteinander? Dieses Schweigen hat unsere Worte

von Anfang an bestimmt. Als Gott nach dem Sündenfall nach Adam und Eva suchte, versteckten sie sich, weil sie nicht reden wollten. Wir haben das Schweigen der Frauen am Grab gesehen. In der Kirche intensivierte sich das Schweigen, so eine These, nach dem Dreißigjährigen Krieg im 17. Jahrhundert.

Für uns ist der blanke, brutale Horror dieses Krieges schier unvorstellbar – eines Krieges, in dem Christen sich mit einer nie da gewesenen Grausamkeit gegen Christen wandten. Eine der bitteren Konsequenzen dieses Zerfleischens des Leibes Christi war ein noch tieferes Schweigen. Es gab Dinge, die nicht mehr diskutiert werden konnten, weder zwischen den christlichen Kirchen noch innerhalb der Kirchen. Ein neuer Dogmatismus übernahm das Regiment. Es gab weniger Raum für Diskussion als in der mittelalterlichen Kirche, in der man so gut wie jede noch so verrückte Behauptung hatte vertreten können. Stephen Toulmin von der University of South Carolina spricht davon, dass es

von da an keine Gnade mehr für Rückfällige [gab]. Die theologischen Bindungen waren nicht lockerer, sondern strenger und einschneidender. Es gab nicht mehr, sondern weniger Möglichkeiten der kritischen Diskussion der Lehre. Die Notwendigkeit, die Reihen fester zu schließen und den Katholizismus gegen die protestantischen Ketzer zu verteidigen, war die erste Gelegenheit, um die Hauptlehren jeder Diskussion auch seitens der überzeugtesten Anhänger zu entziehen. Die Unterscheidung zwischen ‹Lehren› und ‹Dogmen› wurde vom Konzil von Trient erfunden; der Katholizismus der Gegenreformation war also in einer Weise dogmatisch, wie es das vorreformatorische Christentum etwa eines Thomas von Aquin nie hätte sein können.[3]

Die große Verwundung des Christentums im 17. Jahrhundert schwächte also die Diskussionskultur innerhalb der Kirche. Angesichts des Feindes hatten wir uns der Parteilinie anzupassen, uns an präzise dogmatische Positionen zu halten. Jeder, der Fragen aufwarf oder Zweifel vorbrachte, untergrub damit die gemeinsame Sache. Sie waren die fünfte Kolonne, standen auf der Seite des Feindes, galten als Kryptoprotestanten. Toulmin zeigt auch, dass dieser Dogmatismus nichts spezifisch Katholisches war, sondern in gleicher Weise die protestantischen Kirchen bestimmte. Er war schlicht der Beginn der Moderne. In gewisser Weise ist es also passend, dass ich in meinem Versuch, einen Weg aus den Spaltungen innerhalb der römisch-katholischen Kirche zu weisen, zweimal auf die Worte des Erzbischofs von Canterbury zurückgreifen konnte, des Hauptes einer Kirche, die sich in jener so schmerzlichen Zeit von der unseren trennte.

Dieses Schweigen haben wir noch immer nicht hinter uns gelassen. *Called to be Catholics*, die Gründungserklärung des *Catholic Common Ground Project*, warnt davor, dass «über das ganze Spektrum kirchlicher Meinungen hinweg Anregungen und Vorschläge einem ideologischen Lackmustest unterworfen werden. Man erwartet von Ideen, Zeitschriften und Verantwortlichen, dass sie sich in vorgegebene Lager einsortieren. Weichen sie von diesen Erwartungen ab, wird ihnen mit Argwohn begegnet.»[4] Die Zerstörung des gemeinsamen Zuhauses des europäischen Christentums zwang uns vor Jahrhunderten zu einer «Identitätspolitik». Auf die vorvatikanische Kirche darf man daher kein zu heimeliges Bild projizieren. Diese Entwicklung hat sich intensiviert: Um dazuzugehören, muss man das Richtige sagen. «Ist er oder sie rechtgläubig?» ist das Kriterium für die Communio-Katholiken. «Ist er oder sie offen?», fragen die Gottesreich-Katholiken im Gegenzug. «Ist er oder sie einer von uns?» Ich muss an einen Text von Augustinus denken: «Die Wolken des Himmels donnern rings über den Erdkreis, dass Gottes Haus gebaut ist; und diese Frösche quaken aus ihrem Sumpf: ‹Wir sind die einzigen Christen!›.»[5]

Das Zweite Vatikanische Konzil versuchte, dieses Schweigen zu brechen. Johannes XXIII. wollte es als Pastoralkonzil, nicht als dogmatisches. Er beklagte, dass eines der angedachten Dokumente 17 Zentimeter an Verurteilungen enthalte. Selbst hat er nur eine einzige unfehlbare Erklärung verlauten lassen. Als er bei einem Besuch auf der Terrasse des Ordensmeisters in S. Sabina, dem Hauptquartier der Dominikaner, stand, soll er gesagt haben: «Von hier aus hat man den besten Blick auf Rom, und das ist unfehlbar!» Aber das Konzil ließ viele Dinge ungesagt oder zumindest ungelöst. Vielleicht war das notwendig und unvermeidlich, wollte man es jemals abschließen. Aber das, was das Konzil nicht sagte, verfolgt uns seitdem.

Das Schweigen vertiefte sich 1968 nach der Veröffentlichung von *Humanae Vitae*. Priester, die der Enzyklika nicht zustimmten, wurden zum Schweigen gebracht. Millionen von Laien entschieden sich selbst dazu. Es gab Bereiche ihres Lebens, über die nicht mehr gesprochen wurde, nicht einmal im Beichtstuhl. Das Spektrum für gemeinsame Gespräche wurde ein bisschen enger und der Graben zwischen dem, was laut gesagt, und dem, was schweigend gedacht wurde, breiter. Andere Themen wie die Priesterweihe von Frauen wurden gänzlich außer Diskussion gestellt, auch wenn dies nur noch mehr und immer neue Debatten hervorrief.

Es ist wichtig zu sehen, dass dieses Schweigen nicht allein

ein katholisches oder ein christliches Problem ist: Es ist charakteristisch für eine Welt, die über lange Zeit unter einer
Krise der Heimatlosigkeit gelitten hat, unter den Traumata
des Schocks der Entwurzelung. Der Druck, Gemeinschaften
von Gleichgesinnten aufzubauen, ist überall zu spüren. Eine
Form davon ist der Aufstieg der *Political Correctness*. Das
Thema wirft weitreichende Fragen auf, die zu erörtern wir hier
nicht die Zeit haben. Ich war erstaunt, als ich von der Empö-
rung hörte, mit der eine Rede des Präsidenten der Harvard-
Universität bedacht wurde. Vielleicht war die Berichterstat-
tung in den britischen Zeitungen ungenau, vielleicht hat er
wirklich etwas Horrendes gesagt. Nach dem, was ich gelesen
habe, hat er aber nur die These vertreten, dass sich Männer
und Frauen auf unterschiedlichen Gebieten hervortun können und tendenziell verschiedene geistige Fähigkeiten haben.
Solch eine Hypothese durfte nicht einmal geäußert werden,
selbst an einer Universität nicht und obwohl sie nicht von einer Ungleichheit von Männern und Frauen ausgegangen zu
sein scheint. Oft wird eine Diskussion deswegen unterbun-
den, weil das, was gesagt wird, benutzt werden könnte, um
damit eine tatsächlich inakzeptable Position zu stützen. Bei
der *Political Correctness* geht es häufig mehr als um den Inhalt um «die Botschaft, die davon ausgehen könnte». Man
darf keine «falschen Signale» setzen. Dies zeugt zum einen
von einem tiefen Misstrauen gegenüber der Intelligenz der
Menschen, zum anderen offenbart es ein Verständnis von
Sprache, das diese eher in Begriffen von «sound bites» – kurzen, prägnanten Aussagen – denkt, statt sie als feines Werkzeug zu sehen, mit dem man nach Verstehen sucht.

   Natürlich gibt es Dinge, die nicht gesagt werden sollten:
alles, was das öffentliche Ansehen einer Person beschädigt,

alles, was einer Gruppe – Frauen, ethnischen Gemeinschaften oder den Armen – ihre fundamentale Würde abspricht,
die Leugnung schockierender Ereignisse wie des Holocaust.
Nicht alles darf gesagt werden. Aber die Kirche muss ein Ort
skandalöser Freiheit werden, in der wir es wagen, Ideen in
Umlauf zu setzen, Hypothesen auszuprobieren, unbequeme
und unbeliebte Wahrheiten zu vertreten und dem Kaiser zu
sagen, dass er keine Kleider anhat, oder uns sagen zu lassen, dass wir selbst keine tragen. Wir kommen dem Mysterium niemals näher, wenn wir nicht die spielerische Freiheit
der Kinder Gottes haben – die Freiheit, zu experimentieren,
Fehler zu machen und tastend nach der Wahrheit zu suchen.
Mehrfach haben wir gesehen, dass es an den Christen sein
sollte, weiter Fragen zu stellen, wenn andere damit aufhören.

Schweigen kann der Besonnenheit geschuldet sein. Sie war
eine der Charakteristika der Weisen des Alten Testaments.
«Stelle, o Herr, an meinen Mund eine Wache, / eine Wehr an
das Tor meiner Lippen» (Psalm 141,3). Worte sind zu mächtig, als dass man sorglos mit ihnen herumwerfen dürfte. Aber
Schweigen kann auch das Zeichen des Todes sein, das Schweigen des Grabes, das Auslöschen des Wortes des Lebens. «Tote
können den Herrn nicht mehr loben, / keiner, der ins Schweigen hinabfuhr» (Psalm 115,17). Wir glauben an die Auferstehung, als Gottes Wort am Ostermorgen das Schweigen des
Grabes gebrochen hat. Und so müssen auch wir zu sprechen
wagen.

Wie also sollen wir reden? Wie könnte eine Spiritualität
des Redens und Hörens aussehen? Sie besteht ebenso in der
Askese, die nötig ist, wie in dem Vergnügen, das es bereitet,
Menschen zu treffen, die anders denken als man selbst, die
anders fühlen, die in anderen Welten leben. Jeder von uns ver-

dankt seine Existenz dem Zusammentreffen von Unterschieden. Jeder von uns ist die Frucht der Begegnung eines Mannes und einer Frau. In den Worten eines französischen Politikers: «*Vive la différence!*» Unterschiede sind die Quelle von Fruchtbarkeit und neuem Leben. Ich besuchte einmal einen vom Orden betriebenen Ökobauernhof in Benin. Nzamujo, ein nigerianischer Dominikaner, der das Projekt begründet hatte, erzählte mir freudig, dass die Schweine das Ergebnis einer Kreuzung von fetten weißen Yorkshire-Schweinen (wie mir) mit kleinen schwarzen afrikanischen Schweinen (wie ihm) seien!

Einer der Gründe für die häufig zu beobachtende Sterilität der Moderne liegt darin, dass sie sich vor Unterschieden fürchtet und die Sicherheit des Gleichen sucht. Die Zerstörung unseres Zuhauses, der Schock der Entwurzelung, lässt uns ängstlich werden vor denen, die nicht so sind wie wir. Aber dieses Risiko müssen wir eingehen, wenn wir Kinder haben wollen. Ist es reiner Zufall, dass die Geburtenraten im Westen abnehmen? Noch sehr viel schwerer sind Unterschiede auszuhalten, wenn es sich dabei um Menschen handelt, die uns nahestehen, zu denen wir gehören. Merkwürdige Ansichten von Fremden lassen sich vielleicht noch tolerieren, bei Geschwistern werden sie unerträglich. Ein Theologe mit Communio-Einschlag beichtete mir, dass er die Ansichten der «Liberalen» nur aushalten könne, wenn er sich einrede, sie seien gar keine Katholiken. Auch für die Kirche gilt: Kinder wird sie nur haben, wenn wir das riskante wie stimulierende Abenteuer der Begegnung mit Andersdenkenden wagen.

Der für die Moderne typische Ort der Auseinandersetzung mit Widersachern ist das Gericht. Können wir uns nicht einigen, muss das Gesetz entscheiden. Die Sprache ist Prozess-

sprache. Nur eine Seite gewinnt. In der Kirche fallen wir
allzu oft auf dieses Modell zurück und verhindern damit eine
fruchtbare Begegnung. Beide Seiten machen davon Gebrauch.
Der bekannte liberale englische Katholik John Cornwell betitelte eines seiner Bücher mit *The Pope in Winter. The Dark
Face of John Paul II's Papacy.* Es ist ein Prozess gegen den
Papst. In einer Rezension für den *London Tablet* schrieb Andrew Greeley, dass «Cornwell eine gewaltige Anklageschrift
gegen das aktuelle Pontifikat zusammengestellt hat».[6] Bei
den jüngeren Büchern von Hans Küng, einem Gründungs-
mitglied von *Concilium,* hat man häufig den Eindruck einer
gewissen Taubheit gegenüber anderen Ansichten. Positionen
der «anderen Seite» beschreibt er bisweilen in einer Weise, die
sie absurd erscheinen lassen. Das ist ein Weg, eine ernsthafte
Auseinandersetzung mit differierenden Auffassungen zu ver-
meiden. Mit der gleichen Methode wird jedoch auch auf dem
anderen kirchlichen Flügel gearbeitet. Nicht wenige sind eifrig dabei, Ansichten auf Irrtümer hin zu überprüfen und un-
gesunde Lehren aufzuspüren, um deren Träger der Häresie
zu überführen. John Allen hat das «Taliban-Katholizismus»[7]
genannt. Die erste Voraussetzung einer Kirchenreform, so
Kardinal Yves Congar, ist die *caritas,* «jene selbstlose, unsen-
timentale Liebe, die nur das Gute für den anderen will».[8] Das
ist nicht nur eine Frage des Herzens, sondern auch des Kopfes.
Sie verlangt von uns den Gebrauch unserer Intelligenz, damit
wir Menschen verstehen, die anders sind als wir selbst. Und
sie verlangt von uns, so miteinander zu reden und zuzuhören,
dass Gemeinschaft gestiftet wird.

Im Sommer 2004 nahm ich an einem Generalkapitel des
Ordens in Krakau teil. Das Dokument, in dem es über das
Predigen ging, löste eine hitzige Debatte aus. Für die Domi-

nikaner beileibe kein unwichtiges Thema! In der Diskussions-
vorlage für das Kapitel hieß es, dass «wir die Demut erlernen müssen, offen für die Weisheit und die Sprache der Erfahrung anderer zu sein, wo wir als Prediger sehr viel mehr
empfangen, als wir geben. Wie Dominikus sind wir nur Bett-
ler, die schweigend auf ein Wort von Gott und den Mitmenschen warten.» Es war eine Aussage voller Kraft. Aber einige
Mitbrüder auf dem Kapitel reagierten heftig und pochten auf
unsere Verpflichtung, das Evangelium und die Lehren der
Kirche zu verkünden. Es war ein typischer Zusammenprall
von Gottesreich- und Communio-Katholiken. Selbstredend
haben wir den Text geändert und einen mehr oder weniger
einvernehmlichen Konsens gefunden.

Später habe ich dann darüber nachgedacht, wie viel wir
vielleicht hätten erreichen können, wenn mehr Zeit gewesen
wäre. Es war ein Konflikt zwischen verschiedenen Ansichten,
der fruchtbarer hätte sein können. Ich meine damit nicht einfach die Aushandlung eines Kompromisses. Vielmehr geht
es darum, zu verstehen, warum wir nicht übereinstimmten.
Dies würde von uns verlangen, dass wir nicht allein das hören,
was die Mitbrüder sagen, sondern ihre Erfahrungen begreifen.
Wie sehen die Lebensgeschichten aus, die sie so anders über
das Predigen denken lassen? Einige berichteten von langen
Erfahrungen des Dialogs mit dem Islam, von der endlosen
demütigen Geduld, Freundschaften mit den Anhängern einer anderen Religion aufzubauen. Andere sprachen von einer
komplett anderen Erfahrung, vom Überlebenskampf während des Kommunismus, vom Festhalten am Glauben trotz
Verfolgung, vom Wagnis des Eintretens für ihre Überzeugungen trotz drohender Inhaftierung. Diese so unterschiedlichen
Lebenshintergründe prägten bei ihnen unterschiedliche Vor-

stellungen darüber aus, was es heißt, zu predigen. Es reicht nicht aus, nur das zu hören, was die anderen sagen; mithören müssen wir die Erfahrung, der das Gesagte entspringt. Bloßen Sätzen können wir einfach unsere Zustimmung verweigern. Wenn wir aber die Lebensgeschichte eines Mitbruders hören, schafft unsere Vorstellungskraft vielleicht den nötigen Sprung, um zu verstehen, warum er eine andere Position vertritt und warum sie vor dem Hintergrund seiner Geschichte schlüssig ist.

Laut Ludwig Wittgenstein ist «die Bedeutung eines Wortes [...] sein Gebrauch in der Sprache».[9] Wie verwendet der andere dieses Wort? Das herauszufinden braucht Zeit und Aufmerksamkeit. Ich muss die Rolle verstehen, die das Wort in seinem oder ihrem Leben spielt. Wird es in einer Weise gebraucht, die mich überrascht, muss ich zu verstehen versuchen, was er oder sie mit dem Wort macht. Als ich nach Rom kam, gab ich einem amerikanischen Dominikaner einen meiner Texte und fragte ihn, was er davon hält. Er fand ihn «ganz gut». Ich war verletzt. Für einen Engländer heißt «ganz gut» ziemlich schlecht. Erst als ich ihn beim Essen einer ganz vorzüglichen Pasta sagen hörte, sie sei «ganz gut», ging mir auf, dass er die Worte anders gebrauchte!

Wenn wir über das reden, was uns zutiefst im Herzen bewegt, sprechen wir nicht aus dem Nichts. Wir sprechen aus der Freude und der Hoffnung (*gaudium et spes*) heraus, aus den Siegen und Niederlagen, die unser Leben und unsere Denkweise geprägt haben. Wir alle sind Bewohner eines geistigen Zuhauses, eines umgrenzten und geprägten Raumes, der seine eigenen Karten und Wegweiser hat. Das verleiht uns Identität. Aber jedes Zuhause hat seinen je eigenen Zugang zu Gott, sein eigenes Fenster zur Ewigkeit.

Der irische Dichter und Nobelpreisträger Seamus Heaney beschreibt die Erfahrung des Zuhauses seiner Kindheit,
Nordirland, dessen Konturen, Landschaft, Boden und Vokabular ihn geprägt haben. Dort, an und von diesem bestimmten Ort aus, erblickt er den grenzenlosen Himmel. Er schreibt:

> Die Römer hatten im Jupitertempel auf dem Kapitol ein Bild-
> nis von Terminus [dem Gott der Grenzen]. Das Interessante
> ist, dass das Dach über dem Bildnis zum Himmel hin offen
> war, als wollte es sagen, dass ein Gott der Grenzen und Be-
> grenzungen der Erde Zugang zur Unbegrenztheit braucht,
> zur ganzen grenzenlosen Höhe und Weite und Tiefe der Him-
> mel selbst. Als wollte es sagen, dass alle Grenzen notwendige
> Übel seien und dass der wahrhaft wünschenswerte Zustand
> das Gefühl des Unbegrenztseins ist, des Königseins über den
> unendlichen Raum. Wir Menschen verfügen über eben diese
> doppelte Fähigkeit – die Fähigkeit, zu ein und derselben Zeit
> angezogen zu sein von der Sicherheit des uns ganz und gar
> Vertrauten und von der Herausforderung und dem Zauber
> dessen, was jenseits von uns liegt. Dieser doppelten Fähigkeit
> entspringt die Poesie, und sie spricht sie an. Ein gutes Gedicht
> lässt uns gleichzeitig die Füße auf dem Boden und den Kopf
> in der Luft haben.[10]

Das Gleiche könnte man über eine gute Spiritualität sagen.
Unsere je eigene Besonderheit ist der Ausgangspunkt der
Reise zum Unendlichen und Universalen.

Wenn wir jemandem begegnen, der uns sehr verschieden
ist, fällt uns vielleicht als Erstes die Unähnlichkeit auf. Er ist
Ire und nicht, wie ich, Engländer. Sie ist eine Frau und nicht,
wie ich, ein Mann. Er ist ein junger, stacheliger Konservati-

ver und nicht, wie ich, ein alter, liebenswürdiger und offe-
ner Liberaler. Will ich wirklich hören, was sie sagen, muss
ich mich über diesen Unterschied freuen und ihn als einen
anderen Ort begreifen, an dem man stehen und zum Himmel blicken kann. Ich kann mich an ihren Platz schleichen,
mir vorstellen, dass ich mich in ihrem Zuhause wohlfühle,
und dann das offene Dach entdecken und die Unendlichkeit,
die es freigibt. Der Jude Jesus sammelte seine Jünger in einem
bestimmten Land und zu einer bestimmten Zeit und saß mit
ihnen an einem bestimmten Tisch, um seinen Leib und sein
Blut zu teilen und den Weg zu den grenzenlosen Weiten des
Gottesreiches zu eröffnen.

Gustavo Gutiérrez und Hans Urs von Balthasar sind so ver-
schieden, wie man es sich nur vorstellen kann. Der eine ist
Befreiungstheologe aus dem peruanischen Lima, der andere
Schweizer Aristokrat. Ersterer trat spät in seinem Leben den
Dominikanern bei, der Zweite verließ die Jesuiten. Beide sind
Symbolfiguren, der eine für die Gottesreich-Katholiken, der
andere für die Communio-Katholiken. Beide stehen – oder
im Fall Balthasars standen – auf ganz verschiedenem Boden.
Aber beide sind wesentlich Mystiker, Menschen, die nach
dem unnennbaren Gott dürsten. Wir dürfen nicht draußen
stehen bleiben und nur die Begrenztheiten ihres Zuhauses
sehen. Wir müssen hineingehen und gemeinsam mit ihnen
nach oben auf die gleiche unsagbare Transzendenz blicken,
die uns vereint. Jeder steht auf seinem je eigenen Grund, um
auf die Unendlichkeit auszugreifen.

Diese Aufmerksamkeit für den anderen verlangt von mir,
zu akzeptieren, dass er oder sie Wahrheiten anhängt, die sich
nicht leicht mit dem vertragen, was ich glaube. Ihre Überzeugungen sind nicht meine. Denken Sie an die Worte von

Bischof Christopher Butler auf dem Konzil: «*Ne timeamus quod veritas veritati noceat*», «Lasst uns keine Angst davor haben, dass Wahrheit die Wahrheit gefährden könnte». Eine Begegnung kann nur fruchtbar sein, wenn wir es wagen, uns – zumindest vorübergehend – auf Überzeugungen einzulassen, die wir für unvereinbar mit den unseren halten. Wir müssen es wagen, provisorisch zu leben: in der Unsicherheit, auf der Suche nach einer Kohärenz, die wir für den Moment verloren haben. Denn, wie William Carlos Williams schreibt:

> Dissonanz
> (mit Interesse)
> führt zur Entdeckung.[11]

Lasse ich mich darauf ein, zwei unvereinbar erscheinende Wahrheiten zu erwägen, zwingt mich das, nach einem weiteren Horizont Ausschau zu halten, vor dem sie sich vielleicht versöhnen lassen. Dazu muss ich mich weg von allen Parteibindungen mit ihren jeweiligen Programmen von einer grundlegenderen Bindung ziehen lassen: der Verbundenheit mit der Wahrheit. Denn die Wahrheit wird mich frei machen. Hier, in dieser befreienden Wahrheit, können sich Gottesreich- und Communio-Katholiken treffen.

Beim Letzten Abendmahl sagte Jesus zu seinen Jüngern: «Im Haus meines Vaters sind viele Wohnungen» (Johannes 14,2). Gottes Zuhause ist weit und geräumig. Das heißt nicht, dass man glauben kann, was man will, weil Gott so großzügig wäre, dass Wahrheit keine Rolle spielt. Ich kann mir nicht vorstellen, dass Gott sagen würde: «Sie glauben also, dass mein Sohn Maria Magdalena geheiratet hat? Das kratzt mich nicht. Da Vinci Code oder Summa theologica – ist mir alles gleich.» Die Weite Gottes ist viel spannender als eine bloße Gleichgültigkeit.

Der gute Hirte führt seine Schafe aus den engen, kleinen Stallungen, in die wir uns selbst einschließen, hinaus auf seine weiten Auen. Seiner Stimme müssen wir vertrauen. Er befreit uns aus engen Ideologien und kleinen Wortschätzen. Wir müssen Weisen des Redens finden, die ausgreifen auf die Weite von Gottes Wort. Robert Jenson schreibt: «Wenn Gott will, kann er andere Personen in sein Leben aufnehmen, ohne es zu entstellen. Um es so schlecht wie möglich zu sagen: Gott ist geräumig.»[12] Wir müssen also Sprechweisen finden, die geräumig sind! Selbst etwas geräumiger zu werden, ist schmerzhaft. Dieser Schmerz, so Meister Eckhart, ist nicht Gottes Gericht: «Es kommt nicht von Gottes Gerechtigkeit noch von [seiner] Strenge, dass er viel heischt vom Menschen; es kommt von seiner großen Gebefreudigkeit, wenn er will, dass die Seele sich weite; auf dass sie *viel empfange*, damit er ihr *viel geben* könne […] Der Prophet spricht: Gott führt die Gerechten durch die engen Wege in die breite Straße [vgl. Weisheit 10,10 ff.], auf dass sie in die Weite und in die Breite kommen.»[13]

In ihrem Roman *Alles über Larry* beschreibt die kanadische Autorin Carol Shields, wie uns die Sprache ein Zuhause ist, in dem wir leben können. Larrys erste Ehe zerbrach, weil er und seine junge Frau über keine Sprache verfügten, die es ihnen erlaubt hätte, sich zu finden und zu lieben. Sie können sich schließlich versöhnen, weil ihre Sprache weit genug geworden war, zum ersten Mal gelassen miteinander umzugehen. «War das unser Problem?», fragt Larry. «Daß wir nicht genug Wörter wußten?»[14] Shakespeare nennt sich selbst «einen Mann, den es nach neuen Worten brennt».[15]

Die Kirche wahrt ihre Einheit, weil der Heilige Geist fruchtbar über dem Nest schwebt und neue Worte ausbrütet, in denen und durch die wir zueinander gehören können. Im vierten Jahrhundert prallten zwei unvereinbare Verständnisse der Person Christi aufeinander. Grob vereinfachend gesagt, standen auf der einen Seite die Antiochener, die an den ganz menschlichen Jesus glaubten, der kämpfte, dachte und versucht wurde wie wir. Wenn es nicht so wäre, argumentierten sie, was hätten wir dann mit ihm gemein? Ihnen gegenüber standen die Alexandriner, die an einen hoheitlichen und göttlichen Jesus glaubten. Wie sonst könnten wir gerettet werden? Zwei Theologien, zwei verschiedene Weltsichten, zwei Geographien des Herzens und des Geistes, verwurzelt in zwei sehr verschiedenen Kulturen: Alexandria, Erbin der großen theokratischen Welt der Pharaonen, und Antiochien, eine blühende demokratische griechische Stadt. Die Begegnung dieser zwei Theologien durchlief alle möglichen Konflikte und Spannungen, aber am Ende war sie fruchtbar und brachte im fünften Jahrhundert die Christologie von Chalkedon hervor. Sie war mehr als ein bloßes Aushandeln von Formulierungen, die für alle akzeptabel waren, mehr als nur theologische Feilscherei. Sie war der Durchbruch in eine neue, geweitete theologische Welt, in eine Weise des Sprechens, in der zwei vorher entgegengesetzte Traditionen ihre Anschauungen erkennen und sich darin wohlfühlen konnten.

Bei dieser theologischen Kreativität geht es nicht allein darum, dass man anders über Jesus denkt. Wie wir in Kapitel 8 gesehen haben, eröffnet ein neues Verständnis eines Sachverhalts neue Wege zum Leben. Denn das Verstehen, wie Thomas uns gezeigt hat, ist eine Weise, zu leben, eine Weise, lebendig zu sein. Daher braucht die Gesellschaft Den-

ker – Historiker und Philosophen, Naturwissenschaftler und
Poeten, Anthropologen und Psychologen. Und das eben nicht
nur, weil sie nützlich und gut für unsere Wirtschaft sind, sondern weil sie unsere Sprache erneuern und uns damit helfen,
neue und tiefere Wege des Menschseins zu entdecken und so
Gottes Leben in größerer Fülle zu teilen. Manchmal schaffen
das sogar Theologen!

Für eine erfolgreiche Zucht braucht man den Unterschied,
aber keine radikale Unvereinbarkeit. Wir können Schafe und
Ziegen nicht miteinander verpaaren; Pferde und Esel lassen
sich zwar kreuzen, aber ihre Jungen sind unfruchtbar. Für
uns ist die Orthodoxie das weite offene Feld, auf dem eine
Zucht gelingen kann. Wenn jemand behauptet, Jesus sei auf
Drogen oder ein Marsmensch gewesen, wird das nicht sehr
weit führen. Für einen Austausch gäbe es nicht genügend Ge-
meinsamkeiten. Wie groß aber dürfen die Unterschiede sein,
wenn eine Begegnung noch fruchtbar sein soll? Die Frage
ist schwierig, und ich kann sie hier nicht erörtern. Letztlich
muss uns natürlich die Orthodoxie verbinden – nicht, um das
Gesprächsspektrum zu verengen, sondern um in ihr das weite
Terrain des Mysteriums zu betreten, auf dem wir aus der Enge
der Ideologien befreit sind. Es ist ein übler Missbrauch der
Sprache, das Wort «orthodox» mit «konservativ» gleichzuset-
zen oder, schlimmer noch, mit «starr». Orthodoxie besteht
nicht in einer unveränderlichen und mechanischen Wieder-
holung tradierter Formeln. Das kann, wie Karl Rahner betont
hat, sogar eine Form der Häresie sein. Orthodoxie bedeutet,
so über den Glauben zu sprechen, dass es den Pilgerweg zum
Mysterium offen hält. Oft lässt sich nicht unmittelbar und sofort erkennen, ob ein neuer Ansatz ein neuer Weg ist, den
Glauben auszudrücken, oder ob er ihn verrät. Dafür braucht

es Zeit. Als der frühere chinesische Premierminister Zhou Enlai († 1976) gefragt wurde, ob die Französische Revolution ein Erfolg gewesen sei, erwiderte er, dass es für eine Antwort noch zu früh sei!

Eine überstürzte Verurteilung ist Zeichen fehlenden Mutes. Als Marie-Joseph Lagrange OP 1890 die École Biblique in Jerusalem gründete und seine historisch-kritischen Studien des Alten Testaments ergaben, dass es nicht immer wörtlich zu verstehen sei, traf ihn der Bannstrahl des Sanctum Officium. Jahre später galten seine Aussagen als vollkommen orthodox und waren in der katholischen Kirche allgemein anerkannt. Furcht ist der Wahrheitssuche niemals dienlich. Aufgabe unserer Wächter der Orthodoxie ist es, sicherzustellen, dass ein Nachdenken nicht durch Panik unterdrückt wird; sie müssen den Mut haben, voreilige Verurteilungen zu verhindern, und gewährleisten, dass wir uns die Zeit nehmen, die wir brauchen.

Selbst wenn jemand etwas ganz eindeutig Unorthodoxes sagt, muss meine erste Reaktion doch sein, dass ich zu verstehen versuche, welche Wahrheit er ausdrücken will, statt gleich mit einer Verurteilung seines Irrtums zu kommen. Er ringt vielleicht damit, etwas Wahres zu sagen, auch wenn die Weise, wie er es fasst, falsch ist. Wenn ein Christ behauptet, dass Jesus – wie Krishna – nur eine Erscheinung Gottes unter anderen sei, dann glaube ich, dass er unrecht hat. Das ist unvereinbar mit unserem Glauben. Aber vielleicht versucht er auf unbeholfene Weise, etwas Wahres zu sagen, das ich nicht einfach abtun kann. Noel O'Donoghue beschrieb Häresie einmal als «gefangenes Licht». Es gilt, einen Weg zu finden, dieses Licht herauszulassen.

Das alles braucht Geduld. Sollten Sie jemals versucht haben, Pandas zu züchten, werden Sie wissen, dass dafür viel Zeit nötig ist. Pandas ignorieren sich gegenseitig über Jahre und tun so, als würde der andere gar nicht existieren. Im Dschungel laufen sie aneinander vorbei, ohne sich eines Blickes zu würdigen. Und dann gibt es doch kleine Anzeichen dafür, dass sie sich wahrnehmen: aggressive Momente, ein gelegentliches Knurren oder Beißen, bis endlich, mit viel Glück, ein winziger Panda unterwegs ist. Darum sind sie so selten. Christliche Denker sind fast genauso langsam wie Pandas – zum Glück aber zahlreicher.

Auf der sechsten *Catholic Common Ground Initiative Lecture* im Jahr 2005 hielt John Allen in Washington einen hervorragenden Vortrag zum Thema «Spiritualität des Dialogs unter Katholiken» *(The Spirituality of Dialogue among Catholics)*. Ich war stolz, als ich hörte, dass er mich zitierte. Nur leider kann ich mich nicht daran erinnern, wo und wann ich diese Worte geschrieben habe. Daher bleibt mir an dieser Stelle nichts anderes übrig, als sein Zitat zu zitieren!

Dialog kann es nur geben, wenn wir uns Zeit nehmen. Es brauchte 400 Jahre, bis sich die Christologie von Chalkedon entwickelt hatte. Sind wir mit jemandem nicht einer Meinung, bringt es nichts, uns für ihn zwanzig Minuten im Terminkalender freizuhalten. Entscheidend ist die Frage: Wie verwenden wir das kostbare Geschenk der Zeit? Allzu viel hat Gott uns nicht davon gegeben: 27.000 Tage im Schnitt. Wie sollen wir sie einsetzen? Wenn die Einheit der Kirche wirklich wichtig ist, dann müssen wir denen unsere Zeit widmen, die mit uns streiten – Zeit, um sie zu verstehen und uns herausfordern zu lassen. Eine Kultur des Aktivismus bedeutet nicht nur, dass wir alle zu viel zu tun haben, sondern dass wir mit Dingen beschäftigt sind, die vielleicht nicht so wichtig sind.

Das alles, so könnte man an dieser Stelle vielleicht einwenden, klingt ja ganz nett. Aber wird das jemals passieren? Um die Polarisierung in der Kirche zu heilen, braucht es mehr als eine Spiritualität. Es muss etwas getan werden. Meiner Ansicht nach sind dafür, kurz gesagt, zwei Dinge nötig: Orte, an denen solche Gespräche stattfinden können, und Leitung.

Um sich fortzupflanzen, brauchen Pandas die rechte Umgebung. Sie mögen keine Zoos, wo sie durch die Gitterstäbe beobachtet werden und mit Bambus nach ihnen gestochert wird. Sie müssen frei und ungestört sein. Wir brauchen Orte «unverzerrter Kommunikation», wie der Philosoph Jürgen Habermas es genannt hat: Orte, an denen die Kommunikation nicht durch Beziehungen torpediert wird, die als einschüchternd oder bedrohlich erfahren werden, an denen die Würde aller Teilnehmer geachtet wird. Wir brauchen Orte, an denen wir angst- und vorurteilsfrei sprechen können. Wir müssen uns übereinander ärgern können und dann noch die Zeit haben, uns wieder zu versöhnen. Die *Common-Ground*-Initiative Kardinal Bernardins zielte auf die Ausbildung solcher Orte und tut es noch – trotz verbreiteter Ablehnung von Seiten derer, die der Kardinal am meisten für den Dialog gewinnen wollte. Wir brauchen mehr Gesprächsorte wie diese. Ein weiteres Beispiel sind die *New-Wineskins*-Konferenzen an der Universität von Notre Dame in Indiana, die junge Moraltheologen aller theologischen Richtungen zusammenbringen, um ethische Fragen ungehemmt und frei zu diskutieren.

Vor einiger Zeit organisierte Cherie Blair, die Frau des ehemaligen britischen Premierministers und bekannte Menschenrechtsanwältin, eine Diskussion zur Rolle der Katholiken im politischen Leben. Sie war angestoßen worden durch die Debatten darüber, ob der US-Präsidentschaftskandidat

John Kerry zur Kommunion zugelassen werden könne, auch wenn er gesetzliche Maßnahmen unterstützt hatte, die die Abtreibung begünstigten. Wir versuchten, eine Gesprächsrunde zusammenzubekommen, der Vertreter des gesamten kirchlichen Spektrums angehören sollten: ein Philosoph aus Princeton und Mitglied des Opus Dei, ein liberaler katholischer Rechtsanwalt aus Schottland, ein Professor für Menschenrechte an der London School of Economics. Ziel war es, einen neuen Weg der Diskussion zu finden – oder vielmehr einen alten wiederzuentdecken: den der mittelalterlichen *disputatio*, in der sich die Teilnehmer gegenseitig zwingen, klarer zu denken und sich – hoffentlich – anzunähern. Mir fiel es zu, das Ganze am Ende zusammenzufassen und das Gespräch über die beiderseitigen Gegensätze hinauszuheben. Anwesend waren auch zahlreiche Katholiken des öffentlichen Lebens, die lebhaft an der Diskussion teilnahmen. Nicht wenige glaubten, dass die Debatte erbittert enden werde. Es kam ganz anders. Sie wurde zum Zeichen dafür, dass sogar Vertreter völlig konträrer Positionen miteinander reden können. Die Initiative ging von einer Laiin aus. Um den ersten Schritt zu tun, braucht es keinen ranghohen Vertreter des Klerus.

Viele kleine Initiativen sind auch auf diözesaner und gemeindlicher Ebene nötig. Oft hört man die Gläubigen über die Amtskirche klagen, als gäbe es nur kleine, einsame Streiter, die einer gewaltigen und monolithischen Institution gegenüberstehen. Aber die Kirche ist ein komplexes Netz von Institutionen, das nicht nur aus der Hierarchie besteht, sondern aus Orden, Universitäten, Vereinen, neuen geistlichen Gemeinschaften, Zeitschriften usw. Wir brauchen noch viel mehr Institutionen, die Räume und Orte eröffnen, an denen man ganz frei mit Andersdenkenden reden und fruchtbar sein kann. Was wir brauchen, ist institutionelle Kreativität.

Dafür ist das, was gewöhnlich «Leitung» genannt wird, nötig. Ich gestehe, dass ich das Wort nicht sonderlich mag. In der Kirche gibt es nur einen, der uns leitet: Christus. Laut dem Markusevangelium ist er uns nach Galiläa vorausgegangen und vor uns, so der Hebräerbrief, in die Gegenwart des Vaters eingetreten. Wir alle folgen ihm. Ich gebrauche den Begriff nur, weil er so weit verbreitet ist und ich – vermutlich vergeblich – hoffe, ihm ein etwas christlicheres Verständnis zu geben. Regelmäßig wird von einer Krise der «Kirchenleitung» in vielen Teilen der Welt gesprochen. Auf einem Kongress in Los Angeles beurteilte vor nicht allzu langer Zeit Richard Gaillerdetz, ein Laientheologe von der Universität Toledo, die Lage der Kirche in den Vereinigten Staaten. Den Strukturen und der Leitungsausübung gab er ein «ausreichend» – und alle klatschten Beifall. Die Polarisierung der Kirche in den Vereinigten Staaten wird oft auf ein Versagen der Bischöfe zurückgeführt, Männer der Einheit zu sein, das heißt sich um ihre ganze Herde zu kümmern, statt nur eine Partei zu unterstützen und damit die Spaltung zu fördern. Mir steht es nicht zu, das zu beurteilen: Aber Leitung wahrzunehmen ist die Aufgabe eines jeden getauften Christen. Dass sie in einem exklusiven Sinne nur den Bischöfen zustehe, ist eine merkwürdige und sehr junge Idee. Viele große Kirchenreformer wie Franz von Assisi, Caterina von Siena und Dorothy Day waren keine Bischöfe. Sie waren noch nicht einmal geweiht. Es waren Laien, unter ihnen viele Frauen. Benedikt, dessen Name der gegenwärtige Papst angenommen hat, war mit größter Sicherheit nicht geweiht.

Das einzige Verständnis von Leitung, das ich in Einklang
mit dem Evangelium sehen kann, ist die Verpflichtung eines
jeden von uns, den ersten Schritt zu wagen. Es ist der Mut,
vorzutreten und das Risiko einzugehen, verletzt zu werden.
Rabbi Hugo Gryn erzählt die Talmudlegende von Nachschon
ben Amminadab: «Nachschon war ein Junge, der mit seinem
Volk am Ufer des Roten Meeres stand. Hinter ihm waren die
ägyptischen Verfolger, vor ihm die tiefen und gefährlichen
Wasser. Als Mose die Israeliten vorwärts drängte, hatten sie
Angst und zögerten. Aber Nachschon sprang, und erst da
teilte sich das Wasser.»[16]

Bei der Erstürmung einer Stadt in Asien fand sich Alexander der Große plötzlich allein. Er stand auf der Stadtmauer,
seine eigenen Truppen zogen sich zurück, um ihn herum
Feinde. Alexander hatte die Wahl, aus der Stadt herauszu-
springen und sich dem Rückzug anzuschließen oder ganz
allein in die Stadt hinunterzuspringen und zu kämpfen. Er
sprang hinein. Seine Truppen sammelten sich um ihn und
nahmen die Stadt ein. Zugegeben, Alexander wurde verwundet und starb am Ende – aber er war groß! Wer würde ihn
heute noch kennen, hätte er sich anders entschieden?

Das Gleichnis vom verlorenen Sohn führt uns vor Augen,
was Leitung ausmacht. Der jüngere Sohn wagte den ersten
Schritt nach Hause, ohne auf ein Wort seines Vaters zu warten, dass er auch willkommen sein würde. Sein Vater machte
den Schritt auf ihn zu, ohne auf die Bitte um Vergebung zu
warten. Beide zeigten darin ihre Fähigkeit zu leiten. Eine solche Art von Leitung hat Papst Johannes Paul II. oft bei der
Suche nach einem Dialog mit den Orthodoxen und den Muslimen gezeigt. Er ging das Risiko ein und hat sich nicht selten eine Abfuhr eingehandelt. Aber nicht nur Päpsten und

Bischöfen kommt diese Rolle zu. In der Geschichte waren es gewöhnlich andere Leute, oft Laien. Die große Tugend, die wir heute in der Kirche brauchen, ist der Mut, nach vorn herauszutreten, neue Initiativen auszuprobieren, um Vergebung zu bitten, aufmerksam zu sein – auch und gerade für die, die uns verurteilen. Einfacher und sicherer ist es, anderen, vor allem der Hierarchie, die Schuld zu geben.

Augustinus schreibt in einer Predigt: «Ihr alle sagt: ‹Die Zeiten sind schwierig, die Zeiten sind hart, die Zeiten sind mies.› Lebt ein gutes Leben, und ihr werdet dadurch die Zeiten verändern. Ihr werdet die Zeiten verändern, und dann habt ihr nichts mehr, worüber ihr murren könntet.»[17] Vielleicht haben wir ja auch ganz gern etwas zu murren. Das ist viel einfacher und weniger gefährlich, als sich vorzuwagen und das Risiko einzugehen, verwundet zu werden. Aber der Heilige Geist ist über uns ausgegossen, damit wir etwas Neues tun – so wir es denn wagen. Wir können eine Kirche bauen, die ein Zuhause für alle ist und in der wir von unserem Schock der Entwurzelung geheilt werden. Wir können neue Wege finden, über unseren Glauben zu sprechen, und auch alte, vergessene Formen wiederentdecken, damit alle, die sich in unfruchtbarer Gegnerschaft gefangen glauben, eine Heimat entdecken können, zu der sie gemeinsam gehören. Wir brauchen ein wenig von der Kreativität des Thomas, der die scheinbar gegensätzlichen Traditionen des Augustinus und des Aristoteles zusammenspann, um die Geschichte, die wir erzählen, zu öffnen und zu weiten. Vielleicht sind wir ja doch fruchtbarer als Pandas, und die Kirche wird ein besseres Zeichen der Einheit der ganzen Menschheit in Christus sein.

11

Ohne den Herrentag können wir nicht sein

Im Jahr 304 wurden in Nordafrika eine Reihe von Christen verhaftet, weil sie zusammengekommen waren, um am Sonntag die Eucharistie zu feiern. Als der Prokonsul den Besitzer des Hauses, einen Mann namens Emeritus, fragte, warum er diese Leute hereingelassen habe, gab er zur Antwort, dass sie seine Brüder und Schwestern seien. Der Prokonsul insistierte darauf, dass er ihnen den Einlass hätte verweigern müssen. Emeritus erwiderte, dass er das nicht konnte: «*Quoniam sine dominico non possumus.*» Der damalige Kardinal Ratzinger übersetzte es mit: «Denn ohne den Herrentag, ohne das Herrengeheimnis, können wir nicht sein.» Und er führt aus: «Es ging eben für sie nicht um die Wahl zwischen einem Gebot und einem anderen, sondern um die Wahl zwischen dem Leben tragenden Sinn und einem sinnlosen Leben.»[1] Die Feier des Herrentages sollte uns also weiteren Aufschluss darüber geben, was der Glaube für das Leben von uns Christen ausmacht.

In *Die Anti-Gesellschaft* schreibt Herbert McCabe, dass das Gebot, den Sabbat heilig zu halten und nicht zu arbeiten,

sich «gegen die Vergötzung der Arbeit [wendet]. Wie alle Götzen ‹Menschenwerk› sind, so kann auch dieses Werk immer
zu einem Götzen, einem Mittel der Verfremdung, werden.
[…] Der Sabbat ist dazu da, die Fixierung auf die Karriere zu
stoppen, dich vor der Knechtschaft der Produktivität und des
Profits zu bewahren.»[2] In einer Welt, in der die Menschen den
Sinn ihres Lebens in ihrer Arbeit finden, ist das, was man tut,
wenn man nicht arbeitet, nicht so wichtig. Man arbeitet nicht,
um danach ausspannen zu können. Vielmehr dient die Freizeit dazu, wieder arbeiten zu können. Was man hingegen in
seiner Freizeit, an seinem Sabbat tut, spielt dabei keine Rolle,
solange man nur am Montagmorgen ausgeruht zurück an der
Arbeit ist. Ich zitiere noch einmal McCabe:

> Während der Arbeitszeit hat man zu tun, was einem gesagt
> wird, in seiner Freizeit (frei von Arbeit) kann man tun und
> lassen und glauben und verehren und lesen, was man will.
> Nur soweit diese Aktivitäten zur Arbeit in Beziehung stehen,
> werden Restriktionen auferlegt. […] In dieser Gesellschaft
> wird die Kultur leicht zu einem privaten Spiel, das nur des-
> halb ‹frei› ist, weil es frei ist von Bedeutung, weil es irrelevant
> ist und deshalb nicht wert, unter Kontrolle gehalten zu wer-
> den. Philosophen, Wissenschaftler, Schriftsteller und Theolo-
> gen brauchen ihre Aussagen nicht vor der Gemeinschaft zu
> verantworten, denn niemand nimmt sie ernst.[3]

Josef Pieper schreibt in seinem wunderbaren Büchlein *Muße
und Kult*, dass wir die Prioritäten einer jeden zivilisierten
Kultur wiederentdecken müssen. Das griechische Wort für
Arbeit – ἀσχολία – kommt von «nicht in Muße (σχολή) sein».
Im Lateinischen verhält es sich genauso: *negotium,* «Arbeit,

Beschäftigung, Geschäftigkeit» stammt von *neg-otium,* «Un-Muße».[4] Befreien müssen wir uns also von einer barbarischen Arbeitsethik, die unsere Jobs, sofern wir uns glücklich schätzen dürfen, einen zu haben, zum Zentrum unseres Lebens macht und unsere Muße darin sieht, dass wir gerade einmal nicht arbeiten. Der Sabbat lädt uns ein, die Anbetung des Götzen Arbeit hinter uns zu lassen und die Freiheit zu gewinnen, den wahren Gott zu verehren.

Pieper schrieb sein Buch 1948, zu einer Zeit, da Deutschland den Wiederaufbau nach dem Krieg versuchte. Herberts Buch wurde 1968 veröffentlicht. Was sie schreiben, hat nichts von seiner Aktualität verloren. Für die meisten Menschen bedeutet Arbeit immer noch Last und Plackerei. Aber vielleicht beginnt sich zu Beginn dieses neuen Jahrtausends der Sinn der Arbeit zu verschieben. Die alte Arbeitsethik, die das Leben unserer Vorfahren bestimmt hat, verliert an Gewicht. Ein neues Verständnis von Arbeit bildet sich heraus, an manchen Orten schneller als an anderen. Noch trifft es nur für eine kleine Zahl von Menschen zu, aber es lädt uns ein, mit ihm eine weitere Dimension der Sabbatruhe zu entdecken.

In Kapitel 8 habe ich auf Baumans These verwiesen, dass der Kapitalismus momentan in eine neue Phase eintritt. Wir lassen die Welt des Fordismus hinter uns, in der es eine beständige und stabile Beziehung zwischen Kapital und Arbeit gab. In der Welt, die er als «flüchtige Moderne» bezeichnet, geht es in der Ökonomie nicht mehr so sehr um die Produktion von Schwergütern als um die Vermarktung von Ideen, Bildern, Informationen, Symbolen und Marken. Der Arbeiterschaft ist keine lebenslange Anstellung mehr garantiert, Verträge sind befristet. Beim geringsten Problem zieht das Kapital einfach weiter und stellt Arbeiter an, die mit weniger

Lohn zufrieden und gefügiger sind. Auf den Interkontinen-
talflügen von British Airways begann das Unterhaltungspro-
gramm an Bord immer mit einem Spot der walisischen Agen-
tur für Wirtschaftsentwicklung *(Welsh Development Agency).*
In ihm sieht man glückliche amerikanische und japanische
Geschäftsmänner, die verkünden, wie wunderbar es ist, in
Wales Fabriken zu bauen. Ich habe ihn x-mal gesehen, während ich auf den ersten Cocktail wartete. Kein Wort jedoch
über all die ausländischen Betriebe, die in Wales geschlossen
wurden, nachdem sie enorme Subventionen von der Regierung bekommen hatten, und nun in Länder wie Mexiko und
Indonesien umgezogen sind.

   In dieser neuen, flüchtigen Welt haben diejenigen Macht,
die am mobilsten sind und die ihr Kapital dorthin bewegen
können, wo es am meisten Frucht trägt. Bauman nennt sie
«Nomaden». Bislang kampierten die Nomaden um die Industriezentren herum und versuchten, in sie hineinzukommen.
Jetzt treffen sie die Entscheidungen. Alles, was sie brauchen,
sind Laptops und Mobiltelefone. Sie reisen ohne viel Gepäck.
Zunehmend kommen Unternehmen wie «Nike» sogar ganz
ohne eigene schwerfällige Fabriken oder die Einstellung von
Arbeitern aus. Sie lassen es andere für sich tun. Sie besitzen
die Marken und die Ideen. Wir leben in einer, wie Diane
Coyle es genannt hat, «schwerelosen Welt».[5]

   In dieser Welt der flüchtigen Moderne bekommt die Arbeit also eine neue Bedeutung. Bauman schreibt: «Arbeit gibt
heute nicht mehr das Koordinatensystem ab, in dem sich feste
Selbstdefinitionen, Identitäten und Lebenspläne aufspannen
lassen. Als ethische Grundlage einer Gesellschaft kann man
sich Arbeit ebensowenig vorstellen wie als ethisches Bezugs-
system für das Leben einzelner Individuen.»[6] Das heißt, dass

auch die Ruhe von der Arbeit und die Feier des Sabbats eine neue Bedeutung erhalten könnten. Im Folgenden werde ich auf zwei Aspekte dieser neuen Arbeitsauffassung schauen: zunächst darauf, wie das Auseinanderbrechen der gegenseitigen Abhängigkeit von Kapital und Arbeit Unsicherheit und einen Verlust an Vertrauen in die Zukunft generiert und es das Verständnis des Sabbats verändert. Im Anschluss untersuche ich die Verwandlung der Arbeit in eine Form von Unterhaltung und frage nach den Auswirkungen darauf, was es heißt, «im Herrn zu ruhen».

«Man muss keinen Zitronenhain pflanzen, um eine Zitrone auszupressen»

Ein männlicher Amerikaner hat im Laufe seines Lebens durchschnittlich elf Jobs. In Europa leben und sterben heute viele Menschen, ohne jemals überhaupt eine Arbeit gehabt zu haben. Ich zitiere noch einmal Bauman:

Sichere Arbeitsplätze in stabilen Unternehmen tauchen bestenfalls in den Erzählungen der Großväter auf; auch gibt es kaum mehr Qualifikationen und Berufserfahrungen, die, einmal erworben, dafür sorgen, daß der einmal und nur einmal angebotene Arbeitsplatz dauerhaft ist. Niemand ist gegen die nächste Runde des ‹Abbaus›, der ‹Verschlankung› oder ‹Rationalisierung› gefeit, gegen die unberechenbaren Ausschläge der Nachfrage auf dem Markt und die ebenso absonderlichen wie unvermeidlichen Zwänge der ‹Konkurrenzfähigkeit›, ‹Effektivität› und ‹Produktivität›. Die Losung des Tages lautet ‹Flexibilität›. Dahinter verbergen sich Arbeitsplätze

ohne Sicherheit, ohne Firmenbindung und ohne die Möglichkeit, Ansprüche für die Zukunft zu erwerben, Arbeitsverhält-
nisse, die auf befristeten oder Kettenverträgen basieren, kurz-
fristige Entlassungen ermöglichen und keinen Anspruch auf
Abfindung beinhalten.[7]

Der Fordismus basierte auf der gegenseitigen Abhängigkeit
von Kapital und Arbeit. Menschen wurden in erster Linie
als Produzenten gesehen, und um gut produzieren zu können, brauchte man Sicherheit. Die flüchtige Moderne gründet
auf der gegenseitigen Abhängigkeit von Kapital und Konsumenten, und alles, was ein Konsument braucht, ist Geld. Ein
Unternehmen kann es sich leisten, seine Arbeiter zu verlieren – es stellt einfach andere ein. Bewahren aber muss es sich
seine Konsumenten. Don Peppers und Martha Rogers schreiben: «All Ihre Produkte sind kurzlebig. Nur Ihre Kunden sind
real.»[8] Unternehmen pflegen, was im Englischen mit «LTV»
(«Life Time Value») bezeichnet wird. Gemeint ist damit die
lebenslange Beziehung eines Unternehmens zu einem Konsumenten. In einer Welt von brüchigen und vorübergehenden
Beziehungen kommt diese Bindung dem Gedanken der Stabi-
lität noch am nächsten.

Beschäftigung ist so unbeständig, dass sich sogar die alte
Solidarität der Gewerkschaften aufgelöst hat. Jobs sind unsicher. Das Wichtigste ist daher, die Beschäftigung nicht zu
verlieren und keinen Ärger zu machen. Zu Hause wie am Arbeitsplatz ist die Zeit der alten Verträge bis zum Tod (oder
wenigstens bis zur Pensionierung) vorbei. Sobald das Kapital woanders bessere Gewinnmöglichkeiten ausmacht, zieht
es weiter. Sogar in Japan verschwindet die Tradition der Un-
ternehmensloyalität. Menschen sind entbehrlich – Ersatzteile,

die man in Jobs einpassen oder wieder herausnehmen kann
wie aus Autos oder Waschmaschinen. Die Arbeitswelt ist damit zu einem Ort tiefgreifender Unsicherheit geworden. Be-
rufe spielen nicht mehr die Rolle, die sie bislang in der Definition von Identität und der Gestaltgebung des Lebens hatten.
    Nicholas Boyle schreibt, dass

> das Konzept einer lebenslangen Berufung, eines lebenslan-
> gen Jobs – oder einer Aufgabe –, die einen großen Teil dessen
> bestimmt, was eine Person ist, seinen Wert verliert und ak-
> tiv zurückgewiesen wird. Wir sagen vielleicht immer noch:
> ‹Sie ist Druckerin›, ‹Er ist Lehrer›, aber was wir meinen und
> was wir in Zukunft zunehmend sagen werden, ist: ‹Sie ar-
> beitet momentan in einer Druckerei›, ‹Er hat einen Dreijah-
> resvertrag an der Schule›. Die Frage nach dem, was ‹er› oder
> ‹sie› auf Dauer macht, stellt sich nicht: Sogar das Geschlecht
> ist irrelevant – für den Markt ist alles, was zählt, der Leis-
> tungsindikator, den ‹er/sie›, die Produktionseinheit, vorwei-
> sen kann.[9]

In Atlanta erzählte mir ein Mann einmal, dass er sein Ar-
beitsleben als Gärtner begonnen hat, dann wurde er Bestatter,
anschließend arbeitete er in der Werbebranche. Und jetzt ist
er Computertechniker für die National Federation of Priests.
Feste Beziehungen sind in der flüchtigen Moderne rar. Eine
Berufung, ob zum Priestertum oder zum Ordensleben, ob
zum Eheleben oder zu einem bestimmten Beruf, geht gegen
den Strich. Sie zeugt von unserer Hoffnung, dass mein Leben als ganzes einen Sinn hat. Ich mache nicht einfach nur
Sachen; ich bin dazu berufen, jemand zu sein. In einer Berufung – neben anderen Formen – drücke ich aus, wer ich bin.

Was kann es in so einem flüchtigen Kontext heißen, den
Sabbat zu feiern und im Herrn zu ruhen? Für Ezechiel ist der
Sabbat ein Zeichen für den Bund und die Treue Gottes zu
seinem Volk: «Ich bin der Herr, euer Gott. Nach meinen Sat-
zungen sollt ihr leben, meine Gesetze halten und sie erfüllen
und meine Sabbate heilig halten, dass sie als Zeichen dienen
zwischen mir und euch, damit man erkennt, dass ich der Herr,
euer Gott, bin» (Ezechiel 20,19 f.).

Es überrascht nicht, dass die Juden, die mehr als jedes andere Volk die Erfahrung radikaler Unsicherheit machen mussten, eine Theologie des Sabbats entwickelt haben, die ihn als
Zeichen von Gottes Ehe mit seinem Volk versteht. Während
der Vertreibungen und Pogrome, der Ausweisung aus Spanien, England, Russland und Deutschland stellte der Sabbat
die Feier der einen Konstante dar: des Bundes mit Gott. Der
Sabbat ist Israels Braut, das Zeichen von Gottes ewiger Treue.
Der Dichter Bialik schreibt: «Als der Heilige, er sei gepriesen,
das Schöpfungswerk vollendet hatte, führte er den Sabbat in
sein Universum ein, ‹damit das Hochzeitszelt, das entwor-
fen und aufgerichtet wurde, nicht ohne Braut bleibe›. Diesen
Sabbat, eine Großtat, die der Heilige, er sei gepriesen, allen
Schätzen, die er besitzt, vorgezogen hat, wollte er keinem anderen als Israel anvertrauen, indem er so ein vollkommenes
Paar schuf.»[10] Ein Sabbat dauert länger als 24 Stunden. Der
Grund dafür ist, dass die Juden nicht wollen, dass die Braut
sie verlässt. Sie klammern sich an ihre Gegenwart. Der Text
des Sabbats ist das Hohelied der Liebe.

Vor mehr als dreißig Jahren verstand McCabe den Sabbat
als Protest gegen die Vergötzung der Arbeit und als Weigerung, unsere Identität von ihr bestimmen zu lassen. Für viele
Leute ist das immer noch zutreffend, aber diese Form der

Idolatrie verliert an Boden. Die Flüchtigkeit unserer Gesellschaft macht es den Menschen zunehmend unmöglich, sich selbst in Begriffen ihres Berufes zu verstehen. Die Arbeit ist vielmehr eine Quelle der Unsicherheit geworden. Daher kann die Ruhe von der Arbeit zur Feier dessen werden, was in einer flüchtigen und unsicheren Welt den größten Bestand hat: der Ehe Gottes mit der Menschheit in Jesus Christus. Wie können wir dieser Treue in unseren Feiern des Herrentages Ausdruck geben? Pfarrgemeinden sind oft transitorische Gemeinschaften, weil die Menschen auf der Suche nach Arbeit, guten Schulen oder bezahlbaren Häusern von einem Ort zum anderen ziehen. Wie können wir Zeichen für Gottes ewige Treue sein?

Ein Zeichen ist die Sonntagspflicht. Gewöhnlich wird sie nur als Beschneidung unserer Freiheit gesehen, als Gebot, das uns von denen «da oben» auferlegt wurde und dem gehorcht werden muss. Sie gilt als typisch für den katholischen Legalismus und für eine Kultur der Kontrolle, die den Menschen ständig vorschreibt, was sie zu tun haben. Aber können wir sie in dieser flüchtigen und mobilen Welt nicht auch als Zeichen einer beständigen Zugehörigkeit, eines unveränderlichen Hingehörens verstehen? Wir fühlen uns verpflichtet, den Geburtstag unserer Mutter zu feiern, würden es aber kaum als Zwang bezeichnen. Es ist Ausdruck der Verbundenheit, die wir mit unserer Mutter haben. Es ist keine äußere Verpflichtung wie das Verbot, innerhalb von Ortschaften nicht schneller als 50 km/h zu fahren. Es ist ein Ausdruck dessen, wer man ist. Das englische Wort «obligation» (Verpflichtung) und das Wort «Religion» haben die gleiche etymologische Wurzel, die «gebunden sein» bedeutet. Verpflichtungen machen unsere Verwurzelung in bleibenden Beziehungen mit anderen Menschen sichtbar. Sie sind Zeichen der Treue, die uns Stärke und Identität verleihen.

Die Fassung des Dekalogs im Buch Deuteronomium verbindet den Sabbat direkt mit der Befreiung aus der Knechtschaft: «Denk daran, dass du selbst in Ägypten Sklave warst und der Herr, dein Gott, dich von dort mit starker Hand und erhobenem Arm herausführte. Darum gebot dir der Herr, dein Gott, den Sabbat zu feiern» (Deuteronomium 5,15). Israel ist aus der Knechtschaft befreit hinein in die Verbundenheit mit seinem Gott. Dieses Band ist keine Fessel, sondern ein Zuhause. Der Prophet Hosea greift diese Bewegung hin zu einer völlig anderen Art der Bindung auf:

> Als Israel noch jung war, gewann ich ihn lieb
> aus Ägypten rief ich meinen Sohn.
> Aber je mehr ich sie rief,
> desto mehr liefen sie von mir weg.
> Sie opferten den Baalen,
> den Götzenbildern brachten sie Rauchopfer dar.
> Dabei war ich es, der Efraim gehen lehrte,
> ich habe es auf meine Arme genommen.
> Aber sie erkannten nicht, dass ich sie pflegte.
> Mit menschlichen Banden zog ich sie,
> mit Seilen der Liebe.
> Ich war für sie wie einer,
> der einen Säugling an seine Wange hebt.
> Ich beugte mich zu ihm
> und gab ihm zu essen. (11,1–4)

Israel ist aus der Knechtschaft Ägyptens befreit, um sein Zuhause in den Banden der Liebe und des Mitgefühls zu finden. Ich erinnere mich, wie wir als Kinder im Urlaub gleich nach unserer Ankunft im Ferienhaus immer als Erstes die nächste katholische Kirche und die Messzeiten ausfindig machen mussten. In unserer flüchtigen Welt mit ihren ständigen Veränderungen und Verschiebungen bringt diese Verpflichtung zum Ausdruck, dass wir tatsächlich irgendwo hingehören. Überall auf der Welt haben wir das Recht, in die örtliche Pfarrgemeinde zu gehen und unseren Platz unter Fremden einzunehmen, die unsere Brüder und Schwestern sind. Für uns, die Exilanten des Gottesreiches, ist damit jede Eucharistie ein Zeichen der Heimat. Wir gehören zu jeder Feier des Sakraments dazu. Als ich Ordensmeister war und acht Monate des Jahres mit Reisen verbrachte, um Mitbrüder und -schwestern in mehr als einhundert Ländern zu besuchen, war, wo immer ich mich auch gerade aufhielt, die tägliche Eucharistie für mich der Augenblick des Heimkommens.

Laut Richard Sennett sind «fließende Formen der Assoziation den Menschen heute nützlicher [...] als langfristige Verbindungen».[11] In Europa hat das eine Religion entstehen lassen, die Grace Davie als «Glauben ohne Zugehörigkeit»[12] beschreibt; ausgenommen ist Skandinavien, wo man offenbar «Zugehörigkeit ohne Glauben» hat! Wir sind Konsumenten, die zwischen verschiedenen Gemeinden, ja zwischen Konfessionen und Religionen im großen religiösen Supermarkt aussuchen und auswählen können. Die Kirchen müssen unsere Verbundenheit Woche für Woche gewinnen, wenn sie *Life Time Value* haben wollen. In diesem Kontext ist es vielleicht möglich, die Sonntagspflicht weder als Legalismus noch als Einschränkung meiner Freiheit oder autoritären Druck zu erfahren. Sie ist Zeichen dafür, dass ich eine sichere Verwurzelung in Gott finden kann, der mit seinem Volk verbunden ist. So wie sich Gott in Christus selbst an die Menschheit gebunden hat, bin ich dazu befreit, in Gott zu ihr zu gehören. Sennetts Beobachtung, dass fließende Formen der Assoziation für mich nützlicher sind, mag tatsächlich richtig sein. Aber die Religion ruft uns über bloße Nützlichkeitserwägungen hinaus zu dem, in und nach dem alle Nützlichkeit beurteilt wird: Gott. Mein Leben mag in alle möglichen Richtungen weisen und von verschiedenen Vorlieben und Interessen bewegt sein, aber die sonntägliche Eucharistie bringt die eine immer wiederkehrende Ausrichtung meines Daseins ans Licht: mein Heimkommen zu Gott. Der Sabbat erinnert uns an den Sinn von allem, der der Sinn des Christseins ist.

«Geht und spielt»

Für Milliarden von Menschen ist Arbeit mit einer Mühe verbunden, die alle Freude zerstört. Sie ist Schweißarbeit. Für sie bleibt der Sabbat natürlich der Augenblick, den Hammer fallen zu lassen und auszuruhen, wie Gott am siebten Tag ruhte, nachdem er die Schöpfung vollendet hatte. Israels Nachbarn hatten ihre eigenen Schöpfungsgeschichten, die davon erzählten, wie die Menschen gemacht wurden, um den Göttern zu dienen. Die Götter aalten sich auf bequemen Sofas, atmeten den Duft der Opfer und genossen ihren Wein, während die Menschen schufteten, um den Nachschub an Erfrischungen am Laufen zu halten.

Laut dem *Gilgamesch-Epos,* das die Israeliten während ihres Exils in Babylon kennengelernt haben mussten, waren gewöhnlich die niederen Götter für die Bedienung zuständig. Aber eines Tages hatten sie die Nase voll und streikten. Sie be-

schwerten sich über die Arbeitszeiten und die unerträglichen
Lebensbedingungen. Und so schufen die großen Götter den
Menschen, damit sich ihre niederen Kollegen dem Entspan-
nungsprogramm anschließen konnten. Gott zu sein bedeutete, auszuruhen; Mensch zu sein, Sklave zu sein. Als die bib-
lische Geschichte dann von der Einladung Gottes erzählte, an
seiner Ruhe teilzuhaben, war es, als würde ein reicher Mann
zu seinem Diener sagen, er solle die Bedienung am Tisch sein
lassen, sich hinsetzen und ein Glas Portwein mit ihm trinken.
Der Sabbat war ein Zeichen, dass im Letzten niemand von uns
Sklave ist, weder der Arbeit noch eines Menschen und auch
Gottes nicht. Der Sabbat war ein Zeichen der Würde eines
jeden Menschen, den Gott dazu berufen hat, sein Leben zu
teilen. Die Erosion eines gemeinsamen wöchentlichen Ruhe-
tages ist ein Zeichen dafür, dass unsere Gesellschaft diese
gemeinsame Würde nicht anerkennt. Wir produzieren und
konsumieren ohne Unterbrechung. Ein russisches Sprichwort
sagt: «Arbeit macht nicht reich, nur krumm.» Der Sabbat ruft
uns, wieder aufrecht zu stehen: *homo erectus.*

Für manche jungen Leute verschiebt sich die Bedeutung
der Arbeit. Sie verstehen sie zunehmend als eine Form der
Freizeit. Während ihre Eltern noch zur Arbeit gingen, gehen sie spielen. Tatsächlich sind wir alle «Spieler» auf diesem
ungleichen Spielfeld. Jeremy Rifkin schreibt, dass die jüngeren Generationen im Geschäftsleben – er spricht von «prote-
ischen Persönlichkeiten» – zu einer Welt gehören, die «eher
theatralisch als ideologisch [ist], mehr an ‹Fun› als an einem
Arbeitsethos orientiert».[13] Wenn Ford typisch für die Industrie des alten, stabilen Kapitalismus war, dann ist es Hollywood für den neuen. Alles Business ist Showbusiness. «Das
Wirtschaftssystem wird umgebaut: von einer großen Fabrik

in ein großes Theater.»[14] Das liegt teilweise daran, dass die
so genannte «Kulturproduktion» heute die größte Industrie
im Westen ist. In den Vereinigten Staaten hat sie die Verteidigung als größten Arbeitgeber abgelöst. An diesem Modell
Hollywood orientieren sich jedoch alle Formen der Produktion. Ich zitiere noch einmal Rifkin: «War die Produktions-
phase des Kapitalismus durch Ausstoß gekennzeichnet, ist
Inszenierung das Charakteristikum seiner kulturellen Phase.
Dazu der Managementberater Tom Peters: ‹Es ist kaum übertrieben zu sagen, dass *jeder* in das Unterhaltungsgeschäft hin-
eingerät.›»[15] Zugegeben, noch mag es ein kleiner Prozentsatz
von Menschen sein, der Arbeit in diesen Begriffen versteht,
meistens sind es junge Leute aus der westlichen Welt. Aber
vielleicht zeichnet sich hier eine Entwicklung ab, die den
größten Teil der Menschheit betreffen wird. Die Spieltheorie
breitet sich rasch aus und beschert uns immer komplexere
Computerspiele, mit denen Milliarden von jungen Menschen
auf der ganzen Welt und selbst in China enorm viel Zeit verbringen. Die Spieltheorie ist nicht nur etwas für Kinder, die
noch Zeit verschwenden können; sie interessiert Philosophen,
Pädagogen, Unternehmensberater und Militärstrategen. Keiner kann sich ihr entziehen!

In dieser neuen Welt geht es beim Shoppen nicht primär
ums Einkaufen. Shoppen heißt, teilzuhaben am «großen
Schauspiel des Kommerzes». Die neuen riesigen Einkaufs-
zentren sind als Unterhaltungsorte designt, an denen man in-
teressante und spannende Dinge machen, in Fantasiewelten
leben und mit virtuellen Realitäten spielen kann. In Amerika
heißen sie auch «*destination entertainment centers*».[16] Zunehmend entwickeln sich soziale Spannungen um die Frage,
wer zu diesen Spielwelten zugelassen ist. Sie werden verstärkt

bewacht, sind Privaträume, aus denen die Armen ausgeschlossen sind. Sie würden nur das Spiel verderben.

Eine detaillierte Analyse, warum das so ist, würde an dieser Stelle zu lange dauern. Ein Faktor ist sicher der Verlust des Vertrauens in die Zukunft der Menschheit. Die «Now Generation» träumt nicht mehr davon, ein Paradies auf Erden zu schaffen. Die Arbeitsethik des alten Kapitalismus gründete auf einem Triebaufschub. Ich zitiere wiederum Bauman:

> Der Triebaufschub stellte das Säen und Pflügen über das Ernten und den Verzehr, die Investition über die Abschöpfung des Gewinns, Sparen über das Ausgeben, Selbstverleugnung über die Genußsucht, Arbeit über den Konsum. [...] Je ernsthafter die Selbstbeschränkung ausfiel, desto größer würde möglicherweise der als Lohn eingefahrene Genuß ausfallen. Spare, denn je mehr du sparst, desto mehr kannst du ausgeben. Arbeite, denn je mehr du arbeitest, desto mehr wirst du konsumieren.[17]

Der Verlust des Vertrauens in die Zukunft verändert jedoch unser Verständnis von Arbeit. Sie ist nicht mehr Beitrag zum Fortschritt der Menschheit und daher moralische Verpflichtung. Ihre Funktion reduziert sich darauf, das Leben in diesem Augenblick möglich zu machen. Das ist die «Now Generation». Warum die angenehmen Dinge des Lebens aufschieben? Iss, trink und hab Spaß, denn morgen könntest du tot sein – oder zumindest arbeitslos. Die Arbeit hat ihre Fähigkeit verloren, unser Leben zu strukturieren, eine Identität zu verleihen und Zukunft zu verheißen. Jetzt ist die Zeit, zu spielen. Tue es, solange du kannst. Wer weiß, was hinter der nächsten Ecke auf dich lauert?

Was kann die Feier des Sabbats in solch einer Gesellschaft bedeuten? Was kann es bedeuten, die Arbeit ruhen zu lassen, wenn sie zunehmend als eine Form des Spiels verstanden wird? Ich habe dieses Kapitel mit Emeritus und seinen Freunden begonnen, die im Jahr 304 in Nordafrika zum Tode verurteilt wurden, weil sie den Sabbat hielten: «Ohne den Herrentag können wir nicht sein.» Knapp hundert Jahre zuvor wurden, wiederum in Nordafrika, zwei junge Frauen, Perpetua und Felicitas, und ihre Gefährten verhaftet und ebenfalls zum Tode verurteilt, weil sie Christen waren. Sie wurden wilden Tieren vorgeworfen, die Männer den Leoparden und Bären. Perpetua und Felicitas sahen sich einer verrückten jungen Kuh gegenüber. Sie wurden Opfer der populärsten Unterhaltungsform des römischen Imperiums – eine Art *Big Brother* des dritten Jahrhunderts.

Kurz bevor sie starben, hatte einer der Gefährten eine Vision: Sie stiegen hinauf in den Himmel, dessen Beschreibung ziemlich nach einen College-Garten in Oxford mit seinen Bäumen und Blumen klingt, und wurden von Engeln begrüßt, die riefen: «Sie sind hier, sie sind hier!» Und einer der Ältesten sagte zu ihnen: «*Ite et ludite*», «Geht und spielt.» Und Perpetua sagte: «Ich bin jetzt fröhlicher, als ich es im Fleisch war.»[18] Die Vision baut hier offenkundig einen Gegensatz zwischen den Spielen auf, die im Zirkus auf der Erde aufgeführt werden und in denen Perpetua und Felicitas die Opfer sind, und den Spielen, die sie im Himmel spielen werden. Die Spiele des Zirkus sind ein verzerrtes Echo des wahren Spiels des Himmels.

Kann es sein, dass diese Explosion der Unterhaltung in unserer Gesellschaft, in der sich viele Geschäftsbereiche zum Showbusiness entwickeln, eine unbestimmte Sehnsucht nach dem christlichen Versprechen des Paradieses ist, wo, wie Jeremia sagt, «sie wie ein reich bewässerter Garten [sind], / sie nicht mehr zu darben [brauchen]. Da freut sich die Jungfrau am Tanz, / und Jung und Alt sind fröhlich» (Jeremia 31,12f.)? Ist für eine Generation, die ihre Hoffnung auf den Himmel verloren hat, Disney World der letzte Nachhall unserer Träume? Wir haben Hoffnung durch *Fantasy* ersetzt, Eschatologie durch virtuelle Realität!

Ein Punkt, in dem sich das wahre Spiel von der Fälschung unterscheidet, ist vielleicht der Charakter der Gegenseitigkeit: Im Zirkus werden die Leute damit unterhalten, dass Perpetua und Felicitas von wilden Tieren gefressen werden. Sie sind Zuschauer. Sie stehen abseits, gucken zu und gehen dann. Dem gegenüber steht die Gegenseitigkeit des Paradieses, in dem wir sehen und gesehen werden. Paulus schreibt: «Jetzt erkenne ich stückweise, dann aber werde ich ganz erkennen, so wie auch ich ganz erkannt worden bin» (1 Korinther 13,12).

Für alle Welt – mit Ausnahme der Reichen und Schönen – besteht Unterhaltung im Zuschauersein. Wir gucken auf Bildschirme, Monitore und Leinwände: von Fernsehern, Kinos und Computern. Wir sehen, aber werden nicht gesehen. Zwar wird der Computer zunehmend interaktiver, aber selbst hier können wir genau auswählen, wie viel wir von uns sehen lassen. Wirklich ist etwas nur, wenn es über die Bildschirme und Monitore flackert. Fernsehen schenkt Dasein. Jean Baudrillard notiert: «Heute leben wir im Imaginären des Bildschirms, des Interface und der … Vernetzung. Alle unsere Maschinen sind Bildschirme, wir selbst sind Bildschirme geworden. [...] So leben wir bereits in der ‹ästhetischen› Halluzination der Realität.»[19]

Der Zuschauer ist nicht sichtbar und daher unverletzlich. Das kann die grausame Form des Zuschauers bei den

römischen Spielen sein, der aus sicherer Entfernung beobachtet, wie Perpetua, Felicitas und ihre Freunde den wilden
Tieren vorgeworfen werden. Oder es kann die Unverletzlich-
keit des Voyeurs sein, der sich Pornographie anguckt, ohne
Gefahr zu laufen, dass jemand zurückschaut. Susan Griffin
schreibt: «Der *Voyeur* muss vor allem sehen und nicht fühlen.
Er behält eine sichere Distanz. Er schwitzt nicht, seine Fo-
tos glänzen nicht von Schweiß. Er wird von der Wirklichkeit
nicht berührt. Und doch kann er sich in seinem Kopf einbil-
den, dass er über die Wirklichkeit verfügt. Denn er hat die
Kontrolle über die Bilder, die er erzeugt und nach Belieben
gestaltet.»[20] Grausamkeit und Pornographie können freilich
auch zusammenfallen, wie die schrecklichen Bilder sexueller
Demütigung von Gefangenen im Gefängnis von Abu Ghraib
beweisen.

Beim Versprechen des Sabbats geht es um eine andere Art
von Blick. Wir sollen auf Gott schauen und in seinem Blick
ruhen. Simeon kommt in den Tempel, er sieht das Jesuskind
und findet seinen Frieden. «Nun entlässt du deinen Diener,
Herr, / nach deinem Wort in Frieden; / denn meine Augen haben dein Heil gesehen, / das du vor allen Völkern bereitet hast,
/ ein Licht zur Offenbarung für die Heiden / und als Herrlichkeit für dein Volk Israel» (Lukas 2,29–32). Das ist eine kleine
Vorahnung der *visio beatifica,* der seligen Schau Gottes.

In ihr werden auch wir gesehen werden. Der Zuschauer
sträubt sich gegen die Sichtbarkeit. Wenn er oder sie doch gesehen werden, dann entscheiden sie, welches Gesicht sie der
Welt zeigen wollen. Unsere christliche Hoffnung besteht, wie
ich in Kapitel 3 dargelegt habe, darin, dass wir in Gottes Blick
ruhen werden. Laut Rowan Williams ist dies der endgültig
befreiende Blick, denn es ist der Blick des Schöpfers, mit dem

wir nicht in Konkurrenz und Wettbewerb stehen. Gott ist
«der Andere, der nicht mit mir konkurriert, mit dem ich weder handeln muss noch kann. Gott ist der Andere, der über
aller Gewalt steht; er ist die Aufmerksamkeit, der nicht entgangen oder die nicht abgelenkt werden kann und doch für
sich keinen Vorteil hat und sucht.»[21] Williams weist darauf
hin, dass die Ikonen der Orthodoxie nicht zuerst von uns betrachtet werden wollen. Sie sind vielmehr so gemalt, dass sie
uns anzuschauen. Sie halten uns in einem Blick der Gnade.
Er schreibt:

Wer eine Ikone betrachtet, wird eingeladen (angeleitet?), die
Rolle des Betrachters, der sich ein statisches Phänomen erschließt, aufzugeben: Die Grammatik des Gemäldes besteht
auf seiner eigenen Aktivität. Es ‹nähert sich› dem Betrach-
ter, wirft mehr Licht, als es empfängt, sammelt und richtet
seine Energie, statt sie sich von einem unsichtbaren Konver-
genzpunkt aus verströmen zu lassen. Seinen vollkommensten
Ausdruck findet es in der ikonographischen Darstellung der
Augen Christi oder der Heiligen (kein Heiliger wird jemals im
Profil dargestellt). Während die Perspektive auf das Auge des
Betrachters ‹zuhält›, handelt das Auge der Ikone, es sucht, es
fesselt. Die Fähigkeit, Ikonen zu betrachten, die Disziplin, sie
zu ‹lesen›, ist in der Tat die eigenartige Fähigkeit, sich selbst
sehen zu lassen, lesen zu lassen.[22]

Unsere Hoffnung besteht also darin, dass wir in einer wechselseitigen Aufmerksamkeit ruhen werden, dass wir sehen und
gesehen werden. Eines der schönsten Bilder, das davon handelt, ist Jan van Eycks «Die Madonna des Kanonikus Georg
van der Paele» und hängt im Groeningemuseum in Brügge.

Die Madonna des Kanonikus Georg van der Paele;
Groeningemuseum, Brügge

Der Kanoniker hat seine Brille abgenommen, die er zum
Lesen eines Buches gebraucht hatte. Nun fällt sein «nackter»
Blick auf das Jesuskind. Er hat von einer Form des Betrach-
tens – der typisch modernen Weise des Lesens mit Hilfe von
geschliffenen Gläsern – zu einer anderen Form des Blickens
gewechselt; er schaut auf das Gesicht seines Herrn, den er mit
dem bloßen Auge sehen kann. Jesus ist ihm zugewandt und
blickt mit einer außergewöhnlichen Intensität zurück. Auch
die Madonna schaut zum Kanoniker, als wollte sie die wechselseitige Begegnung der Augen zusätzlich stützen. Sie hält Jesus so, dass das Kind zum Mann blicken kann, und schaut ihn
selbst an. Auf der rechten Seite findet sich der heilige Georg,
der den Kanoniker förmlich vorstellt. Der Heilige zeigt auf

ihn, blickt aber selbst auf das Kind. Auf der anderen Seite
steht der heilige Donatian, der die ganze Szene beobachtet.
Das ganze Bild ist zusammengewoben aus wechselseitigen
Blicken, die alle auf das Kind gerichtet sind. Das Jesuskind
öffnet einen Raum, in dem jeder frei im Blick des anderen
ruhen kann.

Was sagt das über unsere Feier des Sabbats? Moderne Gemeinschaften finden sich oft zu gemeinsamen Spektakeln
zusammen. Den Menschen wird hier eine vorübergehende
Gemeinschaft geboten, indem sie gemeinsam auf die gleiche
Bühne schauen. Sie bilden eine Einheit, weil sie Zuschauer
der gleichen Veranstaltung sind. Für die einen ist es die Oper,
für die anderen das Fußballspiel. Zygmunt Bauman nennt
sie «Gemeinschaften der Herausgeputzten» oder «Karnevals-
vereine».[23] Wenn das Spektakel vorbei ist, geht man zurück
in die Umkleide, springt aus der Abendgarderobe oder dem
Fußballtrikot zurück in die Alltagsklamotten und ist wieder
Teil der Menge. Das Zuschauersein löst die tieferen Bande
der Gemeinschaft auf. Das war der Kern der Marx'schen Kri-
tik am Christentum. Sehen so unsere Eucharistiefeiern aus?
Ein kurzes gemeinsames Spektakel – die Lieder mitgesungen,
über die Witze des Predigers gelacht, eine schnelle Tasse Tee
und dann wieder raus in den einsamen, kalten Alltag?

Wir greifen unserer Ruhe in Gott gewiss nicht dadurch vor,
dass wir einfach unsere Arbeit unterbrechen. Vielmehr erahnen wir sie in einer bestimmten Qualität, wie wir gegenseitig
füreinander präsent sind. Wir brauchen Momente der Muße,
in denen wir vor den Augen Gottes und derer, die wir lieben,
gelassen wir selbst sein können. Es braucht Zeit, alle Hüllen
fallen zu lassen und sich in aller Komplexität und allen Wi-
dersprüchen von anderen sehen zu lassen. Das geht nicht so-

fort. Wir brauchen Momente des Sabbats miteinander – mit unseren Familien, unseren Freunden, unseren religiösen Gemeinschaften; Momente des Vertrauens, in denen wir sichtbar werden und auf einen wohlwollenden Blick hoffen können. Wenn wir als Dominikaner die Profess ablegen, bitten wir um die Gnade Gottes und die der Mitbrüder. Nur indem wir auf einen gnädigen Blick, ein vergebendes Auge vertrauen, können wir es wagen, miteinander zu leben. Das setzt voraus, dass wir uns Zeit geben, um zu lernen, wer wir sind und wer unsere Weggefährten sind. Wir brauchen Zeit, um in den Augen des anderen zu entdecken, dass wir einen Wert haben und dass unser Leben einen Zusammenhang und einen Sinn hat. Geliebt zu werden bedeutet, in einer bestimmten Weise gesehen zu werden: mehr als nur nützlich, mehr als nur unterhaltsam und mehr als nur begehrenswert. Es heißt, nicht als Objekt, sondern als Subjekt wahrgenommen zu werden, als jemand, der den Blick in gleicher Weise erwidert.

Das ist mehr als nur ein Ausruhen von der hektischen Arbeit der Woche. Es ist ein Ruhen vom Showbusiness des alltäglichen Lebens, vom Zuschauersein, vom Maskentragen und vom Spielen leerer Spiele. Es ist ein Ruhen in der Stille eines anderen, für den man nicht einfach ein «anderer», sondern ein anderes «Ich» ist.

Der englische Zisterzienser Aelred von Rievaulx beginnt seine *Geistliche Freundschaft* mit den Worten: «Hier sind wir beide, ich und du, und ich hoffe, als dritter ist Christus bei uns. Nichts stört, nichts unterbricht unser Gespräch. Kein Laut, kein Ruf dringt in diese selige Einsamkeit. Nun denn, mein Lieber, öffne dein Herz, laß die Ohren deines Freundes hören, alles, was du sagen möchtest. Nützen wir diesen stillen Ort, diese ruhige Zeit, diese seltene Muße.»[24]

Gott hat uns eingeladen, an seiner Ruhe teilzuhaben. Augustinus erblickt in dieser Ruhe das Wesen Gottes. In seinen *Bekenntnissen* schreibt er: «Und wenn du nach deinen sehr guten Werken am siebten Tag geruht hast, wenngleich du sie in Ruhe gewirkt hast, sagt uns daher die Stimme deiner Schrift voraus, dass auch wir nach unseren Werken, die deshalb, weil du sie uns geschenkt hast, auch sehr gut sind, am Sabbat des ewigen Lebens in dir zur Ruhe kommen werden.»[25]

Aber Gott, so Ambrosius, der Lehrer des Augustinus, ruht auch in uns. Am Karsamstag, dem Sabbat zwischen Tod und der Auferstehung, lesen wir seine wunderbaren Worte:

Schon ist ja der sechste Tag vorüber und die Weltschöpfung ihrem vollen Umfange nach abgeschlossen [...]. Ja, wir wollen Ruhe geben; denn auch Gott ‹ruhte aus von allen Werken der Welt›. Er ruhte aber im Inneren des Menschen, er ruhte in dessen Geist und Willen; denn er hatte den Menschen zu einem vernunftbegabten Wesen gemacht, zu seinem eigenen Nachbilde, zu einem Eiferer in der Tugend, zu einem Streber nach den himmlischen Gnaden. Nur in solchen ruht Gott, der spricht: ‹Oder über wem anders werde ich ruhen als über dem Demütigen und Friedfertigen und dem, der meine Worte fürchtet?› Ich danke dem Herrn, unserem Gott, der ein solches Geschöpf geschaffen hat, in welchem er ruhen konnte. Den Himmel hat er geschaffen: ich lese nicht, dass er ruhte. Die Erde hat er geschaffen: ich lese nicht, dass er ruhte. Die Sonne und den Mond und die Sterne hat er geschaffen: auch da lese ich nicht, dass er ruhte. Wohl aber lese ich, dass er den Menschen geschaffen und dann geruht habe, indem er ein Geschöpf hatte, dem er die Sünden verzeihen konnte.[26]

Zu Hause sein

Warum Christ sein? Meine erste Reaktion auf diese Frage war eher abweisend: Weil das Christentum wahr ist. Wenn unser Glaube wahr ist, dann ist Gott der Sinn von allem, auf ihn sind wir ausgerichtet, an ihm hängt unser Schicksal und unser Glück.

Der Dominikanerorden zog mich an, weil sein Motto *Veritas*, «Wahrheit», ist. Ich hatte damals eine ziemlich naive Vorstellung davon, was das heißt. Der erste Dominikaner, dem ich begegnete, war – abgesehen von Bruder Peter, der mir die Tür öffnete – der Provinzial. Ich muss ihn mit meiner Fragerei über die Wahrheit der kirchlichen Lehre ziemlich irritiert haben, wollte er doch lieber über Fußball reden! Ich erinnere mich, dass ich einmal den großen Theologen Cornelius Ernst noch vor dem Frühstück im Treppenhaus in Blackfriars gebeten habe, mir zu erklären, wie das Dogma der Aufnahme Mariens in den Himmel zu verstehen sei. Wo war Maria jetzt? Wie lange hat sie für den Weg nach oben gebraucht? Manchmal muss ich meine Mitbrüder in den Wahnsinn getrieben haben.

Das Christentum steht und fällt mit der Wahrheit seiner Ansprüche. Aber zu verstehen, in welchem Sinne sie wahr sind, wirft komplizierte Fragen auf – Fragen, die ich in diesem kurzen Buch nicht ausloten konnte. Es sind nicht einfach schlichte Tatsachenaussagen. Unser Glaube bleibt nicht bei Lehrsätzen stehen, sondern greift aus auf das Mysterium Gottes, das wir nicht in Begriffe pressen können. Unsere Worte weisen über sich selbst hinaus. Ich habe sie verglichen mit

Pfeilen, die auf etwas gerichtet sind, das wir nicht sehen und erkennen können. Wir schießen sie in die Dunkelheit hinein ab. Unsere Aussagen über Gott sind nur verständlich im Kontext des Lebens von Menschen, die über sich hinaus auf Gott hin ausgerichtet sind. Losgelöst davon machen sie wenig Sinn. Sie wären wie Pfeile, die niemals von der Sehne gelassen werden. Sie würden niemanden überzeugen und keinerlei Autorität haben. Über Liebe und Freiheit und Hoffnung können wir reden, so viel wir wollen – wenn sie keine Spuren in unserem Leben hinterlassen, verschwenden wir nur unseren Atem.

Die Herausforderung für die Kirche besteht also darin, eine Gemeinschaft zu sein, die überzeugend von Gott spricht, das heißt ein Ort der Gnade und des gegenseitigen Wohlwollens, der Freude und der Freiheit. Wenn man uns als ängstliche Menschen wahrnimmt, als Menschen, die Angst haben vor der Welt und voreinander, warum sollte dann irgendjemand auch nur ein Wort von dem glauben, was wir sagen? Eine gewisse Exzentrik in unserem Leben sollte verblüffen wie provozieren. Wir müssen, wie der *Diognetbrief* es ausgedrückt hat, so auffallend anders sein, dass die Menschen sich von selbst fragen, was der Sinn unseres Lebens ist. Und der Sinn unseres Lebens ist natürlich Gott. Das soll mitnichten heißen, dass wir das Evangelium nur bezeugen können, wenn wir Christen moralisch über anderen Menschen stehen. Das ist genau die Art von Gemeinschaft, die Jesus nicht wollte. Er berief die Sünder, die Schwachen, den «Abschaum».

Sind wir am Ende dieses Buches also etwas schlauer, wie diese Andersheit aussieht, zu der wir berufen sind? Ich habe nicht versucht, *die* einzigartige Qualität des Christentums, die Geheimzutat im christlichen Kuchen auszumachen. Und doch hat sich, zu meiner Überraschung, ein gewisser Fokus herauskristallisiert, obwohl ich das gar nicht erwartet oder beabsichtigt hatte. Vieles von dem, was wir bedacht haben, lief auf die Idee des Zuhauseseins zu. Wir sind dazu berufen, uns auf zwei Weisen heimisch zu fühlen, die so verschieden sind, wie man sich nur denken kann: daheim in unserem Körper und im Gottesreich. Das verbindende Glied zwischen beiden ist die Kirche. Sie soll uns dabei helfen, uns im einen wie im anderen zu Hause zu fühlen. Sie ist die Oase in unserer unter dem Schock der Entwurzelung leidenden Welt.

«Und das Wort ist Fleisch geworden und hat unter uns gewohnt.» Gott wurde leiblich wie wir. Man könnte sagen, dass Jesus sogar leiblicher wurde als wir: weil er sich wohlfühlte in seiner Haut, in sich ruhte, Körper und Seele, ein Gesicht ohne Masken. Jesus konnte gar nicht anders, als sich uns herzuschenken – «Das ist mein Leib, der für euch hingegeben wird» –, weil er sich selbst zuallererst als Geschenk des Vaters verstand.

Wir sind eingeladen, das Gleiche zu tun. In einer Kultur, die auf vielerlei Weise leibfeindlich ist – durch die Banalisierung von Sexualität und die Kultivierung unbegrenzter Begierde –, können wir damit beginnen, den Körper anzunehmen, den wir haben und der wir sind: dick und dünn, jung und alt, männlich und weiblich, sterblich. Denken Sie noch einmal an die Worte des Pastors an seinen Sohn in *Gilead*: «Du bist, nehme ich an, nicht hübscher als andere Kinder. Du bist einfach ein netter Junge, ein wenig schmächtig, gründlich geschrubbt und wohlerzogen. Alles schön und gut, vor allem aber liebe ich dich, weil es dich gibt. Dein Dasein.» Vieles in diesem Buch drehte sich um die Befreiung von Fantasien, darum, auf den Boden zu kommen, entspannt in und mit uns selbst zu sein.

Hier, in diesem Körper, kommt uns Gott entgegen und begegnet uns in den Sakramenten, die alle Dramen menschlichen Lebens umfassen: Geburt und Tod, Essen und Trinken, Sexualität und Heilung. Hier beginnt die Pilgerreise zum Gottesreich. Das ist die Wahrheit darüber, wer und was wir sind. Die meisten Lehren des Christentums machen keinen Sinn, wenn wir keinen klaren Begriff von der Güte unserer körperlichen Existenz haben: Schöpfung, Inkarnation, die Sakramente, die Auferstehung von den Toten – all das ist verwurzelt in unserem Fleisch und Blut. Und es ist zu hoffen, dass die Menschen, die uns in unserer Haut zu Hause finden, die Einladung spüren, sich auch selbst in ihrer Haut wohlzufühlen. Es ist zu hoffen, dass sie in unseren Gesichtern Augen finden, die sie nicht verschlingen oder verachten, sondern sie in ihrer Besonderheit schätzen.

Wir haben auch gesehen, dass wir für jenes unvorstellbare Zuhause des Gottesreiches geschaffen sind. Wir streben nach einem universalen Zuhause, das im ganz wörtlichen Sinne «katholisch» ist und aus dem niemand ausgeschlossen ist. Wir nehmen das Geschenk dieses Zuhauses an, indem wir uns unsere Sprache durch das Wort Gottes weit öffnen und von jeglicher Missachtung und allem Machtgehabe reinigen lassen. Gott sagt zu Jesaja: «Erweitere den Raum deines Zeltes, / deine Decken spann aus und spar nicht damit! / Mach lang deine Seile, und schlage deine Pflöcke fest ein!» (Jesaja 54,2). Wenn wir befreit von allen Fantastereien und Illusionen wieder auf dem Boden angekommen sind, greift unsere Vorstellungskraft auf das Gottesreich aus.

Die Individualität des Körpers und die Universalität des Gottesreiches fallen zusammen in der Eucharistie. Sie ist die Gabe eines individuellen Leibes, die den Raum für die unvorstellbare Weite des Gottesreiches öffnet. Jesus weist uns diesen schmalen Weg, der durch Tod und Auferstehung führt, als Durchgang zu den unermesslichen Weiden des Gottesreiches, der «für euch und für alle» offen ist. Will die Kirche in überzeugenderer Weise Zeugin des Gottesreiches sein, muss sie zu einem Zuhause werden, in dem wir uns als die Menschen wohlfühlen, die wir sind – was immer wir auch waren und getan haben –, und in dem die Leute, die uns begegnen, das Willkommen des Heimkommens spüren können.

Stephen Toulmin hat betont, dass das gegenseitige Zerfleischen der Christenheit während des Dreißigjährigen Krieges die Kirche noch immer prägt (vgl. oben Kapitel 10). Es war einer der Schlüsselmomente in der Herausbildung des modernen Christentums, ja der Moderne insgesamt. Toulmin behauptet, dass es in der Tendenz ein Christentum hervorgebracht hat, das argwöhnisch und nervös ist, das zur Konformität neigt, das Angst davor hat, harte Fragen zu stellen und sich in tiefe Debatten zu begeben. Es gibt zu viel Angst.

Wenn es darum geht, ein Leben zu führen, das auf Gott ausgerichtet ist, wenn es darum geht, Pilgern dabei zu helfen, auf ihre endgültige Heimat zuzuspazieren, dann müssen wir einander Mut machen. Wenn wir darauf vertrauen, dass der Heilige Geist am Pfingstfest auf die Kirche ausgegossen wurde, dann können wir ganz gewiss entspannt miteinander umgehen. Wir brauchen uns keine Sorgen darüber zu machen, dass die Kirche wegen der Unbeweglichkeit der «Konservativen» oder der chaotischen Bestrebungen der «Liberalen» zusammenbrechen wird. Wir können dem inneren Drang widerstehen, die hinauszuwerfen, die nicht mit uns übereinstimmen. Während der napoleonischen Ära wurde der vatikanische Kardinalstaatssekretär Consalvi gewarnt:

«Eure Eminenz, die Situation ist sehr ernst. Napoleon will die Kirche zerstören.» Worauf der Kardinal erwiderte: «Das haben nicht einmal wir geschafft!»

Wir müssen uns gegenseitig Mut machen und dem Pakt mit den Mächten des Schweigens, den Mächten des Grabes absagen. Wir können auf alle Selbstzensur verzichten, die furchtsam darauf schielt, was andere Menschen denken könnten, wenn man die Wahrheit sagt. «Euer Herz erschrecke nicht. Glaubt an Gott und glaubt an mich» (Johannes 14,1). Gemeinsam können wir Augenblicke des Sabbats genießen und schon jetzt an Gottes Ruhe teilhaben.

Anmerkungen

Einleitung

1   Emmanuel Suhard, Growth or Decline, Notre Dame 1951; zitiert nach Stanley Hauerwas, Sanctify Them in the Truth. Holiness Exemplified, Edinburgh 1998, S. 38.

2   Brief an Diognet 5, in: Frühchristliche Apologeten und Märtyrerakten, Bd. 1. Aus dem Griechischen und Lateinischen von Kaspar Julius u. a. (Bibliothek der Kirchenväter, 1. Reihe, Bd. 12), München 1913; zitiert nach der online-Ausgabe unter http://www.unifr.ch/bkv/kapitel79-4.htm (4. August 2011).

3   Yves Lambert, A Turning Point in Religious Evolution in Europe, in: Journal of Contemporary Religion 19,1 (2004), S. 29–45.

4   Grace Davie, Religion in Modern Europe. A Memory Mutates, Oxford 2000, S. 3.

5   Vgl. Simon Tugwell, Human Immortality and the Redemption of Death, London 1990, S. 171.

6   Thomas von Aquin, Summa Theologiae II-II, 1, 2 ad 2.

Kapitel 1:
«Ich will das Morgenrot wecken»

1   Éric-Emmanuel Schmitt, Monsieur Ibrahim et les fleurs du Coran, Paris 2003; deutsche Ausgabe: Monsieur Ibrahim und die Blumen des Koran. Aus dem Französischen von Annette und Paul Bäcker, Zürich 2003.

2   Éric-Emmanuel Schmitt, Oscar et la dame rose, Paris 2002; deutsche Ausgabe: Oskar und die Dame in Rosa. Aus dem Französischen von Annette und Paul Bäcker, Zürich 2003.

3   Thomas von Aquin, Summa Theologiae II-II, 17, 1.

4   Paschasius Radbertus, De fide, spe et caritate 2,4; zitiert nach Josef Pieper, Über die Hoffnung (Neue Kriterien 8), Einsiedeln – Freiburg 2006, S. 52.

5   Mario Vargas Llosa, Das Paradies ist anderswo. Aus dem Spanischen von Elke Wehr, Frankfurt am Main 2004.

6   Charles Dickens, Reisebilder aus Italien. Aus dem Englischen von Noa Kipenheuer und Friedrich Minckwitz, Weimar [1969], S. 204.

7   Hugh Rayment-Pickard, The Myths of Time. From St Augustine to American Beauty, London 2004, S. 99.

8   Ebd., S. 119.

9   Michael Northcote, The Triumph of Imperial Politics, in: The Tablet (6. Nov. 2004), S. 4. Northcote bezieht sich auf einen Artikel im *New York Times Magazine*. Der zweite Teil des Zitats findet sich in deutscher Übersetzung bei Peter Schneider, Ein Bush, der Berge versetzt, in: Der Spiegel 44 (2004), S. 174.

10   Dazu vgl. auch Timothy Radcliffe, The Coming of the Son of Man. Mark's gospel and the subversion of the apocalyptic imagination, in: Brian Davies (Hg.), Language, Meaning and God. FS Herbert McCabe OP, London 1987, S. 176–189.

11   Zitiert nach Seamus Heaney, Verteidigung der Poesie. Oxforder Vorlesungen. Deutsch von Giovanni Bandini und Ditte König, München – Wien 1996, S. 25.

12   Maximus Confessor, Aus den Schrifterklärungen an Thalassius 63, in: Die Feier des Stundengebetes. Lektionar. Für die katholischen Bistümer des deutschen Sprachgebietes. Authentische Ausgabe für den liturgischen Gebrauch. Heft 5. 6.–13. Woche im Jahreskreis. Zweite Jahresreihe, Einsiedeln u. a. 1980, S. 177.

13   Zygmunt Bauman, Flüchtige Moderne. Aus dem Englischen von Reinhard Kreissl, Frankfurt am Main 2003.

14   Scott Lash – John Urry, Economies of Signs and Space, London 1994, S. 222.

15   Gilbert Keith Chesterton, Der heilige Franziskus von Assisi. Üb. von J. L. Benvenisti, München 1927, S. 86.

16   William Shakespeare, Der Kaufmann von Venedig V/1, hg. von Günther Klotz, William Shakespeare, Komödien. Aus dem Englischen von August Wilhelm Schlegel u. a., Berlin 2009, S. 455.

17   Vgl. Karl Barth, Wolfgang Amadeus Mozart. 1756/1956, Zürich [15]2006, S. 42.

18 Rowan Williams, Open to Judgement. Sermons and Addresses, London 1994, S. 100.

19 Enda McDonagh, A Shared Despair?, in: The Furrow 53,5 (2002), S. 261.

20 Zu diesem Thema vgl. u. a. auch meine ausführlicheren Überlegungen in: Towards a humble Church, in: The Tablet (2. Jan. 2010), S. 4f.

21 Meister Eckhart, Predigt 14, in: Meister Eckhart, Werke, Bd. 1. Texte und Übersetzungen von Josef Quint, hg. und kommentiert von Niklaus Largier (Bibliothek des Mittelalters 20), Frankfurt am Main 1993, S. 171.

22 Eric Hoffer, Der Fanatiker. Eine Pathologie des Parteigängers. Aus dem Englischen von Christoph D. Maucy, Reinbek bei Hamburg 1965, S. 15.

23 Vgl. Jeffrey Sachs, Das Ende der Armut. Ein ökonomisches Programm für eine gerechtere Welt. Aus dem Amerikanischen von Udo Rennert und Thorsten Schmidt, München 2005.

24 Deutsch hier nach Hannah Arendt, Isak Dinesen (i. e. Tania Blixen), in: Menschen in finsteren Zeiten, hg. von Ursula Ludz, München/ Zürich 1989, S. 118.

25 William Shakespeare, Macbeth V/5, hg. von Günther Klotz, William Shakespeare, Tragödien. Aus dem Englischen von August Wilhelm Schlegel u. a., Berlin 2009, S. 677.

26 D. H. Lawrence, The Optimist, zitiert nach Hugh Rayment-Pickard, The Myths of Time, 2004, S. XI: «The optimist builds himself safe inside a cell / And paints the inside walls sky blue / And blocks up the door / And says he's in heaven.»

27 Predigt in: Allan White, The Acts of the Provincial Chapter of the English Province of the Order of Preachers, Oxford 2000, S. 66.

28 Rayment-Pickard, The Myths of Time, 2004, S. 16.

29 Nach Aurelius Augustinus, Über den Wortlaut der Genesis 8,26,48. Deutsch von Carl Johann Perl, Bd. II: Buch VII bis XII, Paderborn 1964, S. 83.

30 Charles Péguy, Das Tor zum Geheimnis der Hoffnung. Üb. von Hans Urs von Balthasar, Luzern 1943, S. 27.

31 Davie, Religion in Modern Europe, 2000, S. 61f.

32　Zitiert nach Richard Harries, Art and the Beauty of God. A Christian Understanding, London 1993, S. 4.

33　George Steiner, Von realer Gegenwart. Aus dem Englischen von Jörg Trobitius, München 1990, S. 264f.

34　Zit. nach Steiner, Von realer Gegenwart, 1990, S. 297.

35　Vgl. etwa Brian Greene, Das elegante Universum. Superstrings, verborgene Dimensionen und die Suche nach der Weltformel. Aus dem Amerikanischen von Hainer Kober, Berlin 2000.

36　John Donne, The Sermons of John Donne, Bd. 8, hg. von George Potter – Evelyn Simpson, Berkeley 1956, S. 191: «no noyse nor silence but one equall musick, no fears nor hopes but one equal possession, no foes nor friends but one equall communion and Identity, no ends nor beginnings but one equall eternity.»

37　Emily Dickinson, Gedichte. Englisch und deutsch. Üb. und hg. von Gunhild Kübler, München – Wien 2006, S. 83.

Kapitel 2:
Spontaneität lernen

1　William Blake, Der Garten der Liebe, in: William Blake, Werke. Deutsch von Walter Wilhelm, hg. von Günther Klotz, Berlin 1958, S. 159.

2　Hier in Übersetzung zitiert nach Tobias Dietrich, Martin Luther King (UTB Profile), Paderborn 2008, S. 64.

3　Bauman, Flüchtige Moderne, 2003, S. 46.

4　Zitiert nach Kwame Anthony Appiah, The Ethics of Identity, Princeton 2005, S. 60.

5　j. Pes. X, 37b, 53 f., zitiert nach Joachim Jeremias, Die Abendmahlsworte Jesu, Göttingen ⁴1967, S. 43.

6　Schott-Meßbuch. Für die Sonn- und Festtage des Lesejahres A. Originaltexte der authentischen deutschen Ausgabe des Meßbuches und des Meßlektionars, Freiburg u. a. 1998, S. 194.

7　Diarmaid MacCulloch, Die Reformation. 1490–1700. Aus dem Englischen von Helke Voß-Becher, Klaus Binder und Bernd Leineweber, München 2008, S. 575.

8   Herbert McCabe, Die Anti-Gesellschaft. Eine christliche Ethik des Umsturzes. Aus dem Englischen von Klaus Schmidt, Trier 1973, S. 118.

9   McCabe, Die Anti-Gesellschaft, 1973, S. 126.

10   Primo Levi, Ist das ein Mensch? Ein autobiographischer Bericht. Aus dem Italienischen von Heinz Riedt, S. 28. © [17]2009 Carl Hanser Verlag München.

11   Charles Nicholl, Leonardo da Vinci. Die Biographie. Aus dem Englischen von Michael Bischoff, Frankfurt am Main [2]2011, S. 379.

12   Aurelius Augustinus, De natura et gratia XXIX 33; zitiert nach Rowan Williams, Silence and Honey Cakes. The Wisdom of the Desert, Oxford 2003, S. 44.

13   René Girard, Das Heilige und die Gewalt. Aus dem Französischen von Elisabeth Mainberger-Ruh, Düsseldorf 2006; James Alison, Knowing Jesus, London 1993.

14   Levi, Ist das ein Mensch?, S. 46. © [17]2009 Carl Hanser Verlag München.

15   Josef Pieper, Über die Tugenden. Klugheit, Gerechtigkeit, Tapferkeit, Maß, München [2]2008, S. 46.

16   Johannes Paul II., Fides et Ratio (14. September 1998), Nr. 33; http://www.vatican.va/edocs/DEU0074/__P8.HTM (3. Juli 2011).

17   Denys Turner, Faith Seeking, London 2002, S. XI.

18   Donald Nicholl, Holiness, London 1981, S. 35.

19   Paul Strathern, The Medici. Godfathers of the Renaissance, London 2003, S. 124.

20   Thomas von Aquin, Summa Theologica I-II, prol.

21   Hugo Gryn – Naomi Gryn, Chasing Shadows, London 2000, S. 233.

22   McCabe, Die Anti-Gesellschaft, 1973, S. 51.

23   Gerard Manley Hopkins, «Wie Eisvögel Feuer fangen», in: Gerard Manley Hopkins, Geliebtes Kind der Sprache. Gedichte. Übertragen und kommentiert von Dorothea Grünzweig, Hörby/Schweden 2009, S. 43.

24   Donald Nicholl, Holiness, 1981, S. 149.

25   Williams, Silence and Honey Cakes, 2003, S. 55.

26   Paul Murray, These Black Stars, Dublin 2003, S. 52: «What happened was for me / A kind of miracle / Like being suddenly able / To breathe under water / The astonishment at finding / It possible again to believe /

And at finding the space / To breathe and breathe deep / Between the word ‹freedom› / And the word ‹God›.»

27   James Mawdsley, The Heart Must Break. The Fight for Democracy and Truth in Burma, London 2001, S. 116.

28   Nelson Mandela, Der lange Weg zur Freiheit. Autobiographie. Deutsch von Günter Panske, S. 834f. © 1994 S. Fischer Verlag GmbH, Frankfurt am Main.

29   Dietrich Bonhoeffer, Werke, Band 8: Widerstand und Ergebung, hg. von Eberhard Bethge. © 1998, Gütersloher Verlagshaus, Gütersloh, in der Verlagsgruppe Random House GmbH.

Kapitel 3:
Die stille See

1   Fergus Fleming, Trikolore über der Sahara. Der Traum vom Wüstenreich. Aus dem Englischen von Bernd Rullkötter, S. 280. © Bernd Rullkötter.

2   Heaney, Verteidigung der Poesie, 1996, S. 218.

3   Anders Nygren, Eros und Agape. Gestaltwandlungen der christlichen Liebe, Gütersloh [2]1954.

4   MacCulloch, Die Reformation, 2008, S. 775.

5   Die folgenden Zitate sind entnommen aus: Vernon Joseph Bourke, Joy in Augustine's Ethics, Villanova 1979, S. 145.

6   Herbert McCabe, The Good Life. Ethics and the Pursuit of Happiness, London 2005, S. 50.

7   Seamus Heaney – Ted Hughes (Hg.), The Rattle Bag, London 1982, S. 248.

8   Thomas von Aquin, Summa Theologiae I-II, 13, 6.

9   Friedrich Nietzsche, Also sprach Zarathustra (Kritische Studienausgabe 4), hg. von Giorgio Colli – Mazzino Montinari, München [11]2007, S. 118.

10   Amitav Ghosh, Der Glaspalast. Deutsch von Margarete Längsfeld und Sabine Maier-Längsfeld, S. 592f., [7]2002. © Karl Blessing Verlag, München, in der Verlagsgruppe Random House GmbH.

11   Gerhard von Frachet, Vitae fratrum III, 42; zitiert nach Simon Tugwell, The Way of the Preacher, London 1979, S. 62.

12 Tobias Wolff, Alte Schule. Aus dem Amerikanischen von Frank Heibert, Berlin 2006.

13 Augustinus, Predigt 256 (Osterpredigt), in: Die Feier des Stundengebetes. Lektionar. Für die katholischen Bistümer des deutschen Sprachgebietes. Authentische Ausgabe für den liturgischen Gebrauch, Heft 3. Osterzeit. Zweite Jahresreihe, Einsiedeln u. a. 1980, S. 21 f.

14 J. R. R. Tolkien, Über Märchen, in: Ders., Baum und Blatt. Aus dem Englischen von Wolfgang Krege und Margaret Carroux, Frankfurt am Main u. a. 1982, S. 67–69.

15 Meister Eckhart, Predigt 18, in: Meister Eckhart (Deutsche Mystiker des vierzehnten Jahrhunderts 2), hg. von Franz Pfeiffer, Göttingen ^{2}1906, S. 79 (mittelhochdeutsch). Die neuhochdeutsche Übersetzung ist entnommen aus: Erich Fromm, Haben oder Sein. Die seelischen Grundlagen einer neuen Gesellschaft, Stuttgart 1977, S. 119.

16 Mary O'Driscoll, St Catherine of Siena. Passion for the Truth, Compassion for Humanity, New York 1993, S. 33.

17 Giuliana Cavallini, Catherine of Siena, London 1998, S. 29.

18 Thomas von Aquin, Summa Theologiae I, 26.

19 Chesterton beschließt mit diesen Sätzen seine «Orthodoxie», vgl. Gilbert Keith Chesterton, Orthodoxie. Eine Handreichung für die Ungläubigen. Aus dem Englischen neu üb. von Monika Noll und Ulrich Enderwitz, Frankfurt am Main 2000, S. 296.

20 Jonathan Sacks, Celebrating Life. Finding Happiness in Unexpected Places, London 2000, S. 148.

21 Herbert McCabe, God, Christ and Us, London 2003, S. 109.

22 Augustinus, Auslegung zu Psalm 33 (32), in: Die Feier des Stundengebetes. Lektionar. Für die katholischen Bistümer des deutschen Sprachgebietes. Authentische Ausgabe für den liturgischen Gebrauch, Heft 8. 28.–34. Woche im Jahreskreis. Zweite Jahresreihe, Einsiedeln u. a. 1980, S. 315.

23 Fjodor Dostojewskij, Die Brüder Karamasow. Aus dem Russischen von Swetlana Geier, Frankfurt am Main ^{3}2008, S. 580 f.

24 Paul Murray, Den Wein der Freude trinken. Wege dominikanischer Spiritualität. Aus dem Englischen von Horst Wieshuber (Dominikanische Quellen und Zeugnisse 11), Leipzig 2007. Viele der hier verwendeten Zitate verdanke ich diesem Buch.

25 Zitiert nach Murray, Den Wein der Freude trinken, 2007, S. 136 f.

26　Tugwell, The Way of the Preacher, 1979, S. 57.

27　Murray, Den Wein der Freude trinken, 2007, S. 152.

28　Jordan von Sachsen, Brief 35, in: Wolfram Hoyer (Hg.), Jordan von Sachsen. Ordensmeister, Geschichtsschreiber, Beter. Eine Textsammlung (Dominikanische Quellen und Zeugnisse 3), Leipzig 2002, S. 167 f.

29　Caterina von Siena, Brief 208, in: Dies., An die Männer der Kirche, Bd. 1. Üb. von Ferdinand Holböck und Claudia Reimüller, hg. von Werner Schmid, Kleinhain 2005, S. 57.

30　Caterina von Siena, Brief 29; zitiert nach Murray, Den Wein der Freude trinken, 2007, S. 156.

31　Marilynne Robinson, Gilead. Roman. Aus dem Amerikanischen von Karl-Heinz Ebnet, S. 68 f.; 168 f.; 287. © 2006 Joh. Brendow & Sohn Verlag GmbH, Moers.

32　Donald B. Cozzens, Das Priesteramt im Wandel. Chancen und Perspektiven. Aus dem Amerikanischen von Petra Simone Hanel, Mainz 2003, Teil II, Kapitel 4: Sich dem Unbewussten stellen.

33　Yves Congar, Journal d'un théologien. 1946–1956, Paris 2000, S. 425.

34　William Shakespeare, König Lear V/3, hg. von Günther Klotz, William Shakespeare, Tragödien. Aus dem Englischen von August Wilhelm Schlegel u. a., Berlin 2009, S. 593 f.

35　Aurelius Augustinus, Confessiones – Bekenntnisse X, 23. Lateinisch/Deutsch. Üb., hg. und komm. von Kurt Flasch – Burkhard Mojsisch, Stuttgart 2009, S. 511.

36　John Donne, Complete Poetry and Selected Verse, hg. von John Hayward, London 1949, S. 293: «Restore thine Image, so much, by thy grace, / That thou may'st know me, and I'll turne my face.» Deutsche Übertragung: Ulrich Sander.

37　Gregor von Nyssa, Über die Jungfräulichkeit XIII. Eingel., üb. und mit Anm. versehen von Wilhelm Blum (Bibliothek der griechischen Literatur 7), Stuttgart 1977, S. 119.

38　Euchologion Serapionis 12, 4; zitiert nach Tugwell, The Way of the Preacher, 1979, S. 92.

39　Walt Whitman, Am Ufer des blauen Ontario, in: Ders., Grasblätter. Nach der Ausgabe 1891–92 erstmals vollständig übertr. und hg. von Jürgen Brôcan, S. 430. © 2009 Carl Hanser Verlag München.

40 Simone Weil, Fabriktagebuch und andere Schriften zum Industriesystem. Aus dem Französischen üb. und mit einer Einl. versehen von Heinz Abosch, Frankfurt am Main 1978, S. 30.

41 Die Betrachtungen über die Wundmale, in: Dieter Berg – Leonhard Lehmann (Hg.), Franziskus-Quellen. Die Schriften des heiligen Franziskus, Lebensbeschreibungen, Chroniken und Zeugnisse über ihn und seinen Orden (Zeugnisse des 13. und 14. Jahrhunderts zur Franziskus-Bewegung 1), Kevelaer 2009, S. 1457.

42 William Blake, Weissagungen der Unschuld, in: William Blake, Werke, 1958, S. 241.

43 Neil MacGregor – Erika Langmuir, Seeing Salvation. Images of Christ in Art, London 2000, S. 115.

44 Vgl. David F. Ford, Self and Salvation. Being Transformed, Cambridge 1999, besonders Kapitel 8: The face on the cross and the worship of God.

45 Harry Williams, The Joy of God, London 1979, S. 47.

Kapitel 4:
«Fürchtet euch nicht!»

1 John Bunyan, Pilgerreise. Teil I und II. Vollständige Ausgabe, aus dem englischen Original von 1678/84 neu üb. von Christian Rendel, Lahr [6]2010, S. 355.

2 Ignatius von Antiochien, An die Römer 2, in: Die Apostolischen Väter. Aus dem Griechischen von Franz Zeller (Bibliothek der Kirchenväter, 1. Reihe, Bd. 35), München 1918; zitiert nach der online-Ausgabe unter http://www.unifr.ch/bkv/kapitel9-2.htm (6. Juli 2011).

3 C. S. Lewis, Dienstanweisung für einen Unterteufel, Freiburg im Breisgau [19]2009, S. 128.

4 Michael Ondaatje, Anils Geist. Roman. Aus dem Englischen von Melanie Walz, S. 144. © 2000 Carl Hanser Verlag München.

5 Thomas von Aquin, Summa Theologiae II-II, 123, 1.

6 Pieper, Über die Tugenden, [2]2008, S. 147.

7 Anthony Ross, Introduction to St Thomas Aquinas, in: Thomas

von Aquin, Summa Theologiae Bd. 42 (2a2ae 123–40), hg. von Thomas Gilby, London 1966, S. XXIII.

8   Gilbert Keith Chesterton, ‹The Poet and the Cheese›, in: A Miscellany of Men, eBook Nr. 2015, Project Gutenberg.

9   William Shakespeare, Julius Cäsar II/2, hg. von Günther Klotz, William Shakespeare, Tragödien. Aus dem Englischen von August Wilhelm Schlegel u. a., Berlin 2009, S. 211.

10   Vgl. Alison, Knowing Jesus, 1993, S. 20.

11   Dritte Präfation der Osterzeit; vgl. Schott-Meßbuch. Für die Sonn- und Festtage des Lesejahres A. Originaltexte der authentischen deutschen Ausgabe des Meßbuches und des Meßlektionars, Freiburg u. a. 1998, S. 419.

12   Bauman, Flüchtige Moderne, 2003, S. 93.

13   Vgl. Vincent de Couesnongle, Le courage du futur, Paris 1980.

14   Yves Congar, Le traité de la force dans la «Somme Théologique» de St. Thomas d'Aquin, in: Angelicum 51 (1974), S. 331–348.

15   Caterina von Siena, Brief 159, in: An die Männer der Kirche, Bd. 1, 2005, S. 107.

16   Die Apophthegmata der Amma Synkletika 6, in: Karl Suso Frank (Hg.), «Die selige Synkletike wurde gefragt». Vita der Amma Synkletike. Eingel. und üb. von Karl Suso Frank (Weisungen der Väter 5), Beuron 2008, S. 93.

17   John Henry Newman, Parochial and Plain Sermons IV, 22, 1882, London 1885, S. 319 ff.

18   Thomas von Aquin, Summa Theologiae II-II, 136, 4, ad 2 (DThA 21), Heidelberg u. a. 1964, S. 199.

19   Mawdsley, The Heart Must Break, 2001, S. 153.

20   Thomas von Aquin, Summa Theologiae II-II, 123, 10 ad 3.

21   William Blake, Der Giftbaum, in: Blake, Werke, 1958, S. 169.

22   O'Driscoll, St Catherine of Siena, 1993, S. 97.

23   Charles Forbes de Montalembert, Pater Lacordaire. Üb. von Bernhard Martin Giese, Münster 1862, S. 20 f.

24   Chesterton, Orthodoxie, 2000, S. 181.

25   Robinson, Gilead. 2006, S. 287.

26   Herbert McCabe, Hope, London 1987, S. 24 f.

27   Henry Scott Holland, Der Tod bedeutet gar nichts, München 2006, o. S.

28 Leonhard Lehmann (Hg.), Das Erbe eines Armen. Franziskus-Schriften, Kevelaer 2003, S. 55.

29 Jordan von Sachsen, Büchlein von den Anfängen des Predigerordens 69, in: Hoyer (Hg.), Jordan von Sachsen, 2002, S. 76.

30 Enzo Bianchi, Ricominciare. Nell'anima, nella Chiesa, nel mondo, Genua 1999, S. 68.

31 Vgl. Timothy Radcliffe, Seven Last Words, London 2004.

32 Geoffrey Preston, Hallowing the Time, London 1980, S. 106.

33 John Millington Synge, Der Held der westlichen Welt und andere Stücke. Deutsch von Norbert Miller, Erich Fried und Peter Hacks, Frankfurt am Main 1967, S. 22.

34 Cuthbert, Aus einem Brief über den Tod Bedas des Ehrwürdigen, in: Die Feier des Stundengebetes. Lektionar. Für die katholischen Bistümer des deutschen Sprachgebietes. Authentische Ausgabe für den liturgischen Gebrauch, Heft 5. 6.–13. Woche im Jahreskreis. Erste Jahresreihe, Einsiedeln u. a. 1979, S. 242.

35 Der zweite Clemensbrief 8,1–3, hg. von Wilhelm Pratscher (Kommentar zu den Apostolischen Vätern 3), Göttingen 2007, S. 125.

36 Tugwell, Human Immortality and the Redemption of Death, 1990, S. 87.

37 Zitiert nach Cherie Booth, A Challenge to Justice, in: The Tablet (11. Juni 2005).

38 William Shakespeare, König Lear III/4, hg. von Günther Klotz, William Shakespeare, Tragödien. Aus dem Englischen von August Wilhelm Schlegel u. a., Berlin 2009, S. 555.

39 Gerard Manley Hopkins, «Dass die Natur ein heraklitisches Feuer ist und vom Trost der Auferstehung», in: Ders., Gedichte, Schriften, Briefe. Üb. von Ursula Clemen, hg. von Hermann Rinn, München 1954, S. 163.

Kapitel 5:
«Den elektrischen Leib sing ich»

1 Mindy Thompson Fullilove, Root Shock. How Tearing Up City Neighborhoods Hurts America, and What We Can Do About It, New York 2004, S. 226.

364   Anmerkungen zu den Seiten 154–169

2   Williams, Silence and Honey Cakes, 2003, S. 94.

3   MacCulloch, Die Reformation, 2008, S. 170.

4   Lewis, Dienstanweisung für einen Unterteufel, [18]2009, S. 21f.

5   Etty Hillesum, An Interrupted Life. The Diaries of Etty Hillesum, 1941–1943. Üb. von A. J. Pomerans, London 1996, S. 129.

6   Vgl. Peter Dyckhoff, Mit Leib und Seele beten. Die neun Gebetsweisen des Dominikus, Freiburg im Breisgau 2003.

7   Bianchi, Ricominciare, 1999, S. 58.

8   Jean-Louis Bruguès, L'éternité si proche, Paris 1995, S. 102.

9   Johannes Chrysostomus, Kommentar zum Kolosserbriefe, 12. Homilie. Aus dem Griechischen von Wenzel Stoderl (Bibliothek der Kirchenväter 7), München 1924, S. 415.

10   Thomas von Aquin, Summa Theologiae II-II, 142, 1.

11   Roger Ruston, Human Rights and the Image of God, London 2004, S. 245.

12   C. S. Lewis, Was man Liebe nennt. Zuneigung, Freundschaft, Eros, Agape. Aus dem Englischen von Dorothee Degen-Zimmermann, S. 125. © [8]2008 Brunnen Verlag Basel.

13   Mark Patrick Hederman, Manikon Eros. Mad Crazy Love, Dublin 2000, S. 66.

14   McCabe, Die Anti-Gesellschaft, 1973, S. 23.

15   William Butler Yeats, Meditationen zur Zeit des Bürgerkriegs, in: Ders., Die Gedichte. Neu üb. von Marcel Beyer u. a., hg. von Norbert Hummelt, München 2005, S. 232.

16   Thomas von Aquin, Summa Theologiae II-II, 151, 1.

17   Pieper, Über die Tugenden, [2]2008, S. 195.

18   Thomas von Aquin, Summa Theologiae I-II, 34, 1.

19   Eugene F. Rogers Jr, Sexuality and the Christian Body. Their Way into the Triune God, Oxford 1999.

20   William Shakespeare, Sonette 27, hg. von Günther Klotz, William Shakespeare, Komödien. Poetische Werke. Aus dem Englischen von August Wilhelm Schlegel u. a., Berlin 2009, S. 792; vgl. Paul Murray, God's Spy. Shakespeare and Religious Vision, in: Communio 27 (2000), S. 764–786.

21   Zitiert nach Hederman, Manikon Eros, 2000, S. 87.

22   Aurelius Augustinus, Confessiones – Bekenntnisse I, 1, 2009, S. 35.

23 Rainer Maria Rilke, An Emanuel von Bodman, Westerwede bei Bremen, 17. Aug. 1901, in: Ders., Briefe in zwei Bänden, hg. von Horst Nalewski, Bd. 1: 1896–1919, Frankfurt am Main – Leipzig 1991, S. 98.

24 Rowan Williams, Lost Icons. Reflections on Cultural Bereavement, Edinburgh 2000, S. 153.

25 Lewis Carroll, Alice hinter den Spiegeln. Üb. von Christian Enzensperger, Frankfurt am Main 1998, S. 137.

26 Whitman, Den elektrischen Leib sing ich, in: Ders., Grasblätter, S. 135f. © 2009 Carl Hanser Verlag München.

27 Roger Scruton, Flesh from the Butcher. How to distinguish eroticism from pornography, in: Times Literary Supplement (15. Apr. 2005), S. 11.

28 Sebastian Moore, Jesus, the Liberator of Desire, New York 1989, S. 105.

29 Williams, Lost Icons, 2000, S. 156.

30 McCabe, Die Anti-Gesellschaft, 1973, S. 72, 77.

31 Brian J. Pierce, We Walk the Path Together. Learning from Thich Nhat Hanh and Meister Eckhart, Maryknoll 2005.

32 Martin Gayford im Interview mit Lucian Freud, in: Daily Telegraph (18. Mai 2002).

33 Bede Jarrett, Letters, hg. von Bede Bailey – Aidan Bellenger – Simon Tugwell, Downside – Blackfriars 1989, S. 180. Die Textpassage aus der *Geistlichen Freundschaft* ist zitiert nach Aelred von Rieval, Über die geistliche Freundschaft. Lateinisch-deutsch. Ins Deutsche übertragen von Rhaban Haacke, eingel. von Wilhelm Nyssen (Occidens 3), Trier 1978, S. 7.

34 Zitiert nach Vivian Boland, It Takes Three to Make a Love Story, in: Priest and People (Apr. 2001), S. 149: «No one could tell me where my soul might be; / I sought for God, but God eluded me; / I sought my brother out and found all three: / My soul, my God and all humanity.»

35 Joseph Bernardin, Das Geschenk des Friedens. Reflexionen aus der Zeit des Loslassens. Aus dem Amerikanischen von Maria Kuschel, München u. a. ²1999, S. 127.

36 Zitiert nach Liz Carmichael, Friendship. Interpreting Christian Love, London 2004, S. 96.

37 Jarrett, Letters, 1989, S. 180.

Anmerkungen zu den Seiten 183–191

38 Hilary Carpenter, Anniversary Sermon for Fr Vincent McNabb, in: Francis Edward Nugent (Hg.), A Vincent McNabb Anthology. Selections from the Writings of Vincent McNabb OP, London 1955, S. IX.

39 Vgl. Michael Sherwin, The Friend of the Bridegroom Stands and Listens. An analysis of the term *amicus sponsi* in Augustine's account of Divine Friendship and the ministry of Bishops, in: Augustinianum (Juni 1998), S. 197–214.

40 Josef Pieper, Lieben – hoffen – glauben, München 1986, S. 69.

Kapitel 6:
Gemeinschaft der Wahrheit

1 Große Teile dieses Kapitels beruhen auf meinen Vorträgen «The Eric Symes Abbott Memorial Lecture» 2004 (Westminster Abbey) und «Christianity's Contribution to the Future of Europe», gehalten in Westminster Cathedral. Letzterer wurde veröffentlicht in: Faith in Europe?, London 2005. In der Sprache des Boxens könnte man die beiden Vorträge auch als «Rechte» und «Linke» bezeichnen.

2 Aristoteles, Nikomachische Ethik IV, 13. Auf der Grundlage der Übersetzung von Eugen Rolfes hg. von Günther Bien (Philosophische Bibliothek 5), Hamburg ³1972, S. 95.

3 Immanuel Kant, Metaphysik der Sitten, in: Immanuel Kant, Werke in sechs Bänden, hg. von Wilhelm Weischedel, Bd. 4, Wiesbaden 1956, S. 562.

4 Raimond Gaita, Romulus, mein Vater. Aus dem Englischen von Wolfgang Astelbauer, Salzburg u. a. 1998, S. 150.

5 Samuel Johnson an Bennet Langton, 21. Sept. 1758, in: Collected Letters, hg. von Jack Lynch, Oxford 1904.

6 Onora O'Neill, A Question of Trust. The BBC Reith Lectures 2002, Cambridge 2002, S. 73.

7 Bauman, Flüchtige Moderne, 2003, S. 86.

8 Hier deutsch nach Warren A. Shibles, Lügen und lügen lassen. Eine kritische Analyse des Lügens. Aus dem Amerikanischen von Barbara Maier, Mainz 2000, S. 44.

9   Die Studie wurde durchgeführt vom Josephson Institute in Los Angeles.

10   Johannes Paul II., Fides et ratio (14. September 1998); zitiert nach http://www.vatican.va/holy_father/john_paul_ii/encyclicals/documents/hf_jp-ii_enc_14091998_fides-et-ratio_ge.html (20. Okt. 2010).

11   Vgl. Turner, Faith Seeking, 2002, S. 13.

12   Rodney Stark – Eva Hamberg – Alan S. Miller, Exploring Spirituality and Unchurched Religions in America, Sweden, and Japan, in: Journal of Contemporary Religion 20,1 (2005), S. 19.

13   Über die Datierung wie den genauen Wortlaut dieses Ausspruches liefern sich die Chesterton-Fans eine erbitterte Auseinandersetzung.

14   Zitiert nach Paul McPartlan, The Same but Different. Living in Communion, in: Bernard Hoose (Hg.), Authority in the Roman Catholic Church. Theory and Practice, Aldershot 2002, S. 156.

15   Aurelius Augustinus, De consensu evangelistarum IV, 10, 20; zitiert nach http://www.bistum-wuerzburg.de/bwo/dcms/sites/bistum/extern/zfa/texteueber/pastorales/vergangenheit.html (24. Nov. 2010).

16   Albert Camus, Der Ungläubige und die Christen, in: Ders., Fragen der Zeit. Deutsch von Guido G. Meister, Hamburg 1960, S. 74.

17   Vgl. McCabe, Die Anti-Gesellschaft, 1973, S. 121 f. (mit Änderungen durch die Übersetzerin).

18   Augustinus, Confessiones – Bekenntnisse I, 16, 2009, S. 71.

19   Robinson, Gilead, 2006, S. 162.

20   Williams, Silence and Honey Cakes, 2003, S. 70.

21   Salman Rushdie, Is Nothing Sacred?, in: Granta 31 (1990), S. 98 f.

22   Alasdair MacIntyre, Whose Justice? Which Rationality?, London 1988, S. 357.

23   Alain de Botton, StatusAngst. Aus dem Englischen von Chris Hirte, Frankfurt am Main 2006, S. 233.

24   Alasdair MacIntyre, Der Verlust der Tugend. Zur moralischen Krise der Gegenwart. Aus dem Englischen von Wolfgang Rhiel, Frankfurt am Main – New York 2006, S. 114.

25   Bernard Williams, Wahrheit und Wahrhaftigkeit. Üb. von Joachim Schulte, Frankfurt am Main 2003, S. 11.

26   Gilbert Keith Chesterton, The Mercy of Mr. Arnold Bennett, in: Fancies vs. Fads, London 1923.

27 Gilbert Keith Chesterton, Ketzer. Eine Verteidigung der Orthodoxie gegen ihre Verächter. Aus dem Englischen neu üb. von Monika Noll
und Ulrich Enderwitz, Frankfurt am Main 1998, S. 271.

28 Cornelius Ernst, Multiple Echo. Explorations in Theology, hg. von
Fergus Kerr – Timothy Radcliffe, London 1979, S. 8.

29 Nicholas Lash, Authors, Authority and Authorization, in: Bernard
Hoose (Hg.), Authority in the Roman Catholic Church, 2002, S. 59–71.

30 Siehe etwa Thomas von Aquin, Von der Wahrheit. De veritate
(Quaestio I). Lateinisch-deutsch. Ausgew., übers. und hg. von Albert
Zimmermann (Philosophische Bibliothek 384), Hamburg 1986, S. 7. Tho-
mas zitiert hier De Anima III, 8 (431b 21).

31 Zitiert nach Raimond Gaita, A Common Humanity. Thinking
About Love and Truth and Justice, London 2000, S. 224.

32 Unveröffentlichter Vortrag von Suzanne Noffke OP, «Praising,
Blessing, Preaching. Catherine throws down the Gauntlet», Molloy Col-
lege, 22. April 2005.

33 Simone Weil, Das Unglück und die Gottesliebe. Mit einer Einführung von T. S. Eliot. Deutsch von Friedhelm Kemp, München 1953, S. 104,
108.

34 Fergus Kerr, After Aquinas. Versions of Thomism, Oxford 2002,
S. 39.

35 Augustinus, Confessiones – Bekenntnisse XIII, 34, 2009, S. 769.

36 Gaita, A Common Humanity, 2000, S. 18.

37 Iris Murdoch, The Sovereignty of Good, London 1985, S. 66.

38 Patrick White, Die im feurigen Wagen. Aus dem Englischen von
Curt und Maria Prerauer, Köln 1973, S. 192 f.

39 Sean D. Sammon, Religious Life in America. A New Day Dawning,
New York 2002, S. 95.

40 Gilbert Keith Chesterton, The Collected Poems of G. K. Chesterton, London ³1933, S. 326.

41 Karl Polanyi, The Great Transformation. Politische und ökonomische Ursprünge von Gesellschaften und Wirtschaftssystemen. Üb. von
Heinrich Jelinek, Frankfurt am Main ³1995, S. 108.

42 Jeremy Rifkin, Access. Das Verschwinden des Eigentums. Warum wir weniger besitzen und mehr ausgeben werden. Aus dem Engli-

schen von Klaus Binder und Tatjana Eggeling, 3., erw. Aufl. Frankfurt am Main – New York 2007, S. 90.

43   Vgl. John Ayto, Bloomsbury Dictionary of Word Origins, London 1990, S. 526; Friedrich Kluge, Etymologisches Wörterbuch zur deutschen Sprache, Berlin – New York [22]1989, S. 127.

44   Thomas lehrte, dass die Beseelung nicht bei der Empfängnis geschieht und daher Abtreibung vor der Beseelung zwar Sünde, aber kein Totschlag sei.

45   Heaney, Verteidigung der Poesie, 1996, S. 203.

46   Heaney, Verteidigung der Poesie, 1996, S. 227.

Kapitel 7:
Ich bin, weil wir sind

1   Aus: T. S. Eliot, «Reise aus dem Morgenland», in: Ders., Gesammelte Gedichte. 1909–1962. Übertr. von Christian Enzensberger u. a. (T. S. Eliot Werke 4), hg. von Eva Hesse, S. 161. © 1972 Suhrkamp Verlag, Frankfurt am Main.

2   Monica Furlong, Alles, was ein Mensch sucht. Thomas Merton, ein exemplarisches Leben. Deutsch von Radbert Kohlhaas und Bernardin Schellenberger, Freiburg im Breisgau u. a. 1982, S. 107. Merton zitiert hier Alanus ab Insulis.

3   Vgl. Die Dokumente des Zweiten Vatikanischen Konzils. Konstitutionen, Dekrete, Erklärungen. Lateinisch-deutsche Studienausgabe, hg. von Peter Hünermann (Herders Theologischer Kommentar zum Zweiten Vatikanischen Konzil 1), Freiburg im Breisgau u. a. 2009, S. 73.

4   McCabe, Die Anti-Gesellschaft, 1973, S. 110.

5   Zitiert nach Appiah, The Ethics of Identity, 2005, S. 221.

6   Vgl. Richard Rohr, Ins Herz geschrieben. Die Weisheit der Bibel als spiritueller Weg. Aus dem Amerikanischen von Bernardin Schellenberger, Freiburg im Breisgau [2]2010, S. 60.

7   Jean-Louis Bruguès, Les idées heureuses. Vertus chrétiennes pour ce temps. Conférences du carême 1996 à Notre-Dame de Paris, Paris 1996, S. 33.

8   Frank Pakenham, Earl of Longford, Humility, London 1970, S. 14.

9   Dante Alighieri, La Commedia / Die Göttliche Komödie. I: Inferno / Hölle. Italienisch/Deutsch. In Prosa üb. und komm. von Hartmut Köhler, Stuttgart 2010, S. 17.

10   Lewis, Dienstanweisung für einen Unterteufel, [18]2009, S. 62f.

11   Charles Taylor, Quellen des Selbst. Die Entstehung der neuzeitlichen Identität. Üb. von Joachim Schulte, Frankfurt am Main [3]1999, S. 288 u. ö.

12   Sacks, Celebrating Life, 2000, S. 47.

13   David Cooper, I am because we are, in: The Times Literary Supplement (29. Apr. 2005), S. 5.

14   Ebd.

15   Zitiert nach Schott-Meßbuch. Die Feste und Gedenktage im Lauf des Jahres. Originaltexte der authentischen deutschen Ausgabe des Meßbuches und des Meßlektionars, 17. Januar.

16   Appiah, The Ethics of Identity, 2005, S. 20. Das Shakespeare-Zitat ist übersetzt nach William Shakespeare, Wie es euch gefällt II/7, hg. von Günther Klotz, William Shakespeare, Komödien. Aus dem Englischen von August Wilhelm Schlegel u. a., Berlin 2009, S. 674.

17   Charles Dickens, Dombey & Sohn, Bd. 1. Deutsch von Christine Hoeppener, Berlin [4]1988, S. 181.

18   Walter Davis, Inwardness and Existence. Subjectivity in/and Hegel, Heidegger, Marx and Freud, Madison 1989, S. 105; zitiert nach Rowan Williams, On Christian Theology, Oxford 2000, S. 139.

19   Williams, On Christian Theology, 2000, S. 243.

20   Williams, On Christian Theology 2000, S. 250.

21   Caterina von Siena, Gespräch von Gottes Vorsehung 7. Übertr. von Ellen Sommer-von Seckendorff und Cornelia Capol, eingel. von Ellen Sommer-von Seckendorff und Hans Urs von Balthasar (Lectio spiritualis 8), Einsiedeln 1964, S. 12.

22   Zitiert nach Monica Furlong, Merton. A Biography, London 1980, S. 184.

Kapitel 8:
Bürger des Gottesreiches

1   Johannes Paul II., Ecclesia in Europa (28. Juni 2003) 111f. unter
Aufnahme der Enzyklika Centesimus annus (1. Mai 1991); http://www.
vatican.va/holy_father/john_paul_ii/apost_exhortations/documents/hf_
jp-ii_exh_20030628_ecclesia-in-europa_ge.html (18. Juli 2011).

2   Benedict R. Anderson, Imagined Communities. Reflections on
the Origins and Spread of Nationalism, London 1983. Die deutsche Übersetzung erschien unter dem Titel: Die Erfindung der Nation. Zur Karriere
eines folgenreichen Konzepts. Aus dem Englischen von Christoph Münz
und Benedikt Burkard, Frankfurt am Main [2]2005.

3   Virginia Woolf, Drei Guineen. Aus dem Englischen von Anita
Eichholz, München [3]1978, S. 89.

4   Michael Ignatieff, Wovon lebt der Mensch. Was es heißt, auf
menschliche Weise in Gesellschaft zu leben. Aus dem Englischen von
Hans Jörg Friedrich, [Berlin] 1993, S. 150.

5   Wilhelm von Rubruk, Reisen zum Großkhan der Mongolen. Von
Konstantinopel nach Karakorum 1253–1255. Neu bearb. und hg. von Hans
D. Leicht, Darmstadt 1984, S. 204.

6   Roger Ruston, Human Rights and the Image of God, London 2004,
S. 66.

7   Ruston, Human Rights and the Image of God, 2004, S. 67. Deutsch
hier nach Thomas Eggensperger – Ulrich Engel, Dominikanerinnen und
Dominikaner. Geschichte und Spiritualität (Topos Taschenbücher 709),
Kevelaer 2010, S. 82.

8   Richard O'Brien, Global Financial Integration. The End of Geography, London 1992; zitiert nach Zygmunt Bauman, Globalization. The
Human Consequences, London 1998, S. 12.

9   Furlong, Alles, was ein Mensch sucht, 1982, S. 107.

10   Manuel Castells, Jahrtausendwende, Teil 3 der Trilogie: Das Informationszeitalter. Üb. von Reinhart Kößler, Opladen 2003, S. 406.

11   Ian Linden, A New Map of the World, London 2003, S. 51.

12   Vgl. Sachs, Das Ende der Armut, 2005.

13   Margaret Atkins, Temperateness, Justice and Chocolate, in: Priest
and People (Okt. 2003), S. 382.

14   Bernard Mandeville, Die Bienenfabel oder Private Laster als gesellschaftliche Vorteile. Aus dem Englischen von Helmut Findeisen,
hg. von Günter Walch, München 1988, S. 18.

15   Bauman, Flüchtige Moderne, S. 92. © 2003 Suhrkamp Verlag,
Frankfurt am Main.

16   Ruston, Human Rights and the Image of God, 2004, S. 50.

17   Thomas von Aquin, Summa Theologiae II-II, 66, 2, üb. von Josef
F. Groner, in: Thomas von Aquin, Recht und Gerechtigkeit. Theologische
Summe II-II, Fragen 57–79. Nachfolgefassung von Band 18 der Deutschen
Thomasausgabe, Bonn 1987, S. 114.

18   Ebd. 66, 7, S. 122.

19   Ruston, Human Rights and the Image of God, 2004, S. 51.

20   Polanyi, The Great Transformation, ³1995, S. 61.

21   Vgl. Sachs, Das Ende der Armut, 2005, S. 371.

22   Linden, A New Map of the World, 2003, S. 152.

23   Vgl. Linden, A New Map of the World, 2003, 135–138.

24   Vgl. Bauman, Flüchtige Moderne, 2003, S. 68 ff.

25   Bauman, Flüchtige Moderne, 2003, S. 145.

26   Thomas von Aquin, Summa Theologiae I-II, 2, 1 ad 1.

27   Rifkin, Access. Das Verschwinden des Eigentums, 2007, S. 51.

28   Atkins, Temperateness, Justice and Chocolate, 2003, S. 382.

29   William Shakespeare, Timon von Athen IV/3, hg. von Günther
Klotz, William Shakespeare, Tragödien. Aus dem Englischen von August
Wilhelm Schlegel u. a., Berlin 2009, S. 966.

30   Robinson, Gilead, 2006, S. 287.

31   Zitiert nach Appiah, The Ethics of Identity, 2005, S. 241.

32   William Shakespeare, König Lear II/4, hg. von Günther Klotz,
William Shakespeare, Tragödien. Aus dem Englischen von August Wilhelm Schlegel u. a., Berlin 2009, S. 545.

33   Ignatieff, Wovon lebt der Mensch, 1993, S. 36, 57.

34   Jeremy A. Coyne, Legends of Linnaeus [Rezension zu: Vincent
Sarich – Frank Miele, Race. The Reality of Human Differences], in: The
Times Literary Supplement (25. Febr. 2005).

35   Nicholas Lash, The Beginning and the End of Religion, Cambridge
1996, S. 212.

36   McCabe, Die Anti-Gesellschaft, 1973, S. 62.

37   McCabe, Die Anti-Gesellschaft, 1973, S. 71.

38   McCabe, Die Anti-Gesellschaft, 1973, S. 96.

39   Peter L. Berger – Samuel P. Huntington (Hg.), Many Globalizations. Cultural Diversity in the Contemporary World, Oxford 2002, S. 7.

40   Appiah, The Ethics of Identity, 2005, S. 258.

41   Zitiert nach Mary Catherine Hilkert, Naming Grace. Preaching
and the Sacramental Imagination, New York 1997, S. 178.

42   Nicholas Boyle, Who Are We Now? Christian Humanism and the
Global Market from Hegel to Heaney, Edinburgh 1998, S. 92.

Kapitel 9:
Der Schock der Entwurzelung

1   Aus einem privaten Brief.

2   Hans Küng, Erkämpfte Freiheit. Erinnerungen, München – Zürich 2002, S. 506 ff.

3   Communio. International Catholic Review. English edition
(Spring 1974), S. 4.

4   John McDade, Catholic Theology in the Post-Conciliar Period, in:
Adrian Hastings (Hg.), Modern Catholicism. Vatican II and After, London 1991, S. 442.

5   Fullilove, Root Shock, 2004, S. 11.

6   Fullilove, Root Shock, 2004, S. 32.

7   Fullilove, Root Shock, 2004, S. 32.

8   Bauman, Flüchtige Moderne, 2003, S. 211.

9   Richard Sennett, The Myth of a Purified Community, in: Ders.,
The Uses of Disorder. Personal Identity & City Life, London 1996, S. 36,
39; zitiert nach Bauman, Flüchtige Moderne, 2003, S. 212.

10   Christopher J. Ruddy, Tomorrow's Catholics, in: The Christian
Century (25. Jan. 2003), S. 24–32.

11   David Tracy, The Uneasy Alliance Reconceived. Catholic Theological Method, Modernity, and Postmodernity, in: Theological Studies
50/3 (1989), S. 556.

12   Fullilove, Root Shock, 2004, S. 239.

13   Rowan Williams, Sermon at Evensong in St Patrick's Cathedral,

Armagh (22. Febr. 2005); http://www.archbishopofcanterbury.org/artic
les.php/1617/sermon-at-evensong-in-st-patricks-cathedral-armagh (15.
Juli 2011).

14   Thomas von Aquin, Summa Theologiae III, 83, 4 ad 9.

Kapitel 10:
Das Züchten von Pandas

1   Williams, Sermon at Evensong in St Patrick's Cathedral, 2005.

2   Emily Dickinson, Gedichte. Englisch/Deutsch. Ausgew. und
übertr. von Gertrud Liepe, S. 163. © 1996 Philip Reclam jun. GmbH & Co.
KG, Stuttgart.

3   Stephen Toulmin, Kosmopolis. Die unerkannten Aufgaben der
Moderne. Üb. von Hermann Vetter, S. 41f. © 1991 Suhrkamp Verlag,
Frankfurt am Main.

4   Von der *Catholic Common Ground*-Website http://www.catholic-
commonground.org/res_called_to_be_catholic.php (27. Dezember 2010).

5   Vgl. Aurelius Augustinus, Enarratio in Psalmum XXXVI, in: J.-P.
Migne (Hg.), Patrologia Latina, Bd. 37, Paris 1865, Sp. 1234.

6   Andrew Greeley, A Church still waiting for the spring, in: The Tablet (13. Nov. 2004), S. 22.

7   John Allen, A Spirituality of Dialogue Among Catholics, in: Origins 34 (15. Juli 2004).

8   Ruddy, Tomorrow's Catholics, 2003, S. 24–32.

9   Ludwig Wittgenstein, Philosophische Untersuchungen. Kritisch-
genetische Edition, hg. von Joachim Schulte u. a., Frankfurt am Main
2001, S. 771.

10   Seamus Heaney, Finders Keepers. Selected Prose 1971–2001, London 2002, S. 48.

11   Paterson IV, zitiert nach Rayment-Pickard, The Myths of Time,
2004, S. 1: «Dissonance / (if you are interested) / leads to discovery.»

12   Robert Jenson, Systematic Theology, Bd. 1, New York 1997, S. 236.

13   Meister Eckhart, Predigt 68, in: Meister Eckhart, Werke, Bd. 2,
1993, S. 41.

14   Carol Shields, Alles über Larry. Roman. Aus dem Amerikanischen von Margarete Längsfeld, München – Zürich 2000, S. 415.

15   Melvyn Bragg, The Adventure of English. 500 AD to 2000. The Biography of a Language, London 2003, S. 144.

16   Gryn, Chasing Shadows, 2000, S. 111.

17   Aurelius Augustinus, Predigt 311, in: The Works of St Augustine. A Translation for the 21st Century, Bd. III/9. Üb. von Edmund Hill, hg. von John E. Rotelle, New York 1994, S. 74.

Kapitel 11:
Ohne den Herrentag können wir nicht sein

1   Joseph Ratzinger/Benedikt XVI., Ein neues Lied für den Herrn. Christusglaube und Liturgie in der Gegenwart, Freiburg im Breisgau u. a. 1995, Neuausgabe 2007, S. 85 f.

2   McCabe, Die Anti-Gesellschaft, 1973, S. 91 f. (mit Ergänzung durch die Übersetzerin).

3   McCabe, Die Anti-Gesellschaft, S. 116, 117 f. © 1973 Spee-Verlag, Trier.

4   Josef Pieper, Muße und Kult. Mit einer Einführung von Kardinal Karl Lehmann, Neuauflage München 2007, S. 49 f.

5   Diane Coyle, The Weightless World. Strategies for Managing the Digital Economy, Cambridge, Mass. 1997.

6   Bauman, Flüchtige Moderne, 2003, S. 164.

7   Bauman, Flüchtige Moderne, S. 190 f. © 2003 Suhrkamp Verlag, Frankfurt am Main.

8   Zitiert nach Rifkin, Access. Das Verschwinden des Eigentums, 2007, S. 131.

9   Boyle, Who Are We Now? 1998, S. 79.

10   Michael Sales, Die Vollendung des Sabbats. Vom Siebten Tag zur Gottesruhe in Gott, in: Internationale katholische Zeitschrift Communio 23 (1994), S. 10 f.

11   Zitiert nach Bauman, Flüchtige Moderne, 2003, S. 175.

12   Davie, Religion in Modern Europe, 2000, passim: «believing without belonging».

13   Rifkin, Access. Das Verschwinden des Eigentums, 2007, S. 21.

14   Rifkin, Access. Das Verschwinden des Eigentums, 2007, S. 219.

15   Rifkin, Access. Das Verschwinden des Eigentums, 2007, S. 221.

16   Rifkin, Access. Das Verschwinden des Eigentums, 2007, S. 212.

17   Bauman, Flüchtige Moderne, S. 186. © 2003 Suhrkamp Verlag, Frankfurt am Main.

18   Herbert Musurillo (Hg.), The Acts of the Christian Martyrs, Oxford 1972, S. 121.

19   Zitiert nach Rifkin, Access. Das Verschwinden des Eigentums, 2007, S. 266.

20   Susan Griffin, Pornography and Silence. Culture's Revenge Against Nature, London 1981, S. 122.

21   Williams, On Christian Theology, 2000, S. 186.

22   Williams, Lost Icons, 2000, S. 185.

23   Bauman, Flüchtige Moderne, 2003, S. 233 f.

24   Aelred von Rieval, Über die geistliche Freundschaft, 1978, S. 7.

25   Augustinus, Confessiones – Bekenntnisse XIII, 36, 2009, S. 771.

26   Ambrosius von Mailand, Exameron 75 f. Aus dem Lateinischen von Dr. Joh. Ev. Niederhuber (Bibliothek der Kirchenväter, 1. Reihe, Bd. 17), München 1914; zitiert nach der online-Ausgabe unter http://www.unifr.ch/bkv/kapitel579.htm (19. Juli 2011).

Literaturverzeichnis

The Acts of the Provincial Chapter of the English Province of the Order of Preachers, Oxford 2000.

Aelred von Rieval, Über die geistliche Freundschaft. Lateinisch-deutsch. Ins Deutsche übertr. von Rhaban Haacke, eingel. von Wilhelm Nyssen (Occidens 3), Trier 1978.

Alison, James, Knowing Jesus, London 1993.

Allen, John, A Spirituality of Dialogue among Catholics, in: Origins 34 (15. Juli 2004).

Ambrosius von Mailand, Exameron. Aus dem Lateinischen von Joh. Ev. Niederhuber (Bibliothek der Kirchenväter, 1. Reihe, Bd. 17), München 1914.

Anderson, Benedict R., Imagined Communities. Reflections on the Origin and Spread of Nationalism, London 1983; Die Erfindung der Nation. Zur Karriere eines folgenreichen Konzepts. Aus dem Englischen von Christoph Münz und Benedikt Burkard, Frankfurt am Main ²2005.

Appiah, Kwame Anthony, The Ethics of Identity, Princeton 2005.

Die Apostolischen Väter. Aus dem Griechischen von Franz Zeller (Bibliothek der Kirchenväter, 1. Reihe, Band 35), München 1918.

Arendt, Hannah, Isak Dinesen (i. e. Tania Blixen), in: Menschen in finsteren Zeiten, hg. von Ursula Ludz, München – Zürich 1989, S. 107–124.

Aristoteles, Nikomachische Ethik. Auf der Grundlage der Übersetzung von Eugen Rolfes hg. von Günther Bien (Philosophische Bibliothek 5), Hamburg ³1972.

Atkins, Margaret, Temperateness, Justice and Chocolate, in: Priest and People (Okt. 2003).

Augustinus, Aurelius, Confessiones – Bekenntnisse. Lateinisch/ Deutsch. Üb., hg. und komm. von Kurt Flasch und Burkhard Mojsisch, Stuttgart 2009.

Augustinus, Aurelius, Enarrationes in Psalmos, in: J.-P. Migne (Hg.), Patrologia Latina, Bd. 37, Paris 1865.

Augustinus, Aurelius, Über den Wortlaut der Genesis. De Genesi ad litteram libri duodecim. Der große Genesiskommentar in zwölf Büchern. Deutsch von Carl Johann Perl, Bd. II: Buch VII bis XII, Paderborn 1964.

Augustinus, Aurelius, The Works of St Augustine. A Translation for the 21st Century, hg. von John E. Rotelle, New York 1991ff.

Ayto, John, Bloomsbury Dictionary of Word Origins, London 1990.

Barth, Karl, Wolfgang Amadeus Mozart. 1756/1956, Zürich [15]2006.

Bauman, Zygmunt, Flüchtige Moderne. Aus dem Englischen von Reinhard Kreissl. © 2003 Suhrkamp Verlag, Frankfurt am Main.

Bauman, Zygmunt, Globalization. The Human Consequences, London 1998.

Bennett, Oliver, Cultural Pessimism. Narratives of Decline in the Postmodern World, Edinburgh 2001.

Berg, Dieter – Lehmann, Leonhard (Hg.), Franziskus-Quellen. Die Schriften des heiligen Franziskus, Lebensbeschreibungen, Chroniken und Zeugnisse über ihn und seinen Orden (Zeugnisse des 13. und 14. Jahrhunderts zur Franziskus-Bewegung 1), Kevelaer 2009.

Berger, Peter L. – Huntington, Samuel P. (Hg.), Many Globalizations. Cultural Diversity in the Contemporary World, Oxford 2002.

Bernardin, Joseph, Das Geschenk des Friedens. Reflexionen aus der Zeit des Loslassens. Aus dem Amerikanischen von Maria Kuschel, München u. a. ²1999.

Bianchi, Enzo, Ricominciare. Nell'anima, nella Chiesa, nel mondo, Genua 1999.

Blake, William, Werke. Deutsch von Walter Wilhelm, hg. von Günther Klotz, Berlin 1958.

Boland, Vivian, It Takes Three to Make a Love Story, in: Priest and People (Apr. 2001).

Bonhoeffer, Dietrich, Werke, Bd. 8: Widerstand und Ergebung, hg. von Eberhard Bethge. © 1998, Gütersloher Verlagshaus, Gütersloh, in der Verlagsgruppe Random House GmbH.

Booth, Cherie, A Challenge to Justice, in: The Tablet (11. Juni 2005).

De Botton, Alain, StatusAngst. Aus dem Englischen von Chris Hirte, Frankfurt am Main 2006.

Bourke, Vernon Joseph, Joy in Augustine's Ethics, Villanova 1979.

Boyle, Nicholas, Who Are We Now? Christian Humanism and the Global Market from Hegel to Heaney, Edinburgh 1998.

Bragg, Melvyn, The Adventure of English. 500 AD to 2000. The Biography of a Language, London 2003.

Bruguès, Jean-Louis, L'éternité si proche, Paris 1995.

Bruguès, Jean-Louis, Les idées heureuses. Vertus chrétiennes pour ce temps. Conférences du carême 1996 à Notre-Dame de Paris, Paris 1996.

Bunyan, John, Pilgerreise. Teil I und II. Vollständige Ausgabe, aus dem englischen Original von 1678/84 neu üb. von Christian Rendel, Lahr ⁶2010.

Camus, Albert, Fragen der Zeit. Deutsch von Guido G. Meister, Hamburg 1960.

Carmichael, Liz, Friendship. Interpreting Christian Love, London 2004.

Carpenter, Hilary, Anniversary Sermon for Fr Vincent McNabb, in: Francis Edward Nugent (Hg.), A Vincent McNabb Anthology. Selections from the Writings of Vincent McNabb OP, London 1955.

Carroll, Lewis, Alice hinter den Spiegeln. Üb. von Christian Enzensperger, Frankfurt am Main 1998.

Castells, Manuel, Jahrtausendwende, Teil 3 der Trilogie: Das Informationszeitalter. Üb. von Reinhart Kößler, Opladen 2003.

Caterina von Siena, Gespräch von Gottes Vorsehung. Übertr. von Ellen Sommer-von Seckendorff und Cornelia Capol, eingel. von Ellen Sommer-von Seckendorff und Hans Urs von Balthasar (Lectio spiritualis 8), Einsiedeln 1964.

Caterina von Siena, An die Männer der Kirche, Bd. 1. Üb. von Ferdinand Holböck und Claudia Reimüller, hg. von Werner Schmid, Kleinhain 2005.

Cavallini, Giuliana, Catherine of Siena, London 1998.

Chesterton, Gilbert Keith, The Collected Poems of G. K. Chesterton, London ³1933.

Chesterton, Gilbert Keith, Der heilige Franziskus von Assisi. Üb. von J. L. Benvenisti, München 1927.

Chesterton, Gilbert Keith, Ketzer. Eine Verteidigung der Orthodoxie gegen ihre Verächter. Aus dem Englischen neu üb. von Monika Noll und Ulrich Enderwitz, Frankfurt am Main 1998.

Chesterton, Gilbert Keith, The Mercy of Mr. Arnold Bennett, in: Fancies vs. Fads, London 1923.

Chesterton, Gilbert Keith, Orthodoxie. Eine Handreichung für die Ungläubigen. Aus dem Englischen neu üb. von Monika Noll und Ulrich Enderwitz, Frankfurt am Main 2000.

Chesterton, Gilbert Keith, ‹The Poet and the Cheese›, in: A Miscellany of Men, eBook Nr. 2015, Project Gutenberg.

Clemens von Rom, Der zweite Clemensbrief, hg. von Wilhelm Pratscher (Kommentar zu den Apostolischen Vätern 3), Göttingen 2007.

Congar, Yves, Journal d'un théologien. 1946–1956, Paris 2000.

Congar, Yves, La liberté dans la vie de Lacordaire, in: Les voies du Dieu vivant. Theologie et vie spirituelle, Paris 1962.

Congar, Yves, Le traité de la force dans la « Somme Théologique » de St. Thomas d'Aquin, in: Angelicum 51 (1974), S. 331–348.

Cooper, David, I am because we are, in: The Times Literary Supplement (29. Apr. 2005).

Cornwell, John, The Pope in Winter. The Dark Face of John Paul II's Papacy, London 2004.

Couesnongle, Vincent de, Le courage du futur, Paris 1980.

Coyle, Diane, The Weightless World. Strategies for Managing the Digital Economy, Cambridge, Mass. 1997.

Coyne, Jeremy A., Legends of Linnaeus [Rezension zu: Vincent Sarich – Frank Miele, Race. The Reality of Human Differences], in: The Times Literary Supplement (25. Febr. 2005).

Cozzens, Donald B., Das Priesteramt im Wandel. Chancen und Perspektiven. Aus dem Amerikanischen von Petra Simone Hanel, Mainz 2003.

Dante Alighieri, La Commedia / Die Göttliche Komödie. I: Inferno / Hölle. Italienisch/Deutsch. In Prosa üb. und komm. von Hartmut Köhler, Stuttgart 2010.

Davie, Grace, Religion in Modern Europe. A Memory Mutates, Oxford 2000.

Davis, Walter, Inwardness and Existence. Subjectivity in/and Hegel, Heidegger, Marx and Freud, Madison 1989.

Dickens, Charles, Dombey & Sohn, Bd. 1. Deutsch von Christine Hoeppener, Berlin ⁴1988.

Dickens, Charles, Reisebilder aus Italien. Aus dem Englischen von Noa Kipenheuer und Friedrich Minckwitz, Weimar [1969].

Dickinson, Emily, Gedichte. Englisch/Deutsch. Ausgew. und übertr. von Gertrud Liepe, © 1996 Philipp Reclam jun. GmbH & Co. KG, Stuttgart.

Dickinson, Emily, Gedichte. Englisch und deutsch. Üb. und hg. von Gunhild Kübler, München – Wien 2006.

Dietrich, Tobias, Martin Luther King (UTB Profile), Paderborn 2008.

Brief an Diognet, in: Frühchristliche Apologeten und Märtyrer-akten, Bd. 1. Aus dem Griechischen und Lateinischen von Kaspar Julius u. a. (Bibliothek der Kirchenväter, 1. Reihe, Bd. 12), München 1913.

Die Dokumente des Zweiten Vatikanischen Konzils. Konstitu-tionen, Dekrete, Erklärungen. Lateinisch-deutsche Studien-ausgabe, hg. von Peter Hünermann (Herders Theologischer Kommentar zum Zweiten Vatikanischen Konzil 1), Freiburg im Breisgau u. a. 2009.

Donne, John, Complete Poetry and Selected Verse, hg. von John Hayward, London 1949.

Donne, John, The Sermons of John Donne, Bd. 8, hg. von George Potter – Evelyn Simpson, Berkeley 1956.

Dostojewskij, Fjodor, Die Brüder Karamasow. Aus dem Russi-schen von Swetlana Geier, Frankfurt am Main ³2008.

Dyckhoff, Peter, Mit Leib und Seele beten. Die neun Gebetswei-sen des Dominikus, Freiburg im Breisgau 2003.

Eggensperger, Thomas – Engel, Ulrich, Dominikanerinnen und Dominikaner. Geschichte und Spiritualität (Topos Taschenbücher 709), Kevelaer 2010.

Eliot, T. S., Gesammelte Gedichte. 1909–1962. Übertr. von Christian Enzensberger u. a. (T. S. Eliot Werke 4), hg. von Eva Hesse. © 1972 Suhrkamp Verlag, Frankfurt am Main.

Ernst, Cornelius, Multiple Echo. Explorations in Theology, hg. von Fergus Kerr – Timothy Radcliffe, London 1979.

Die Feier des Stundengebetes. Lektionar. Für die katholischen Bistümer des deutschen Sprachgebietes. Authentische Ausgabe für den liturgischen Gebrauch, Einsiedeln u. a. 1979 f.

Fleming, Fergus, Trikolore über der Sahara. Der Traum vom Wüstenreich. Aus dem Englischen von Bernd Rullkötter. © Bernd Rullkötter.

Ford, David F., Self and Salvation. Being Transformed, Cambridge 1999.

Frank, Karl Suso (Hg.), «Die selige Synkletike wurde gefragt». Vita der Amma Synkletike. Eingel. und üb. von Karl Suso Frank (Weisungen der Väter 5), Beuron 2008.

Fromm, Erich, Haben oder Sein. Die seelischen Grundlagen einer neuen Gesellschaft, Stuttgart 1977.

Frühchristliche Apologeten und Märtyrerakten, Bd. 1. Aus dem Griechischen und Lateinischen von Kaspar Julius u. a. (Bibliothek der Kirchenväter, 1. Reihe, Bd. 12), München 1913.

Fullilove, Mindy Thompson, Root Shock. How Tearing Up City Neighborhoods Hurts America, and What We Can Do About It, New York 2004.

Furlong, Monica, Merton. A Biography, London 1980; Alles, was ein Mensch sucht. Thomas Merton, ein exemplarisches Leben.

Deutsch von Radbert Kohlhaas und Bernardin Schellenberger, Freiburg im Breisgau u. a. 1982.

Gaita, Raimond, A Common Humanity. Thinking About Love and Truth and Justice, London 2000.

Gaita, Raimond, Romulus, mein Vater. Aus dem Englischen von Wolfgang Astelbauer, Salzburg u. a. 1998.

Ghosh, Amitav, Der Glaspalast. Deutsch von Margarete Längsfeld und Sabine Maier-Längsfeld. © 2000 Karl Blessing Verlag, München, in der Verlagsgruppe Random House GmbH.

Girard, René, Das Heilige und die Gewalt. Aus dem Französischen von Elisabeth Mainberger-Ruh, Düsseldorf 2006.

Greeley, Andrew, A Church still waiting for the spring, in: The Tablet (13. Nov. 2004).

Greene, Brian, Das elegante Universum. Superstrings, verborgene Dimensionen und die Suche nach der Weltformel. Aus dem Amerikanischen von Hainer Kober, Berlin 2000.

Gregor von Nyssa, Über das Wesen des christlichen Bekenntnisses. Über die Vollkommenheit. Über die Jungfräulichkeit. Eingel., üb. und mit Anm. versehen von Wilhelm Blum (Bibliothek der griechischen Literatur 7), Stuttgart 1977.

Griffin, Susan, Pornography and Silence. Culture's Revenge Against Nature, London 1981.

Gryn, Hugo – Gryn, Naomi, Chasing Shadows, London 2000.

Harries, Richard, Art and the Beauty of God. A Christian Understanding, London 1993.

Hauerwas, Stanley, Sanctify Them in the Truth. Holiness Exemplified, Edinburgh 1998.

Heaney, Seamus – Hughes, Ted (Hg.), The Rattle Bag, London 1982.

Heaney, Seamus, Finders Keepers. Selected Prose 1971–2001, London 2002.

Heaney, Seamus, Verteidigung der Poesie. Oxforder Vorlesungen. Deutsch von Giovanni Bandini und Ditte König, München – Wien 1996.

Hederman, Mark Patrick, Manikon Eros. Mad Crazy Love, Dublin 2000.

Hilkert, Mary Catherine, Naming Grace. Preaching and the Sacramental Imagination, New York 1997.

Hillesum, Etty, An Interrupted Life. The Diaries of Etty Hillesum, 1941–1943. Üb. von A. J. Pomerans, London 1996.

Hoffer, Eric, Der Fanatiker. Eine Pathologie des Parteigängers. Aus dem Englischen von Christoph D. Maucy, Reinbeck bei Hamburg 1965.

Holland, Henry Scott, Der Tod bedeutet gar nichts, München 2006.

Hopkins, Gerard Manley, Gedichte, Schriften, Briefe. Üb. von Ursula Clemen, hg. von Hermann Rinn, München 1954.

Hopkins, Gerard Manley, Geliebtes Kind der Sprache. Gedichte. Übertr. und komm. von Dorothea Grünzweig, Hörby/Schweden 2009.

Hoyer, Wolfram (Hg.), Jordan von Sachsen. Ordensmeister, Geschichtsschreiber, Beter. Eine Textsammlung (Dominikanische Quellen und Zeugnisse 3), Leipzig 2002.

Ignatieff, Michael, Wovon lebt der Mensch. Was es heißt, auf menschliche Weise in Gesellschaft zu leben. Aus dem Englischen von Hans Jörg Friedrich, [Berlin] 1993.

Jarrett, Bede, Letters, hg. von Bede Bailey – Aidan Bellenger – Simon Tugwell (Hg.), Downside – Blackfriars 1989.

Jenson, Robert, Systematic Theology, Bd. 1, New York 1997.

Jeremias, Joachim, Die Abendmahlsworte Jesu, Göttingen [4]1967.

Johannes Chrysostomus, Kommentar zu den Briefen des hl. Paulus an die Philipper und Kolosser. Aus dem Griechischen von Wenzel Stoderl (Bibliothek der Kirchenväter 7), München 1924.

Johannes Paul II., Ecclesia in Europa (28. Juni 2003); Website des Vatikan.

Johannes Paul II., Fides et Ratio (14. September 1998); Website des Vatikan.

Johnson, Samuel, Collected Letters, hg. von Jack Lynch, Oxford 1904.

Kant, Immanuel, Werke in sechs Bänden, hg. von Wilhelm Weischedel, Bd. 4, Wiesbaden 1956.

Kerr, Fergus, After Aquinas. Versions of Thomism, Oxford 2002.

Kluge, Friedrich, Etymologisches Wörterbuch zur deutschen Sprache, Berlin – New York [22]1989.

Küng, Hans, Erkämpfte Freiheit. Erinnerungen, München – Zürich 2002.

Lambert, Yves, A Turning Point in Religious Evolution in Europe, in: Journal of Contemporary Religion 19,1 (2004), S. 29–45.

Lash, Nicholas, Authors, Authority and Authorization, in: Bernard Hoose (Hg.), Authority in the Roman Catholic Church. Theory and Practice, Aldershot 2002, S. 59–71.

Lash, Nicholas, The Beginning and the End of Religion, Cambridge 1996.

Lash, Scott – Urry, John, Economies of Signs and Space, London 1994.

Lehmann, Leonhard (Hg.), Das Erbe eines Armen. Franziskus-Schriften, Kevelaer 2003.

Levi, Primo, Ist das ein Mensch? Ein autobiographischer Bericht. Aus dem Italienischen von Heinz Riedt, München [17]2009 © Carl Hanser Verlag München

Levi, Primo, Ist das ein Mensch? – Die Atempause. Aus dem Italienischen von Barbara Picht, Robert Picht, Heinz Riedt. © 2011 Carl Hanser Verlag München.

Lewis, C. S., Dienstanweisung für einen Unterteufel, Freiburg im Breisgau [18]2009.

Lewis, C. S., Was man Liebe nennt. Zuneigung, Freundschaft, Eros, Agape. Aus dem Englischen von Dorothee Degen-Zimmermann. © [8]2008 Brunnen Verlag Basel.

Linden, Ian, A New Map of the World, London 2003.

McCabe, Herbert, Die Anti-Gesellschaft. Eine christliche Ethik des Umsturzes. Aus dem Englischen von Klaus Schmidt. © 1973 Spee Verlag, Trier.

McCabe, Herbert, God, Christ and Us, London 2003.

McCabe, Herbert, The Good Life. Ethics and the Pursuit of Happiness, London 2005.

McCabe, Herbert, Hope, London 1987.

MacCulloch, Diarmaid, Die Reformation. 1490–1700. Aus dem Englischen von Helke Voß-Becher, Klaus Binder und Bernd Leineweber, München 2008.

McDade, John, Catholic Theology in the Post-Conciliar Period, in: Adrian Hastings (Hg.), Modern Catholicism. Vatican II and After, London 1991, S. 422–443.

McDonagh, Enda, A Shared Despair?, in: The Furrow 53,5 (2002), S. 259 ff.

MacGregor, Neil – Langmuir, Erika, Seeing Salvation. Images of Christ in Art, London 2000.

MacIntyre, Alasdair, Der Verlust der Tugend. Zur moralischen Krise der Gegenwart. Aus dem Englischen von Wolfgang Rhiel, Frankfurt am Main – New York 2006.

MacIntyre, Alasdair, Whose Justice? Which Rationality?, London 1988.

Mandela, Nelson, Der lange Weg zur Freiheit. Autobiographie. © Nelson Rolihlala Mandela. Deutsch von Günter Panske. © 1994 S. Fischer Verlag GmbH, Frankfurt am Main.

Mandeville, Bernard, Die Bienenfabel oder Private Laster als gesellschaftliche Vorteile. Aus dem Englischen von Helmut Findeisen, hg. von Günter Walch, München 1988.

Mawdsley, James, The Heart Must Break. The Fight for Democracy and Truth in Burma, London 2001.

McPartlan, Paul, The Same but Different. Living in Communion, in: Bernard Hoose (Hg.), Authority in the Roman Catholic Church. Theory and Practice, Aldershot 2002, S. 149–167.

Meister Eckhart (Deutsche Mystiker des vierzehnten Jahrhunderts 2), hg. von Franz Pfeiffer, Göttingen ²1906.

Meister Eckhart, Werke, 2 Bde. Texte und Übersetzungen von Ernst Benz u. a., hg. und komm. von Niklaus Largier (Bibliothek des Mittelalters 20 und 21), Frankfurt am Main 1993.

Montalembert, Charles Forbes de, Pater Lacordaire. Üb. von Bernhard Martin Giese, Münster 1862.

Moore, Sebastian, Jesus, the Liberator of Desire, New York 1989.

Murdoch, Iris, The Sovereignty of Good, London 1985.

Murray, Paul, God's Spy. Shakespeare and Religious Vision, in: Communio 27 (2000), S. 764–786.

Murray, Paul, These Black Stars, Dublin 2003.

Murray, Paul, Den Wein der Freude trinken. Wege dominikanischer Spiritualität. Aus dem Englischen von Horst Wieshuber (Dominikanische Quellen und Zeugnisse 11), Leipzig 2007.

Musurillo, Herbert (Hg.), The Acts of the Christian Martyrs, Oxford 1972.

Newman, John Henry, Parochial and Plain Sermons, London 1885.

Nicholl, Charles, Leonardo da Vinci. Die Biographie. Aus dem Englischen von Michael Bischoff, Frankfurt am Main [2]2011.

Nicholl, Donald, Holiness, London 1981.

Nietzsche, Friedrich, Also sprach Zarathustra (Kritische Studienausgabe 4), hg. von Giorgio Colli – Mazzino Montinari, München [11]2007.

Northcote, Michael, The Triumph of Imperial Politics, in: The Tablet (6. Nov. 2004).

Nygren, Anders, Eros und Agape. Gestaltwandlungen der christlichen Liebe, Gütersloh [2]1954.

O'Brien, Richard, Global Financial Integration. The End of Geography, London 1992.

O'Driscoll, Mary, St Catherine of Siena. Passion for the Truth, Compassion for Humanity, New York 1993.

Ondaatje, Michael, Anils Geist. Roman. Aus dem Englischen von Melanie Walz, München 2000 © Carl Hanser Verlag München.

O'Neill, Onora, A Question of Trust. The BBC Reith Lectures 2002, Cambridge 2002.

Pakenham, Frank, Earl of Longford, Humility, London 1970.

Péguy, Charles, Das Tor zum Geheimnis der Hoffnung. Üb. von Hans Urs von Balthasar, Luzern 1943.

Pieper, Josef, Über die Hoffnung (Neue Kriterien 8), Einsiedeln
  – Freiburg 2006.

Pieper, Josef, Lieben – hoffen – glauben, München 1986.

Pieper, Josef, Muße und Kult. Mit einer Einführung von Kardinal Karl Lehmann, Neuauflage München 2007.

Pieper, Josef, Über die Tugenden. Klugheit, Gerechtigkeit, Tapferkeit, Maß, München ²2008.

Pierce, Brian J., We Walk the Path Together. Learning from
  Thich Nhat Hanh and Meister Eckhart, Maryknoll 2005.

Polanyi, Karl, The Great Transformation. Politische und ökonomische Ursprünge von Gesellschaften und Wirtschaftssystemen. Üb. von Heinrich Jelinek, Frankfurt am Main ³1995.

Preston, Geoffrey, Hallowing the Time, London 1980.

Radcliffe, Timothy, The Coming of the Son of Man. Mark's gos-
  pel and the subversion of the apocalyptic imagination, in:
  Brian Davies (Hg.), Language, Meaning and God. FS Herbert
  McCabe OP, London 1987, S. 176–189.

Radcliffe, Timothy, Seven Last Words, London 2004.

Radcliffe, Timothy, Towards a humble Church, in: The Tablet
  (2. Jan. 2010).

Ratzinger, Joseph / Benedikt XVI., Ein neues Lied für den Herrn.
  Christusglaube und Liturgie in der Gegenwart, Freiburg im
  Breisgau u. a. 1995, Neuausgabe 2007.

Rayment-Pickard, Hugh, The Myths of Time. From St Augus-
  tine to American Beauty, London 2004. – Die deutsche Über-
  setzung ist erschienen unter dem Titel: Unsere letzte Stunde.
  Warum die moderne Naturwissenschaft das Überleben der
  Menschheit bedroht. Aus dem Englischen von Friedrich
  Griese, München 2005.

Rees, Martin, Our Final Century? Will the Human Race Survive the Twenty-First Century?, London 2004.

Rifkin, Jeremy, Access. Das Verschwinden des Eigentums. Warum wir weniger besitzen und mehr ausgeben werden. Aus dem Englischen von Klaus Binder und Tatjana Eggeling, 3. erw. Aufl. Frankfurt am Main – New York 2007.

Rilke, Rainer Maria, Briefe in zwei Bänden, hg. von Horst Nalewski, Bd. 1: 1896–1919, Frankfurt am Main – Leipzig 1991.

Robinson, Marilynne, Gilead. Roman. Aus dem Amerikanischen von Karl-Heinz Ebnet. © 2006 Joh. Brendow & Sohn Verlag GmbH, Moers.

Rogers Jr, Eugene F., Sexuality and the Christian Body. Their Way into the Triune God, Oxford 1999.

Rohr, Richard, Ins Herz geschrieben. Die Weisheit der Bibel als spiritueller Weg. Aus dem Amerikanischen von Bernardin Schellenberger, Freiburg im Breisgau [2]2010.

Ross, Anthony, Introduction to St Thomas Aquinas, in: Summa Theologiae, Bd. 42 (2a2ae 123–40), hg. von Thomas Gilby, London 1966.

Rubruk, Wilhelm von, Reisen zum Großkhan der Mongolen. Von Konstantinopel nach Karakorum 1253–1255. Neu bearb. und hg. von Hans D. Leicht, Darmstadt 1984.

Ruddy, Christopher J., Tomorrow's Catholics, in: The Christian Century (25. Jan. 2003), S. 24–32.

Rushdie, Salman, Is Nothing Sacred?, in: Granta 31 (1990), S. 97–110.

Ruston, Roger, Human Rights and the Image of God, London 2004.

Sachs, Jeffrey, Das Ende der Armut. Ein ökonomisches Programm für eine gerechtere Welt. Aus dem Amerikanischen von Udo Rennert und Thorsten Schmidt, München 2005.

Sacks, Jonathan, Celebrating Life. Finding Happiness in Unexpected Places, London 2000.

Sales, Michael, Die Vollendung des Sabbats. Vom Siebten Tag zur Gottesruhe in Gott, in: Internationale katholische Zeitschrift Communio 23 (1994), S. 9–25.

Sammon, Sean D., Religious Life in America. A New Day Dawning, New York 2002.

Schmitt, Éric-Emmanuel, Monsieur Ibrahim und die Blumen des Koran. Aus dem Französischen von Annette und Paul Bäcker, Zürich 2003.

Schmitt, Éric-Emmanuel, Oskar und die Dame in Rosa. Aus dem Französischen von Annette und Paul Bäcker, Zürich 2003.

Schneider, Peter, Ein Bush, der Berge versetzt, in: Der Spiegel 44 (2004), S. 174.

Schott-Meßbuch. Für die Sonn- und Festtage des Lesejahres A. Originaltexte der authentischen deutschen Ausgabe des Meßbuches und des Meßlektionars, Freiburg u. a. 1998.

Scruton, Roger, Flesh from the Butcher. How to distinguish eroticism from pornography, in: The Times Literary Supplement (15. Apr. 2005).

Sennett, Richard, The Uses of Disorder. Personal Identity & City Life, London 1996.

Shakespeare, William, Sämtliche Werke in vier Bänden. Komplett und neu kommentiert. Aus dem Englischen von August Wilhelm Schlegel, Dorothea Tieck und Wolf Graf Baudissin, hg. von Günther Klotz, Berlin 2009.

Sherwin, Michael, The Friend of the Bridegroom Stands and Listens. An analysis of the term *amicus sponsi* in Augustine's account of Divine Friendship and the ministry of Bishops, in: Augustinianum (Juni 1998), S. 197–214.

Shibles, Warren A., Lügen und lügen lassen. Eine kritische Analyse des Lügens. Aus dem Amerikanischen von Barbara Maier, Mainz 2000.

Shields, Carol, Alles über Larry. Roman. Aus dem Amerikanischen von Margarete Längsfeld, München – Zürich 2000.

Stark, Rodney – Hamberg, Eva – Miller, Alan S., Exploring Spirituality and Unchurched Religions in America, Sweden, and Japan, in: Journal of Contemporary Religion 20,1 (2005), S. 3–23.

Steiner, George, Von realer Gegenwart. Aus dem Englischen von Jörg Trobitius, München 1990.

Strathern, Paul, The Medici. Godfathers of the Renaissance, London 2003.

Suhard, Emmanuel, Growth or Decline, Notre Dame 1951.

Synge, John Millington, Der Held der westlichen Welt und andere Stücke. Deutsch von Norbert Miller, Erich Fried und Peter Hacks, Frankfurt am Main 1967.

Taylor, Charles, Quellen des Selbst. Die Entstehung der neuzeitlichen Identität. Üb. von Joachim Schulte, Frankfurt am Main ³1999.

Thomas von Aquin, Recht und Gerechtigkeit. Theologische Summe II-II, Fragen 57–79. Nachfolgefassung von Band 18 der Deutschen Thomasausgabe. Neue Üb. von Josef F. Groner, Bonn 1987.

Thomas von Aquin, Summa Theologiae, 5 Bde., Madrid 1955.

Thomas von Aquin, Summa Theologiae. Buch 2, Teil 2, Frage 123-150 (DThA 21), Heidelberg u. a. 1964.

Thomas von Aquin, Von der Wahrheit. De veritate (Quaestio I).

Lateinisch-deutsch. Ausgew., übers. und hg. von Albert Zimmermann (Philosophische Bibliothek 384), Hamburg 1986.

Tolkien, J. R. R., Baum und Blatt. Aus dem Englischen von Wolfgang Krege und Margaret Carroux, Frankfurt am Main u. a. 1982.

Toulmin, Stephen, Kosmopolis. Die unerkannten Aufgaben der Moderne. Üb. von Hermann Vetter. © 1991 Suhrkamp Verlag, Frankfurt am Main.

Tracy, David, The Uneasy Alliance Reconceived. Catholic Theological Method, Modernity, and Postmodernity, in: Theological Studies 50/3 (1989), S. 548–570.

Tugwell, Simon, Human Immortality and the Redemption of Death, London 1990.

Tugwell, Simon, The Way of the Preacher, London 1979.

Turner, Denys, Faith Seeking, London 2002.

Vargas Llosa, Mario, Das Paradies ist anderswo. Aus dem Spanischen von Elke Wehr, Frankfurt am Main 2004.

Weil, Simone, Fabriktagebuch und andere Schriften zum Industriesystem. Aus dem Französischen üb. und mit einer Einl. versehen von Heinz Abosch, Frankfurt am Main 1978.

Weil, Simone, Das Unglück und die Gottesliebe. Mit einer Einführung von T. S. Eliot. Deutsch von Friedhelm Kemp, München 1953.

White, Patrick, Die im feurigen Wagen. Roman. Aus dem Englischen von Curt und Maria Prerauer, Köln 1973.

Whitman, Walt, Grasblätter. Nach der Ausgabe 1891–92 erstmals vollständig übertr. und hg. von Jürgen Brôcan. © 2009 Carl Hanser Verlag München.

Williams, Bernard, Wahrheit und Wahrhaftigkeit. Üb. von Joachim Schulte, Frankfurt am Main 2003.

Williams, Harry, The Joy of God, London 1979.

Williams, Rowan, On Christian Theology, Oxford 2000.

Williams, Rowan, Lost Icons. Reflections on Cultural Bereavement, Edinburgh 2000.

Williams, Rowan, Open to Judgement. Sermons and Addresses, London 1994.

Williams, Rowan, Sermon at Evensong in St Patrick's Cathedral, Armagh (22. Febr. 2005); Website des Erzbischofs von Canterbury.

Williams, Rowan, Silence and Honey Cakes. The Wisdom of the Desert, Oxford 2003.

Wittgenstein, Ludwig, Philosophische Untersuchungen. Kritisch-genetische Edition, hg. von Joachim Schulte u. a., Frankfurt am Main 2001.

Wolff, Tobias, Alte Schule. Aus dem Amerikanischen von Frank Heibert, Berlin 2006.

Woolf, Virginia, Drei Guineen. Aus dem Englischen von Anita Eichholz, München [3]1978.

Yeats, William Butler, Die Gedichte. Neu üb. von Marcel Beyer u. a., hg. von Norbert Hummelt, München 2005.